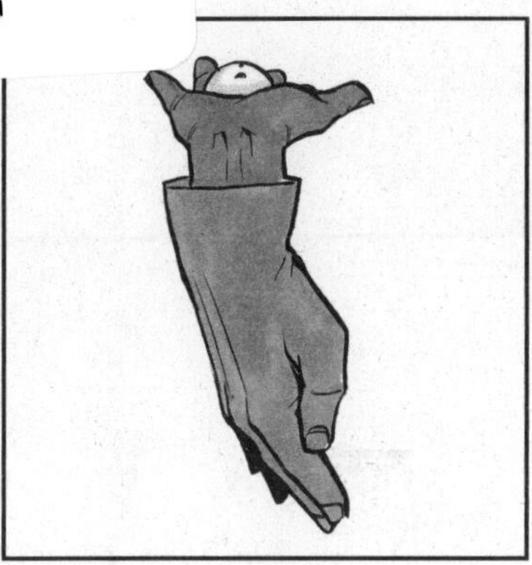

KOHEI HORIKOSHI

Band 23! Vielen Dank, dass du diesen Band in die Hand genommen hast! Ich habe mal in einem Kommentar auf der letzten Seite der »Jump« geschrieben, dass ich eine Phobie vor Aufklebern habe, und damit viele Leser traurig gemacht, die ihre Fanpost mit Aufklebern dekoriert hatten… Es tut mir leid, dass ich etwas geschrieben habe, das euch das Gefühl gab, euch entschuldigen zu müssen. Aber Fanbriefe stehen auf einem anderen Blatt (?). Ich lese sie immer voller Dankbarkeit.

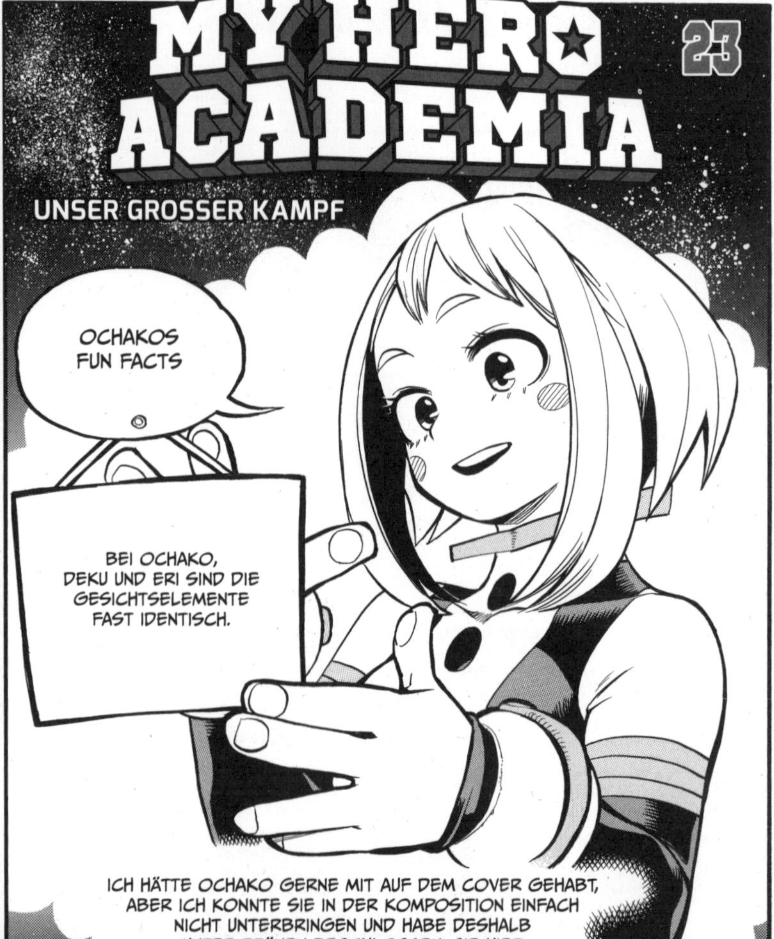

CARLSEN MANGA

Völckersstraße 14-20, 22765 Hamburg
Aus dem Japanischen von Gandalf Bartholomäus

First published in Japan in 2014 by SHUEISHA Inc., Tokyo. German translation rights in Germany, Austria, Luxembourg and German-speaking Switzerland arranged by SHUEISHA Inc. through VME PLB SAS, France.

Redaktion: Anne Berling
Textbearbeitung: Steffen Haubner
Herstellung: Wiebke Düsedau
Grafik: Sonnenfisch Production – Laura Bartels

ISBN: 978-3-551-79780-3
Bei Fragen zum Produkt: carlsen.de/kontakt

My Hero Academia vol. 23

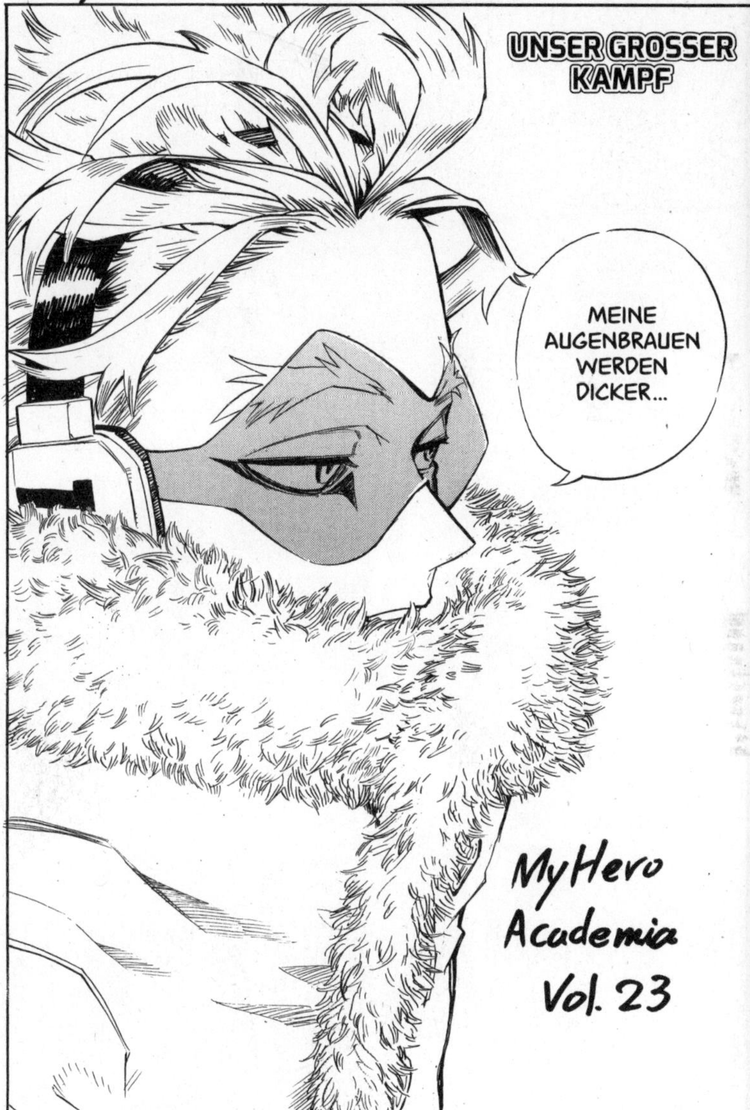

KOHEI HORIKOSHI

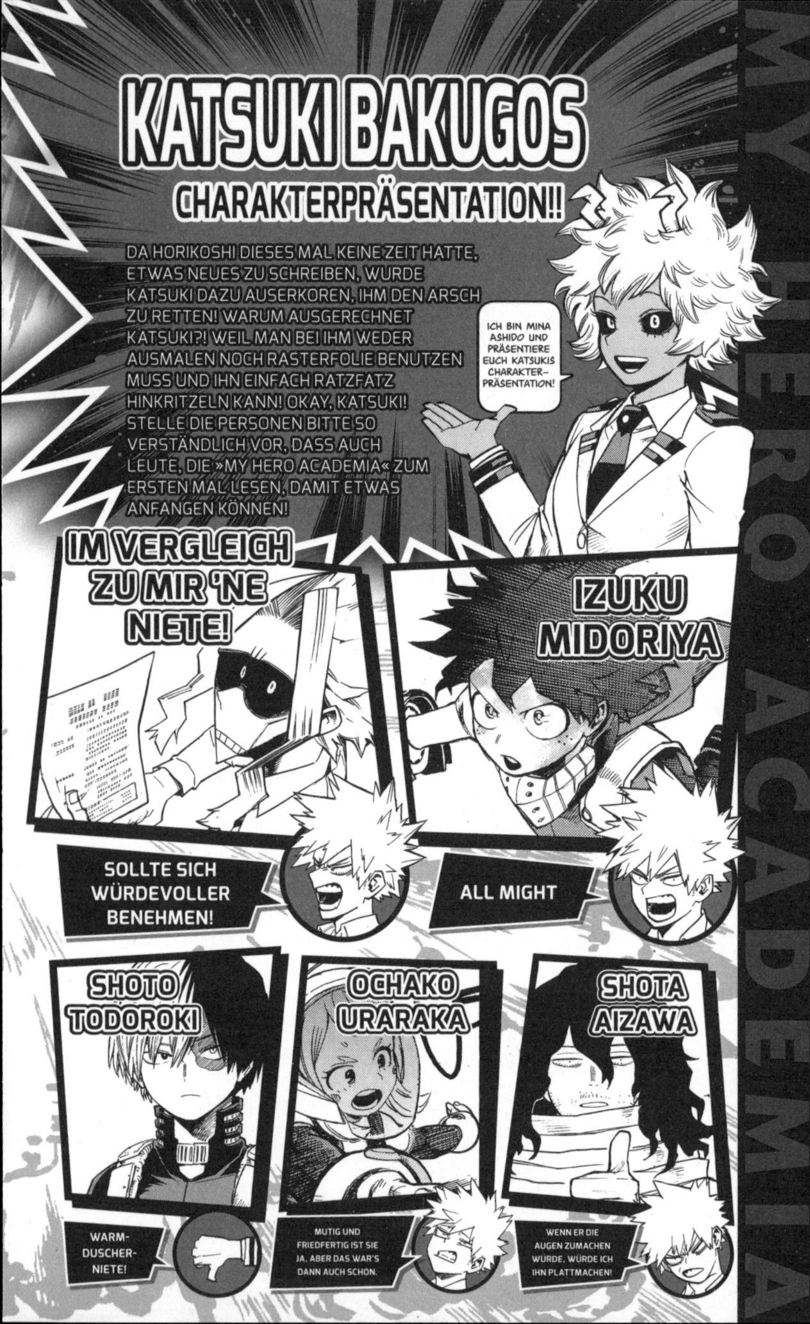
KATSUKI BAKUGOS
CHARAKTERPRÄSENTATION!!
DA HORIKOSHI DIESES MAL KEINE ZEIT HATTE, ETWAS NEUES ZU SCHREIBEN, WURDE KATSUKI DAZU AUSERKOREN, IHM DEN ARSCH ZU RETTEN! WARUM AUSGERECHNET KATSUKI?! WEIL MAN BEI IHM WEDER AUSMALEN NOCH RASTERFOLIE BENUTZEN MUSS UND IHN EINFACH RATZFATZ HINKRITZELN KANN! OKAY, KATSUKI! STELLE DIE PERSONEN BITTE SO VERSTÄNDLICH VOR, DASS AUCH LEUTE, DIE »MY HERO ACADEMIA« ZUM ERSTEN MAL LESEN, DAMIT ETWAS ANFANGEN KÖNNEN!
ICH BIN MINA ASHIDO UND PRÄSENTIERE EUCH KATSUKIS CHARAKTER-PRÄSENTATION!
IZUKU MIDORIYA
IM VERGLEICH ZU MIR 'NE NIETE!
ALL MIGHT
SOLLTE SICH WÜRDEVOLLER BENEHMEN!
SHOTA AIZAWA
WENN ER DIE AUGEN ZUMACHEN WÜRDE, WÜRDE ICH IHN PLATTMACHEN!
OCHAKO URARAKA
MUTIG UND FRIEDFERTIG IST SIE JA, ABER DAS WAR'S DANN AUCH SCHON.
SHOTO TODOROKI
WARM-DUSCHER-NIETE!
MY HERO ACADEMIA

EINES TAGES BEGANNEN SICH BEI DEN MENSCHEN PARANORMALE PHÄNOMENE ZU ZEIGEN. MAN NANNTE DIESE ANLAGEN »MACKEN«. NACH UND NACH ENTSTAND EINE GESELLSCHAFT VON SUPERHELDEN, IN DER DIE MEISTEN MENSCHEN IRGENDEINE BESONDERE VERANLAGUNG BESITZEN. ALLERDINGS FÜHRTE DIESE »PARANORMALITÄT« AUCH ZU EINER ZUNAHME DER KRIMINALITÄT UND SCHLIESSLICH ZU EINER KATASTROPHALEN SITUATION, DER DER STAAT MACHTLOS GEGENÜBERSTAND. DAS WAR DER ZEITPUNKT, ALS AUS DER BEVÖLKERUNG PERSONEN HERVORTRATEN, DIE DEM BÖSEN DIE STIRN BOTEN. SIE AGIERTEN WIE DIE SUPERHELDEN AUS COMICS UND SCHLIESSLICH WURDE IHRE TÄTIGKEIT ZU EINER ALLGEMEIN ANERKANNTEN ÖFFENTLICHEN ARBEIT, UM DIE SICHERHEIT IM ALLTAG ZU GEWÄHRLEISTEN. DIES IST DIE GESCHICHTE EINES JUNGEN »OHNE MACKE«, DER EIN GROSSER HELDENFAN IST UND SICH DURCH DIE BEGEGNUNG MIT EINEM DER BESTEN VON IHNEN SELBST ZUM HELDEN ENTWICKELT.

STORY

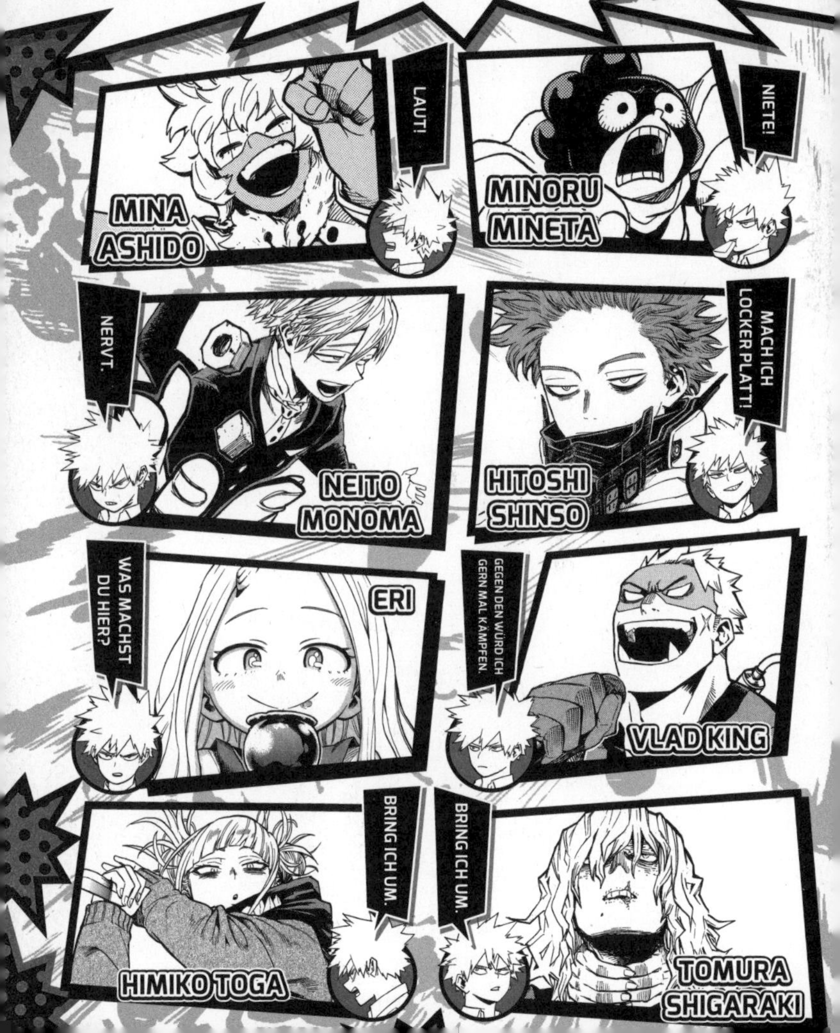

MY HERO ACADEMIA

Vol. 23

UNSER GROSSER KAMPF

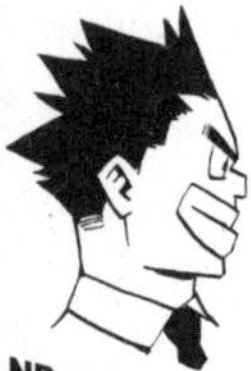

CONTENTS

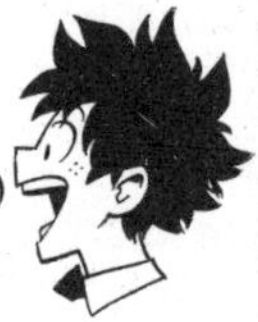

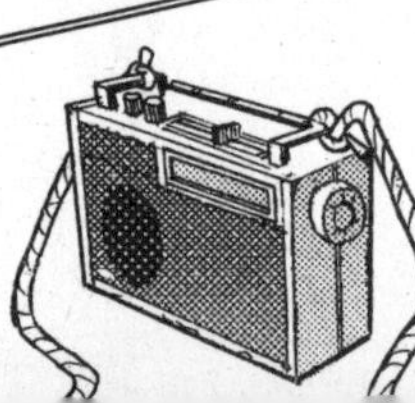

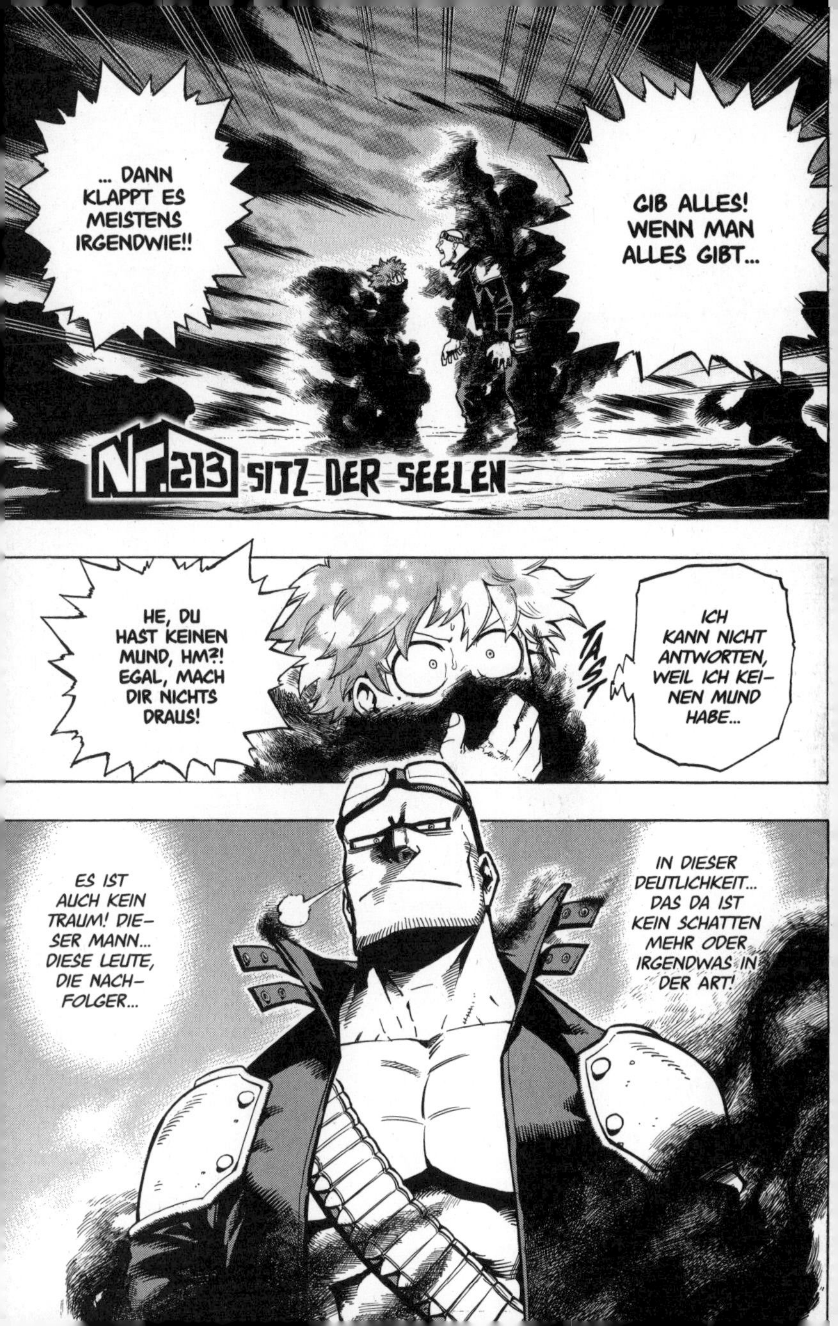
GIB ALLES! WENN MAN ALLES GIBT...
... DANN KLAPPT ES MEISTENS IRGENDWIE!!
NR. 213 SITZ DER SEELEN
ICH KANN NICHT ANTWORTEN, WEIL ICH KEI-NEN MUND HABE...
HE, DU HAST KEINEN MUND, HM?! EGAL, MACH DIR NICHTS DRAUS!
IN DIESER DEUTLICHKEIT... DAS DA IST KEIN SCHATTEN MEHR ODER IRGENDWAS IN DER ART!
ES IST AUCH KEIN TRAUM! DIE-SER MANN... DIESE LEUTE, DIE NACH-FOLGER...

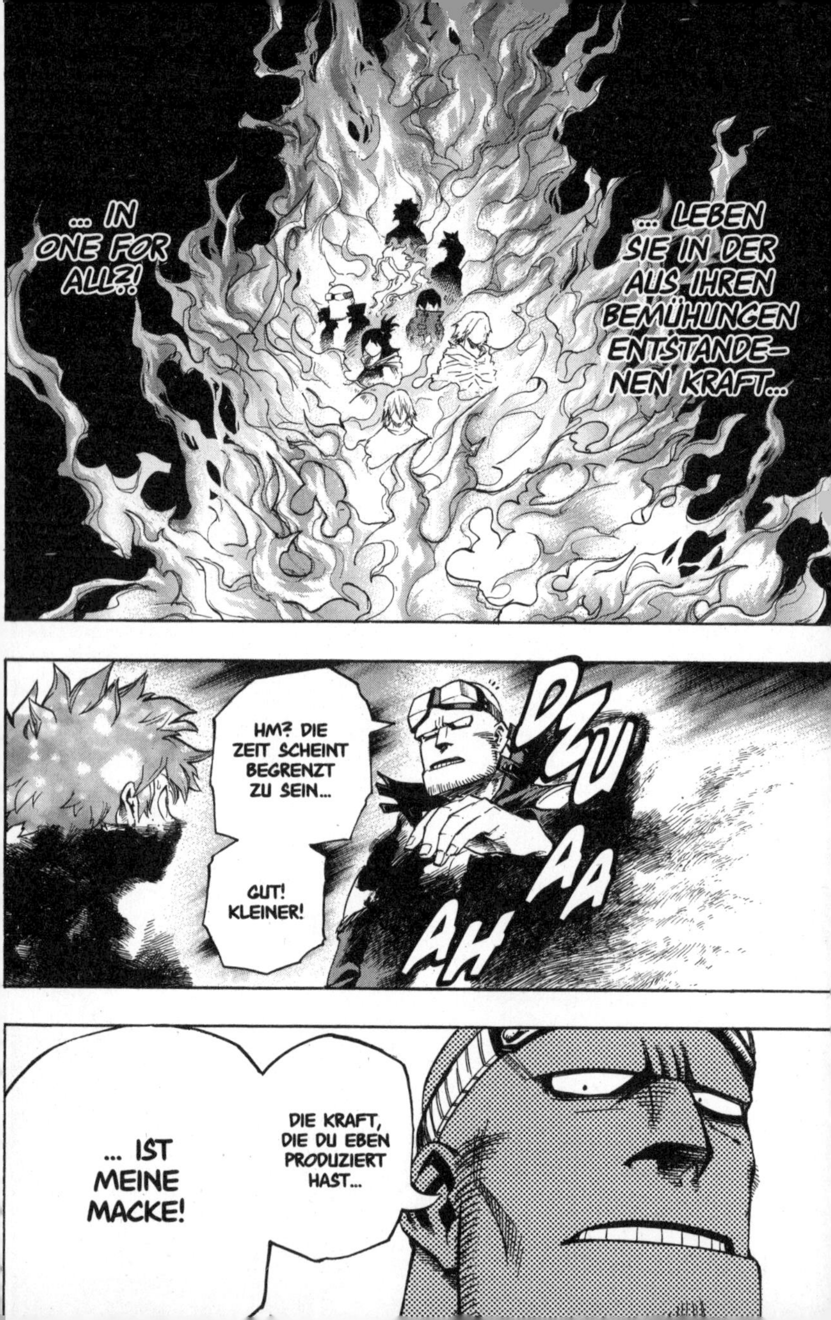
... LEBEN SIE IN DER AUS IHREN BEMÜHUNGEN ENTSTANDE- NEN KRAFT...
... IN ONE FOR ALL?!
DZUAAAAH
HM? DIE ZEIT SCHEINT BEGRENZT ZU SEIN...
GUT! KLEINER!
DIE KRAFT, DIE DU EBEN PRODUZIERT HAST...
... IST MEINE MACKE!

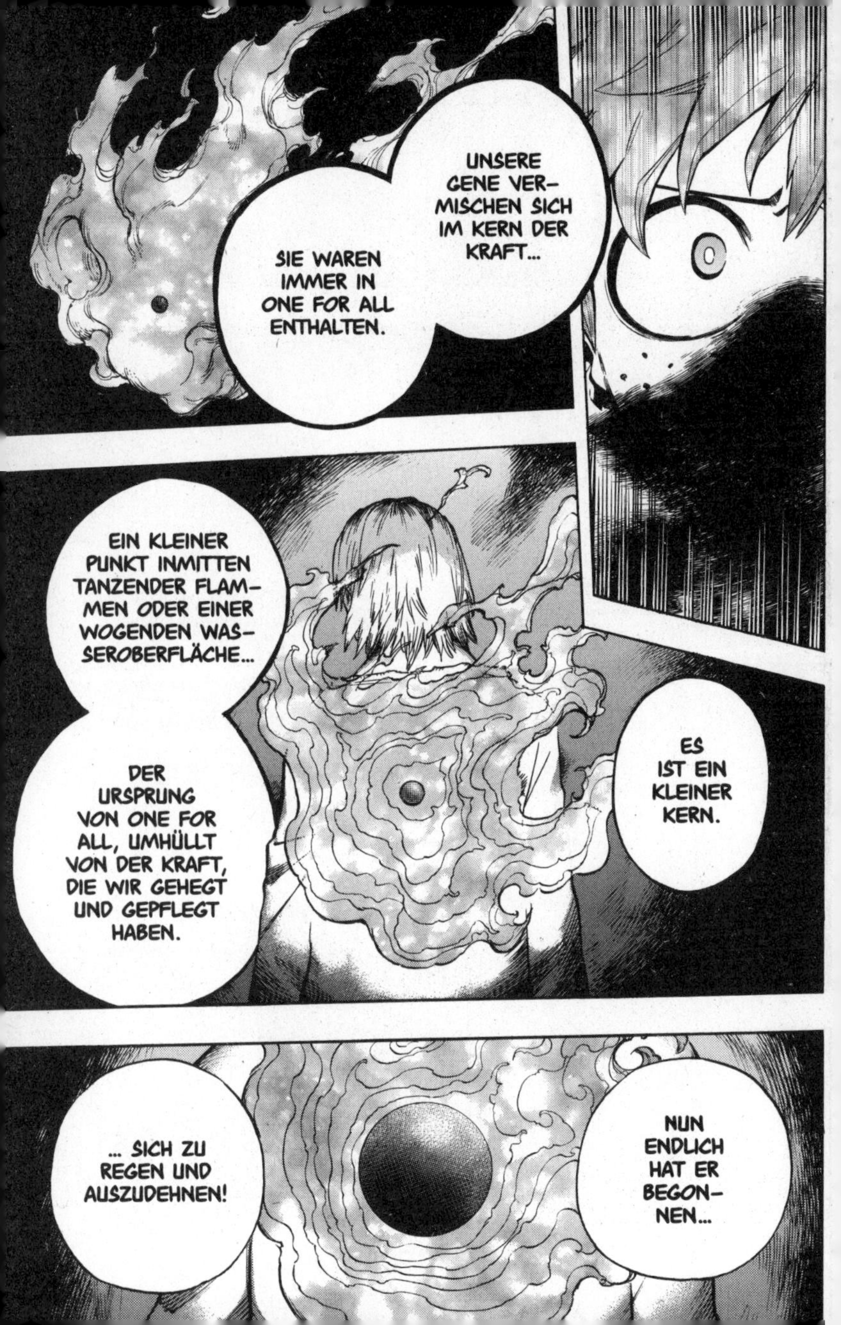
UNSERE GENE VERMISCHEN SICH IM KERN DER KRAFT...
SIE WAREN IMMER IN ONE FOR ALL ENTHALTEN.
ES IST EIN KLEINER KERN.
EIN KLEINER PUNKT INMITTEN TANZENDER FLAMMEN ODER EINER WOGENDEN WASSEROBERFLÄCHE...
DER URSPRUNG VON ONE FOR ALL, UMHÜLLT VON DER KRAFT, DIE WIR GEHEGT UND GEPFLEGT HABEN.
NUN ENDLICH HAT ER BEGONNEN...
... SICH ZU REGEN UND AUSZUDEHNEN!

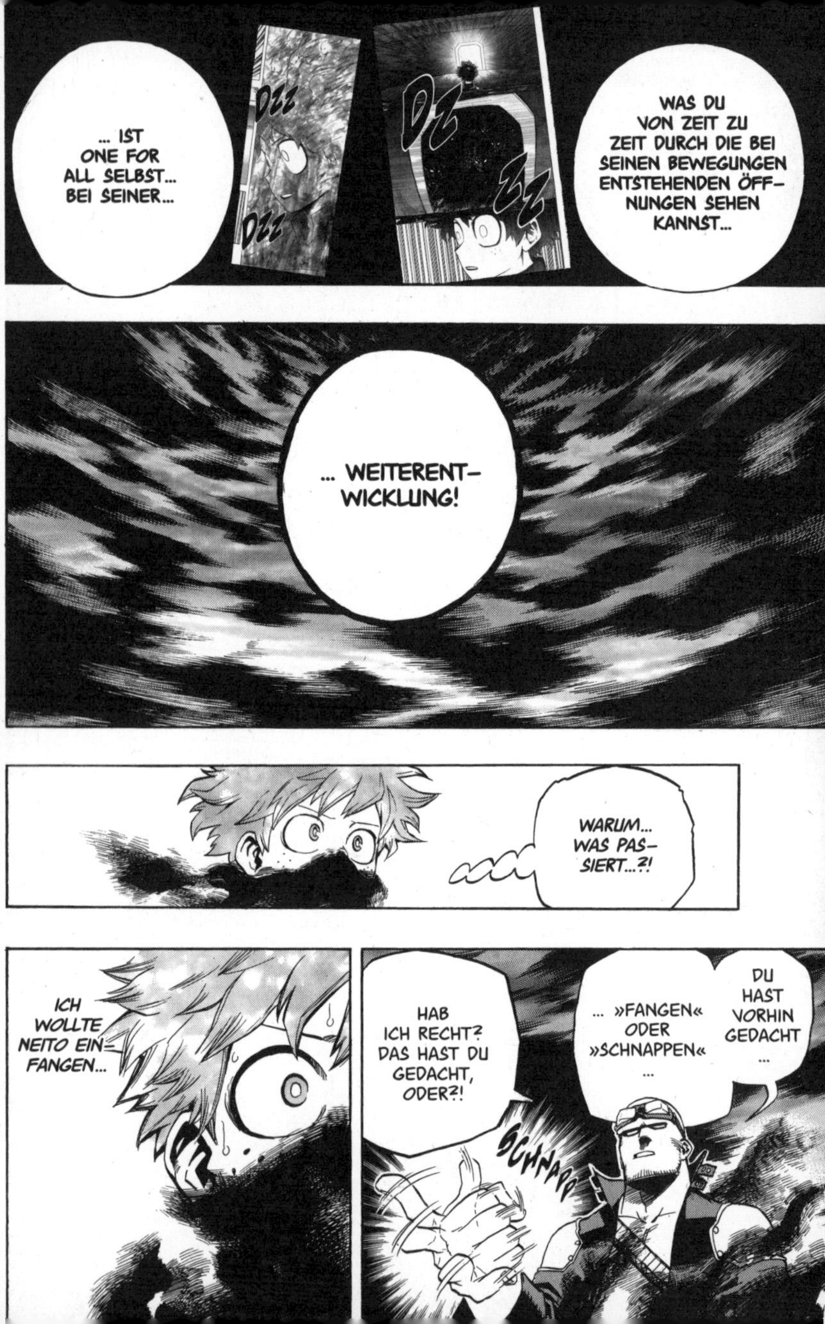
WAS DU VON ZEIT ZU ZEIT DURCH DIE BEI SEINEN BEWEGUNGEN ENTSTEHENDEN ÖFF- NUNGEN SEHEN KANNST...
DZ
DZZ
DZZ
DZZ
... IST ONE FOR ALL SELBST... BEI SEINER...
... WEITERENT- WICKLUNG!
WARUM... WAS PAS- SIERT...?!
DU HAST VORHIN GEDACHT ...
... »FANGEN« ODER »SCHNAPPEN« ...
HAB ICH RECHT? DAS HAST DU GEDACHT, ODER?!
SCHNAPP
ICH WOLLTE NEITO EIN- FANGEN...

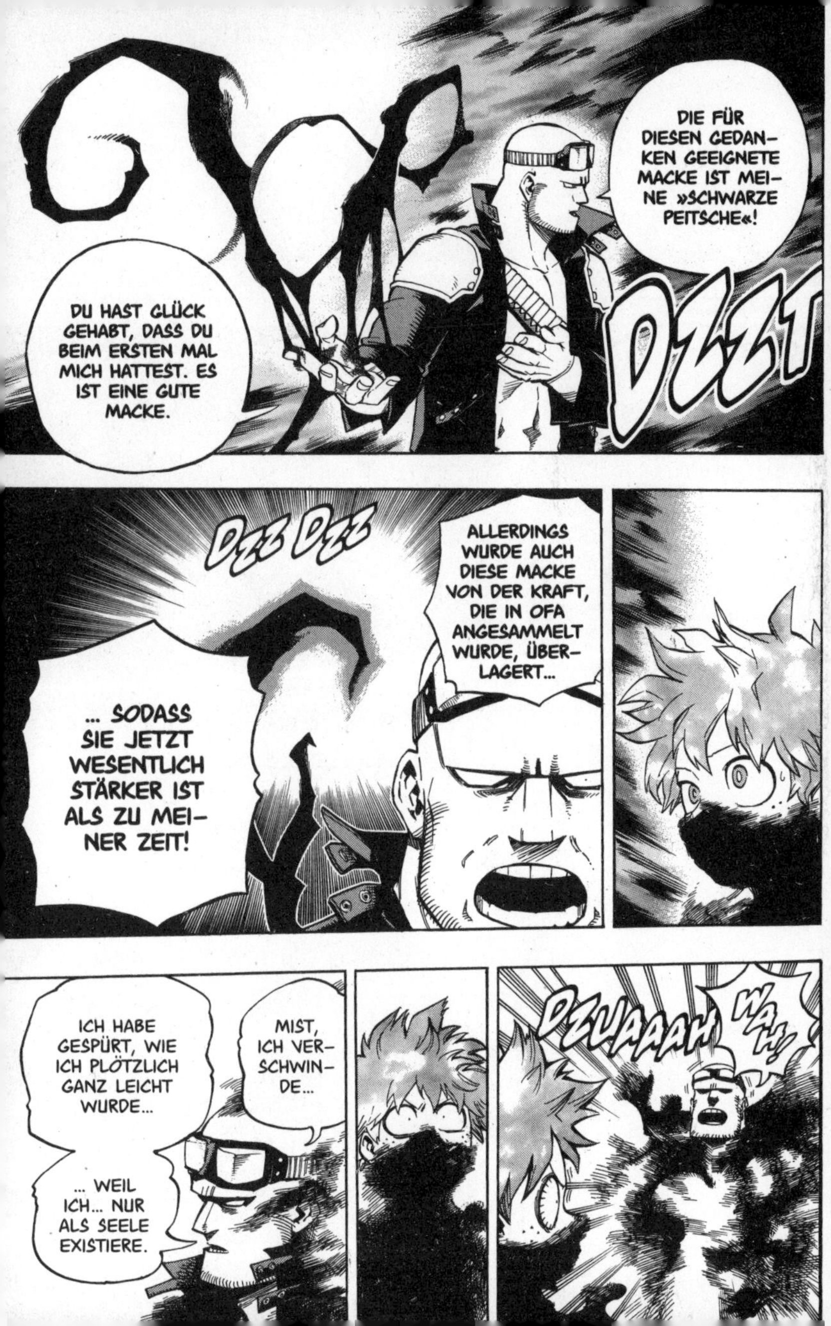
DIE FÜR DIESEN GEDANKEN GEEIGNETE MACKE IST MEINE »SCHWARZE PEITSCHE«!
DZZT
DU HAST GLÜCK GEHABT, DASS DU BEIM ERSTEN MAL MICH HATTEST. ES IST EINE GUTE MACKE.
DZZ DZZ
ALLERDINGS WURDE AUCH DIESE MACKE VON DER KRAFT, DIE IN OFA ANGESAMMELT WURDE, ÜBERLAGERT...
... SODASS SIE JETZT WESENTLICH STÄRKER IST ALS ZU MEINER ZEIT!
WAH!
DZUAAAH
MIST, ICH VERSCHWINDE...
ICH HABE GESPÜRT, WIE ICH PLÖTZLICH GANZ LEICHT WURDE...
... WEIL ICH... NUR ALS SEELE EXISTIERE.

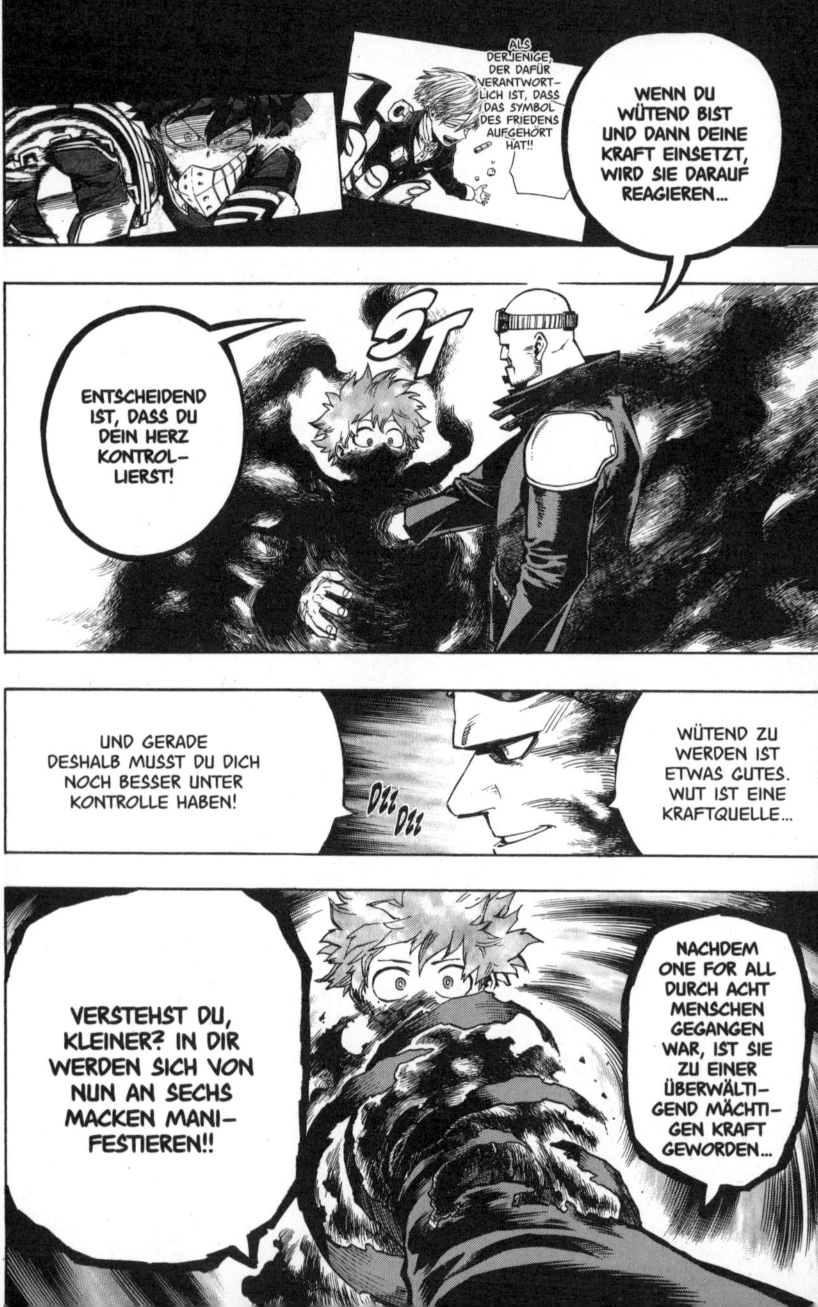
WENN DU WÜTEND BIST UND DANN DEINE KRAFT EINSETZT, WIRD SIE DARAUF REAGIEREN...
ALS DERJENIGE, DER DAFÜR VERANTWORTLICH IST, DASS DAS SYMBOL DES FRIEDENS AUFGEHÖRT HAT!!
ENTSCHEIDEND IST, DASS DU DEIN HERZ KONTROLLIERST!
WÜTEND ZU WERDEN IST ETWAS GUTES. WUT IST EINE KRAFTQUELLE...
UND GERADE DESHALB MUSST DU DICH NOCH BESSER UNTER KONTROLLE HABEN!
DZZ DZZ
NACHDEM ONE FOR ALL DURCH ACHT MENSCHEN GEGANGEN WAR, IST SIE ZU EINER ÜBERWÄLTIGEND MÄCHTIGEN KRAFT GEWORDEN...
VERSTEHST DU, KLEINER? IN DIR WERDEN SICH VON NUN AN SECHS MACKEN MANIFESTIEREN!!

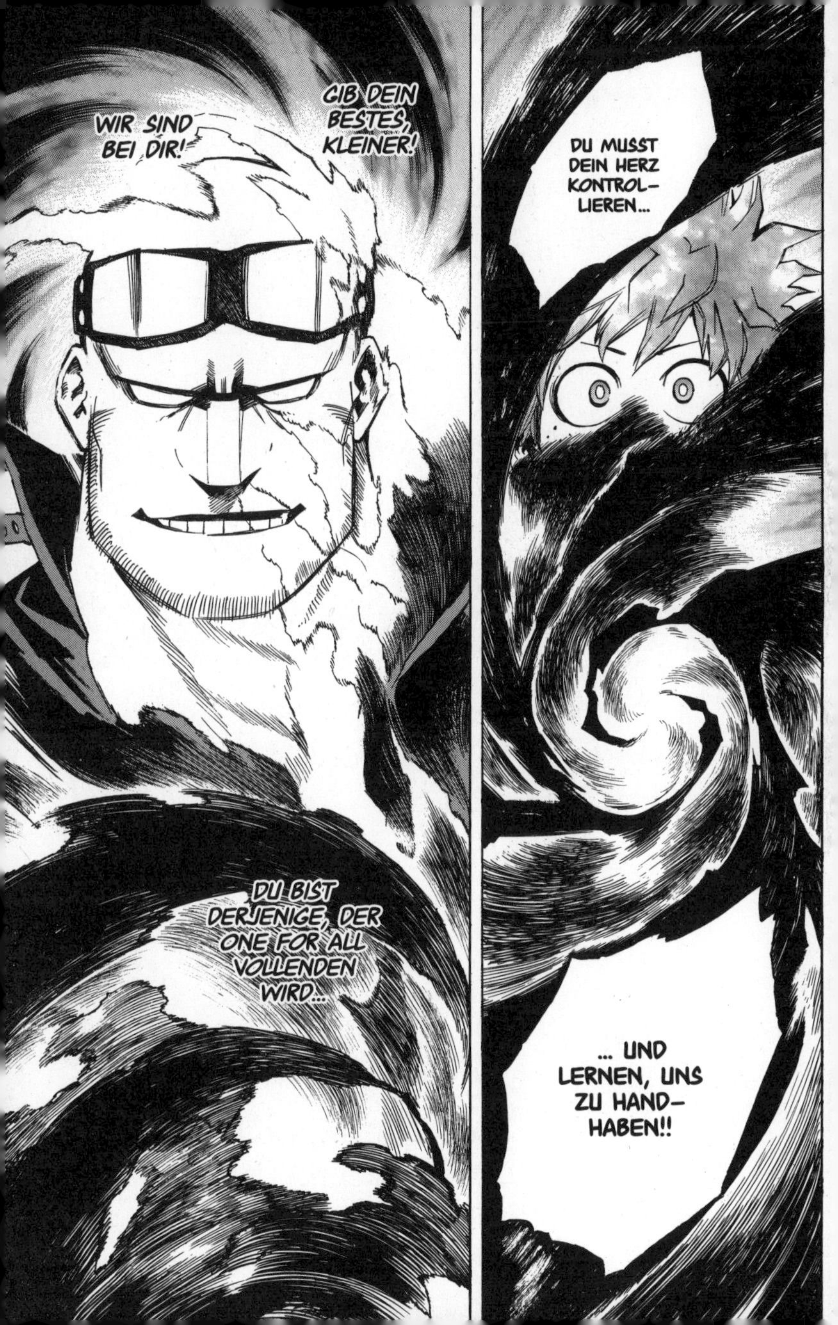
GIB DEIN BESTES, KLEINER!
WIR SIND BEI DIR!
DU MUSST DEIN HERZ KONTROL-LIEREN...
DU BIST DERJENIGE, DER ONE FOR ALL VOLLENDEN WIRD...
... UND LERNEN, UNS ZU HAND-HABEN!!

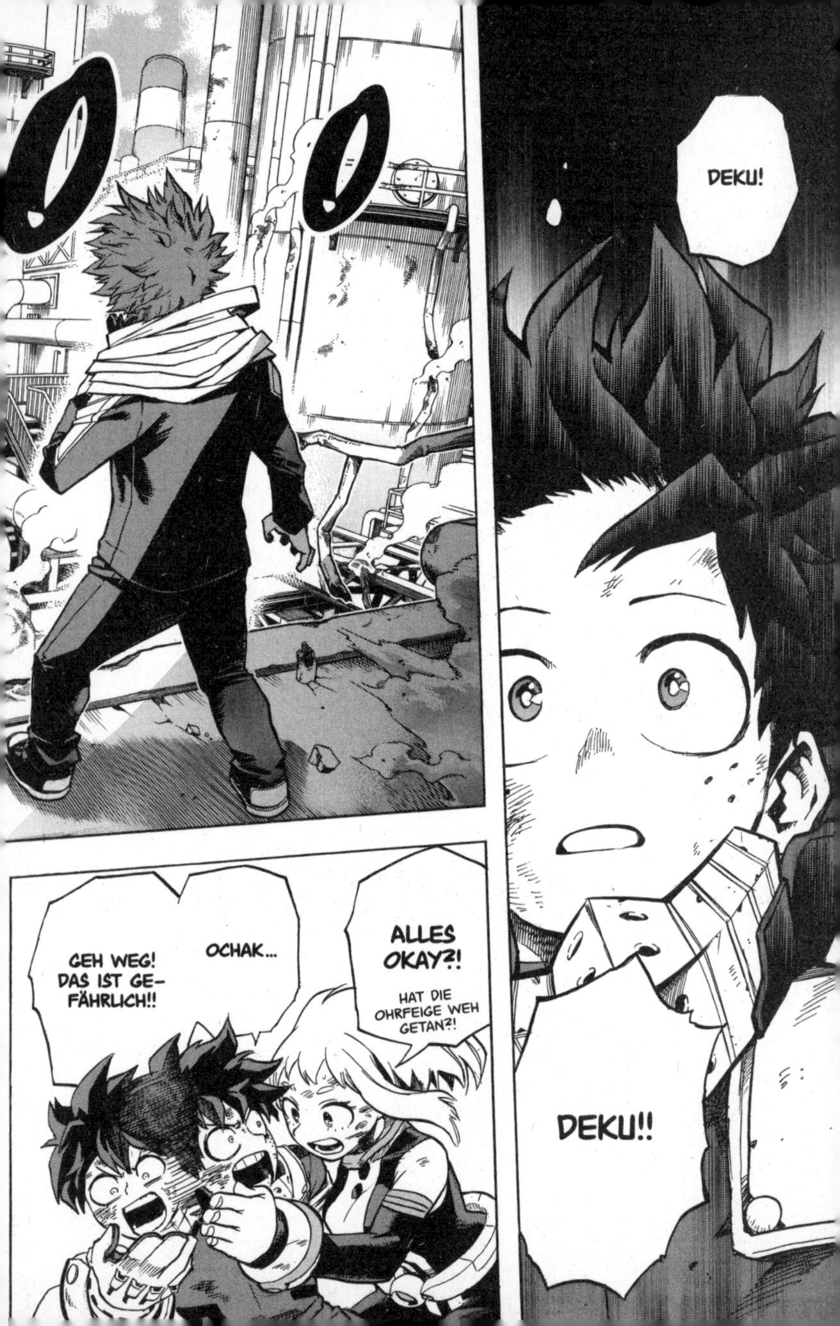
DEKU!
DEKU!!
ALLES OKAY?!
HAT DIE OHRFEIGE WEH GETAN?!
OCHAK...
GEH WEG! DAS IST GE-FÄHRLICH!!

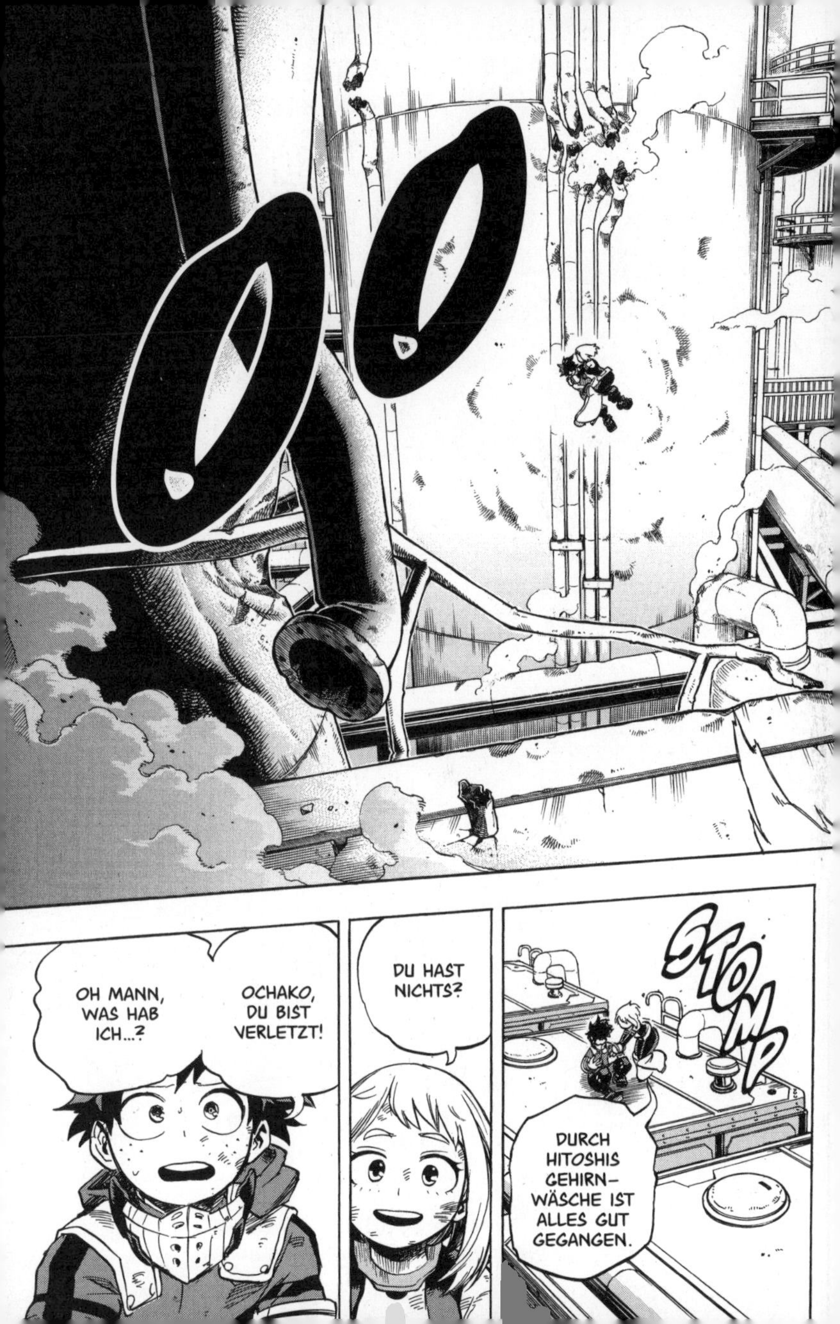
STOMP
DURCH HITOSHIS GEHIRN-WÄSCHE IST ALLES GUT GEGANGEN.
DU HAST NICHTS?
OCHAKO, DU BIST VERLETZT!
OH MANN, WAS HAB ICH...?

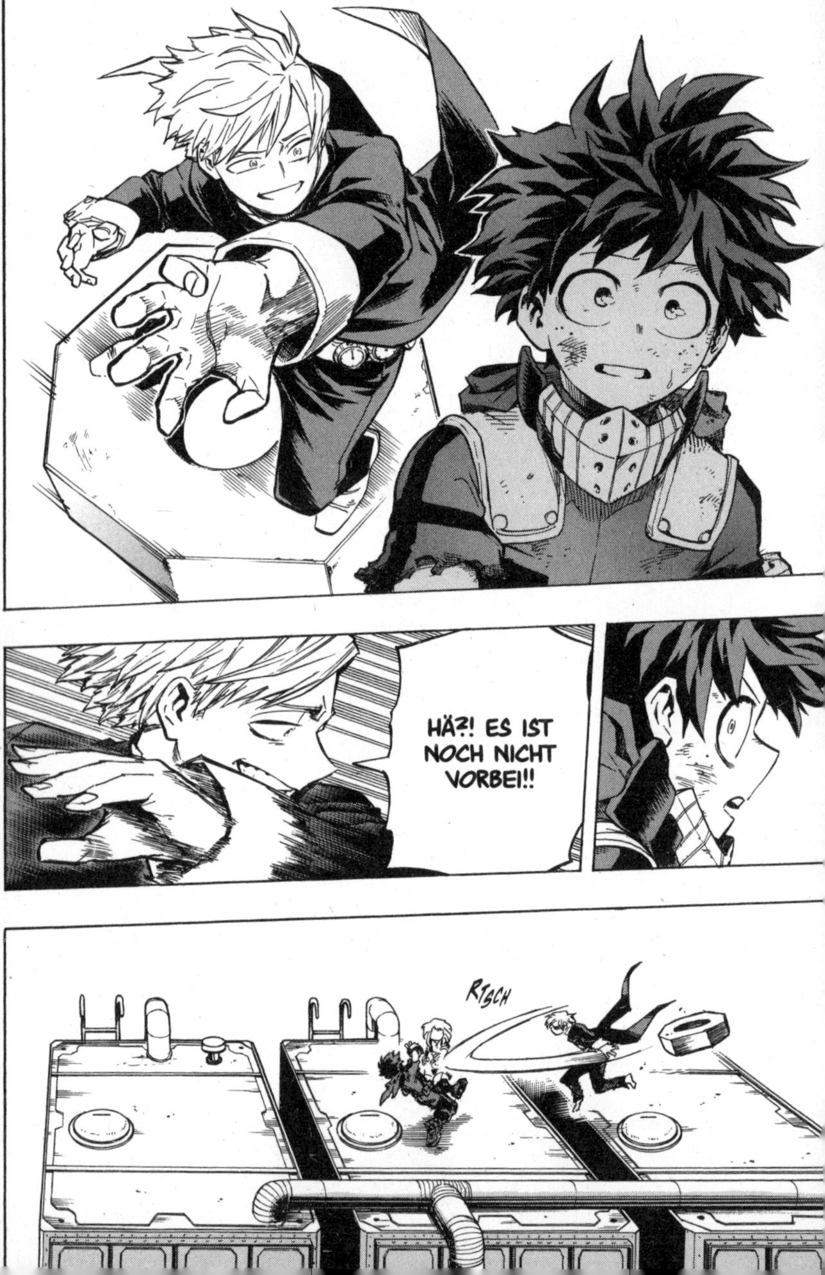
HÄ?! ES IST NOCH NICHT VORBEI!!
RISCH

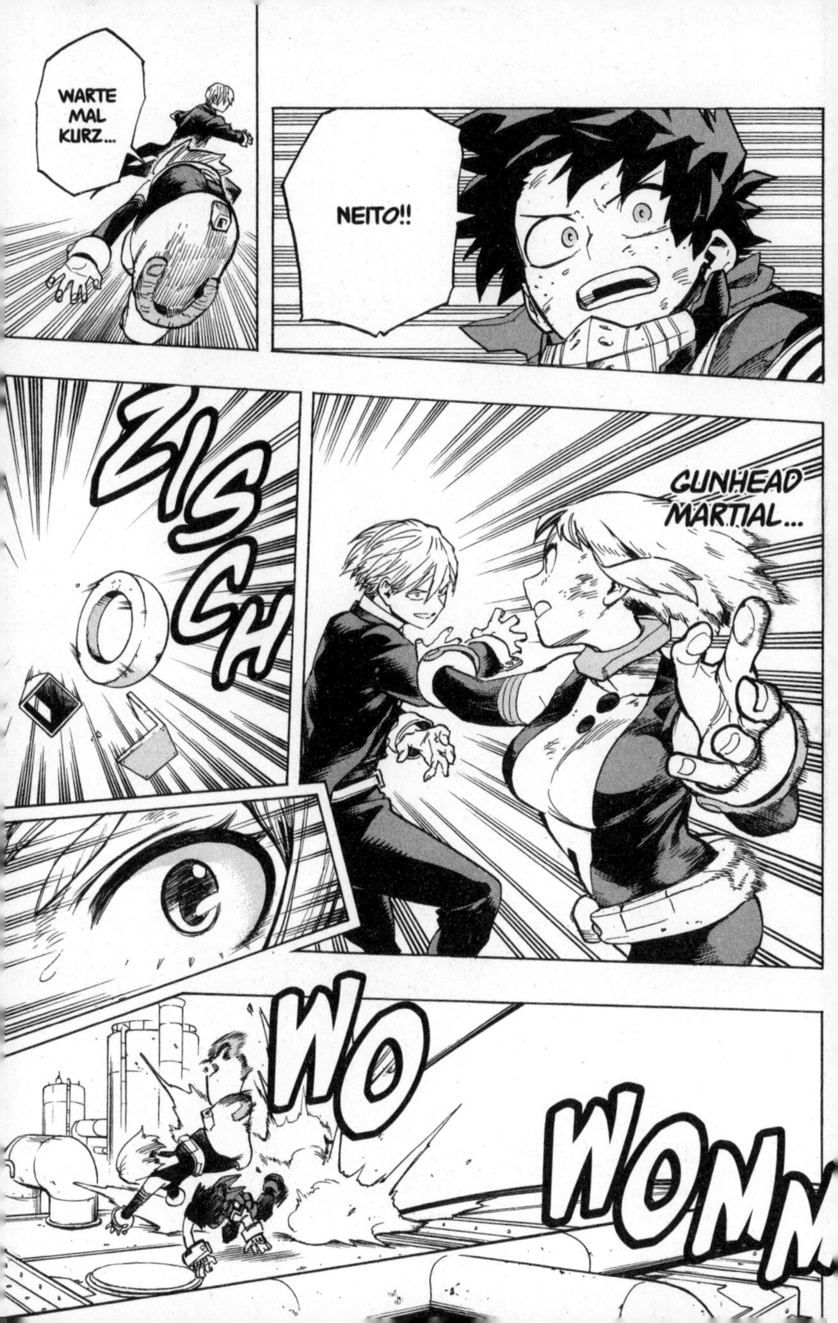
NEITO!!
WARTE MAL KURZ...
GUNHEAD MARTIAL...
ZISCH
WO
WOMM

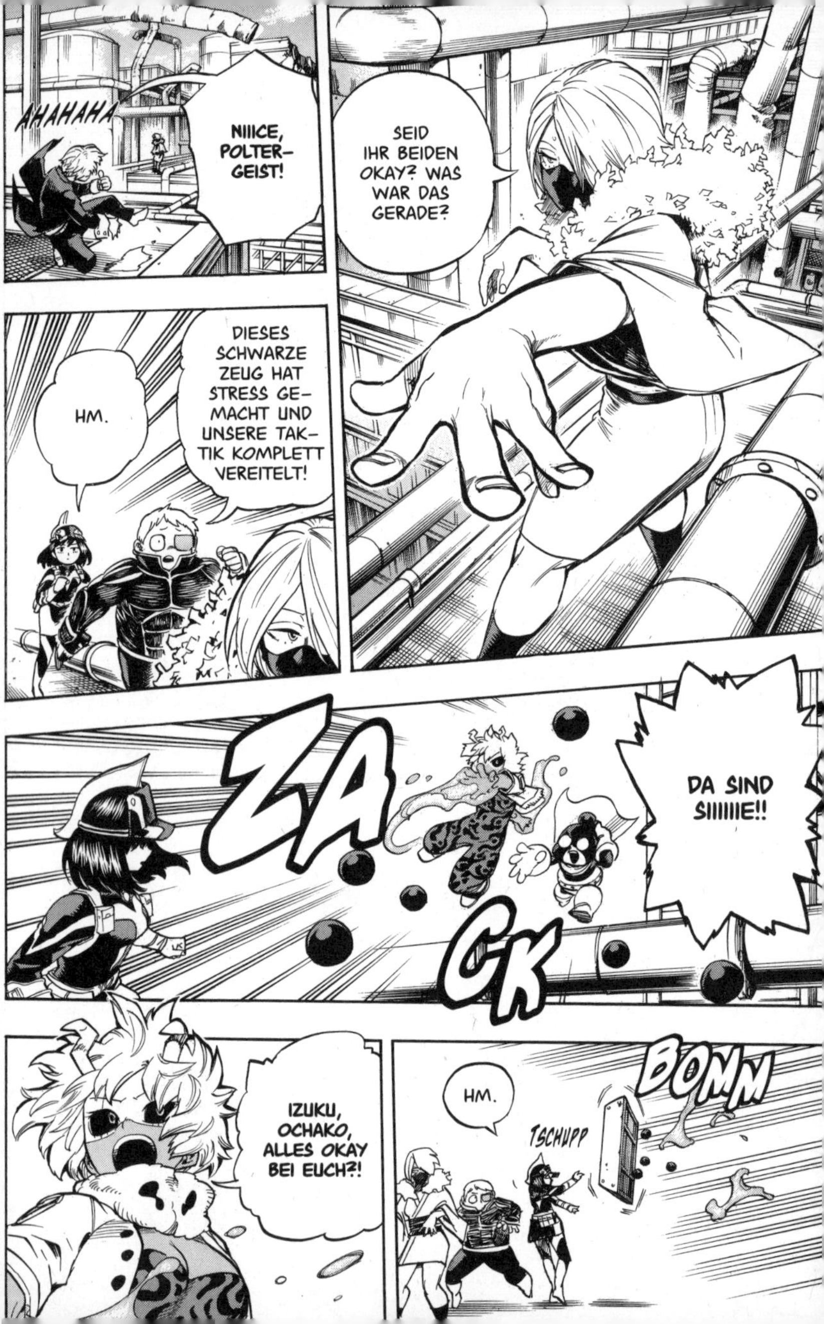
SEID
IHR BEIDEN
OKAY? WAS
WAR DAS
GERADE?
AHAHAHA
NIIICE,
POLTER-
GEIST!
DIESES
SCHWARZE
ZEUG HAT
STRESS GE-
MACHT UND
UNSERE TAK-
TIK KOMPLETT
VEREITELT!
HM.
DA SIND
SIIIIIIE!!
ZACK
BOMM
TSCHUPP
HM.
IZUKU,
OCHAKO,
ALLES OKAY
BEI EUCH?!

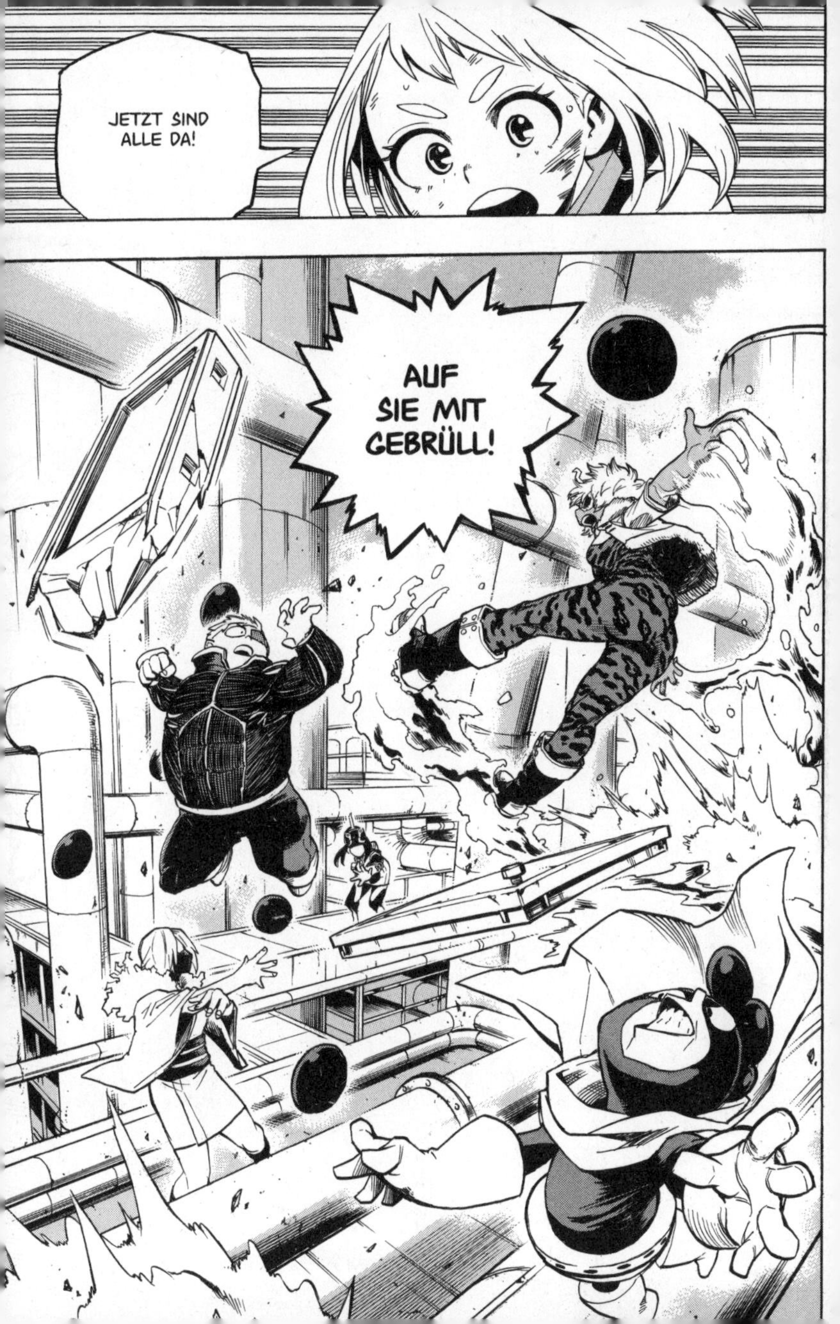
JETZT SIND ALLE DA!
AUF SIE MIT GEBRÜLL!

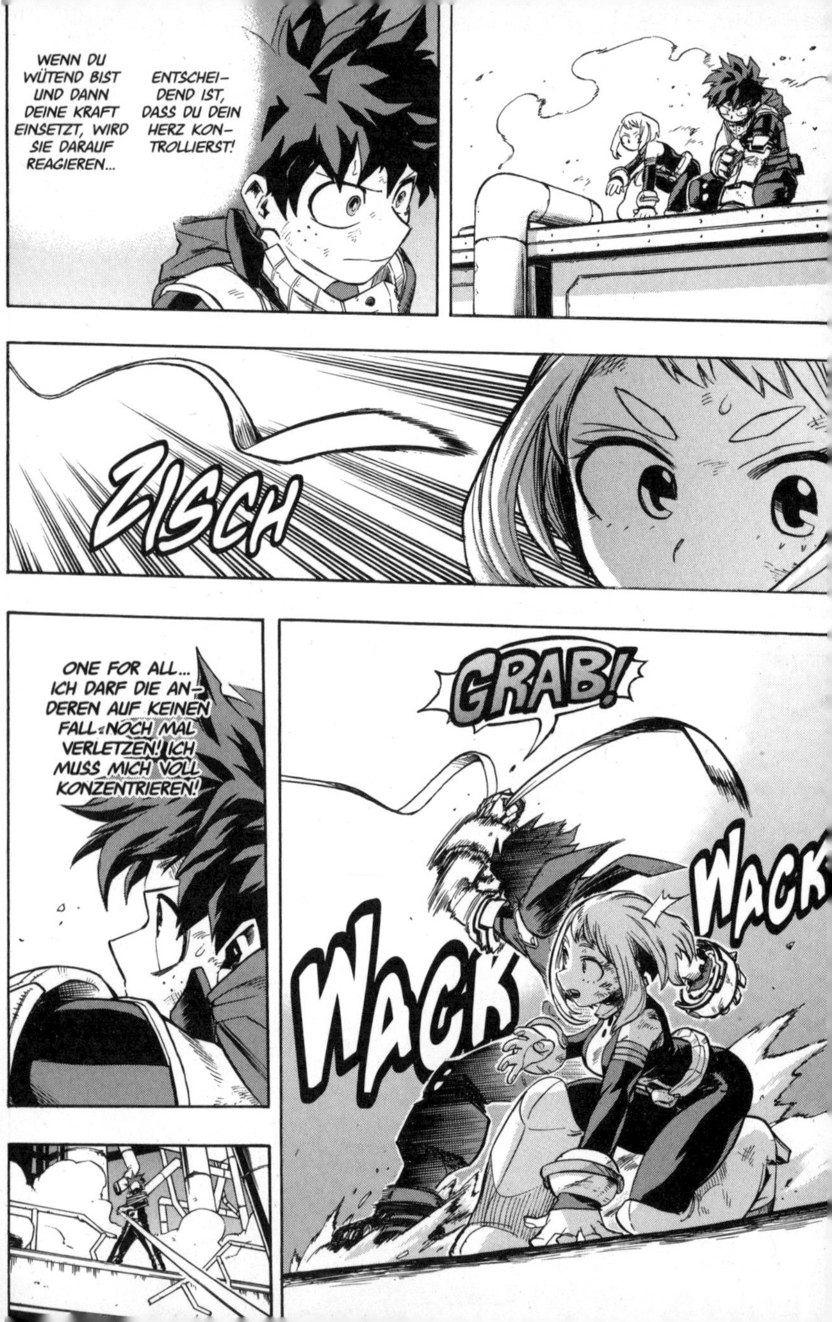
WENN DU WÜTEND BIST UND DANN DEINE KRAFT EINSETZT, WIRD SIE DARAUF REAGIEREN...
ENTSCHEIDEND IST, DASS DU DEIN HERZ KONTROLLIERST!
ZISCH
ONE FOR ALL... ICH DARF DIE ANDEREN AUF KEINEN FALL NOCH MAL VERLETZEN! ICH MUSS MICH VOLL KONZENTRIEREN!
GRAB!
WACK
WACK

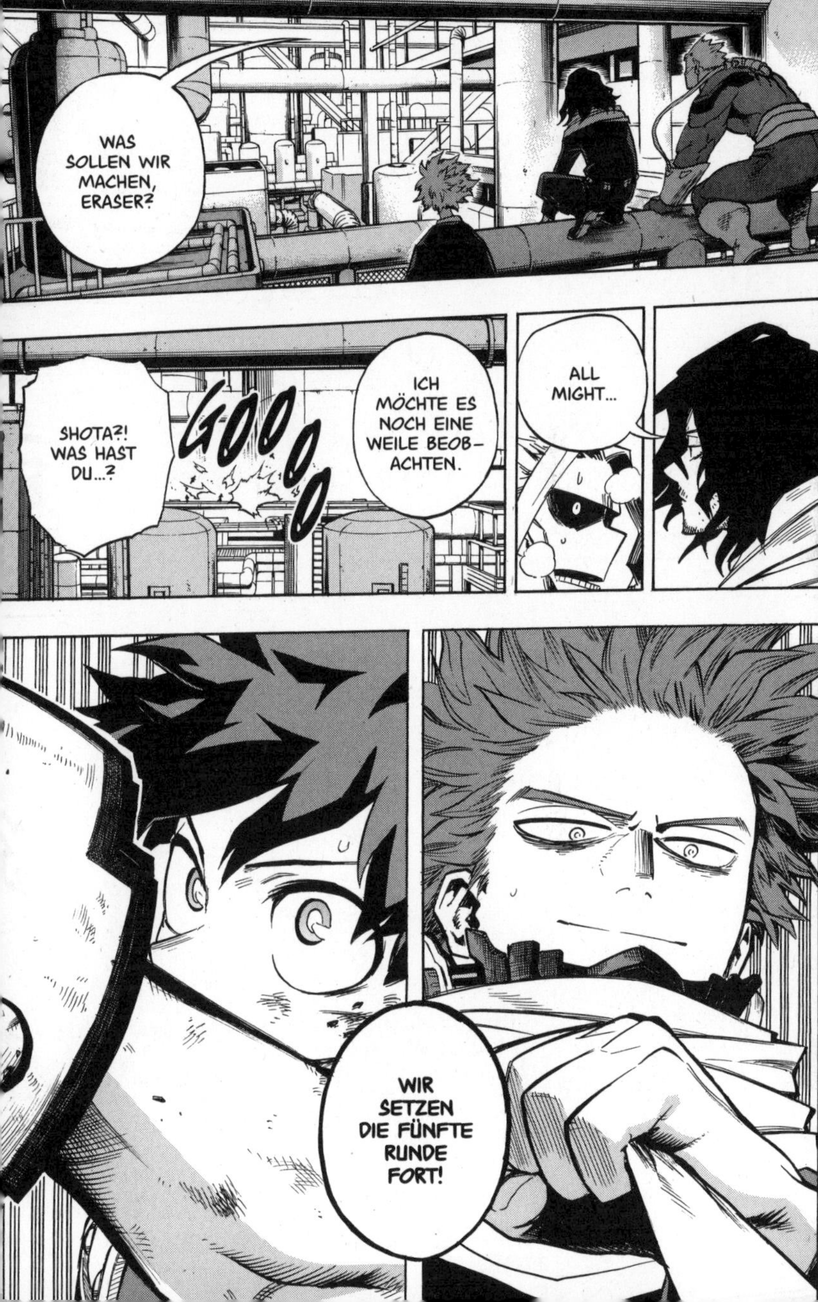
WAS SOLLEN WIR MACHEN, ERASER?
ALL MIGHT...
ICH MÖCHTE ES NOCH EINE WEILE BEOB-ACHTEN.
SHOTA?! WAS HAST DU...?
GOOOOO
WIR SETZEN DIE FÜNFTE RUNDE FORT!

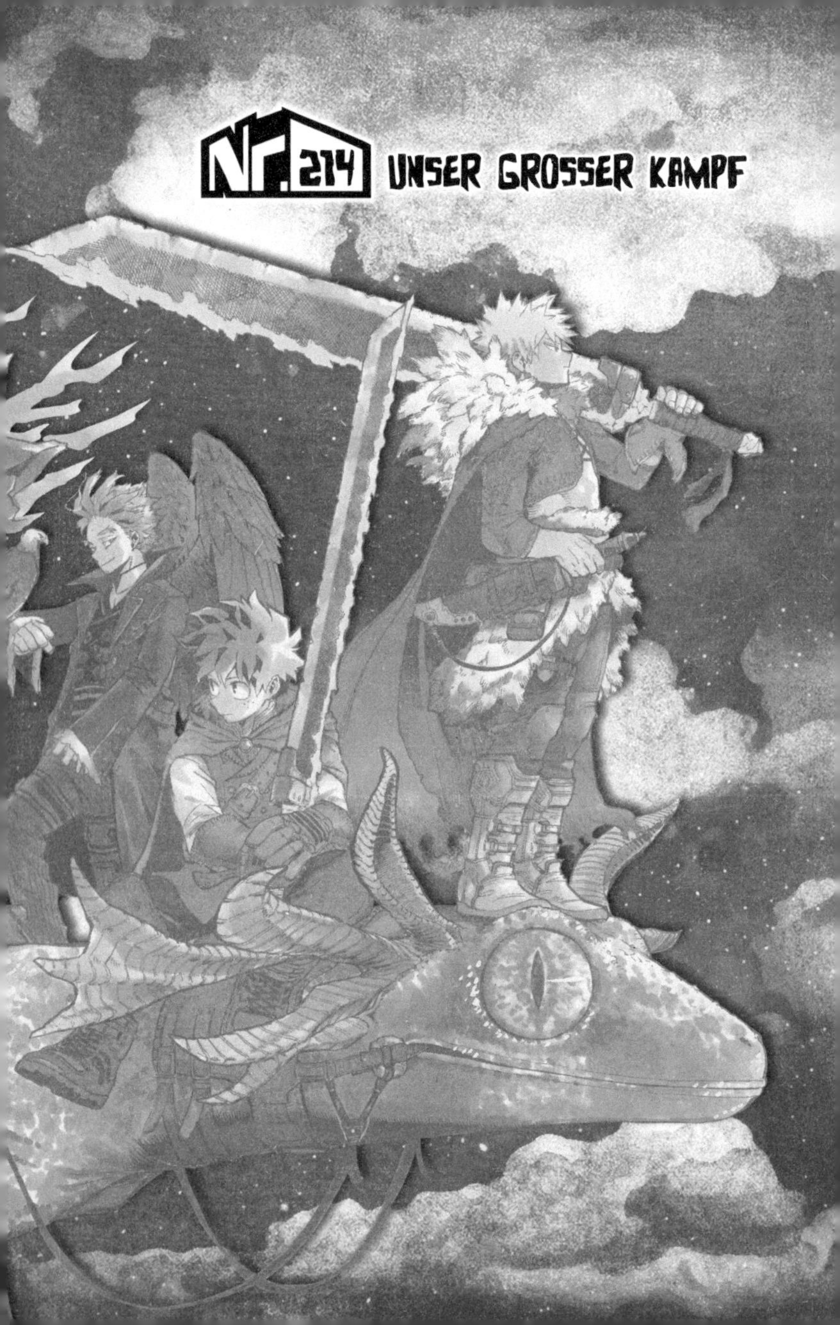
Nr. 214
UNSER GROSSER KAMPF

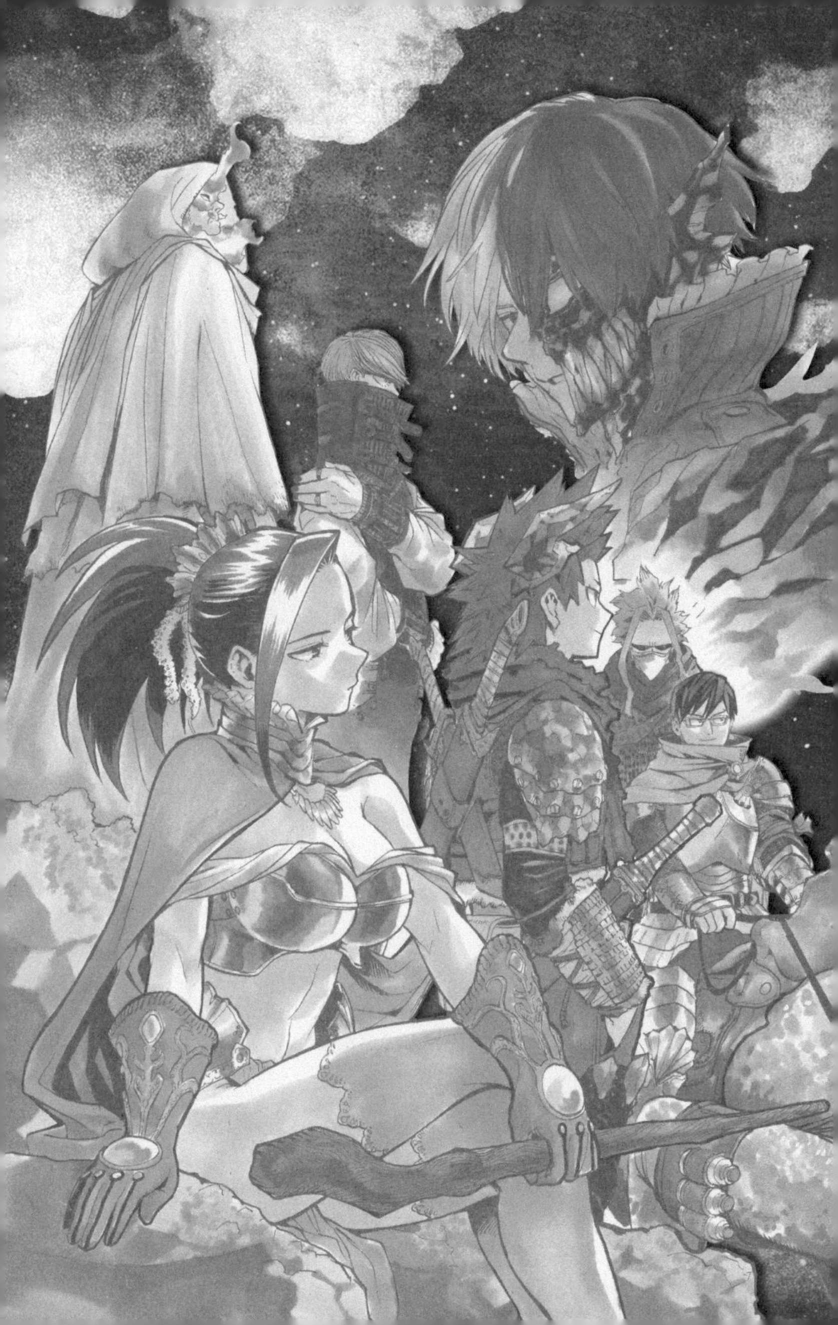

MY HERO ACADEMIA

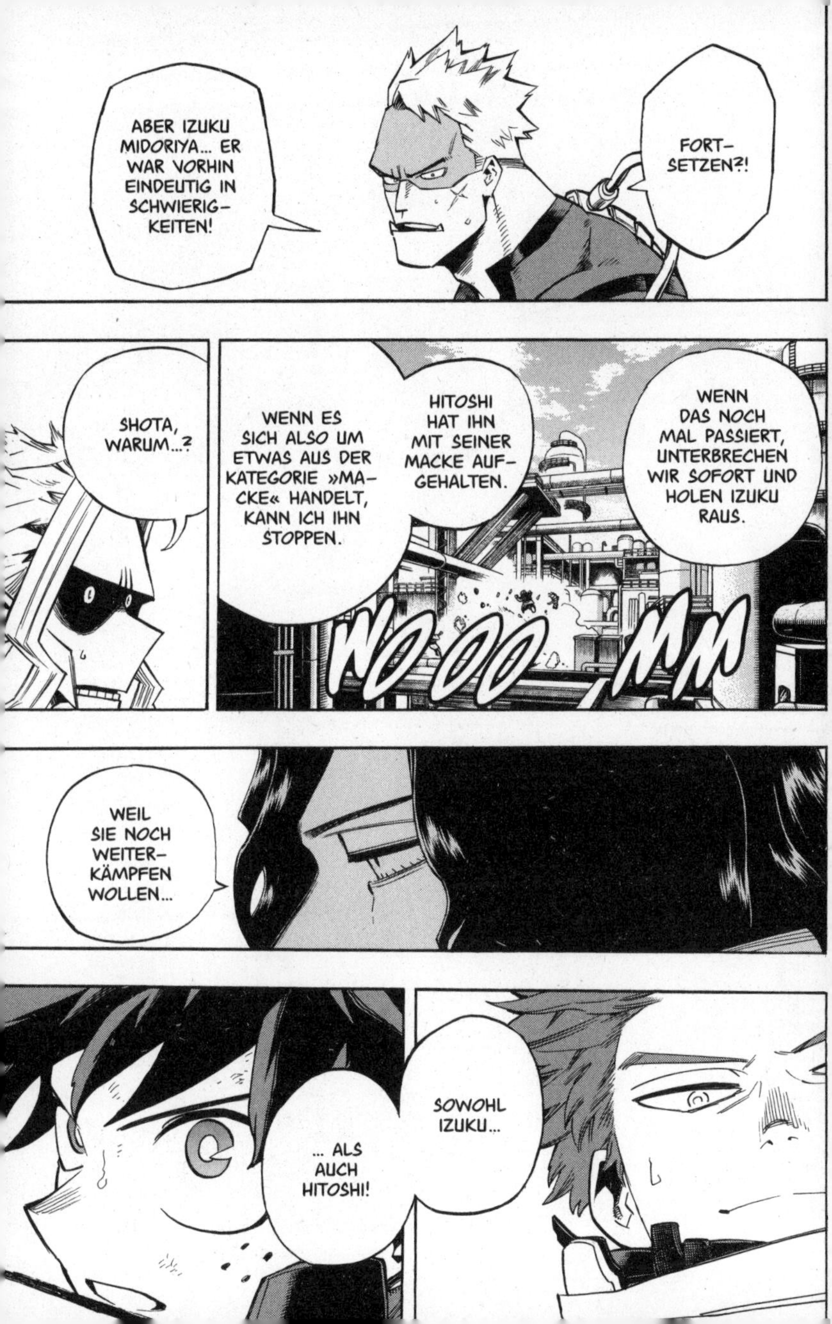
FORT-SETZEN?!
ABER IZUKU MIDORIYA... ER WAR VORHIN EINDEUTIG IN SCHWIERIG-KEITEN!
WENN DAS NOCH MAL PASSIERT, UNTERBRECHEN WIR SOFORT UND HOLEN IZUKU RAUS.
HITOSHI HAT IHN MIT SEINER MACKE AUF-GEHALTEN.
WENN ES SICH ALSO UM ETWAS AUS DER KATEGORIE »MA-CKE« HANDELT, KANN ICH IHN STOPPEN.
SHOTA, WARUM...?
WOOOO MM
WEIL SIE NOCH WEITER-KÄMPFEN WOLLEN...
SOWOHL IZUKU...
... ALS AUCH HITOSHI!

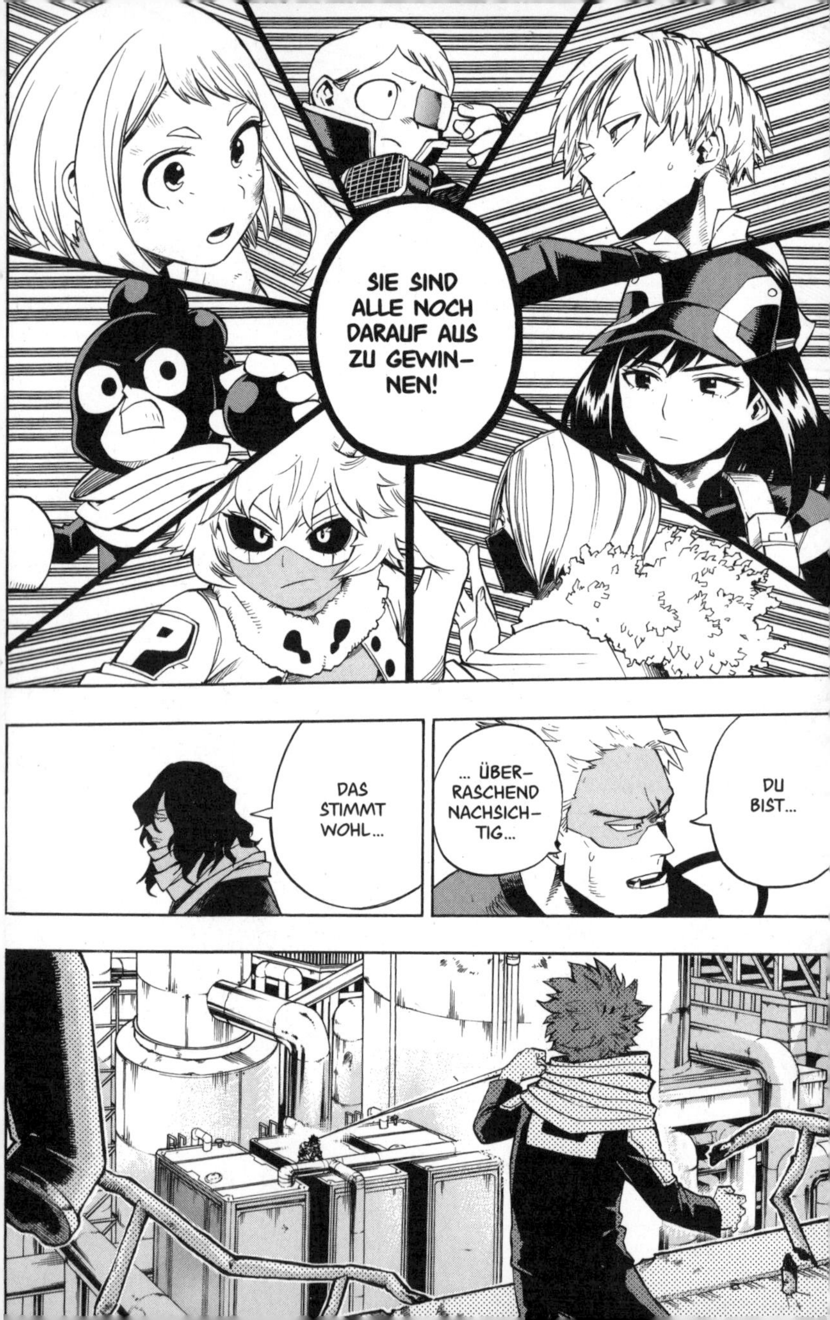
SIE SIND ALLE NOCH DARAUF AUS ZU GEWINNEN!
DU BIST...
... ÜBERRASCHEND NACHSICHTIG...
DAS STIMMT WOHL...

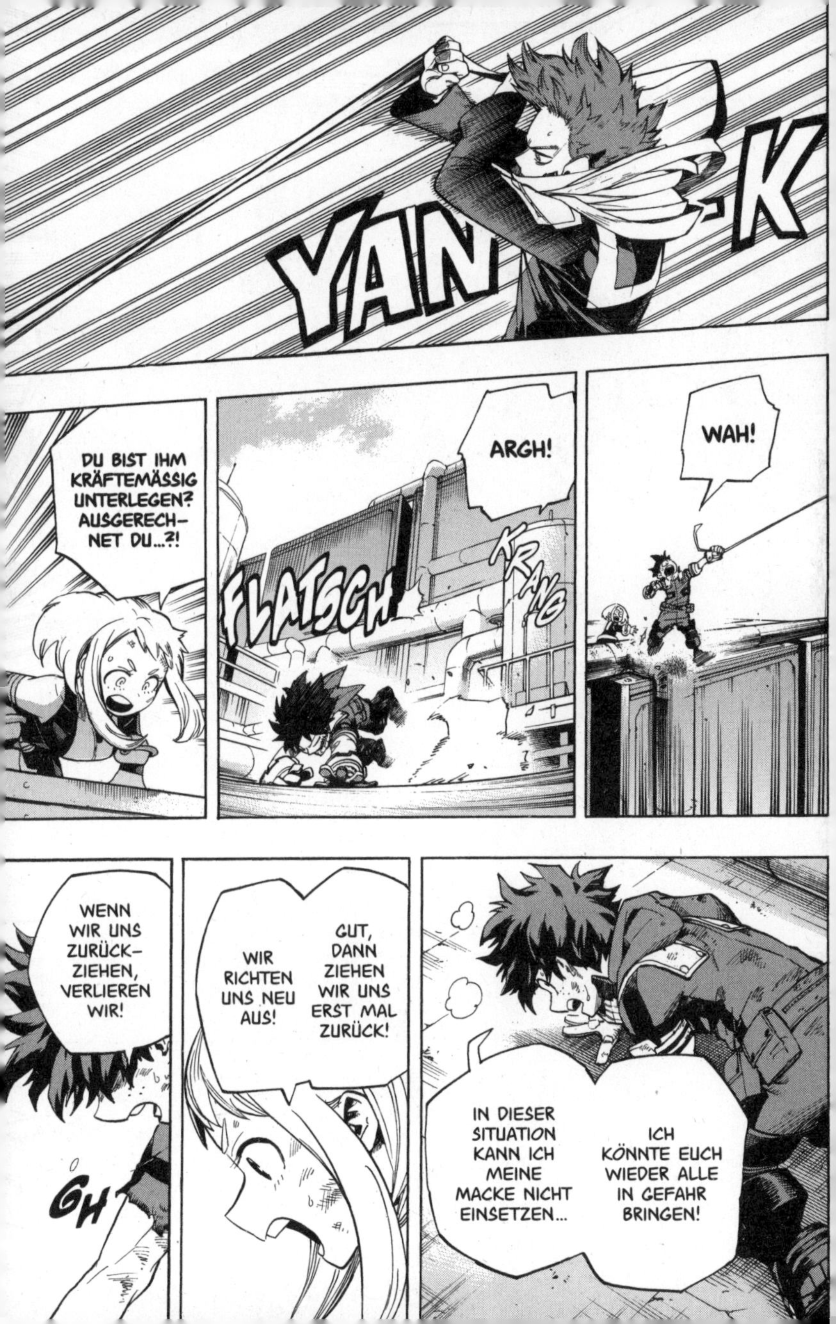
YAN
K
WAH!
ARGH!
KRANG
FLATSCH
DU BIST IHM KRÄFTEMÄSSIG UNTERLEGEN?! AUSGERECHNET DU...?!
ICH KÖNNTE EUCH WIEDER ALLE IN GEFAHR BRINGEN!
IN DIESER SITUATION KANN ICH MEINE MACKE NICHT EINSETZEN...
GUT, DANN ZIEHEN WIR UNS ERST MAL ZURÜCK!
WIR RICHTEN UNS NEU AUS!
WENN WIR UNS ZURÜCKZIEHEN, VERLIEREN WIR!
GH

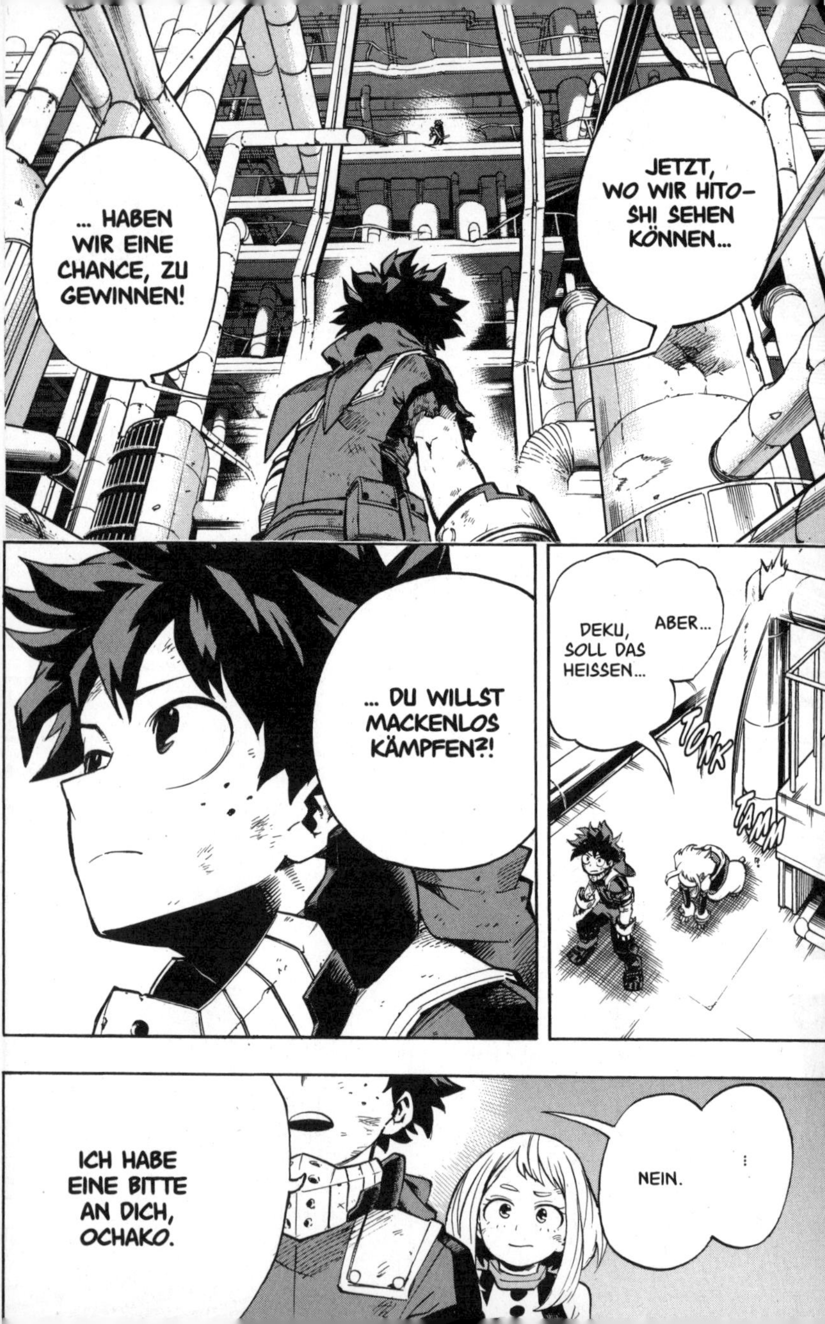
JETZT, WO WIR HITO-SHI SEHEN KÖNNEN...
... HABEN WIR EINE CHANCE, ZU GEWINNEN!
ABER...
DEKU, SOLL DAS HEISSEN...
TONK
TAMM
... DU WILLST MACKENLOS KÄMPFEN?!
NEIN.
ICH HABE EINE BITTE AN DICH, OCHAKO.

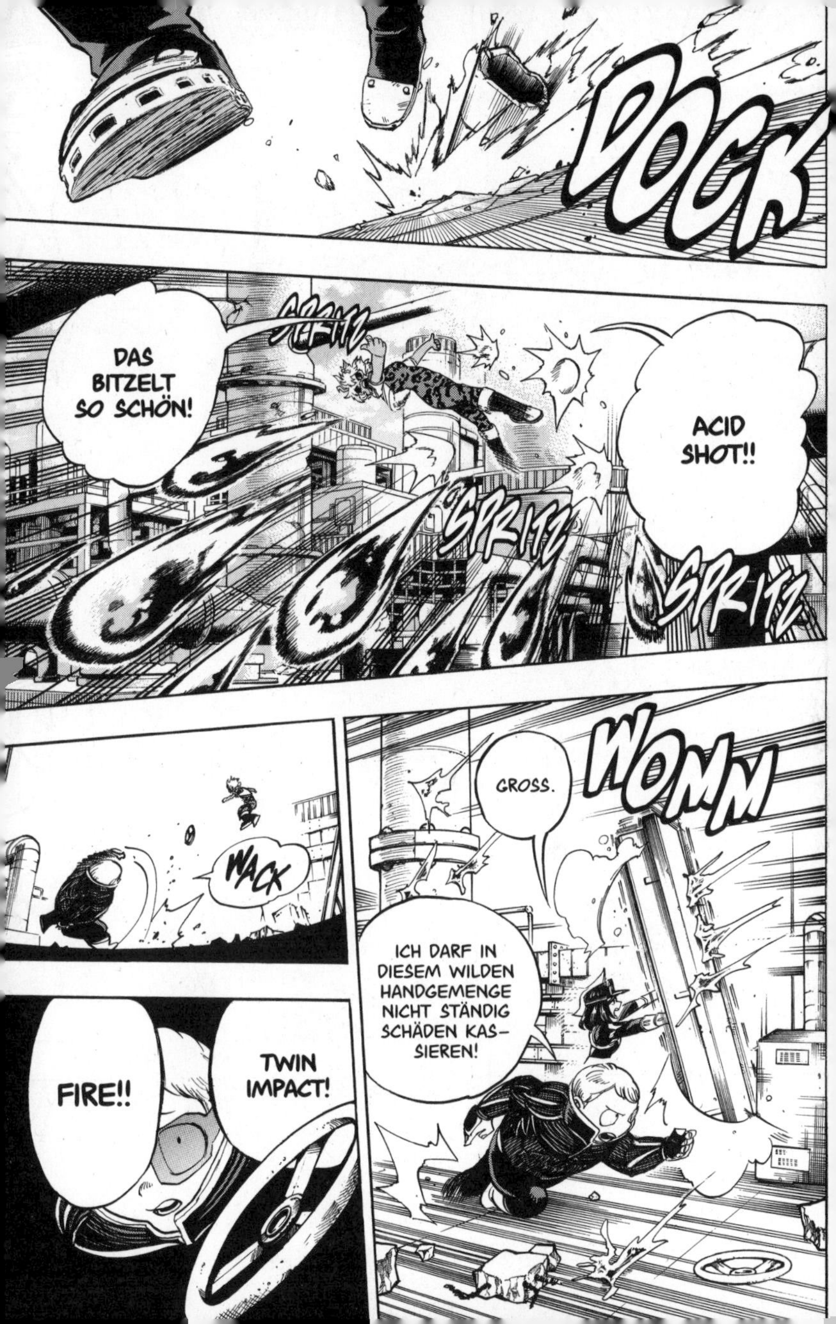
DOCK
ACID SHOT!!
SPRITZ
SPRITZ
DAS BITZELT SO SCHÖN!
WOMM
GROSS.
ICH DARF IN DIESEM WILDEN HANDGEMENGE NICHT STÄNDIG SCHÄDEN KAS-SIEREN!
WACK
TWIN IMPACT!
FIRE!!

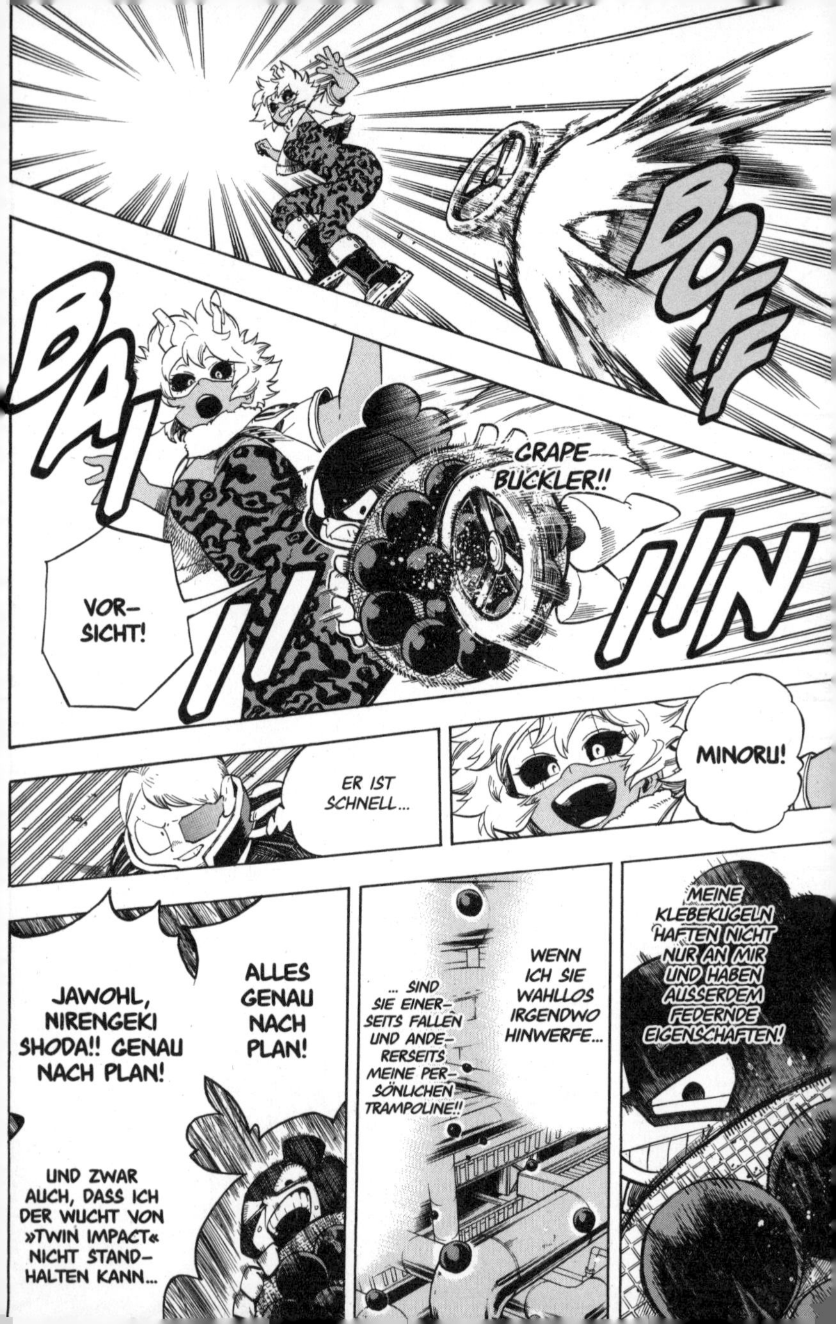
BOFF
DA
GRAPE BUCKLER!!
VORSICHT!
IIN
MINORU!
ER IST SCHNELL...
MEINE KLEBEKUGELN HAFTEN NICHT NUR AN MIR UND HABEN AUSSERDEM FEDERNDE EIGENSCHAFTEN!
WENN ICH SIE WAHLLOS IRGENDWO HINWERFE...
... SIND SIE EINERSEITS FALLEN UND ANDERERSEITS MEINE PERSÖNLICHEN TRAMPOLINE!!
ALLES GENAU NACH PLAN!
JAWOHL, NIRENGEKI SHODA!! GENAU NACH PLAN!
UND ZWAR AUCH, DASS ICH DER WUCHT VON »TWIN IMPACT« NICHT STANDHALTEN KANN...

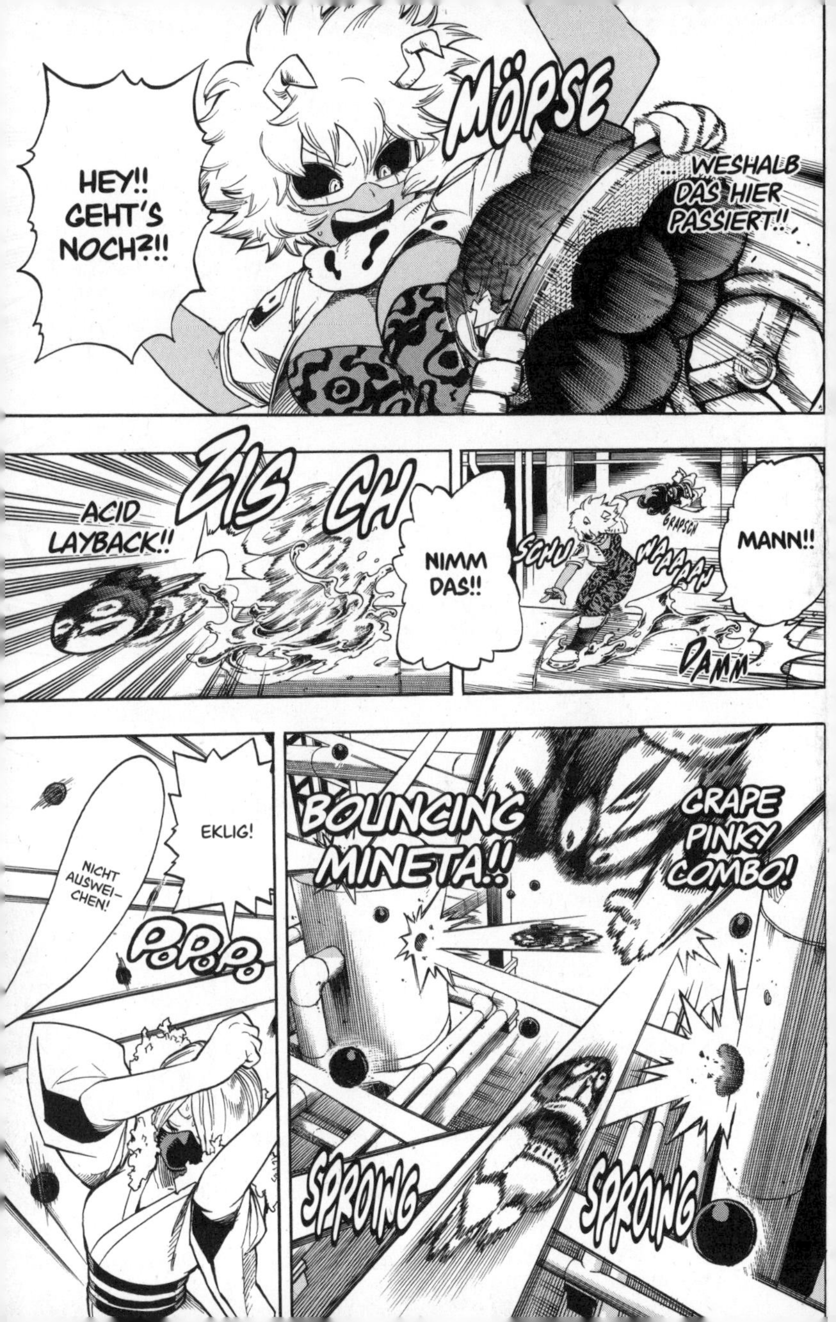
... WESHALB DAS HIER PASSIERT!!
MÖPSE
HEY!! GEHT'S NOCH?!!
MANN!!
GRAPSCH
WAAAAH
SCHU
DAMM
NIMM DAS!!
ZISCH
ACID LAYBACK!!
GRAPE PINKY COMBO!
BOUNCING MINETA!!
SPROING
SPROING
EKLIG!
NICHT AUSWEI-CHEN!
POPOPO

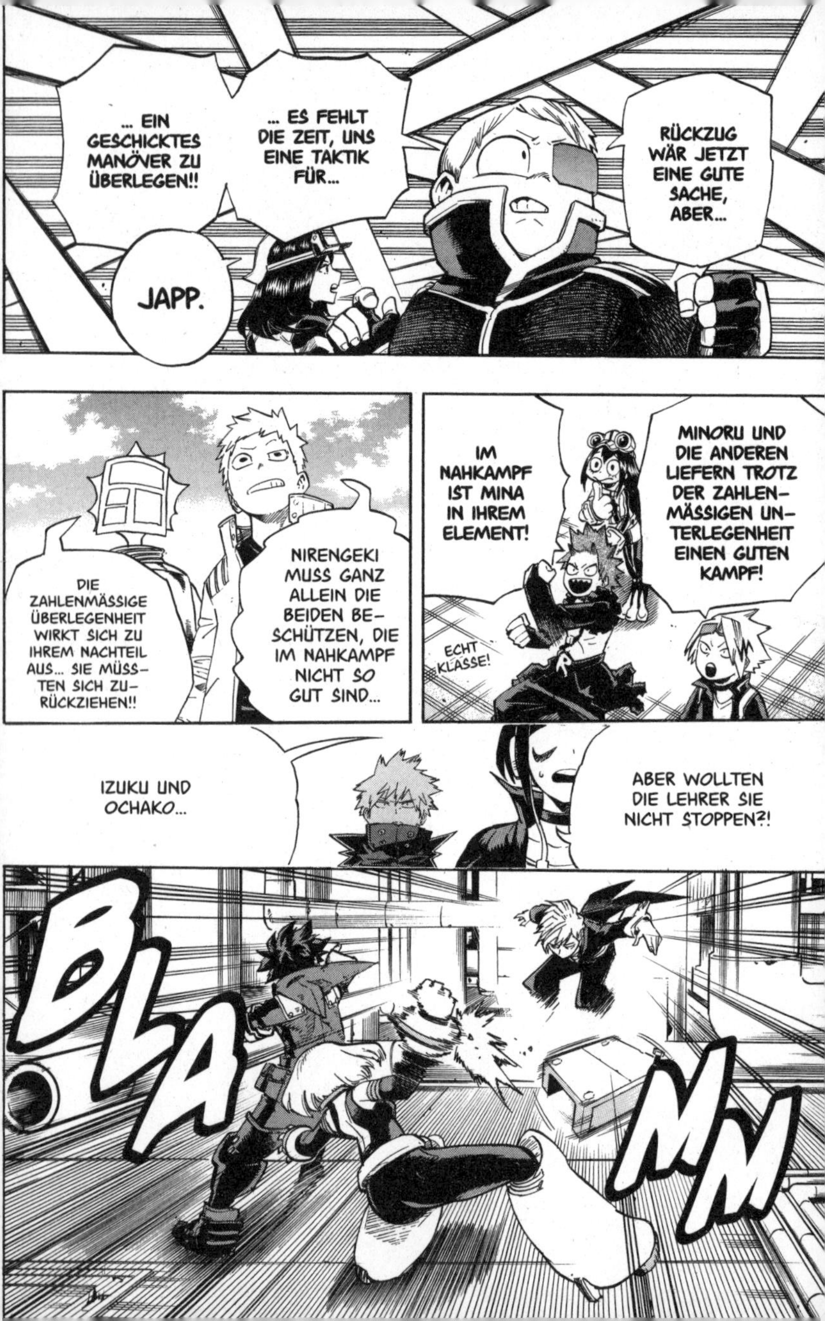
RÜCKZUG WÄR JETZT EINE GUTE SACHE, ABER...
... ES FEHLT DIE ZEIT, UNS EINE TAKTIK FÜR...
... EIN GESCHICKTES MANÖVER ZU ÜBERLEGEN!!
JAPP.
MINORU UND DIE ANDEREN LIEFERN TROTZ DER ZAHLEN-MÄSSIGEN UN-TERLEGENHEIT EINEN GUTEN KAMPF!
IM NAHKAMPF IST MINA IN IHREM ELEMENT!
ECHT KLASSE!
NIRENGEKI MUSS GANZ ALLEIN DIE BEIDEN BE-SCHÜTZEN, DIE IM NAHKAMPF NICHT SO GUT SIND...
DIE ZAHLENMÄSSIGE ÜBERLEGENHEIT WIRKT SICH ZU IHREM NACHTEIL AUS... SIE MÜSS-TEN SICH ZU-RÜCKZIEHEN!!
ABER WOLLTEN DIE LEHRER SIE NICHT STOPPEN?!
IZUKU UND OCHAKO...
BLAMM

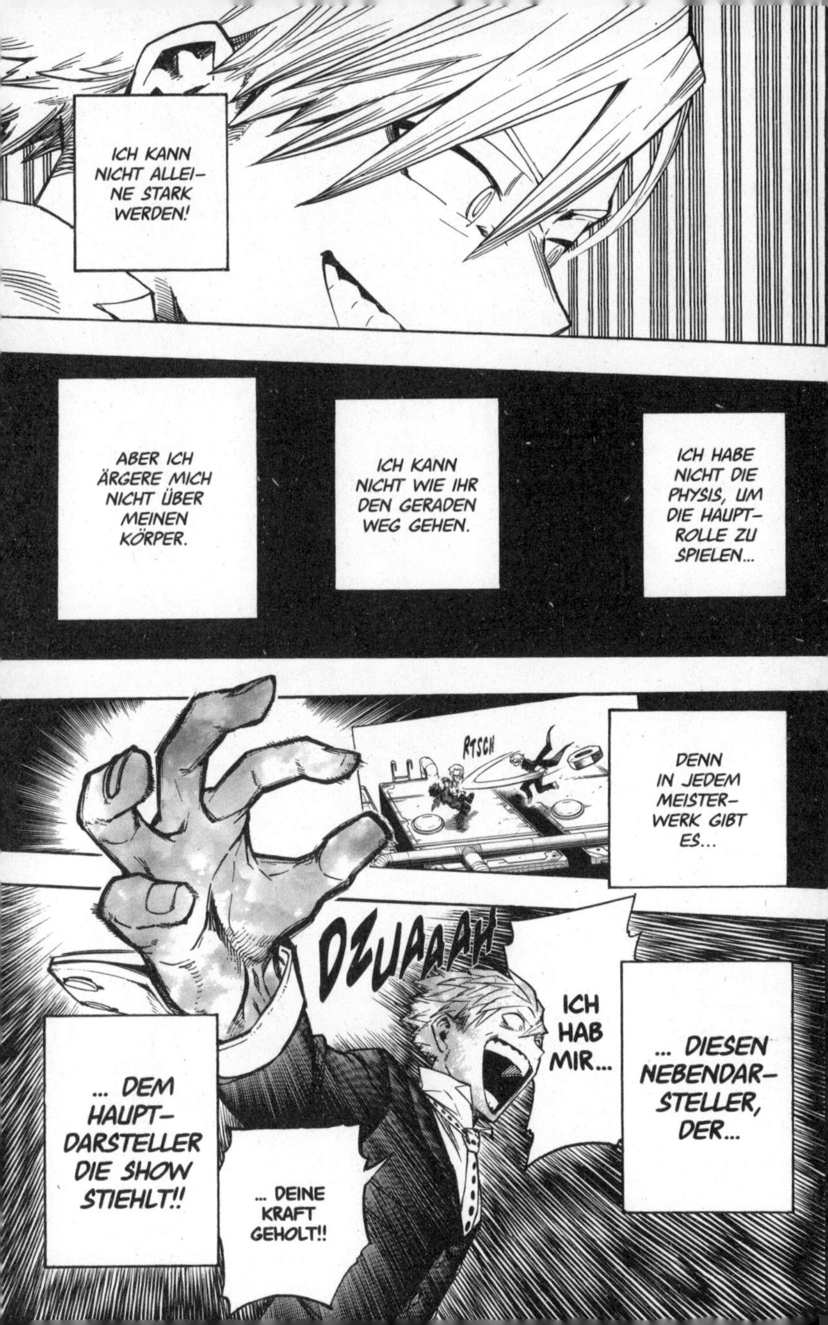
ICH KANN NICHT ALLEI-NE STARK WERDEN!
ICH HABE NICHT DIE PHYSIS, UM DIE HAUPT-ROLLE ZU SPIELEN...
ICH KANN NICHT WIE IHR DEN GERADEN WEG GEHEN.
ABER ICH ÄRGERE MICH NICHT ÜBER MEINEN KÖRPER.
RTSCH
DENN IN JEDEM MEISTER-WERK GIBT ES...
DZUAAAH
... DIESEN NEBENDAR-STELLER, DER...
ICH HAB MIR...
... DEINE KRAFT GEHOLT!!
... DEM HAUPT-DARSTELLER DIE SHOW STIEHLT!!

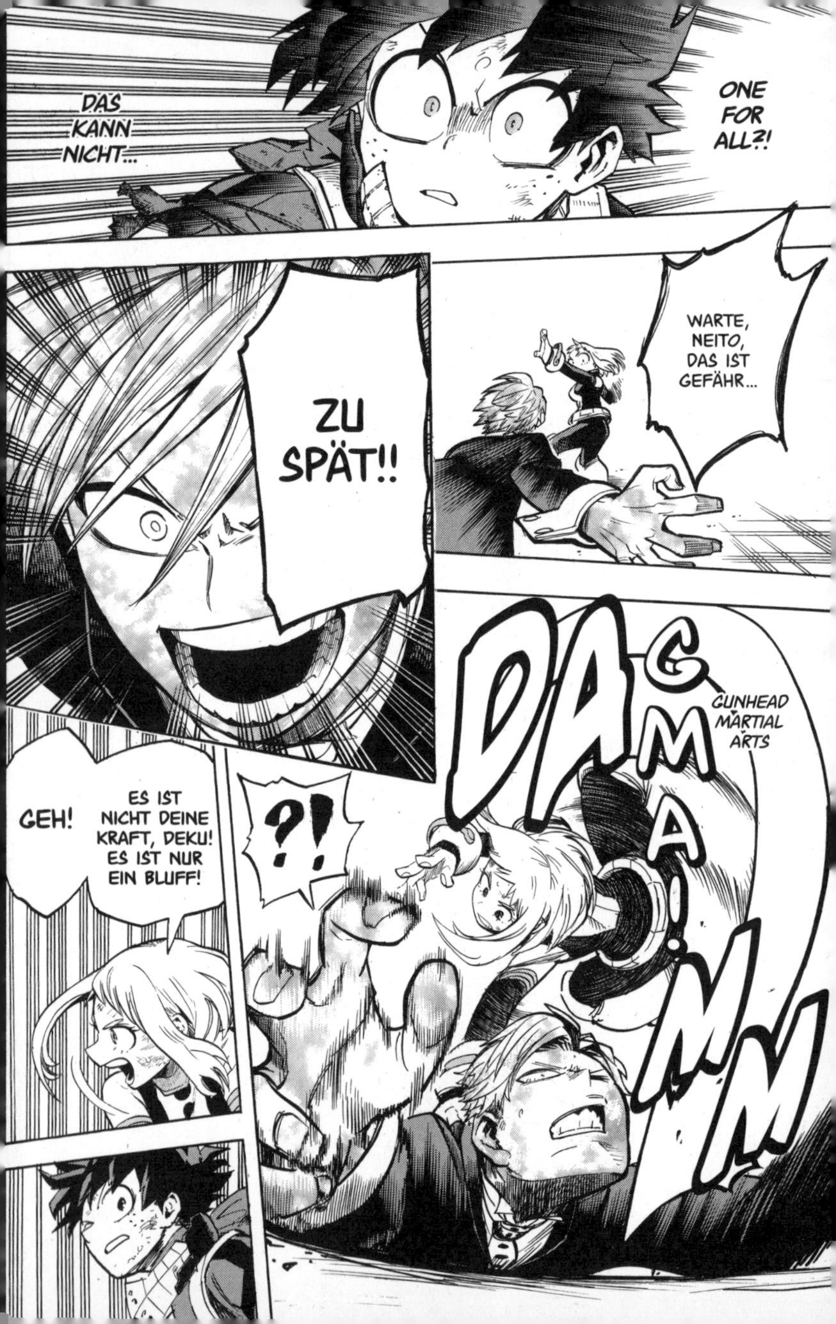
ONE FOR ALL?!
DAS KANN NICHT...
WARTE, NEITO, DAS IST GEFÄHR...
ZU SPÄT!!
DAGMA!MM
GUNHEAD MARTIAL ARTS
?!
GEH!
ES IST NICHT DEINE KRAFT, DEKU! ES IST NUR EIN BLUFF!

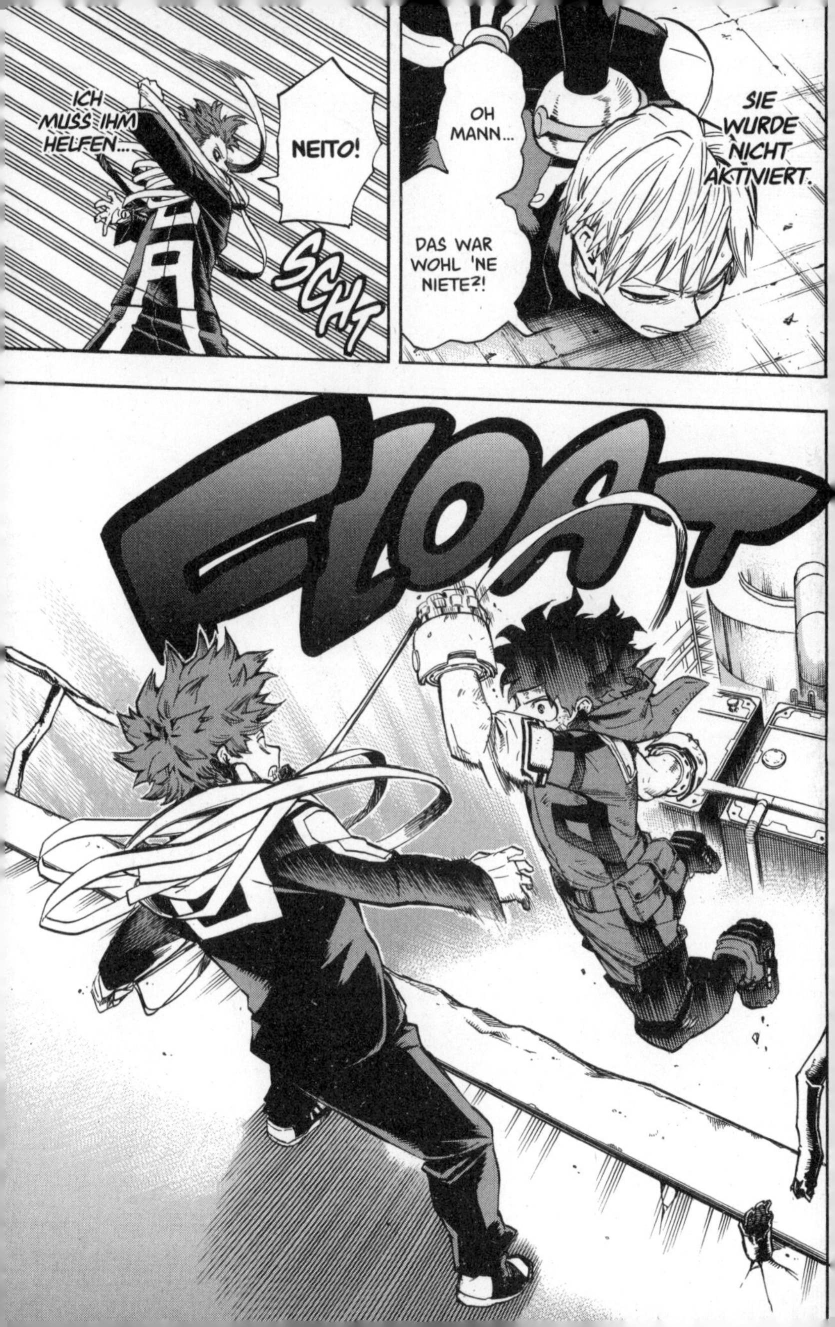
OH MANN…
DAS WAR WOHL 'NE NIETE?!
SIE WURDE NICHT AKTIVIERT.
NEITO!
ICH MUSS IHM HELFEN…
SCHT
FLOAT

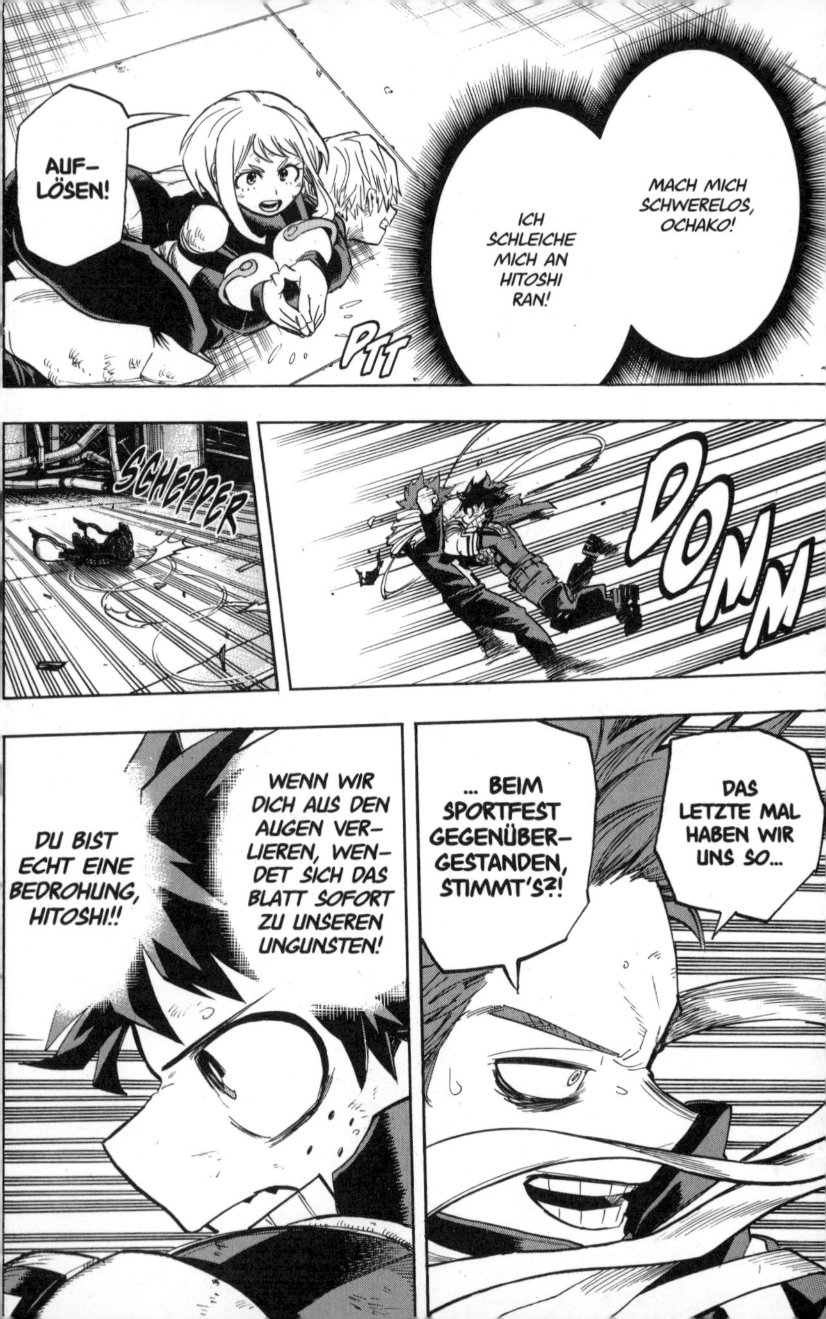
MACH MICH SCHWERELOS, OCHAKO!
ICH SCHLEICHE MICH AN HITOSHI RAN!
AUF-LÖSEN!
PTT
DOMM
SCHEPPER
DAS LETZTE MAL HABEN WIR UNS SO…
… BEIM SPORTFEST GEGENÜBER-GESTANDEN, STIMMT'S?!
WENN WIR DICH AUS DEN AUGEN VER-LIEREN, WEN-DET SICH DAS BLATT SOFORT ZU UNSEREN UNGUNSTEN!
DU BIST ECHT EINE BEDROHUNG, HITOSHI!!

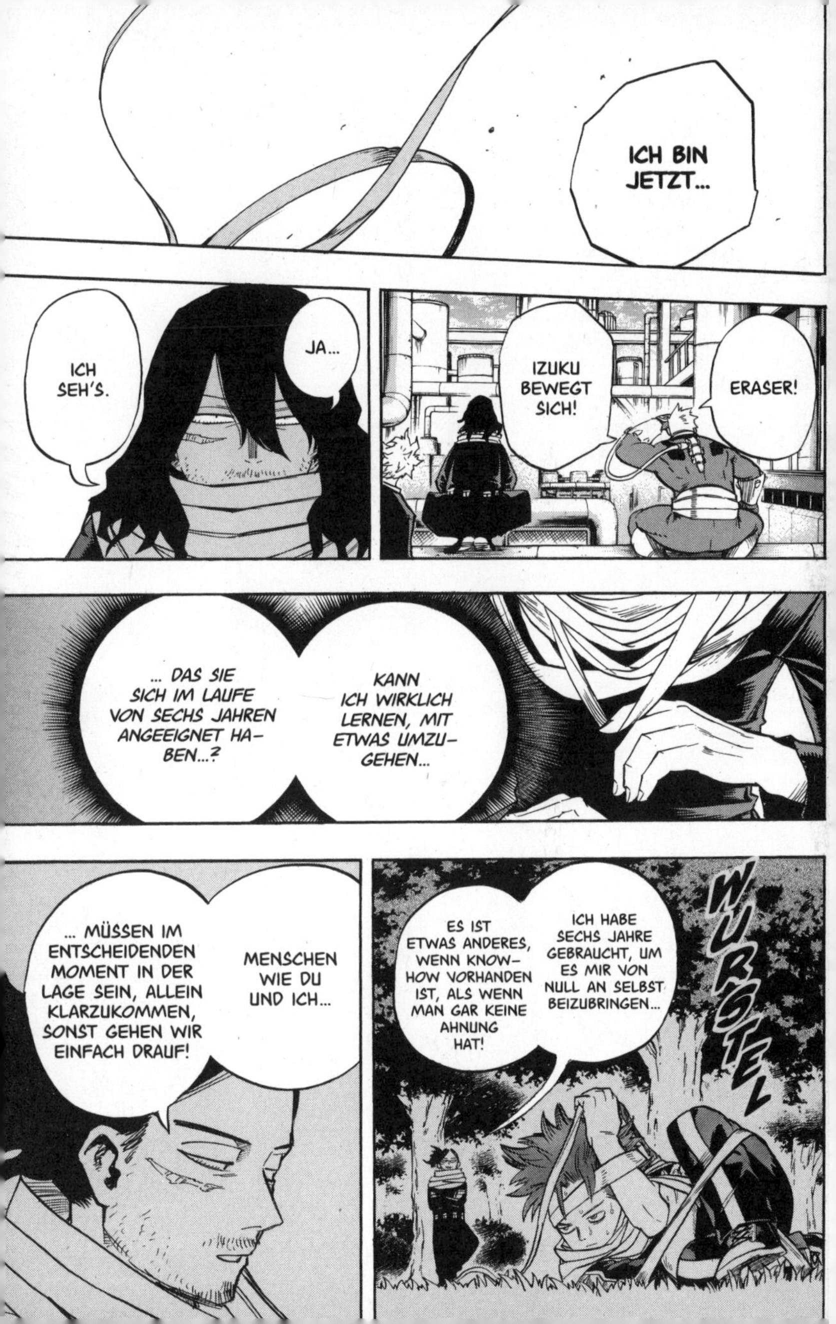
ICH BIN JETZT...
ERASER!
IZUKU BEWEGT SICH!
JA...
ICH SEH'S.
KANN ICH WIRKLICH LERNEN, MIT ETWAS UMZUGEHEN...
... DAS SIE SICH IM LAUFE VON SECHS JAHREN ANGEEIGNET HABEN...?
WURSTEL
ICH HABE SECHS JAHRE GEBRAUCHT, UM ES MIR VON NULL AN SELBST BEIZUBRINGEN...
ES IST ETWAS ANDERES, WENN KNOW-HOW VORHANDEN IST, ALS WENN MAN GAR KEINE AHNUNG HAT!
MENSCHEN WIE DU UND ICH...
... MÜSSEN IM ENTSCHEIDENDEN MOMENT IN DER LAGE SEIN, ALLEIN KLARZUKOMMEN, SONST GEHEN WIR EINFACH DRAUF!

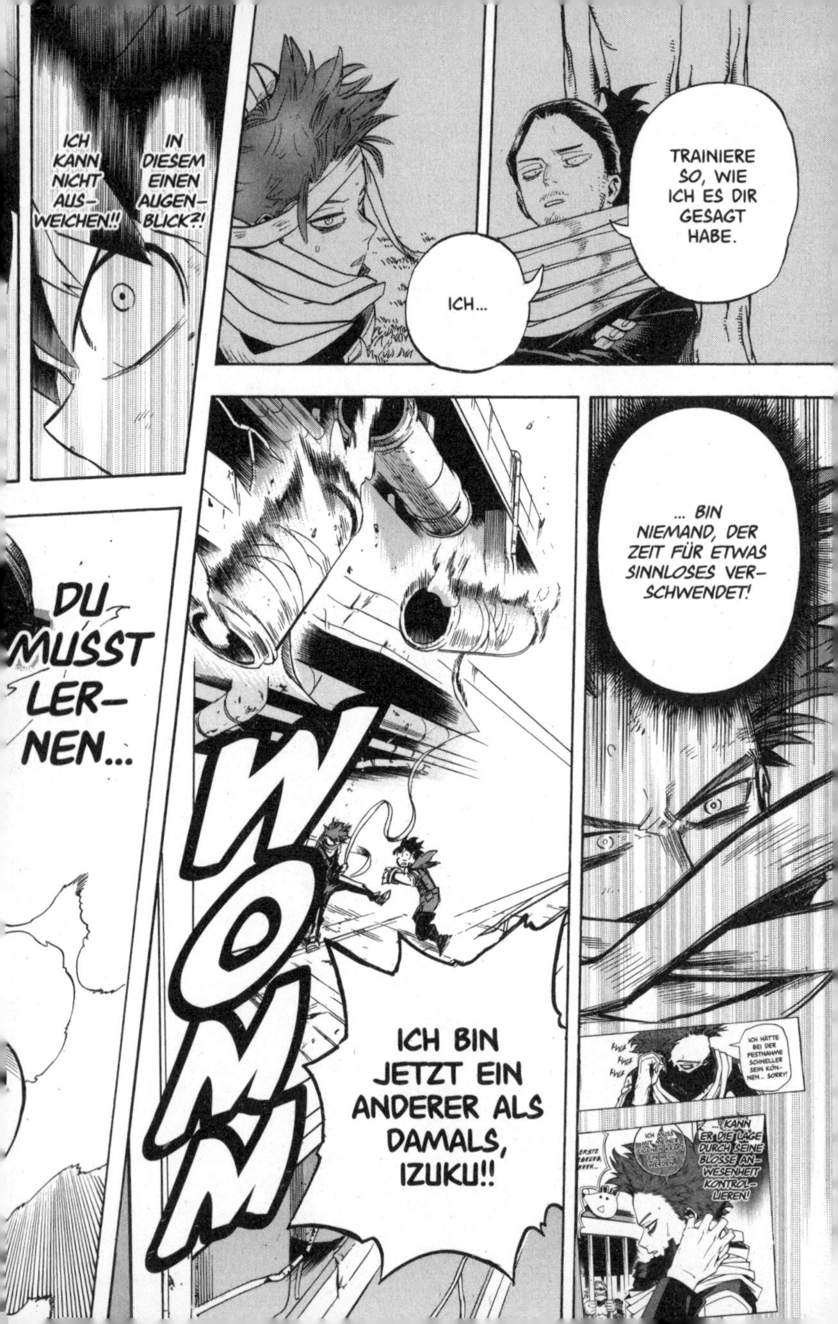
TRAINIERE SO, WIE ICH ES DIR GESAGT HABE.
ICH...
IN DIESEM EINEN AUGENBLICK?!
ICH KANN NICHT AUSWEICHEN!!
... BIN NIEMAND, DER ZEIT FÜR ETWAS SINNLOSES VERSCHWENDET!
ICH HÄTTE BEI DER FESTNAHME SCHNELLER SEIN KÖNNEN... SORRY!
... KANN ER DIE LAGE DURCH SEINE BLOSSE ANWESENHEIT KONTROLLIEREN!
ICH MUSS MIT MEINER EIGENEN KRAFT EIN HELD WERDEN.
ICH BIN JETZT EIN ANDERER ALS DAMALS, IZUKU!!
WOMM
DU MUSST LERNEN...

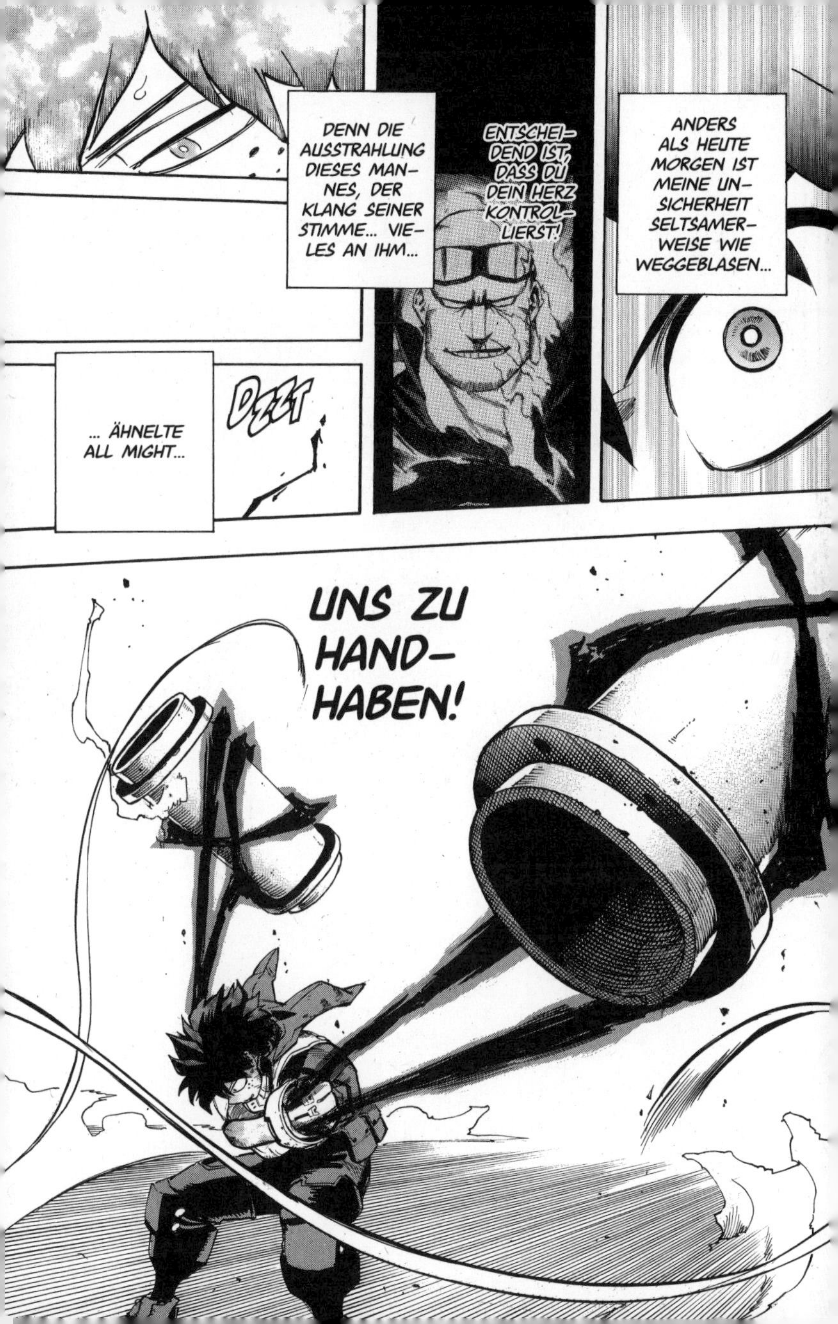
ANDERS ALS HEUTE MORGEN IST MEINE UNSICHERHEIT SELTSAMERWEISE WIE WEGGEBLASEN...
ENTSCHEIDEND IST, DASS DU DEIN HERZ KONTROLLIERST!
DENN DIE AUSSTRAHLUNG DIESES MANNES, DER KLANG SEINER STIMME... VIELES AN IHM...
DZZT
... ÄHNELTE ALL MIGHT...
UNS ZU HANDHABEN!

THE FILM 2

Es ist der 31. März 2019, 05.52 Uhr.
In etwa 30 Stunden wird der Name der neuen Ära verkündet. Wie wird er wohl lauten? Wäre es »Reisbällchen« oder »Brötchen«, würde man Appetit auf Reisbällchen oder Brötchen bekommen; das wäre doch nicht schlecht, finde ich. Ich habe Hunger. Jetzt.
Der »My Hero Academia«-Film Nummer zwei wurde angekündigt! Dabei war ich letztes Jahr bei Film Nummer eins doch schon vollkommen überwältigt und dachte, das wäre jetzt der Höhepunkt meines Lebens! Ein Höhepunkt des Lebens, der upgedatet wird! Ich bin so dankbar! Ich danke euch wirklich allen für eure Unterstützung! Schon beim ersten Film habe ich ziemlich viel mitarbeiten dürfen, aber dieses Mal habe ich sogar noch mehr damit zu tun. Auch die Leute vom Anime-Team geben sich offenbar noch mehr Mühe als beim letzten Mal, Ihr dürft also gespannt sein!

Der Film kommt dieses Jahr, im ersten Jahr der neuen Ära, im Winter in die Kinos!!

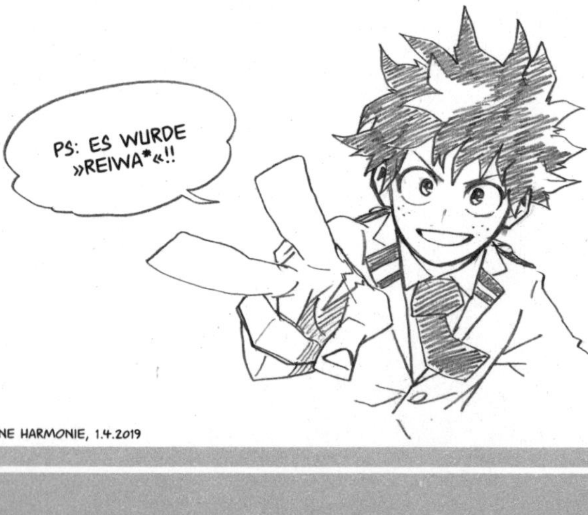

* SCHÖNE HARMONIE, 1.4.2019

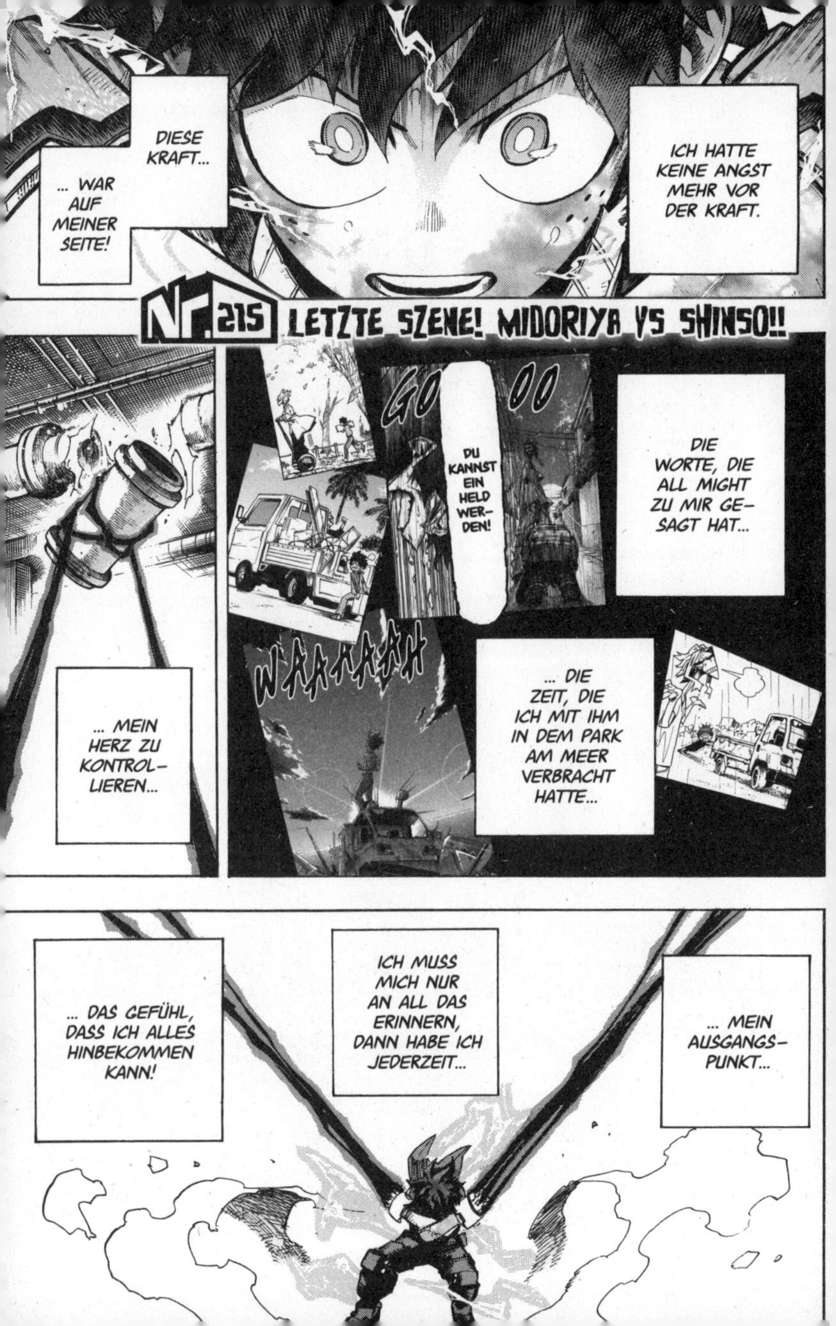
ICH HATTE KEINE ANGST MEHR VOR DER KRAFT.
DIESE KRAFT...
... WAR AUF MEINER SEITE!
NR. 215 LETZTE SZENE! MIDORIYA VS SHINSO!!
DIE WORTE, DIE ALL MIGHT ZU MIR GESAGT HAT...
GOOO
DU KANNST EIN HELD WERDEN!
... DIE ZEIT, DIE ICH MIT IHM IN DEM PARK AM MEER VERBRACHT HATTE...
WAAAAAH
... MEIN HERZ ZU KONTROLLIEREN...
... MEIN AUSGANGSPUNKT...
ICH MUSS MICH NUR AN ALL DAS ERINNERN, DANN HABE ICH JEDERZEIT...
... DAS GEFÜHL, DASS ICH ALLES HINBEKOMMEN KANN!

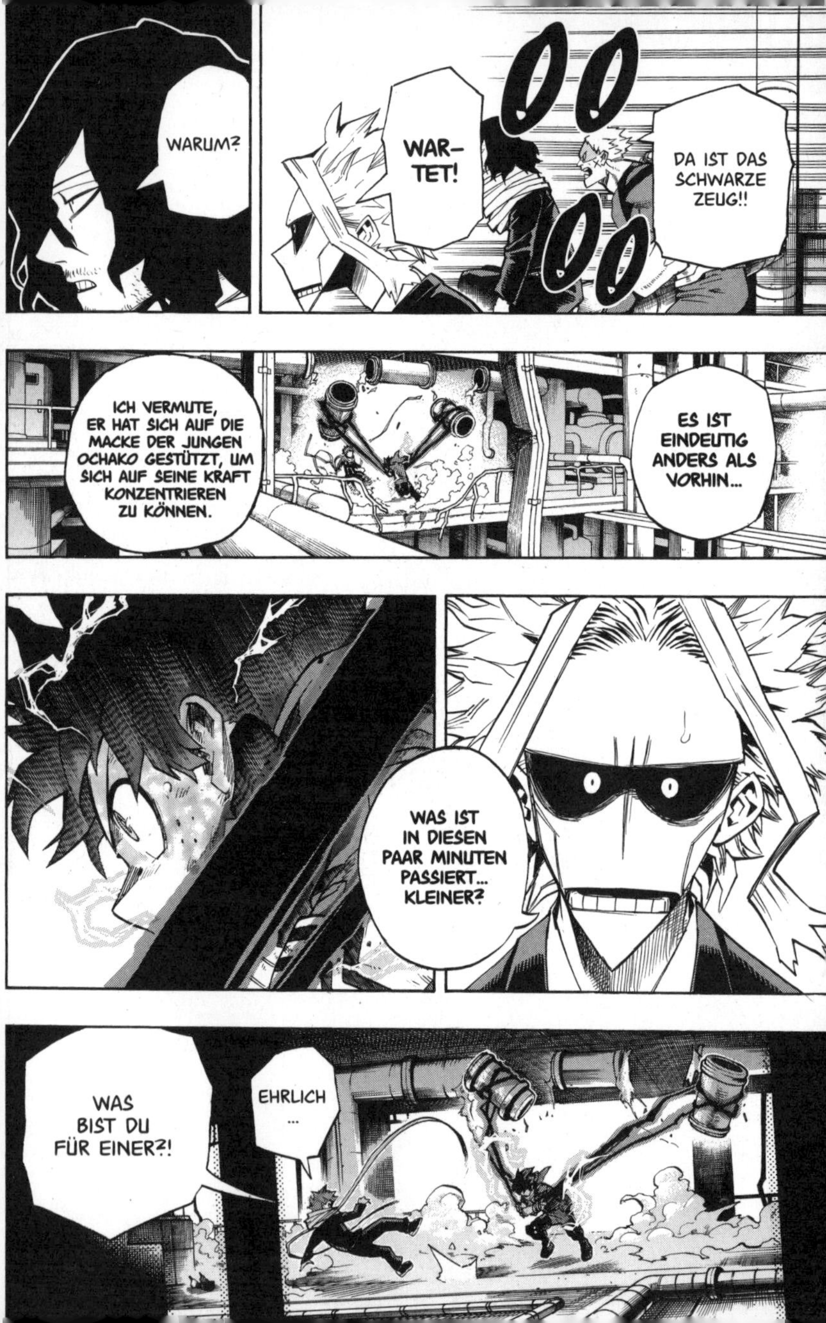
DA IST DAS SCHWARZE ZEUG!!
WAR-TET!
WARUM?
ES IST EINDEUTIG ANDERS ALS VORHIN...
ICH VERMUTE, ER HAT SICH AUF DIE MACKE DER JUNGEN OCHAKO GESTÜTZT, UM SICH AUF SEINE KRAFT KONZENTRIEREN ZU KÖNNEN.
WAS IST IN DIESEN PAAR MINUTEN PASSIERT... KLEINER?
EHRLICH ...
WAS BIST DU FÜR EINER?!

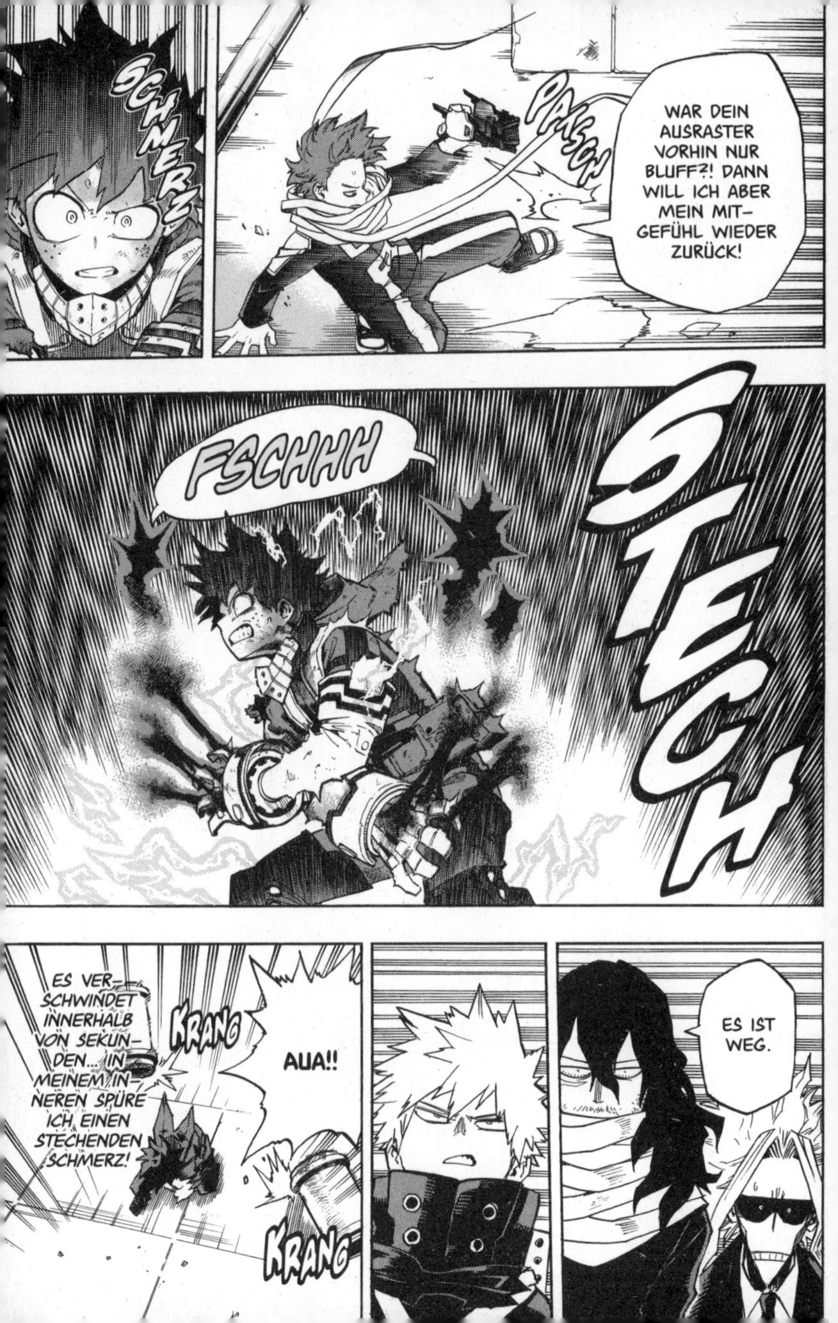
WAR DEIN AUSRASTER VORHIN NUR BLUFF?! DANN WILL ICH ABER MEIN MIT-GEFÜHL WIEDER ZURÜCK!
PATSCH
SCHMERZ
STECH
FSCHHH
ES IST WEG.
KRANG
AUA!!
ES VER-SCHWINDET INNERHALB VON SEKUN-DEN… IN MEINEM IN-NEREN SPÜRE ICH EINEN STECHENDEN SCHMERZ!
KRANG

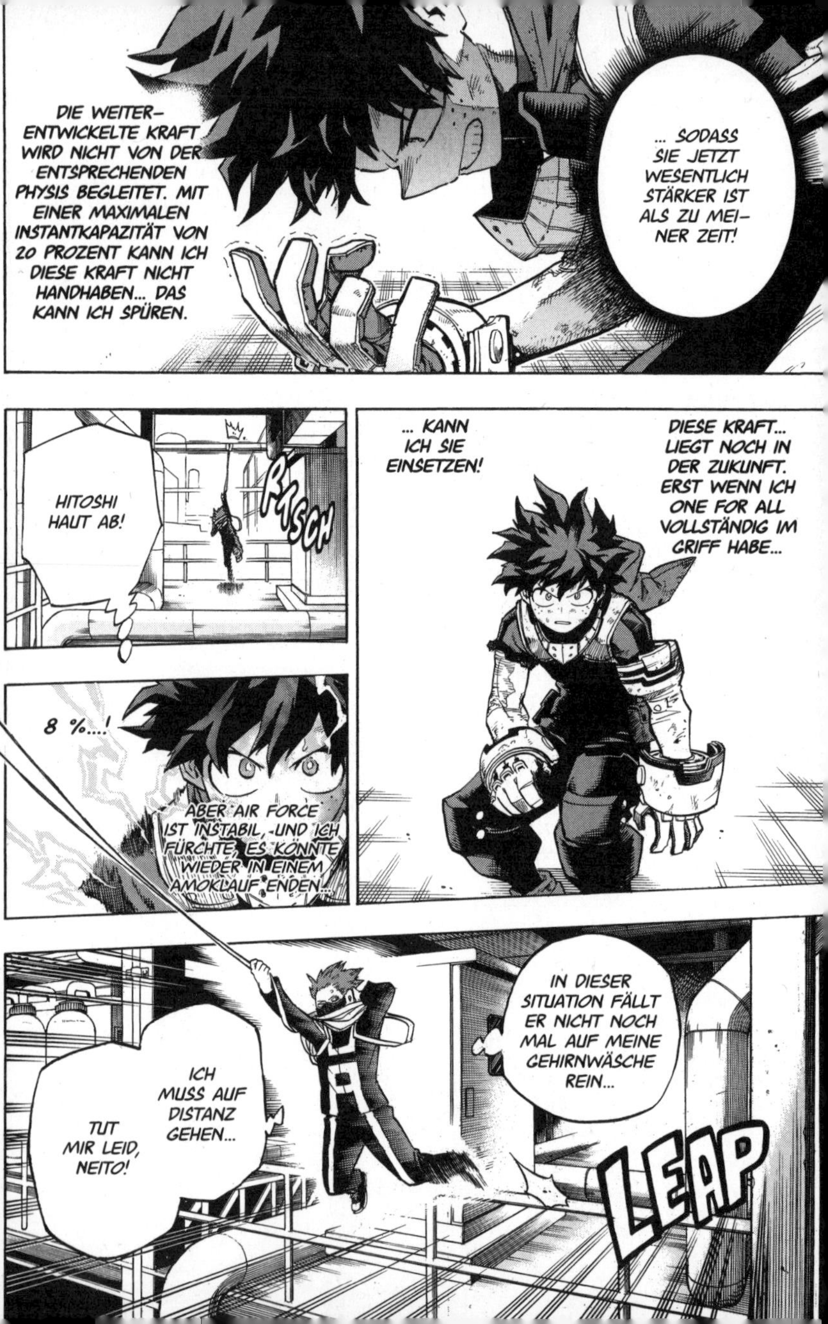
... SODASS SIE JETZT WESENTLICH STÄRKER IST ALS ZU MEINER ZEIT!
DIE WEITERENTWICKELTE KRAFT WIRD NICHT VON DER ENTSPRECHENDEN PHYSIS BEGLEITET. MIT EINER MAXIMALEN INSTANTKAPAZITÄT VON 20 PROZENT KANN ICH DIESE KRAFT NICHT HANDHABEN... DAS KANN ICH SPÜREN.
DIESE KRAFT... LIEGT NOCH IN DER ZUKUNFT. ERST WENN ICH ONE FOR ALL VOLLSTÄNDIG IM GRIFF HABE...
... KANN ICH SIE EINSETZEN!
RASCH
HITOSHI HAUT AB!
8 %...!
ABER AIR FORCE IST INSTABIL, UND ICH FÜRCHTE, ES KÖNNTE WIEDER IN EINEM AMOKLAUF ENDEN...
IN DIESER SITUATION FÄLLT ER NICHT NOCH MAL AUF MEINE GEHIRNWÄSCHE REIN...
LEAP
ICH MUSS AUF DISTANZ GEHEN...
TUT MIR LEID, NEITO!

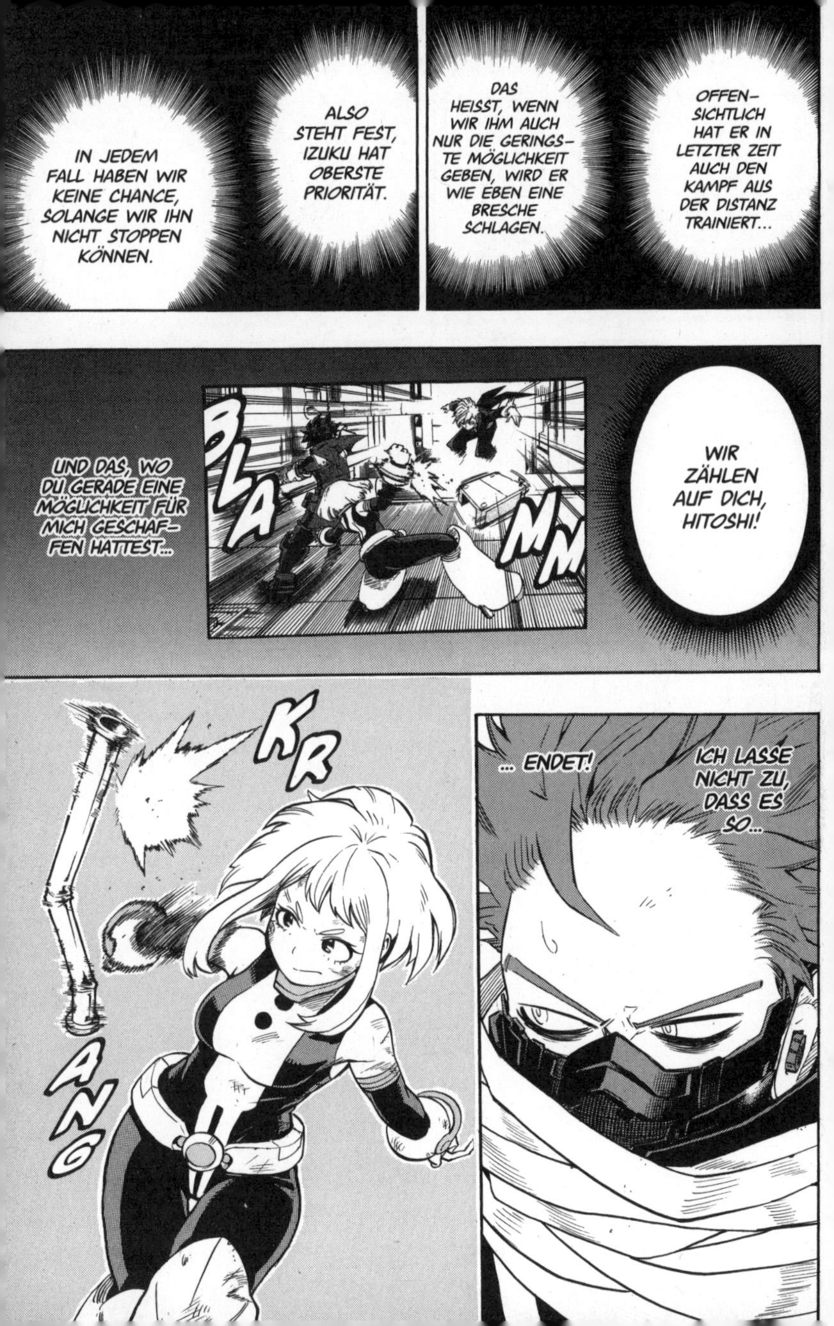
OFFEN-SICHTLICH HAT ER IN LETZTER ZEIT AUCH DEN KAMPF AUS DER DISTANZ TRAINIERT...
DAS HEISST, WENN WIR IHM AUCH NUR DIE GERINGS-TE MÖGLICHKEIT GEBEN, WIRD ER WIE EBEN EINE BRESCHE SCHLAGEN.
ALSO STEHT FEST, IZUKU HAT OBERSTE PRIORITÄT.
IN JEDEM FALL HABEN WIR KEINE CHANCE, SOLANGE WIR IHN NICHT STOPPEN KÖNNEN.
WIR ZÄHLEN AUF DICH, HITOSHI!
BLAMM
UND DAS, WO DU GERADE EINE MÖGLICHKEIT FÜR MICH GESCHAF-FEN HATTEST...
ICH LASSE NICHT ZU, DASS ES SO...
... ENDET!
KRANG

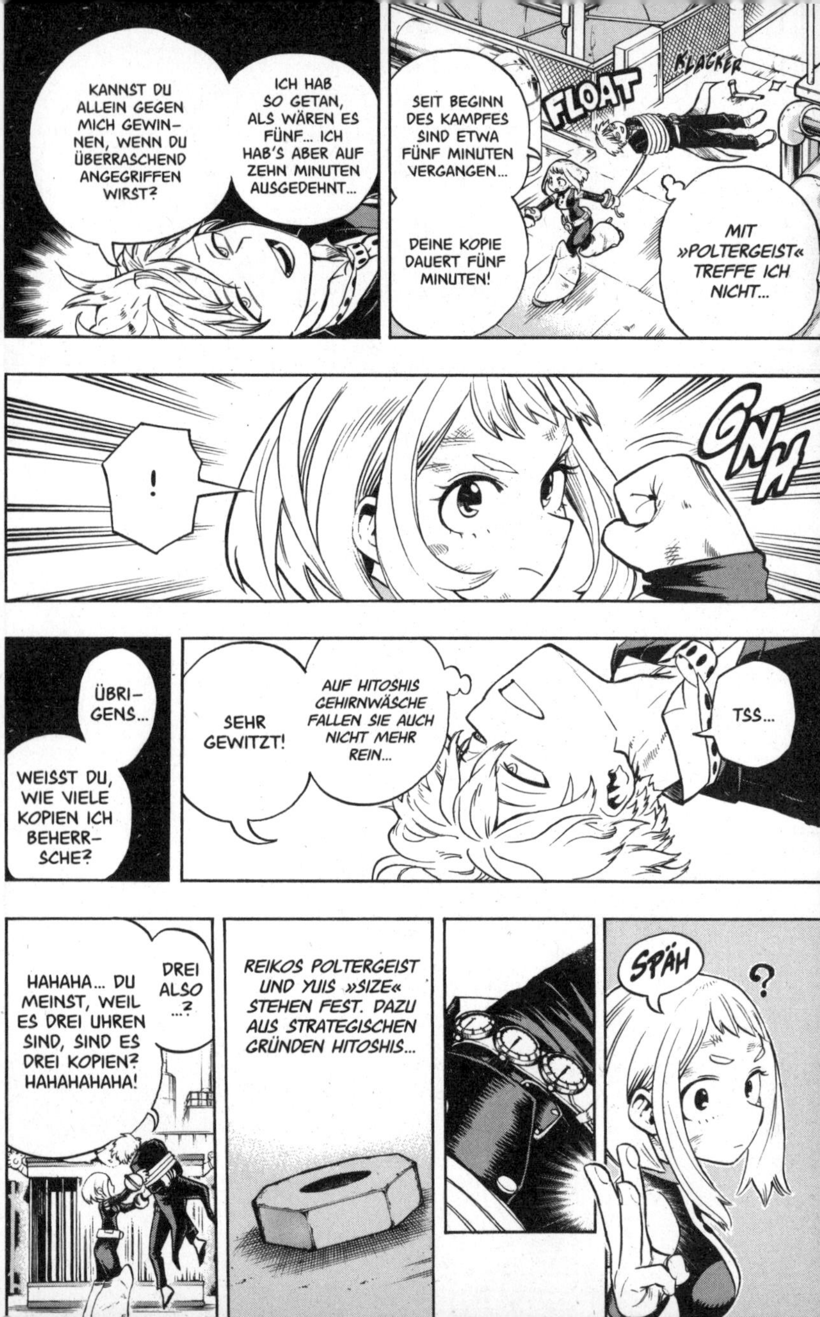
KLACKER
FLOAT
MIT »POLTERGEIST« TREFFE ICH NICHT...
SEIT BEGINN DES KAMPFES SIND ETWA FÜNF MINUTEN VERGANGEN...
DEINE KOPIE DAUERT FÜNF MINUTEN!
ICH HAB SO GETAN, ALS WÄREN ES FÜNF... ICH HAB'S ABER AUF ZEHN MINUTEN AUSGEDEHNT...
KANNST DU ALLEIN GEGEN MICH GEWINNEN, WENN DU ÜBERRASCHEND ANGEGRIFFEN WIRST?
GNH
!
TSS...
AUF HITOSHIS GEHIRNWÄSCHE FALLEN SIE AUCH NICHT MEHR REIN...
SEHR GEWITZT!
ÜBRIGENS...
WEISST DU, WIE VIELE KOPIEN ICH BEHERRSCHE?
SPÄH
?
REIKOS POLTERGEIST UND YUIS »SIZE« STEHEN FEST. DAZU AUS STRATEGISCHEN GRÜNDEN HITOSHIS...
DREI ALSO ...?
HAHAHA... DU MEINST, WEIL ES DREI UHREN SIND, SIND ES DREI KOPIEN? HAHAHAHAHA!

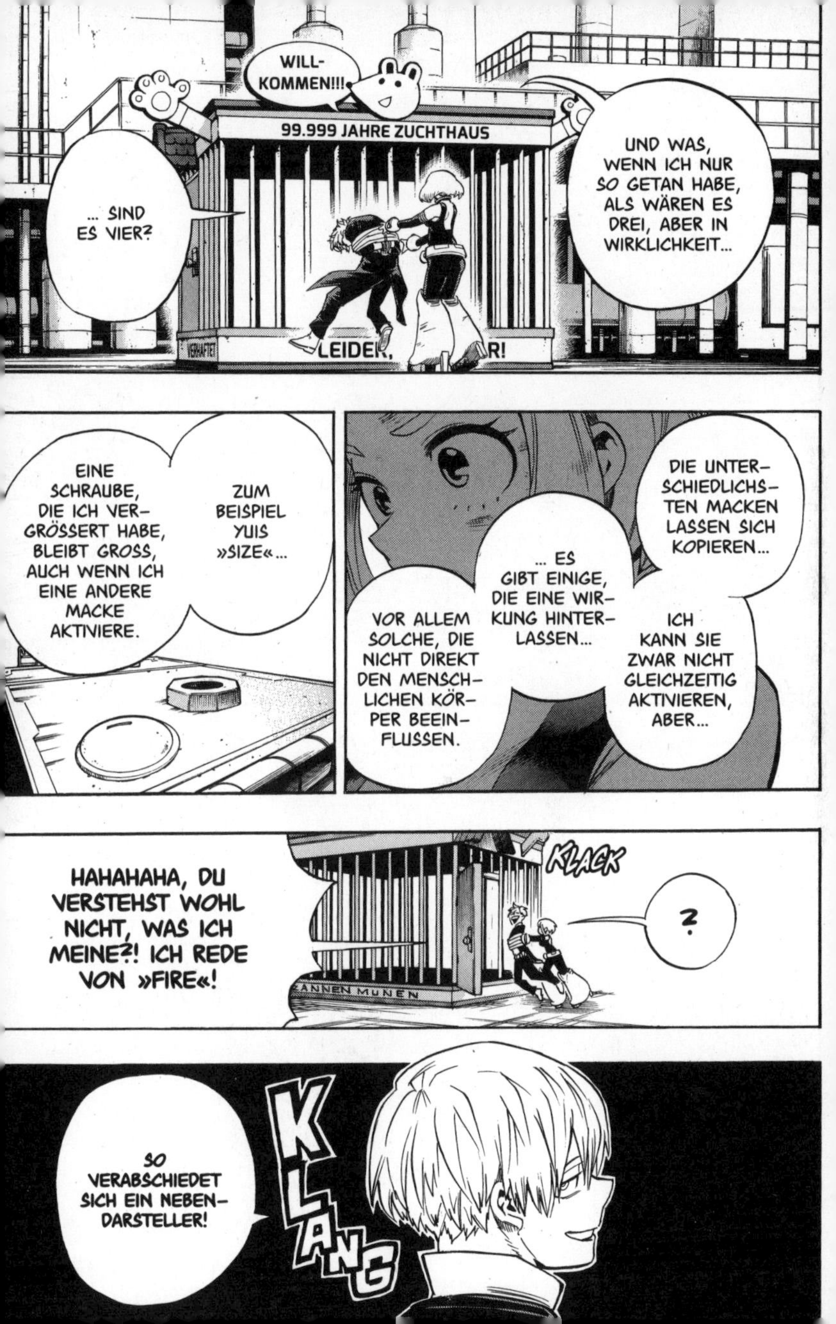
WILLKOMMEN!!!
99.999 JAHRE ZUCHTHAUS
UND WAS, WENN ICH NUR SO GETAN HABE, ALS WÄREN ES DREI, ABER IN WIRKLICHKEIT...
... SIND ES VIER?
DIE UNTERSCHIEDLICHSTEN MACKEN LASSEN SICH KOPIEREN...
ICH KANN SIE ZWAR NICHT GLEICHZEITIG AKTIVIEREN, ABER...
... ES GIBT EINIGE, DIE EINE WIRKUNG HINTERLASSEN...
VOR ALLEM SOLCHE, DIE NICHT DIREKT DEN MENSCHLICHEN KÖRPER BEEINFLUSSEN.
ZUM BEISPIEL YUIS »SIZE«...
EINE SCHRAUBE, DIE ICH VERGRÖSSERT HABE, BLEIBT GROSS, AUCH WENN ICH EINE ANDERE MACKE AKTIVIERE.
KLACK
?
HAHAHAHA, DU VERSTEHST WOHL NICHT, WAS ICH MEINE?! ICH REDE VON »FIRE«!
KLANG
SO VERABSCHIEDET SICH EIN NEBENDARSTELLER!

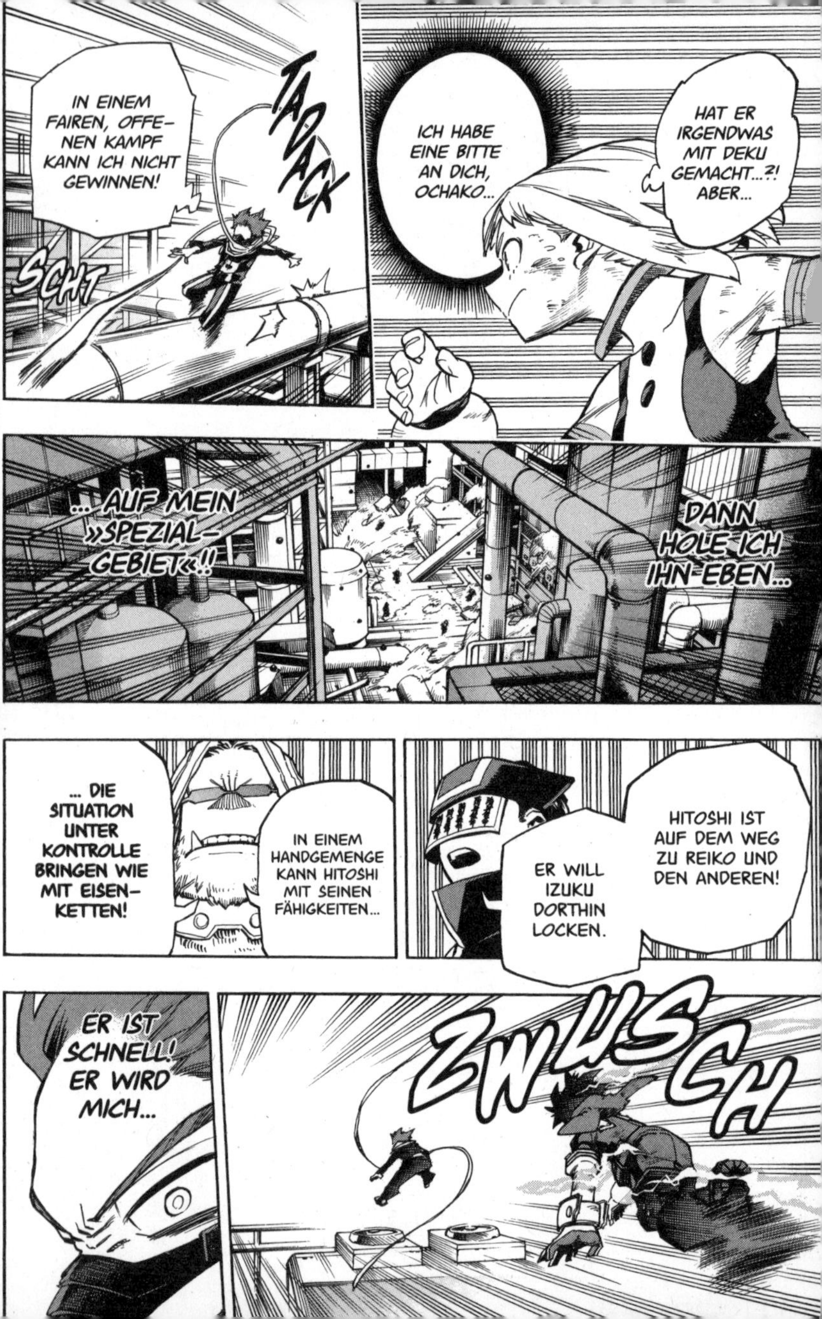
HAT ER IRGENDWAS MIT DEKU GEMACHT…?! ABER…
ICH HABE EINE BITTE AN DICH, OCHAKO…
TADACK
IN EINEM FAIREN, OFFE-NEN KAMPF KANN ICH NICHT GEWINNEN!
SCHT
DANN HOLE ICH IHN EBEN…
… AUF MEIN »SPEZIAL-GEBIET«!!
HITOSHI IST AUF DEM WEG ZU REIKO UND DEN ANDEREN!
ER WILL IZUKU DORTHIN LOCKEN.
IN EINEM HANDGEMENGE KANN HITOSHI MIT SEINEN FÄHIGKEITEN…
… DIE SITUATION UNTER KONTROLLE BRINGEN WIE MIT EISEN-KETTEN!
ZWUSCH
ER IST SCHNELL! ER WIRD MICH…

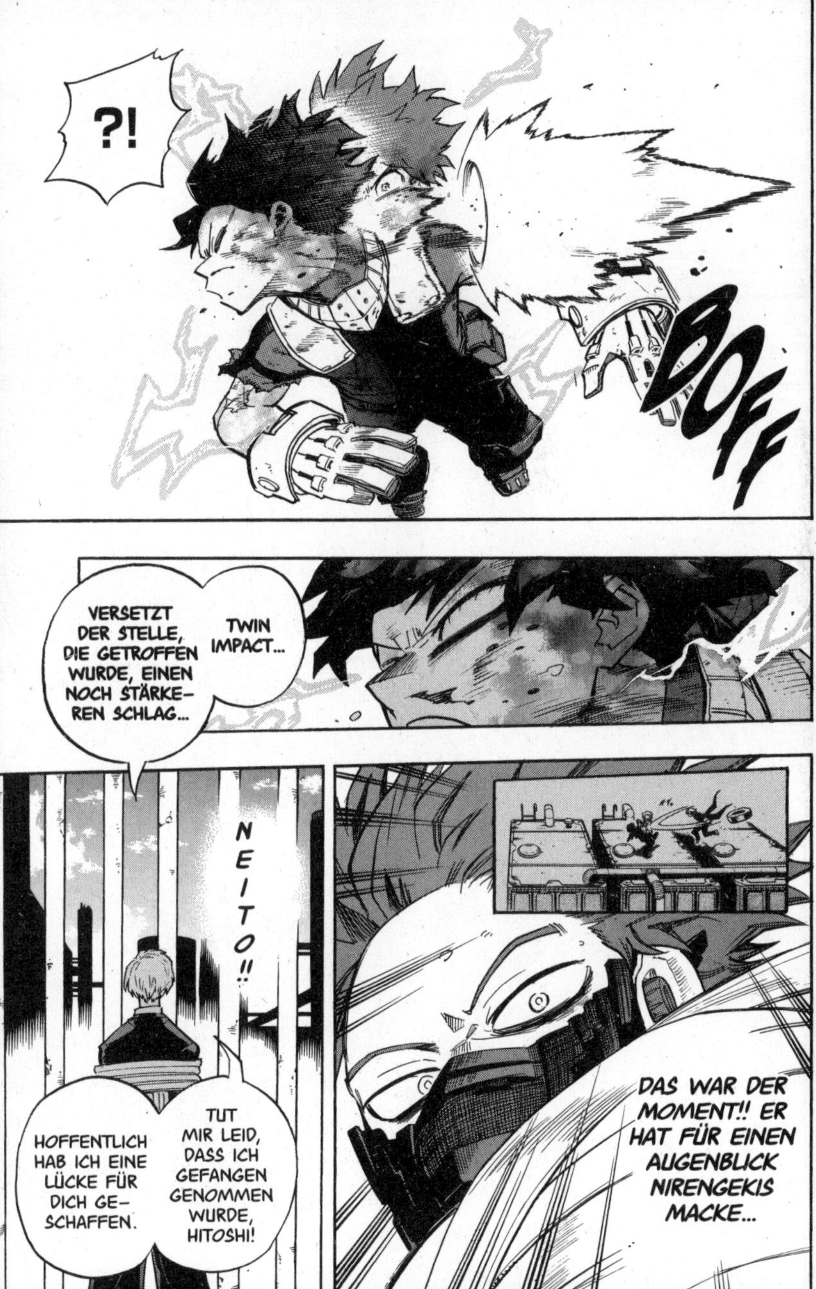
?!
BOFF
TWIN IMPACT...
VERSETZT DER STELLE, DIE GETROFFEN WURDE, EINEN NOCH STÄRKEREN SCHLAG...
DAS WAR DER MOMENT!! ER HAT FÜR EINEN AUGENBLICK NIRENGEKIS MACKE...
NEITO!!
TUT MIR LEID, DASS ICH GEFANGEN GENOMMEN WURDE, HITOSHI!
HOFFENTLICH HAB ICH EINE LÜCKE FÜR DICH GESCHAFFEN.

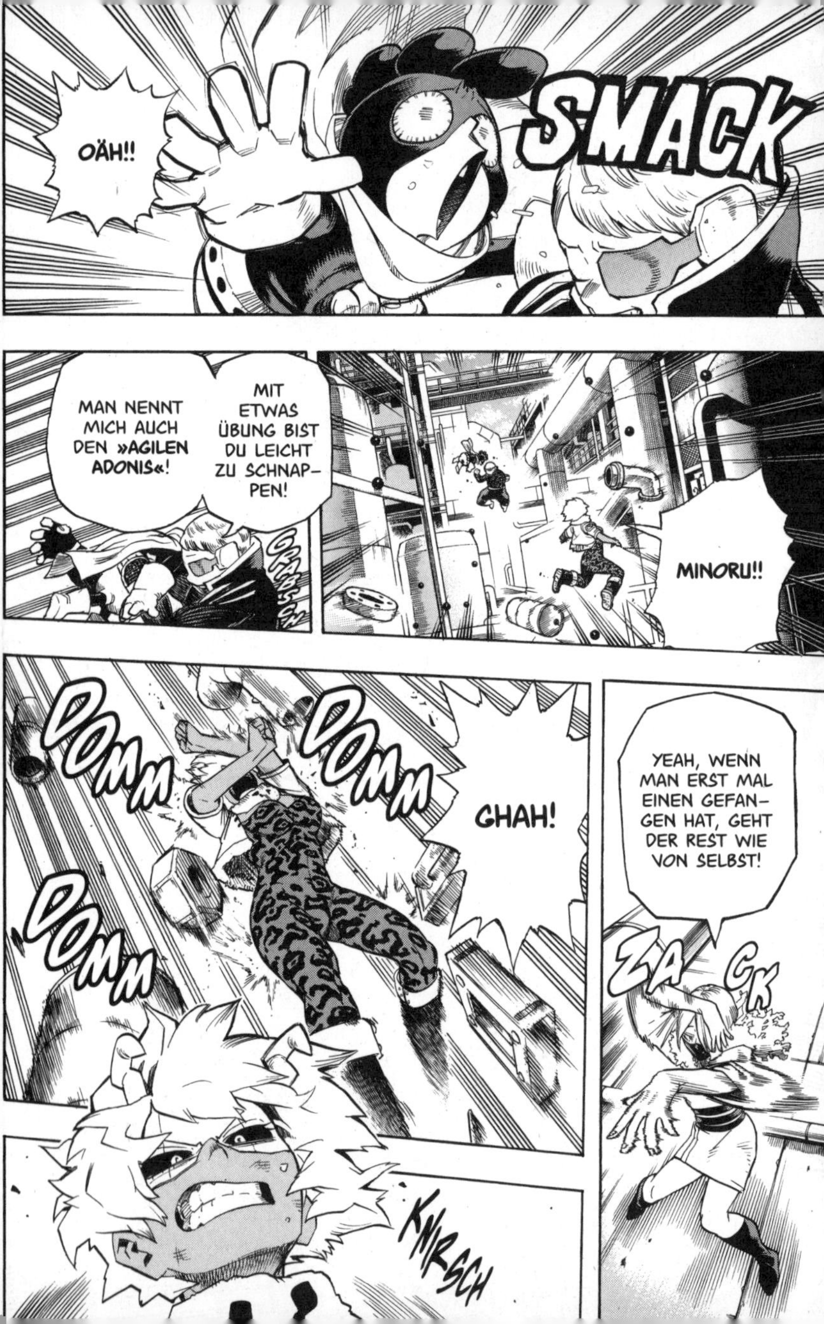
SMACK
OÄH!!
MAN NENNT MICH AUCH DEN »AGILEN ADONIS«!
MIT ETWAS ÜBUNG BIST DU LEICHT ZU SCHNAP-PEN!
GRABSCH
MINORU!!
YEAH, WENN MAN ERST MAL EINEN GEFAN-GEN HAT, GEHT DER REST WIE VON SELBST!
ZACK
GHAH!
DOMM
DOMM
DOMM
KNIRSCH

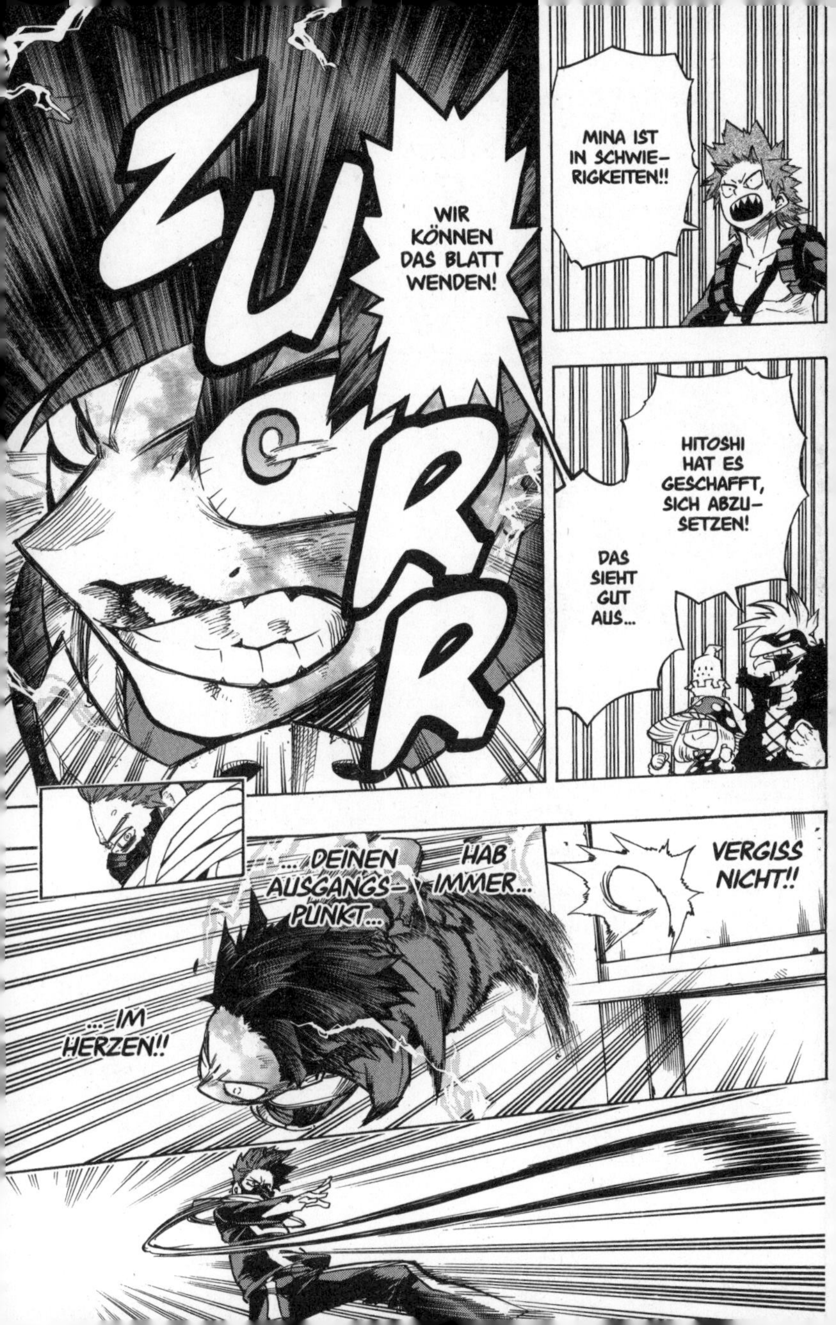
MINA IST IN SCHWIE-RIGKEITEN!!
HITOSHI HAT ES GESCHAFFT, SICH ABZU-SETZEN!
DAS SIEHT GUT AUS...
WIR KÖNNEN DAS BLATT WENDEN!
ZURR
VERGISS NICHT!!
HAB IMMER...
... DEINEN AUSGANGS-PUNKT...
... IM HERZEN!!

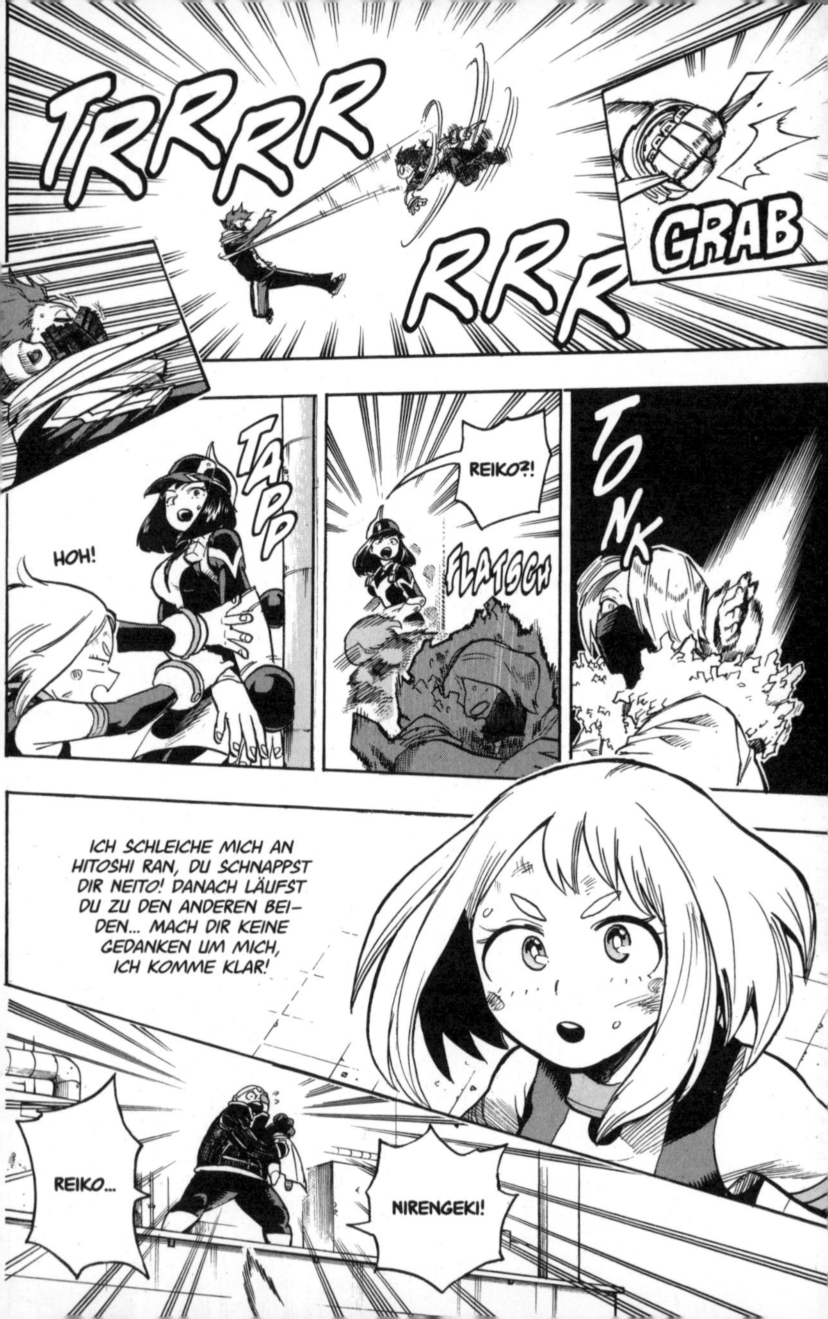
GRAB
TRRRRR
RRRR
TONK
REIKO?!
FLATSCH
TAPP
HOH!
ICH SCHLEICHE MICH AN HITOSHI RAN, DU SCHNAPPST DIR NEITO! DANACH LÄUFST DU ZU DEN ANDEREN BEI-DEN... MACH DIR KEINE GEDANKEN UM MICH, ICH KOMME KLAR!
NIRENGEKI!
REIKO...

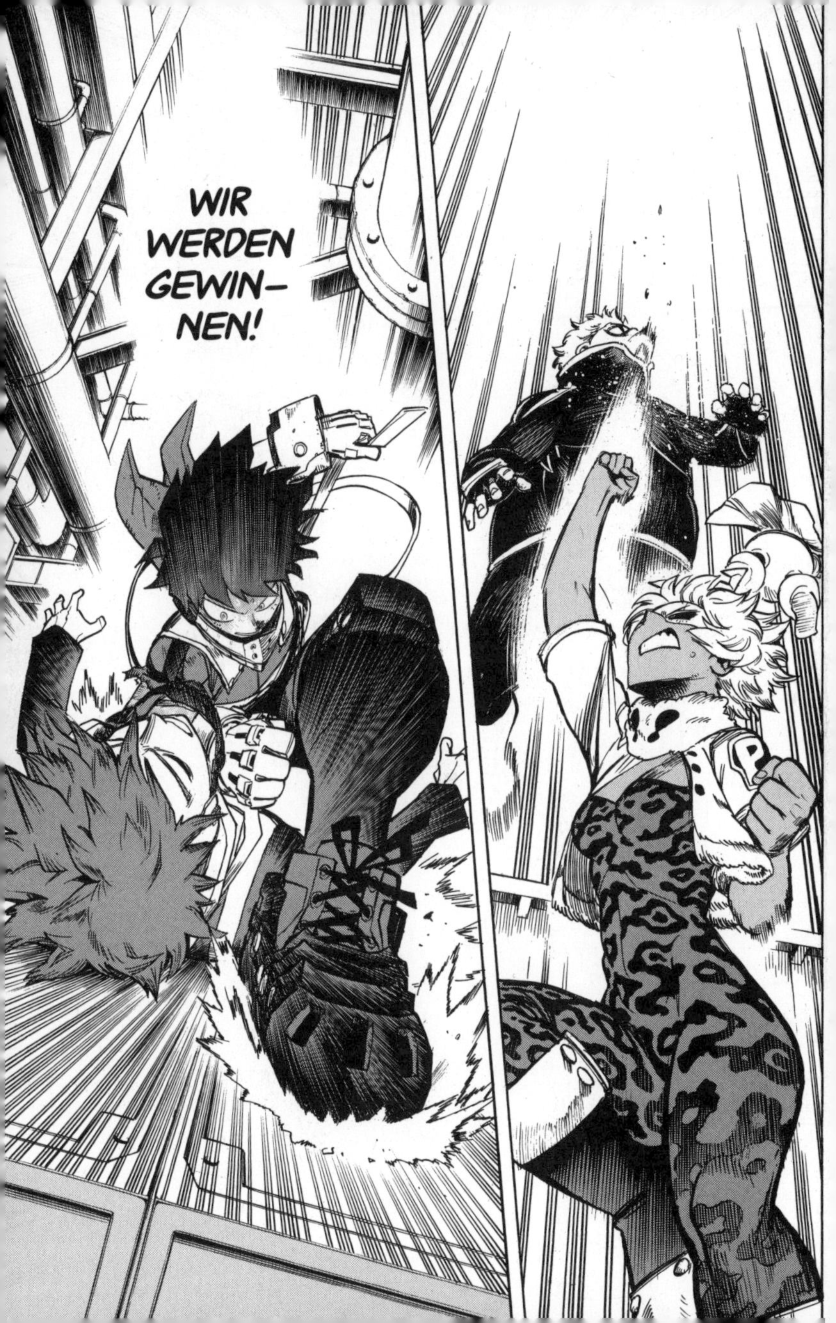
WIR WERDEN GEWIN-NEN!

REIKO YANAGI (15)

The Zivil

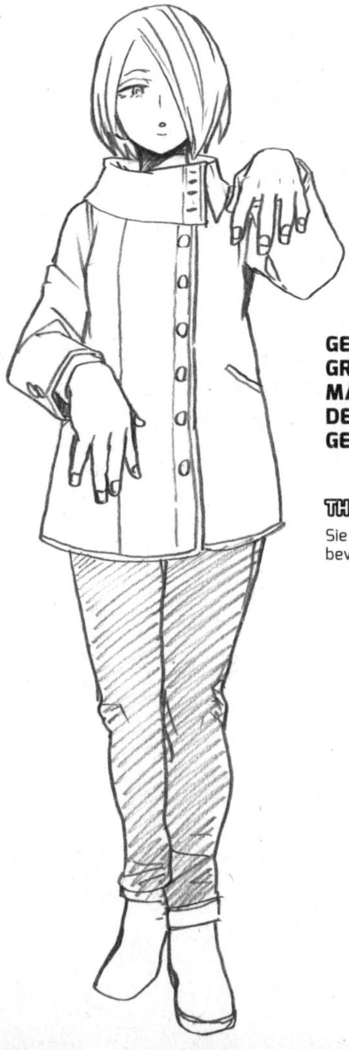

GEBURTSTAG: 11. FEBRUAR
GRÖSSE: 1,65 M
MAG: IM NETZ SURFEN (AUF DER JAGD NACH UNHEIMLICHEN GESCHICHTEN)

THE ZUSATZINFO

Sie kann mit »Poltergeist« auch Personen bewegen.

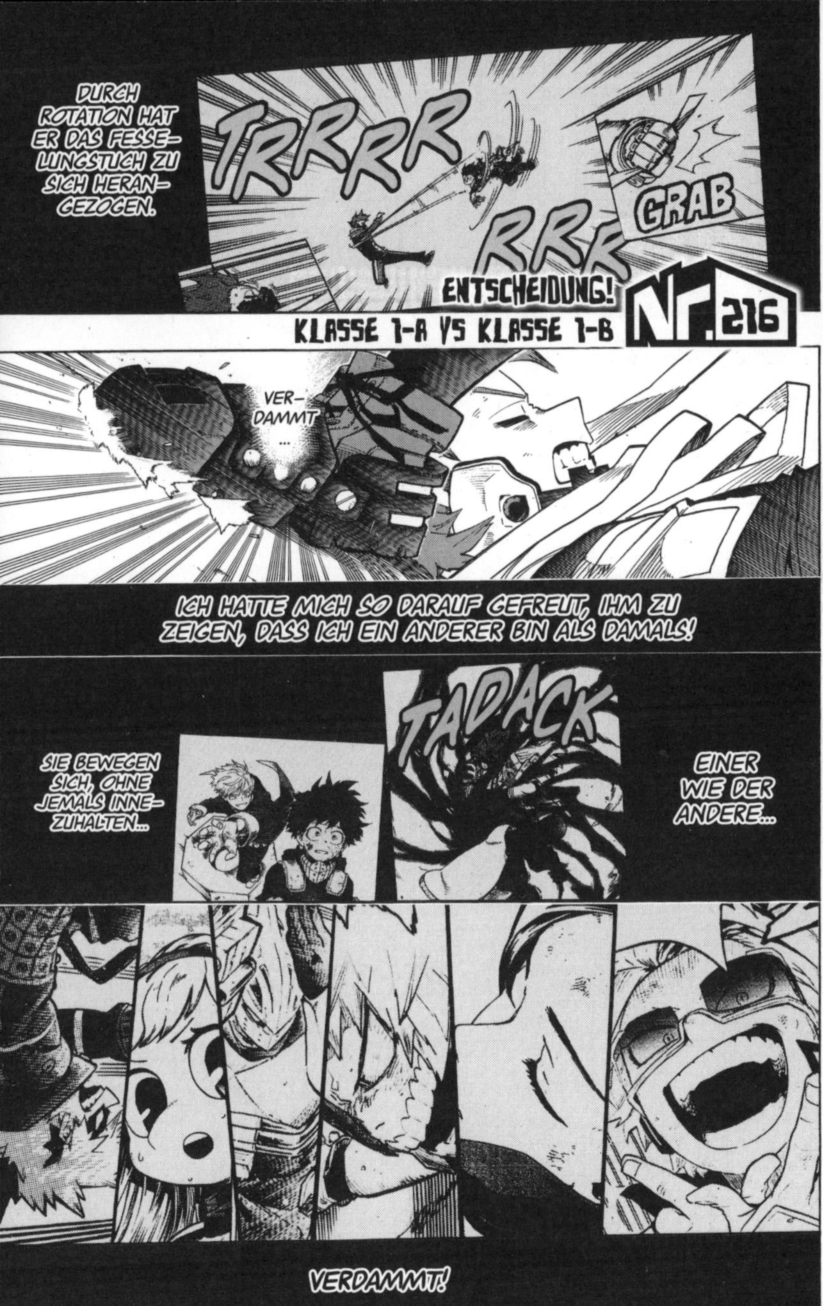
GRAB
TRRRR
RRR
DURCH ROTATION HAT ER DAS FESSE-LUNGSTUCH ZU SICH HERAN-GEZOGEN.
NR. 216
ENTSCHEIDUNG!
KLASSE 1-A VS KLASSE 1-B
VER-DAMMT ...
ICH HATTE MICH SO DARAUF GEFREUT, IHM ZU ZEIGEN, DASS ICH EIN ANDERER BIN ALS DAMALS!
EINER WIE DER ANDERE...
TADACK
SIE BEWEGEN SICH, OHNE JEMALS INNE-ZUHALTEN...
VERDAMMT!

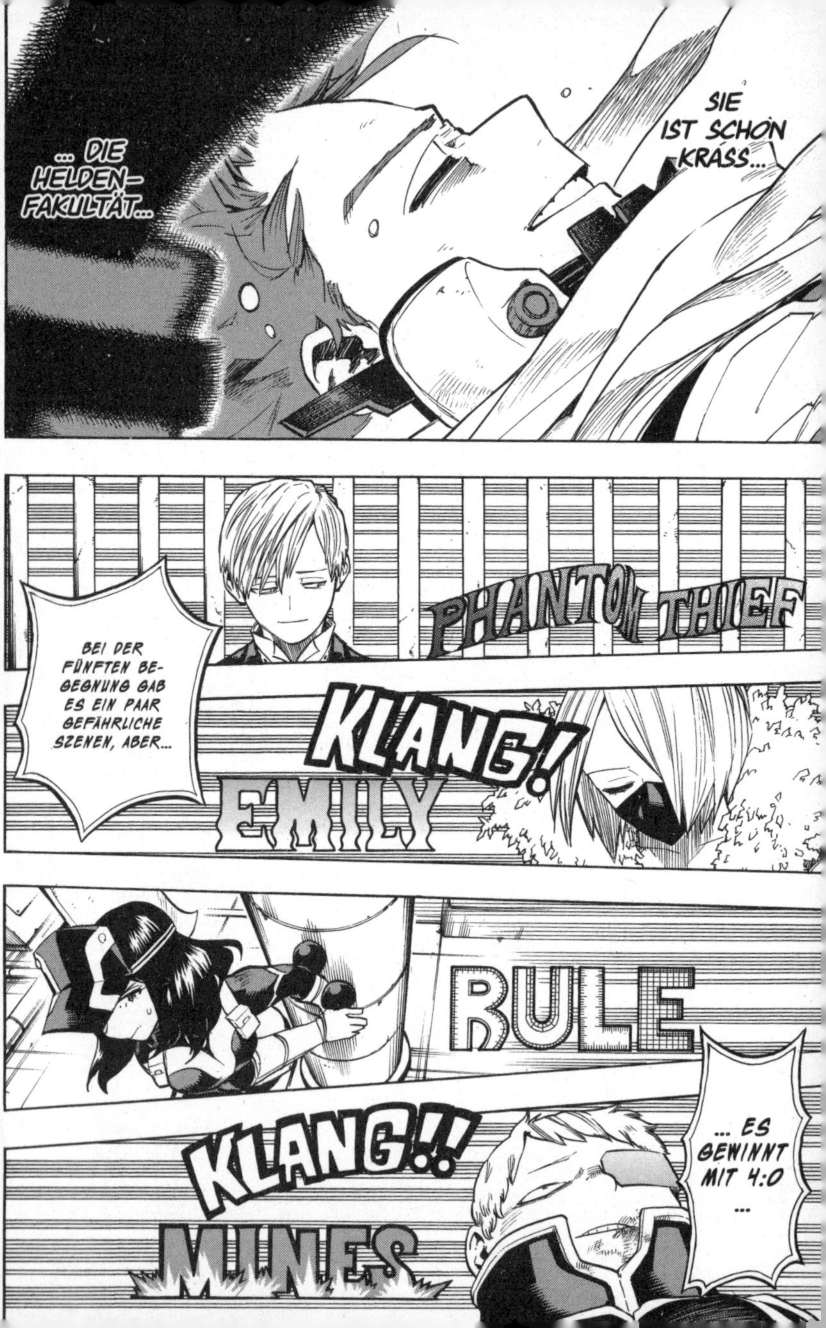
SIE IST SCHON KRASS ...
... DIE HELDEN-FAKULTÄT ...
PHANTOM THIEF
BEI DER FÜNFTEN BE-GEGNUNG GAB ES EIN PAAR GEFÄHRLICHE SZENEN, ABER ...
KLANG!
EMILY
RULE
... ES GEWINNT MIT 4:0 ...
KLANG!!
MINES

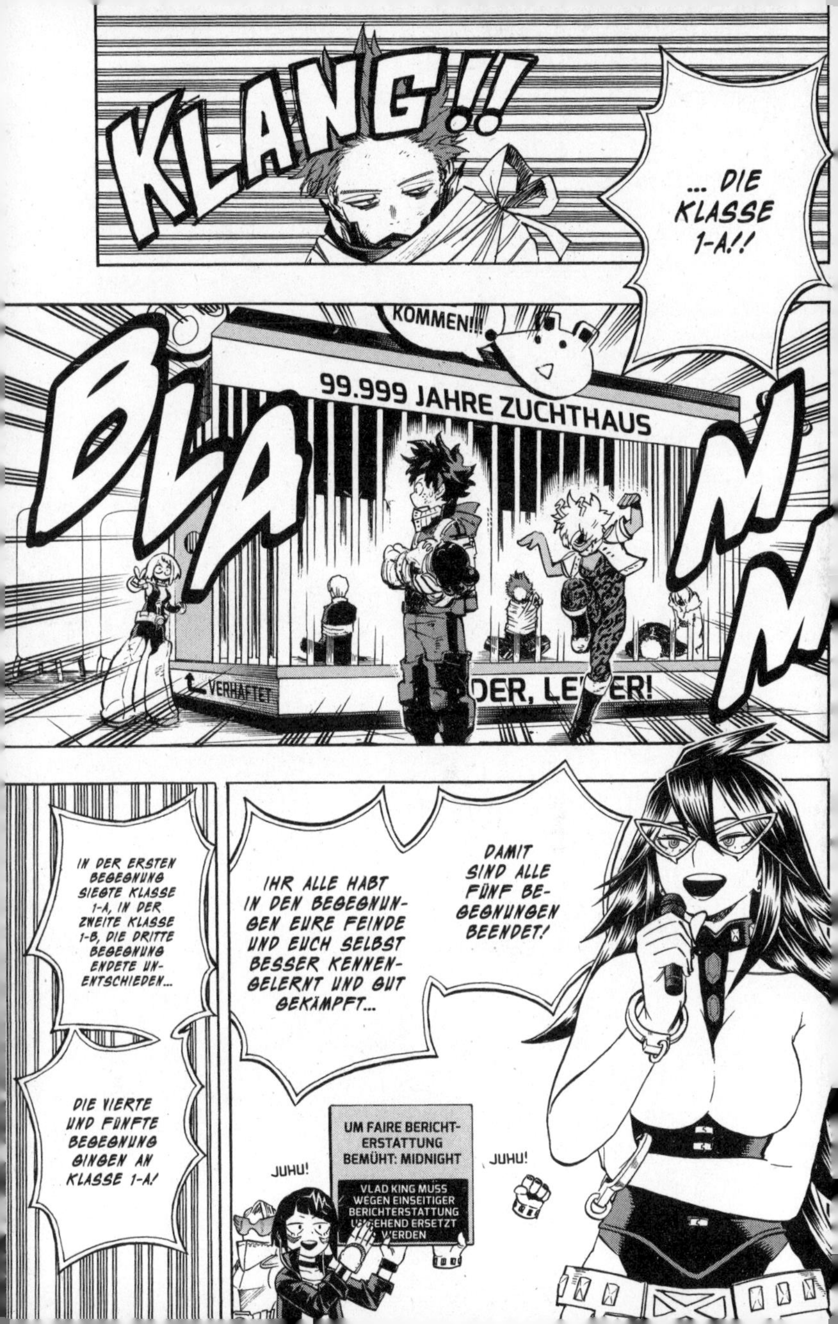
KLANG!!
... DIE KLASSE 1-A!!
KOMMEN!!!
99.999 JAHRE ZUCHTHAUS
BLAM
VERHAFTET
DER, LE ER!
DAMIT SIND ALLE FÜNF BEGEGNUNGEN BEENDET!
IHR ALLE HABT IN DEN BEGEGNUNGEN EURE FEINDE UND EUCH SELBST BESSER KENNENGELERNT UND GUT GEKÄMPFT...
IN DER ERSTEN BEGEGNUNG SIEGTE KLASSE 1-A, IN DER ZWEITE KLASSE 1-B, DIE DRITTE BEGEGNUNG ENDETE UNENTSCHIEDEN...
DIE VIERTE UND FÜNFTE BEGEGNUNG GINGEN AN KLASSE 1-A!
UM FAIRE BERICHTERSTATTUNG BEMÜHT: MIDNIGHT
VLAD KING MUSS WEGEN EINSEITIGER BERICHTERSTATTUNG UMGEHEND ERSETZT WERDEN
JUHU!
JUHU!

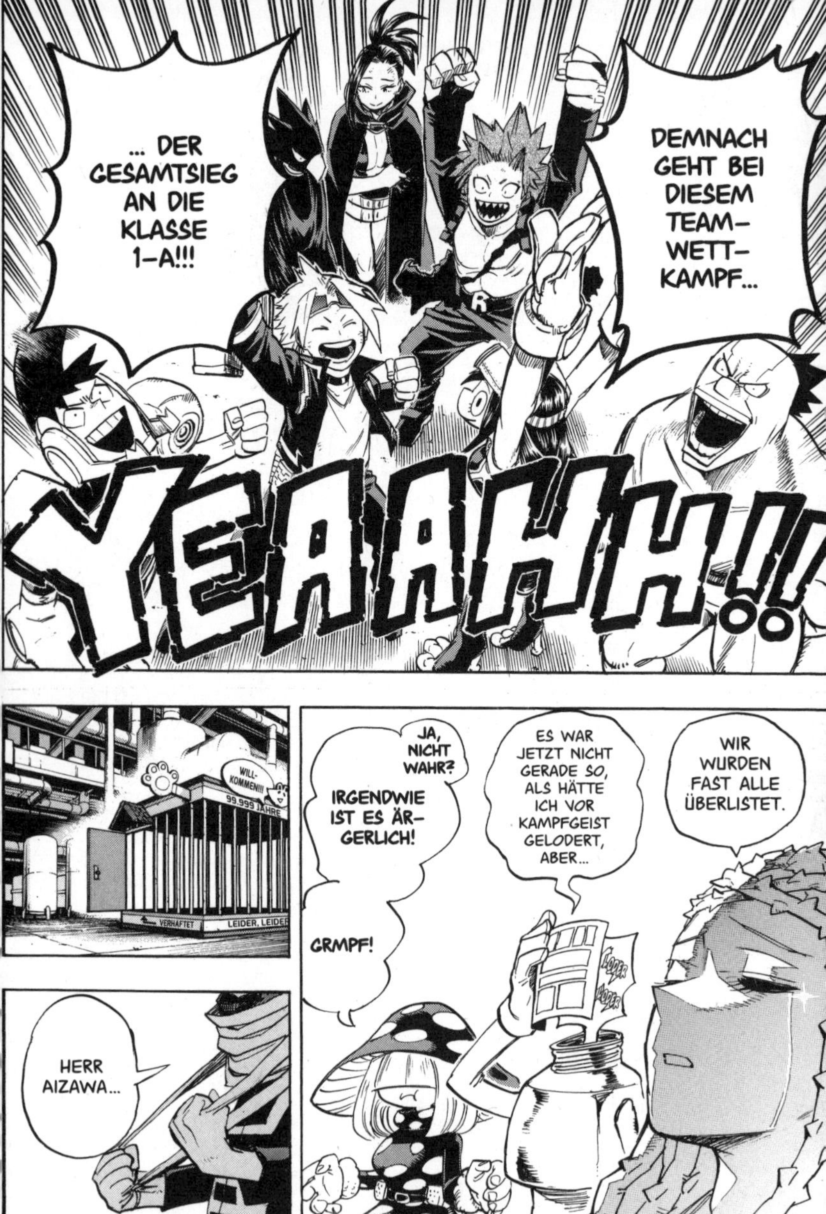
DEMNACH GEHT BEI DIESEM TEAM-WETT-KAMPF...
... DER GESAMTSIEG AN DIE KLASSE 1-A!!!
YEAAHH!!
WIR WURDEN FAST ALLE ÜBERLISTET.
ES WAR JETZT NICHT GERADE SO, ALS HÄTTE ICH VOR KAMPFGEIST GELODERT, ABER...
LODER LODER
JA, NICHT WAHR?
IRGENDWIE IST ES ÄRGERLICH!
GRMPF!
WILL-KOMMEN!!!
99.999 JAHRE
VERHAFTET
LEIDER, LEIDER
HERR AIZAWA...

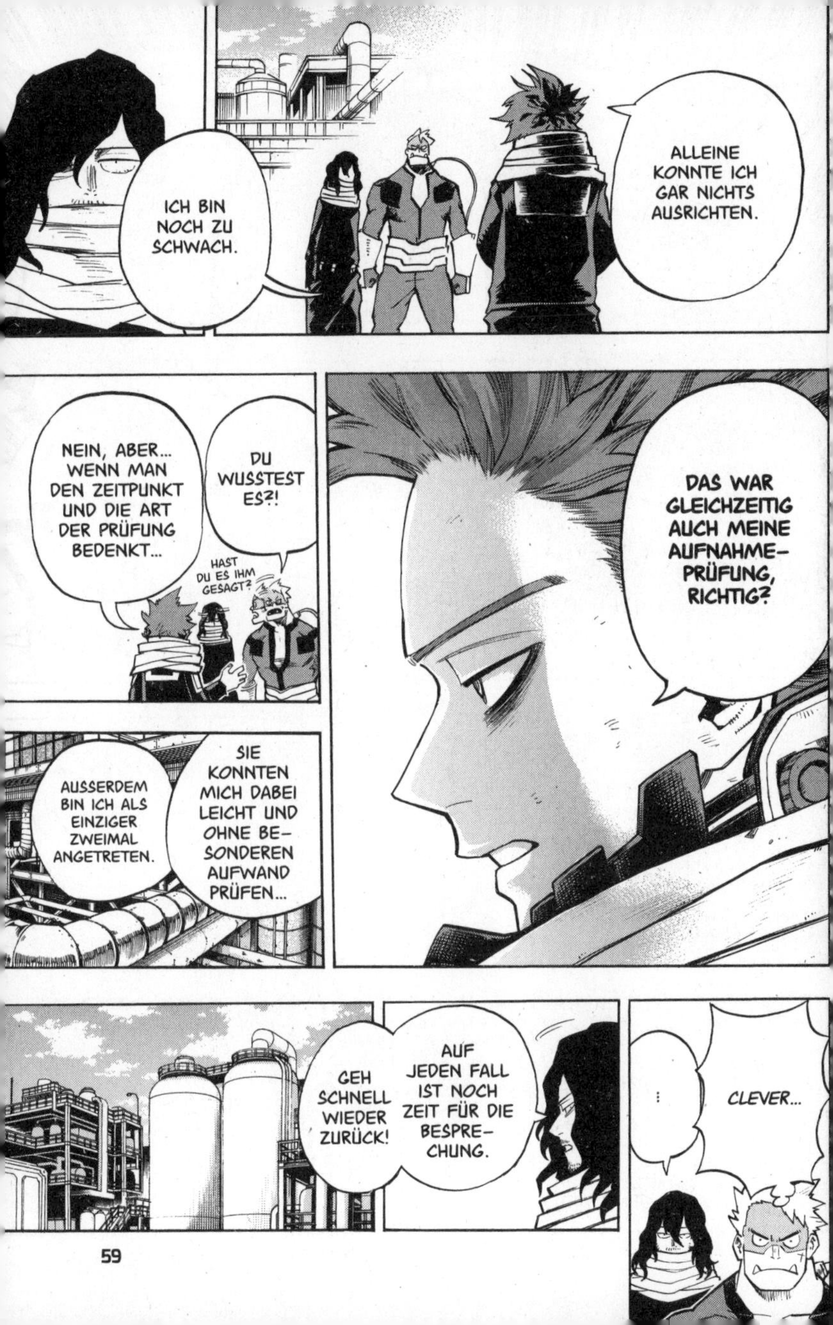
ALLEINE KONNTE ICH GAR NICHTS AUSRICHTEN.
ICH BIN NOCH ZU SCHWACH.
DAS WAR GLEICHZEITIG AUCH MEINE AUFNAHME-PRÜFUNG, RICHTIG?
DU WUSSTEST ES?!
HAST DU ES IHM GESAGT?
NEIN, ABER… WENN MAN DEN ZEITPUNKT UND DIE ART DER PRÜFUNG BEDENKT…
SIE KONNTEN MICH DABEI LEICHT UND OHNE BE-SONDEREN AUFWAND PRÜFEN…
AUSSERDEM BIN ICH ALS EINZIGER ZWEIMAL ANGETRETEN.
CLEVER…
…
AUF JEDEN FALL IST NOCH ZEIT FÜR DIE BESPRE-CHUNG.
GEH SCHNELL WIEDER ZURÜCK!

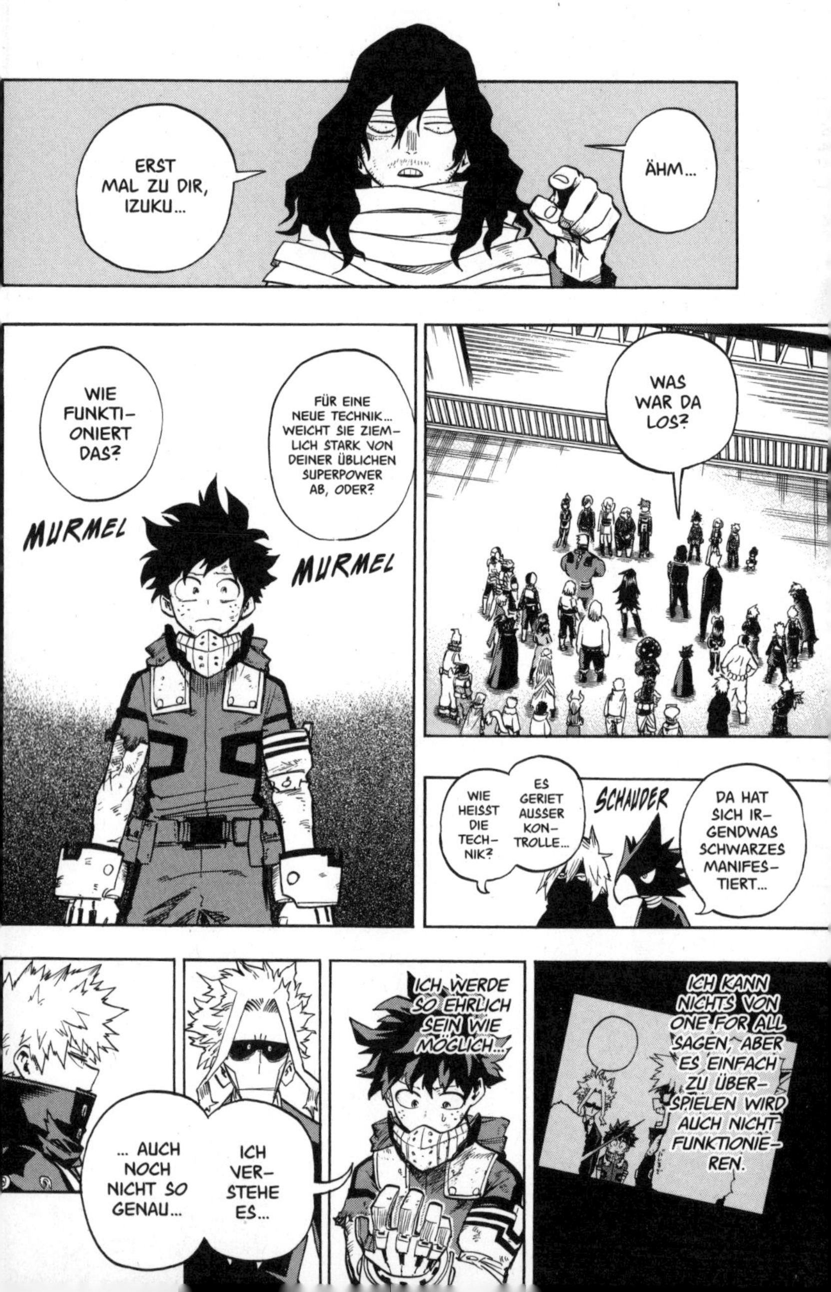
ÄHM...
ERST MAL ZU DIR, IZUKU...
WAS WAR DA LOS?
DA HAT SICH IRGENDWAS SCHWARZES MANIFESTIERT...
SCHAUDER
ES GERIET AUSSER KONTROLLE...
WIE HEISST DIE TECHNIK?
FÜR EINE NEUE TECHNIK... WEICHT SIE ZIEMLICH STARK VON DEINER ÜBLICHEN SUPERPOWER AB, ODER?
WIE FUNKTIONIERT DAS?
MURMEL
MURMEL
ICH KANN NICHTS VON ONE FOR ALL SAGEN, ABER ES EINFACH ZU ÜBERSPIELEN WIRD AUCH NICHT FUNKTIONIEREN.
ICH WERDE SO EHRLICH SEIN WIE MÖGLICH...
ICH VERSTEHE ES...
... AUCH NOCH NICHT SO GENAU...

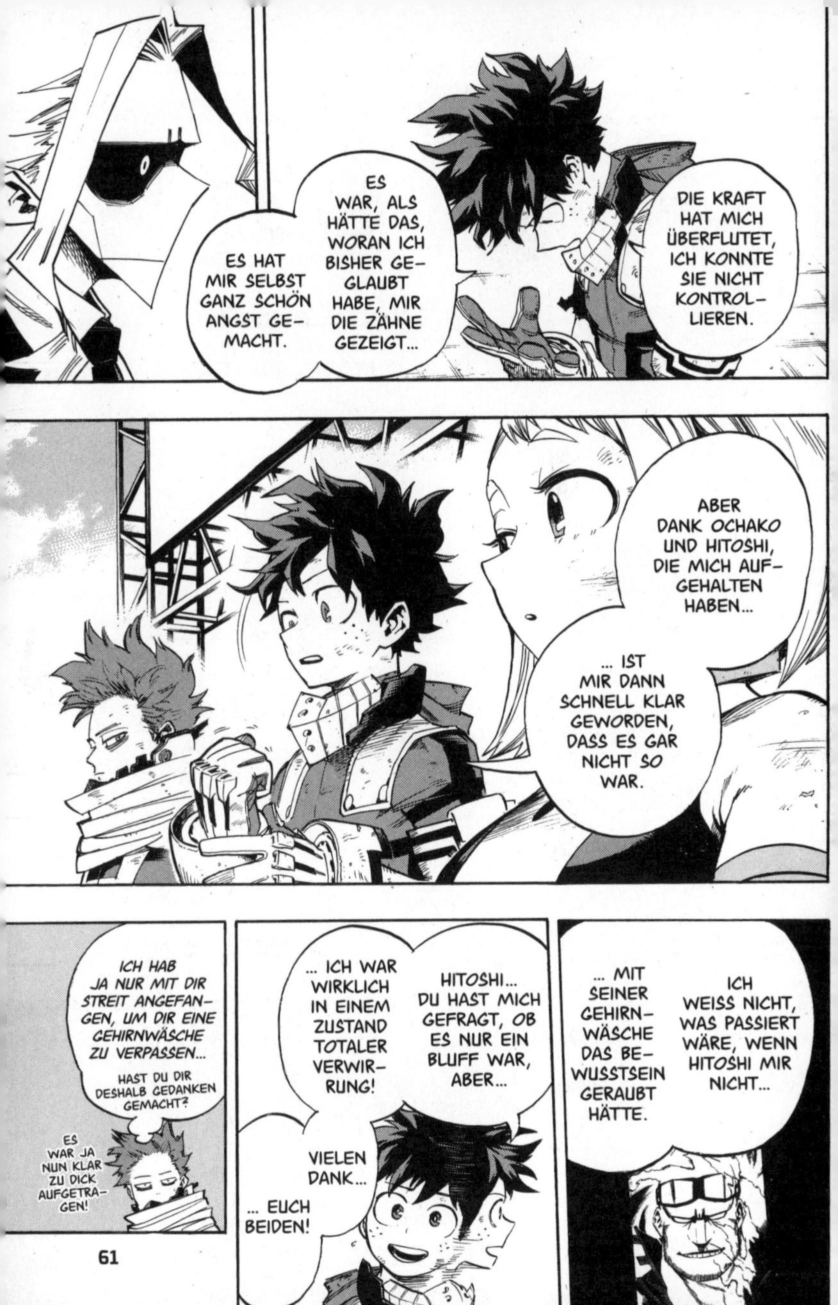
DIE KRAFT HAT MICH ÜBERFLUTET, ICH KONNTE SIE NICHT KONTROLLIEREN.
ES WAR, ALS HÄTTE DAS, WORAN ICH BISHER GEGLAUBT HABE, MIR DIE ZÄHNE GEZEIGT…
ES HAT MIR SELBST GANZ SCHÖN ANGST GEMACHT.
ABER DANK OCHAKO UND HITOSHI, DIE MICH AUFGEHALTEN HABEN…
… IST MIR DANN SCHNELL KLAR GEWORDEN, DASS ES GAR NICHT SO WAR.
ICH WEISS NICHT, WAS PASSIERT WÄRE, WENN HITOSHI MIR NICHT…
… MIT SEINER GEHIRNWÄSCHE DAS BEWUSSTSEIN GERAUBT HÄTTE.
HITOSHI… DU HAST MICH GEFRAGT, OB ES NUR EIN BLUFF WAR, ABER…
… ICH WAR WIRKLICH IN EINEM ZUSTAND TOTALER VERWIRRUNG!
VIELEN DANK…
… EUCH BEIDEN!
ICH HAB JA NUR MIT DIR STREIT ANGEFANGEN, UM DIR EINE GEHIRNWÄSCHE ZU VERPASSEN…
HAST DU DIR DESHALB GEDANKEN GEMACHT?
ES WAR JA NUN KLAR ZU DICK AUFGETRAGEN!

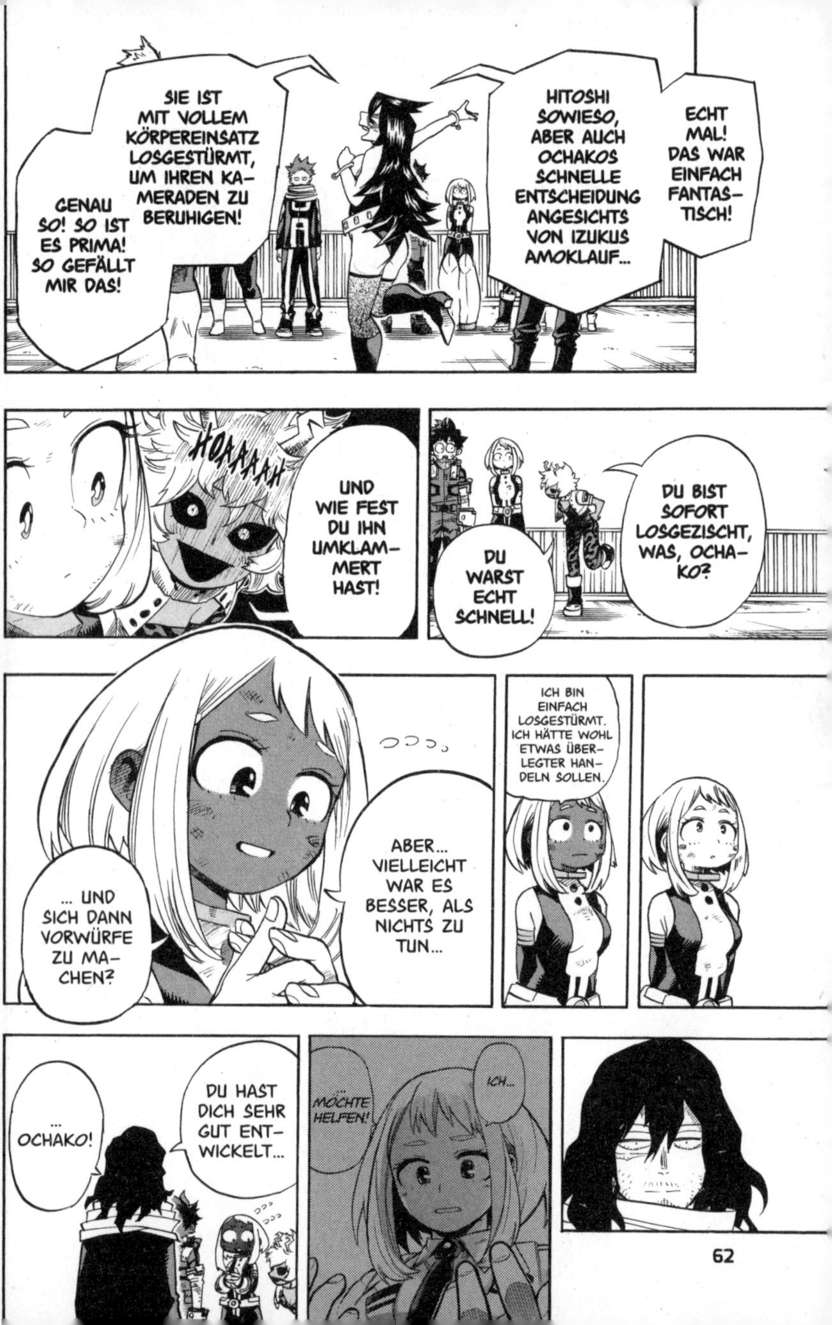

ECHT MAL! DAS WAR EINFACH FANTASTISCH!
HITOSHI SOWIESO, ABER AUCH OCHAKOS SCHNELLE ENTSCHEIDUNG ANGESICHTS VON IZUKUS AMOKLAUF...
SIE IST MIT VOLLEM KÖRPEREINSATZ LOSGESTÜRMT, UM IHREN KAMERADEN ZU BERUHIGEN!
GENAU SO! SO IST ES PRIMA! SO GEFÄLLT MIR DAS!
DU BIST SOFORT LOSGEZISCHT, WAS, OCHAKO?
DU WARST ECHT SCHNELL!
HOAAAAAH
UND WIE FEST DU IHN UMKLAMMERT HAST!
ICH BIN EINFACH LOSGESTÜRMT. ICH HÄTTE WOHL ETWAS ÜBERLEGTER HANDELN SOLLEN.
ABER... VIELLEICHT WAR ES BESSER, ALS NICHTS ZU TUN...
... UND SICH DANN VORWÜRFE ZU MACHEN?
ICH...
... MÖCHTE HELFEN!
DU HAST DICH SEHR GUT ENTWICKELT...
... OCHAKO!

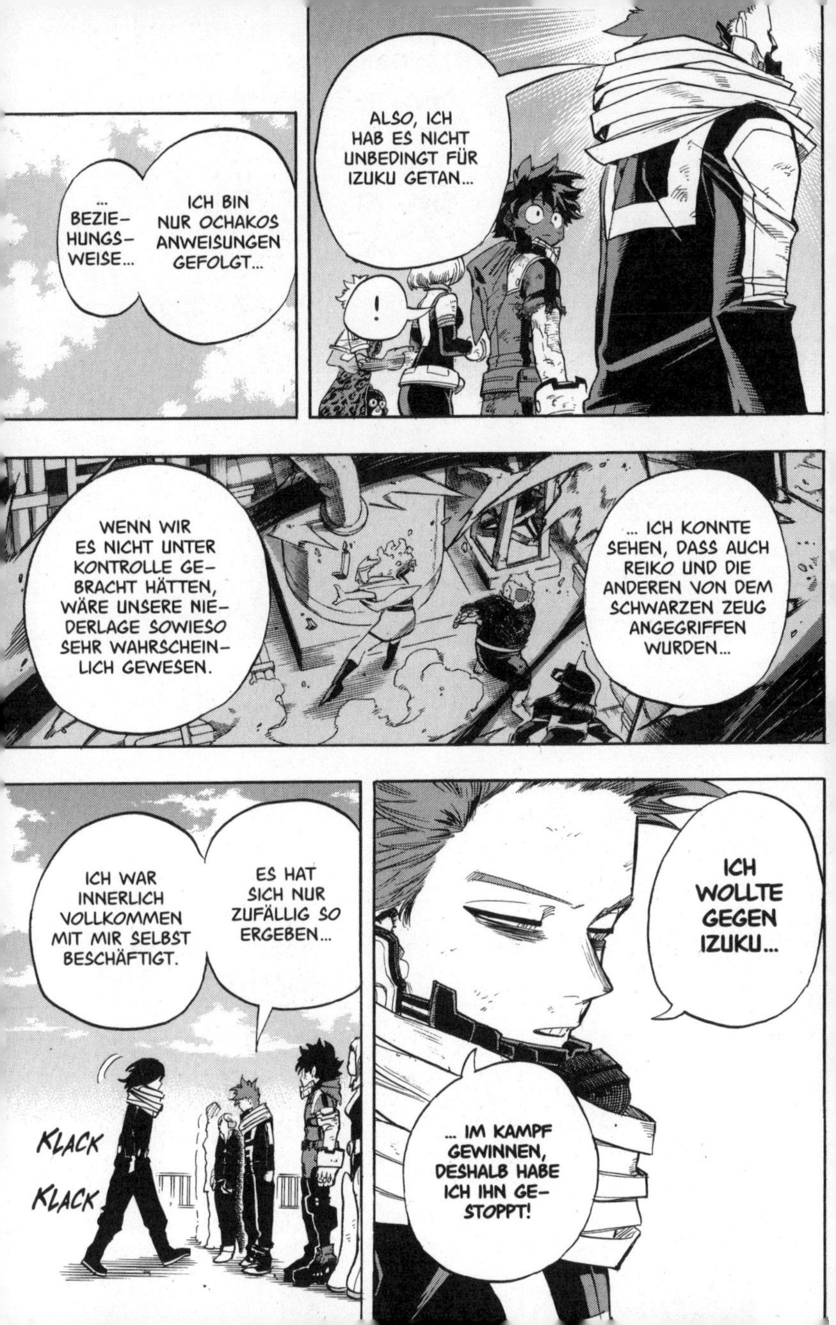
ALSO, ICH HAB ES NICHT UNBEDINGT FÜR IZUKU GETAN...
!
ICH BIN NUR OCHAKOS ANWEISUNGEN GEFOLGT...
... BEZIE-HUNGS-WEISE...
... ICH KONNTE SEHEN, DASS AUCH REIKO UND DIE ANDEREN VON DEM SCHWARZEN ZEUG ANGEGRIFFEN WURDEN...
WENN WIR ES NICHT UNTER KONTROLLE GE-BRACHT HÄTTEN, WÄRE UNSERE NIE-DERLAGE SOWIESO SEHR WAHRSCHEIN-LICH GEWESEN.
ICH WOLLTE GEGEN IZUKU...
... IM KAMPF GEWINNEN, DESHALB HABE ICH IHN GE-STOPPT!
ES HAT SICH NUR ZUFÄLLIG SO ERGEBEN...
ICH WAR INNERLICH VOLLKOMMEN MIT MIR SELBST BESCHÄFTIGT.
KLACK
KLACK

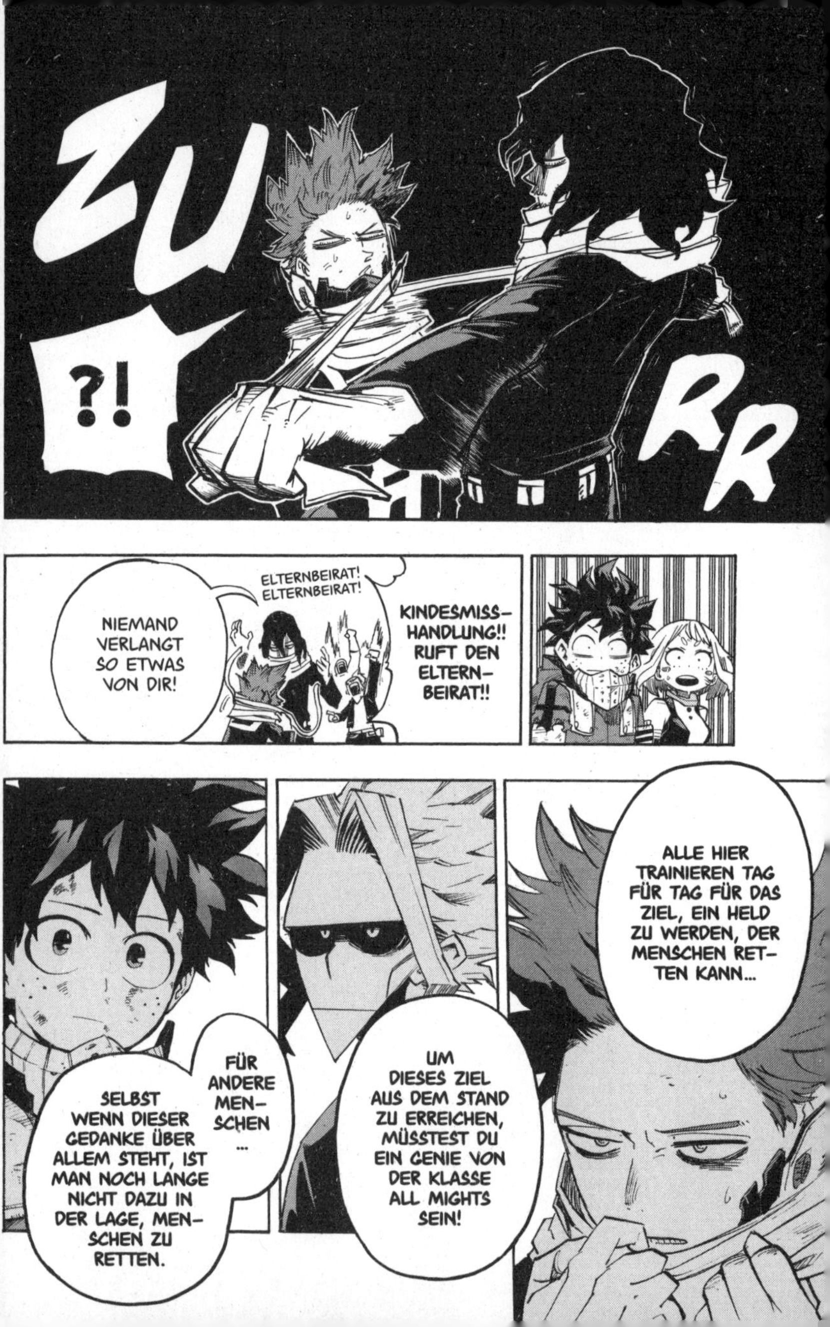
ZURR
?!
KINDESMISS-HANDLUNG!! RUFT DEN ELTERN-BEIRAT!!
ELTERNBEIRAT! ELTERNBEIRAT!
NIEMAND VERLANGT SO ETWAS VON DIR!
ALLE HIER TRAINIEREN TAG FÜR TAG FÜR DAS ZIEL, EIN HELD ZU WERDEN, DER MENSCHEN RET-TEN KANN...
UM DIESES ZIEL AUS DEM STAND ZU ERREICHEN, MÜSSTEST DU EIN GENIE VON DER KLASSE ALL MIGHTS SEIN!
FÜR ANDERE MEN-SCHEN ...
SELBST WENN DIESER GEDANKE ÜBER ALLEM STEHT, IST MAN NOCH LANGE NICHT DAZU IN DER LAGE, MEN-SCHEN ZU RETTEN.

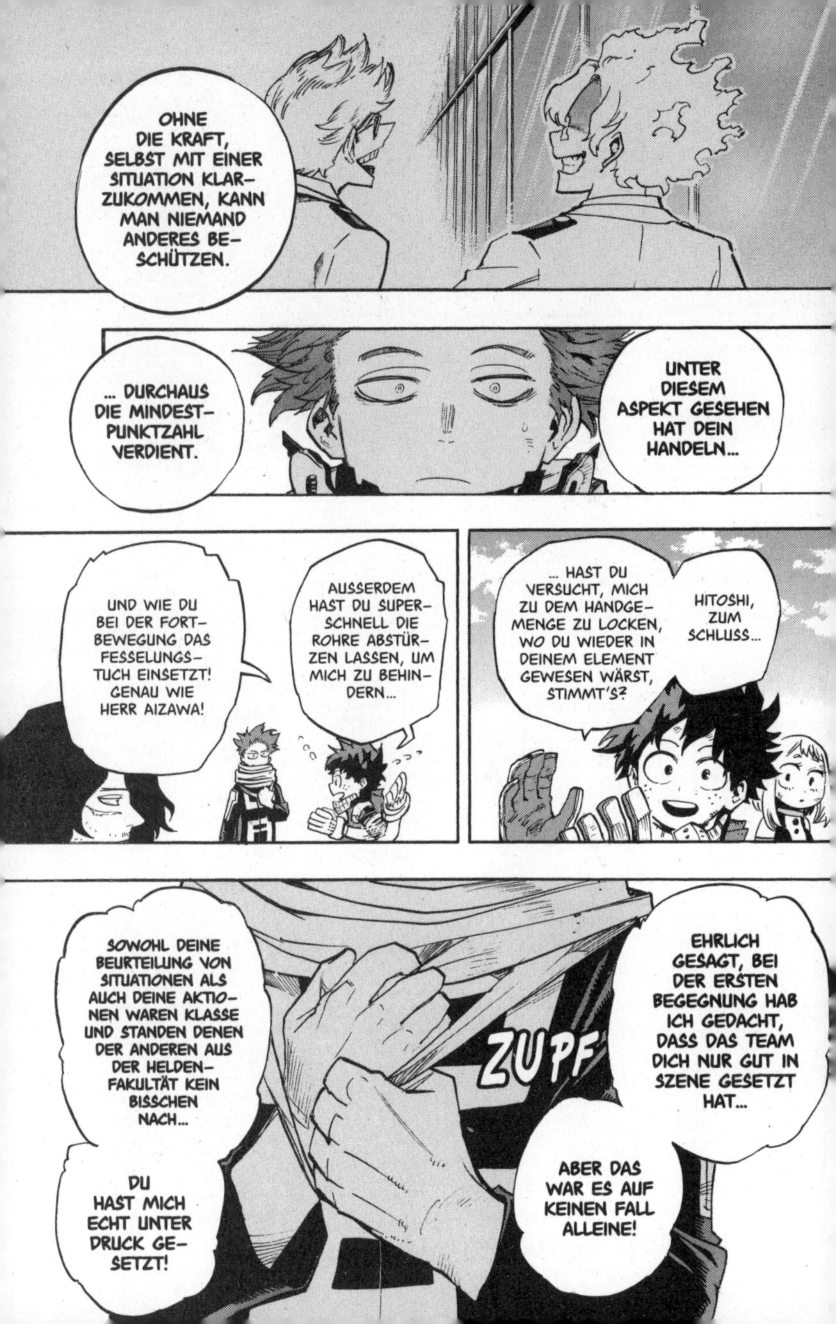
OHNE DIE KRAFT, SELBST MIT EINER SITUATION KLARZUKOMMEN, KANN MAN NIEMAND ANDERES BESCHÜTZEN.
UNTER DIESEM ASPEKT GESEHEN HAT DEIN HANDELN...
... DURCHAUS DIE MINDESTPUNKTZAHL VERDIENT.
HITOSHI, ZUM SCHLUSS...
... HAST DU VERSUCHT, MICH ZU DEM HANDGEMENGE ZU LOCKEN, WO DU WIEDER IN DEINEM ELEMENT GEWESEN WÄRST, STIMMT'S?
AUSSERDEM HAST DU SUPERSCHNELL DIE ROHRE ABSTÜRZEN LASSEN, UM MICH ZU BEHINDERN...
UND WIE DU BEI DER FORTBEWEGUNG DAS FESSELUNGSTUCH EINSETZT! GENAU WIE HERR AIZAWA!
EHRLICH GESAGT, BEI DER ERSTEN BEGEGNUNG HAB ICH GEDACHT, DASS DAS TEAM DICH NUR GUT IN SZENE GESETZT HAT...
ZUPF
SOWOHL DEINE BEURTEILUNG VON SITUATIONEN ALS AUCH DEINE AKTIONEN WAREN KLASSE UND STANDEN DENEN DER ANDEREN AUS DER HELDENFAKULTÄT KEIN BISSCHEN NACH...
ABER DAS WAR ES AUF KEINEN FALL ALLEINE!
DU HAST MICH ECHT UNTER DRUCK GESETZT!

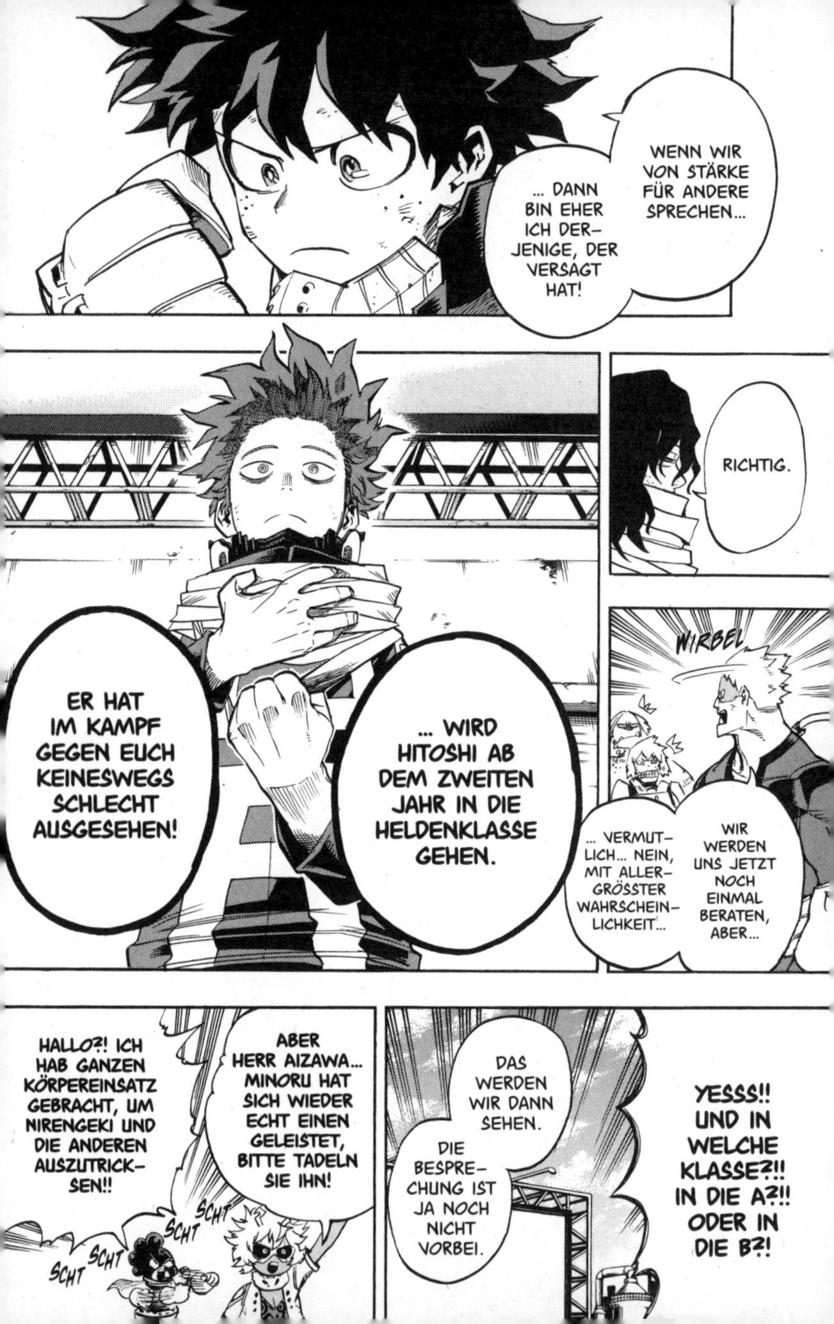
WENN WIR VON STÄRKE FÜR ANDERE SPRECHEN...
... DANN BIN EHER ICH DER-JENIGE, DER VERSAGT HAT!
RICHTIG.
WIRBEL
WIR WERDEN UNS JETZT NOCH EINMAL BERATEN, ABER...
... VERMUT-LICH... NEIN, MIT ALLER-GRÖSSTER WAHRSCHEIN-LICHKEIT...
... WIRD HITOSHI AB DEM ZWEITEN JAHR IN DIE HELDENKLASSE GEHEN.
ER HAT IM KAMPF GEGEN EUCH KEINESWEGS SCHLECHT AUSGESEHEN!
YESSS!! UND IN WELCHE KLASSE?!! IN DIE A?!! ODER IN DIE B?!
DAS WERDEN WIR DANN SEHEN.
DIE BESPRE-CHUNG IST JA NOCH NICHT VORBEI.
ABER HERR AIZAWA... MINORU HAT SICH WIEDER ECHT EINEN GELEISTET, BITTE TADELN SIE IHN!
HALLO?! ICH HAB GANZEN KÖRPEREINSATZ GEBRACHT, UM NIRENGEKI UND DIE ANDEREN AUSZUTRICK-SEN!!
SCHT SCHT SCHT SCHT

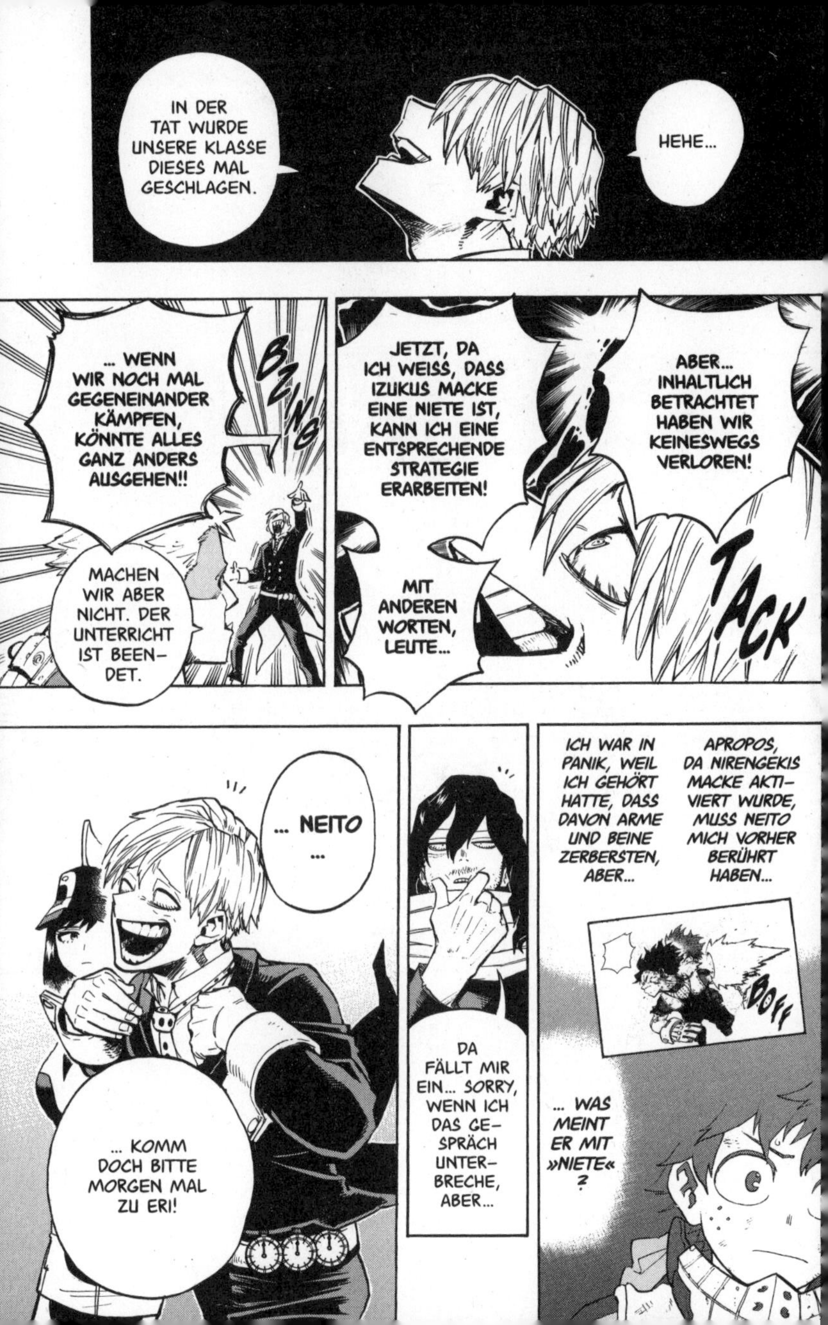
HEHE...
IN DER TAT WURDE UNSERE KLASSE DIESES MAL GESCHLAGEN.
ABER... INHALTLICH BETRACHTET HABEN WIR KEINESWEGS VERLOREN!
TACK
JETZT, DA ICH WEISS, DASS IZUKUS MACKE EINE NIETE IST, KANN ICH EINE ENTSPRECHENDE STRATEGIE ERARBEITEN!
MIT ANDEREN WORTEN, LEUTE...
... WENN WIR NOCH MAL GEGENEINANDER KÄMPFEN, KÖNNTE ALLES GANZ ANDERS AUSGEHEN!!
BZING
MACHEN WIR ABER NICHT. DER UNTERRICHT IST BEEN-DET.
APROPOS, DA NIRENGEKIS MACKE AKTI-VIERT WURDE, MUSS NEITO MICH VORHER BERÜHRT HABEN...
ICH WAR IN PANIK, WEIL ICH GEHÖRT HATTE, DASS DAVON ARME UND BEINE ZERBERSTEN, ABER...
BOFF
... WAS MEINT ER MIT »NIETE«?
DA FÄLLT MIR EIN... SORRY, WENN ICH DAS GE-SPRÄCH UNTER-BRECHE, ABER...
... NEITO ...
... KOMM DOCH BITTE MORGEN MAL ZU ERI!

THE TSUBURABA

Habt ihr es bemerkt? Als ich im letzten Band die Heldennamen der Klasse 1-B präsentiert habe, wurde der von Kosei Tsuburaba nicht genannt…

In der Stunde, in der die Heldennamen festgelegt wurden, konnte er noch keine Entscheidung treffen, und daran hat sich bis jetzt nichts geändert. Im Fall, dass die Entscheidung offen geblieben ist, wird der tatsächliche Name zum Heldennamen. Wollte man ihn extra wie einen Heldennamen schreiben, würde man ihn statt mit chinesischen Schriftzeichen mit Katakana-Zeichen schreiben. Dann sieht »Tsuburaba« sehr ähnlich aus wie »Love Lover«, nicht wahr? Großartig!! Bravo!!

Übrigens ist Koji Tsuburaba ein so fähiger Schüler, dass sein Profil schon zweimal präsentiert wurde, nämlich in Band 10 und in Band 21. (Mir war entfallen, dass ich es schon mal geschrieben hatte.)

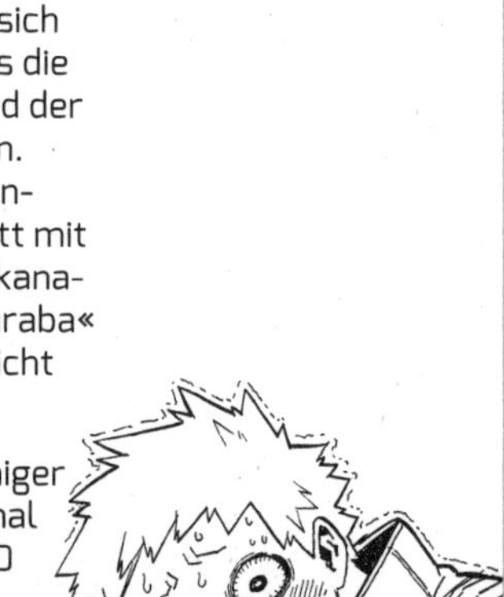

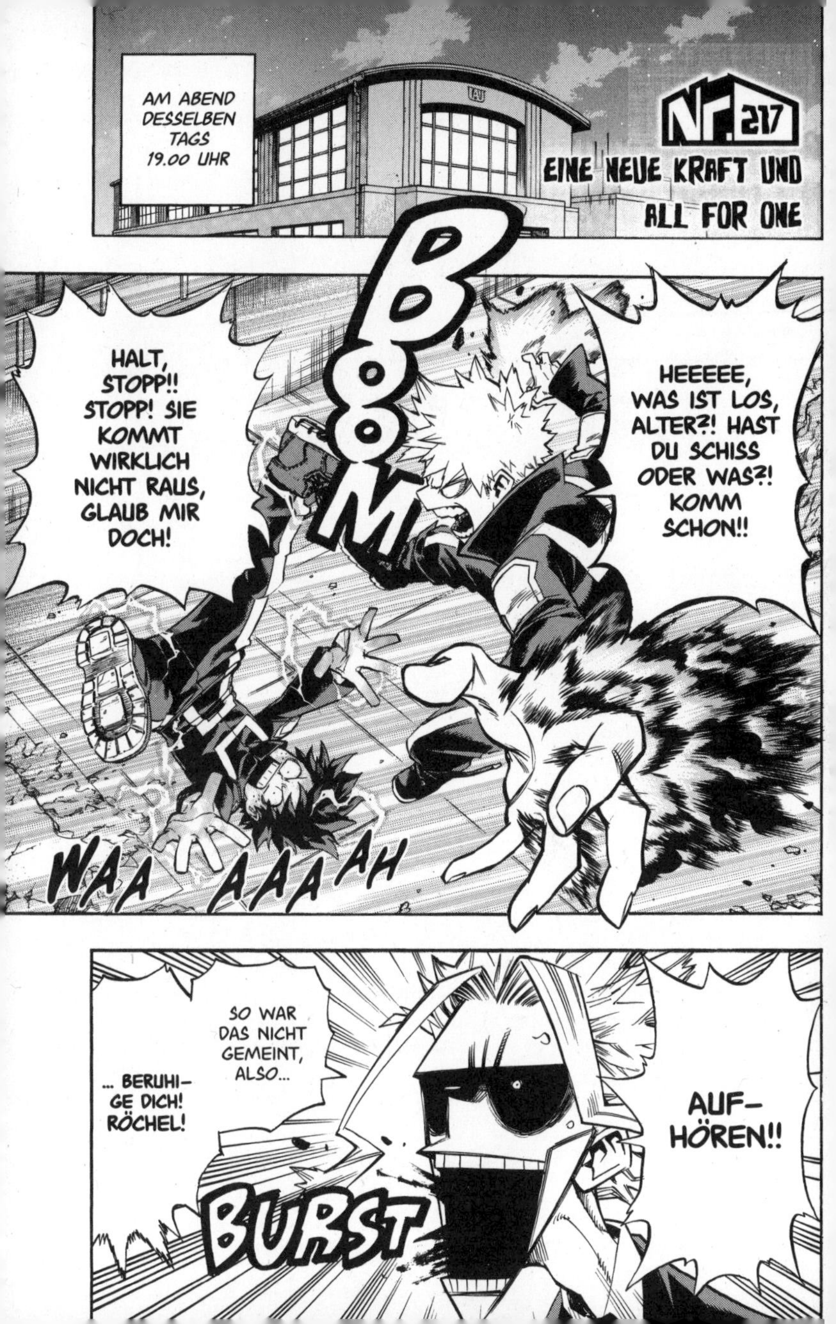
AM ABEND DESSELBEN TAGS 19.00 UHR
NR. 217
EINE NEUE KRAFT UND ALL FOR ONE
BOOM
HEEEEE, WAS IST LOS, ALTER?! HAST DU SCHISS ODER WAS?! KOMM SCHON!!
HALT, STOPP!! STOPP! SIE KOMMT WIRKLICH NICHT RAUS, GLAUB MIR DOCH!
WAA AAAAH
AUF-HÖREN!!
SO WAR DAS NICHT GEMEINT, ALSO...
... BERUHI-GE DICH! RÖCHEL!
BURST

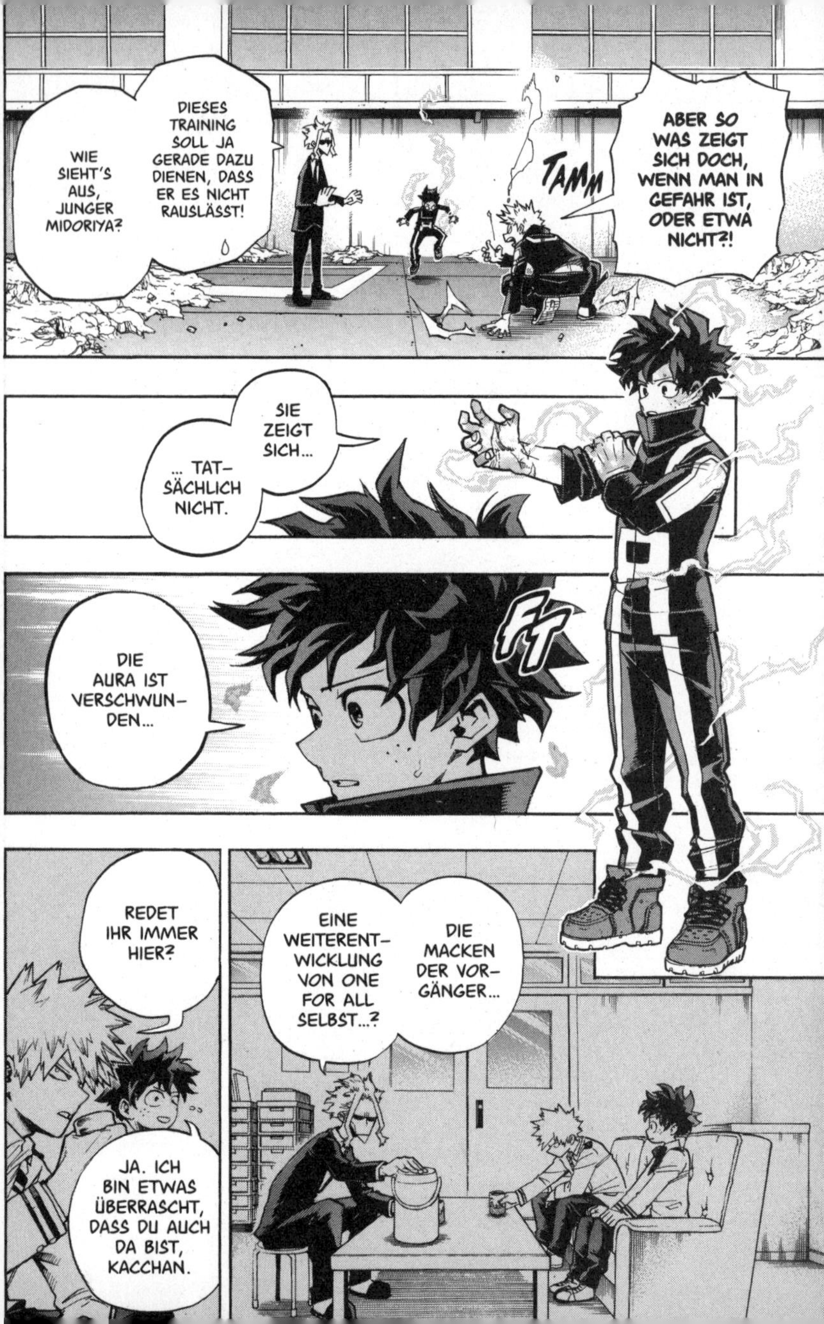
ABER SO WAS ZEIGT SICH DOCH, WENN MAN IN GEFAHR IST, ODER ETWA NICHT?!
TAMM
DIESES TRAINING SOLL JA GERADE DAZU DIENEN, DASS ER ES NICHT RAUSLÄSST!
WIE SIEHT'S AUS, JUNGER MIDORIYA?
SIE ZEIGT SICH...
... TAT-SÄCHLICH NICHT.
FT
DIE AURA IST VERSCHWUN-DEN...
DIE MACKEN DER VOR-GÄNGER...
EINE WEITERENT-WICKLUNG VON ONE FOR ALL SELBST...?
REDET IHR IMMER HIER?
JA. ICH BIN ETWAS ÜBERRASCHT, DASS DU AUCH DA BIST, KACCHAN.

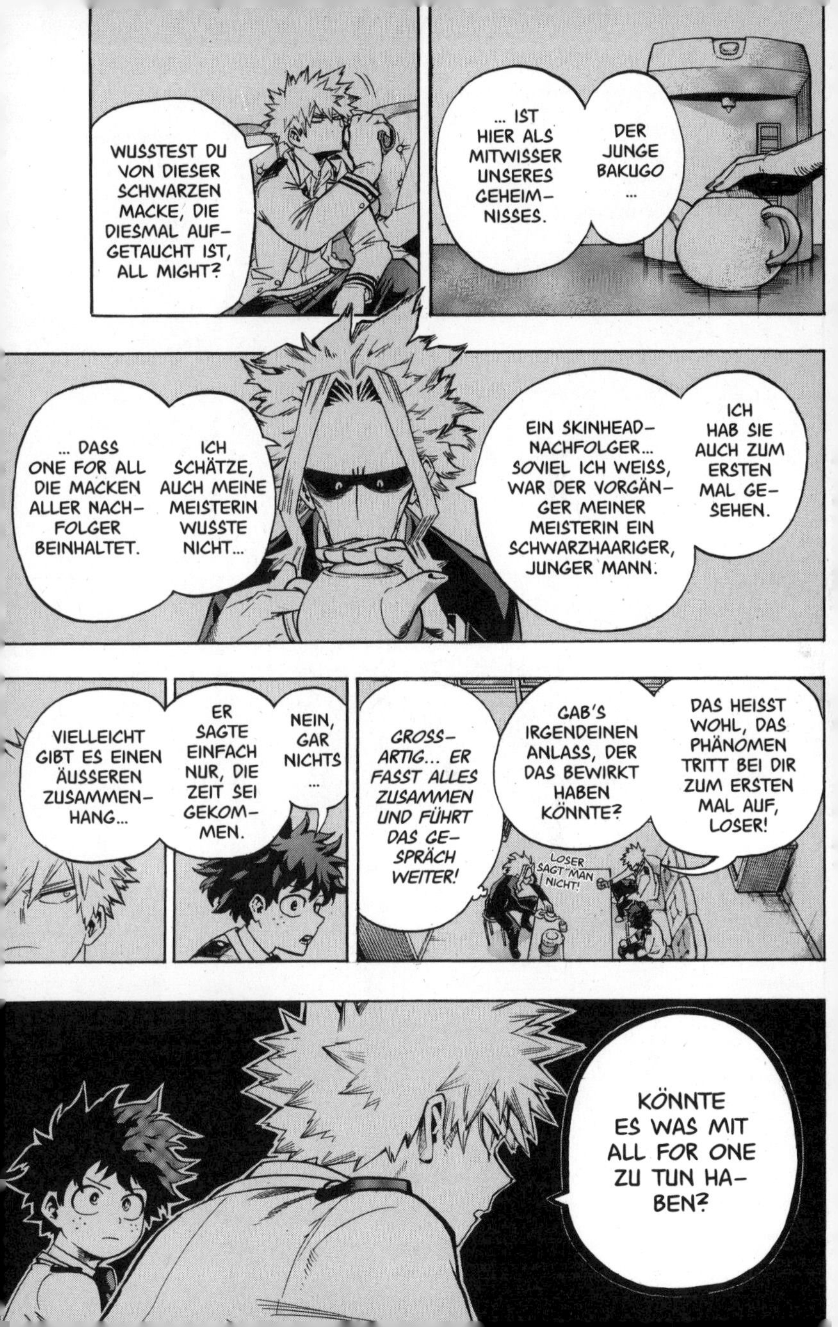
DER JUNGE BAKUGO ...
... IST HIER ALS MITWISSER UNSERES GEHEIMNISSES.
WUSSTEST DU VON DIESER SCHWARZEN MACKE, DIE DIESMAL AUFGETAUCHT IST, ALL MIGHT?
ICH HAB SIE AUCH ZUM ERSTEN MAL GESEHEN.
EIN SKINHEAD-NACHFOLGER... SOVIEL ICH WEISS, WAR DER VORGÄNGER MEINER MEISTERIN EIN SCHWARZHAARIGER, JUNGER MANN.
ICH SCHÄTZE, AUCH MEINE MEISTERIN WUSSTE NICHT...
... DASS ONE FOR ALL DIE MACKEN ALLER NACHFOLGER BEINHALTET.
DAS HEISST WOHL, DAS PHÄNOMEN TRITT BEI DIR ZUM ERSTEN MAL AUF, LOSER!
GAB'S IRGENDEINEN ANLASS, DER DAS BEWIRKT HABEN KÖNNTE?
LOSER SAGT MAN NICHT!
GROSSARTIG... ER FASST ALLES ZUSAMMEN UND FÜHRT DAS GESPRÄCH WEITER!
NEIN, GAR NICHTS ...
ER SAGTE EINFACH NUR, DIE ZEIT SEI GEKOMMEN.
VIELLEICHT GIBT ES EINEN ÄUSSEREN ZUSAMMENHANG...
KÖNNTE ES WAS MIT ALL FOR ONE ZU TUN HABEN?

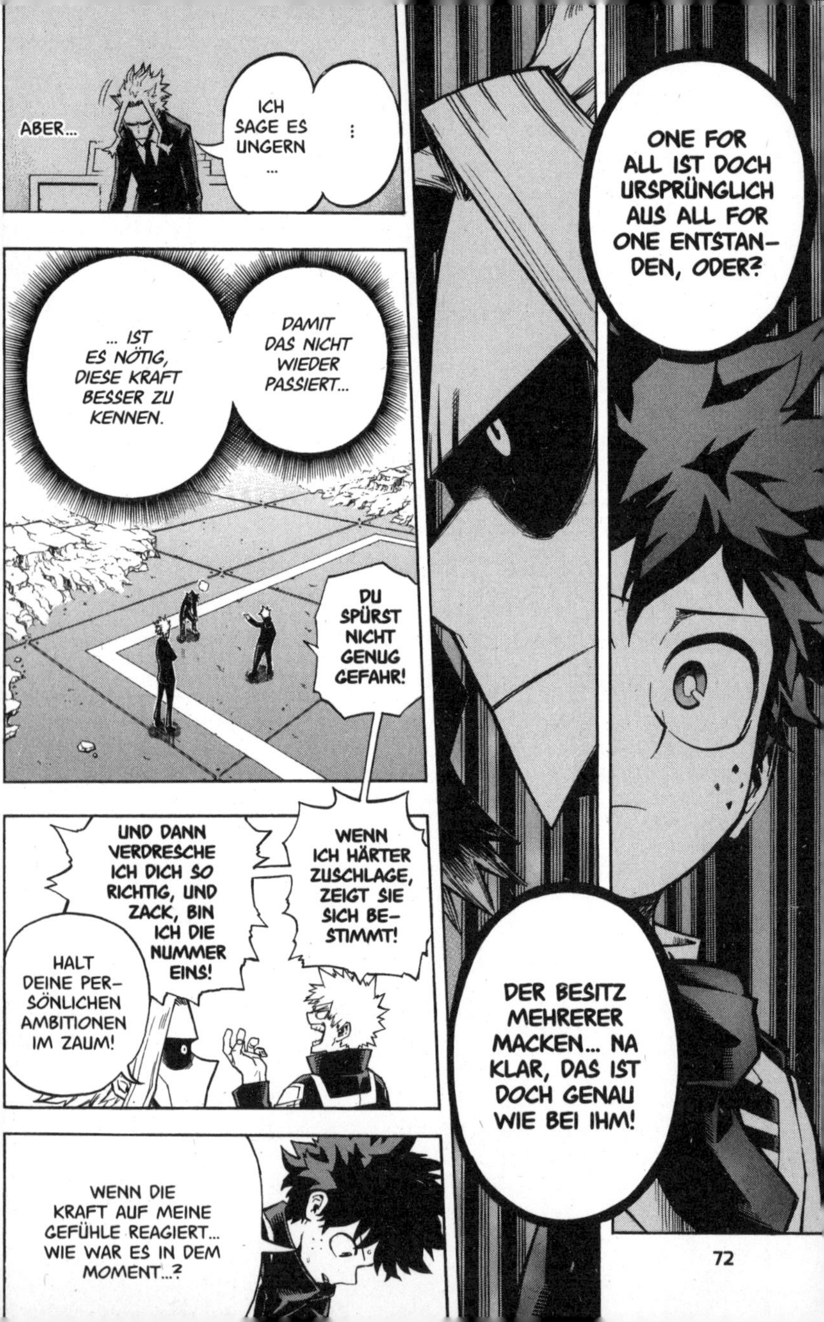
ICH SAGE ES UNGERN ...
:
ABER...
DAMIT DAS NICHT WIEDER PASSIERT...
... IST ES NÖTIG, DIESE KRAFT BESSER ZU KENNEN.
DU SPÜRST NICHT GENUG GEFAHR!
WENN ICH HÄRTER ZUSCHLAGE, ZEIGT SIE SICH BE-STIMMT!
UND DANN VERDRESCHE ICH DICH SO RICHTIG, UND ZACK, BIN ICH DIE NUMMER EINS!
HALT DEINE PER-SÖNLICHEN AMBITIONEN IM ZAUM!
WENN DIE KRAFT AUF MEINE GEFÜHLE REAGIERT... WIE WAR ES IN DEM MOMENT...?
ONE FOR ALL IST DOCH URSPRÜNGLICH AUS ALL FOR ONE ENTSTAN-DEN, ODER?
DER BESITZ MEHRERER MACKEN... NA KLAR, DAS IST DOCH GENAU WIE BEI IHM!

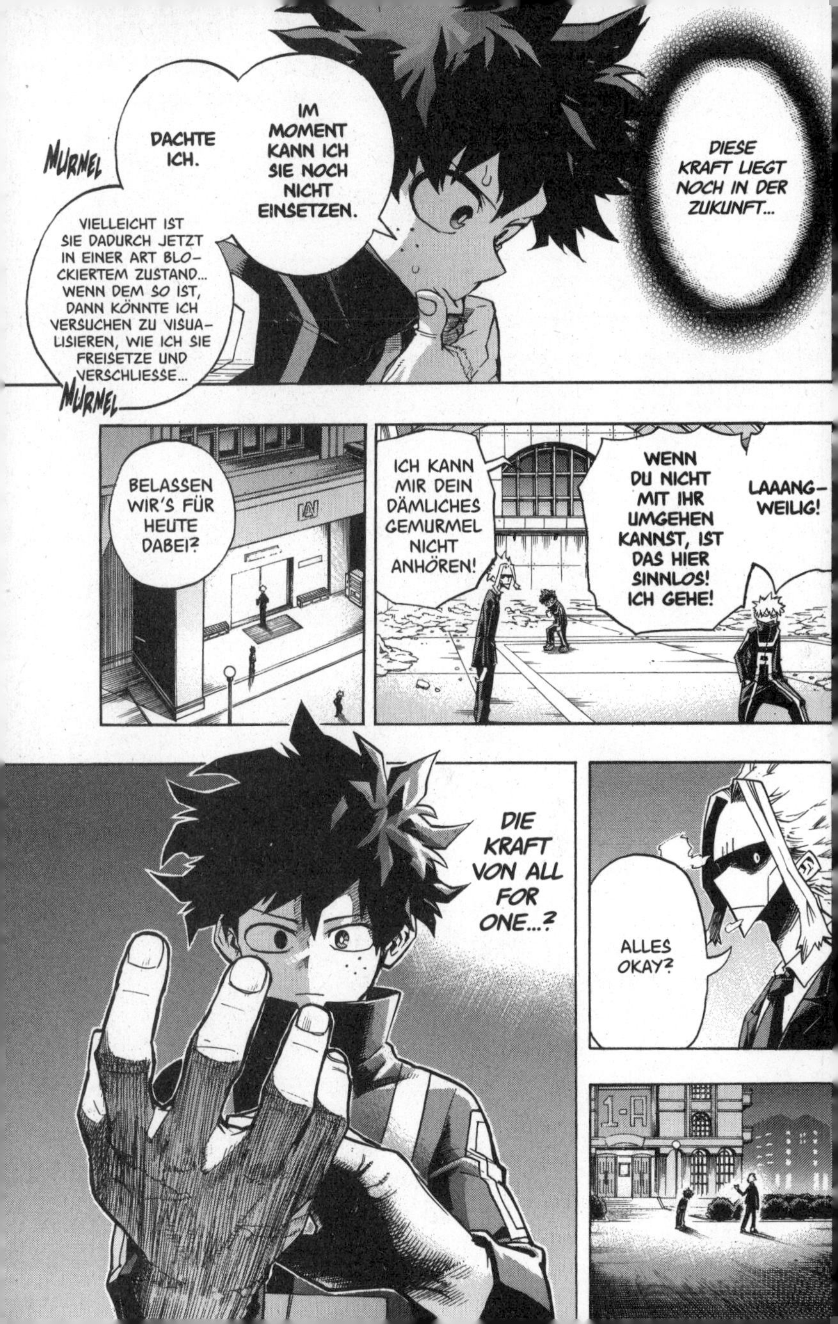
DIESE KRAFT LIEGT NOCH IN DER ZUKUNFT...
IM MOMENT KANN ICH SIE NOCH NICHT EINSETZEN.
DACHTE ICH.
MURMEL
VIELLEICHT IST SIE DADURCH JETZT IN EINER ART BLOCKIERTEM ZUSTAND... WENN DEM SO IST, DANN KÖNNTE ICH VERSUCHEN ZU VISUALISIEREN, WIE ICH SIE FREISETZE UND VERSCHLIESSE...
MURMEL
LAAANG-WEILIG!
WENN DU NICHT MIT IHR UMGEHEN KANNST, IST DAS HIER SINNLOS! ICH GEHE!
ICH KANN MIR DEIN DÄMLICHES GEMURMEL NICHT ANHÖREN!
BELASSEN WIR'S FÜR HEUTE DABEI?
ALLES OKAY?
DIE KRAFT VON ALL FOR ONE...?
1-A

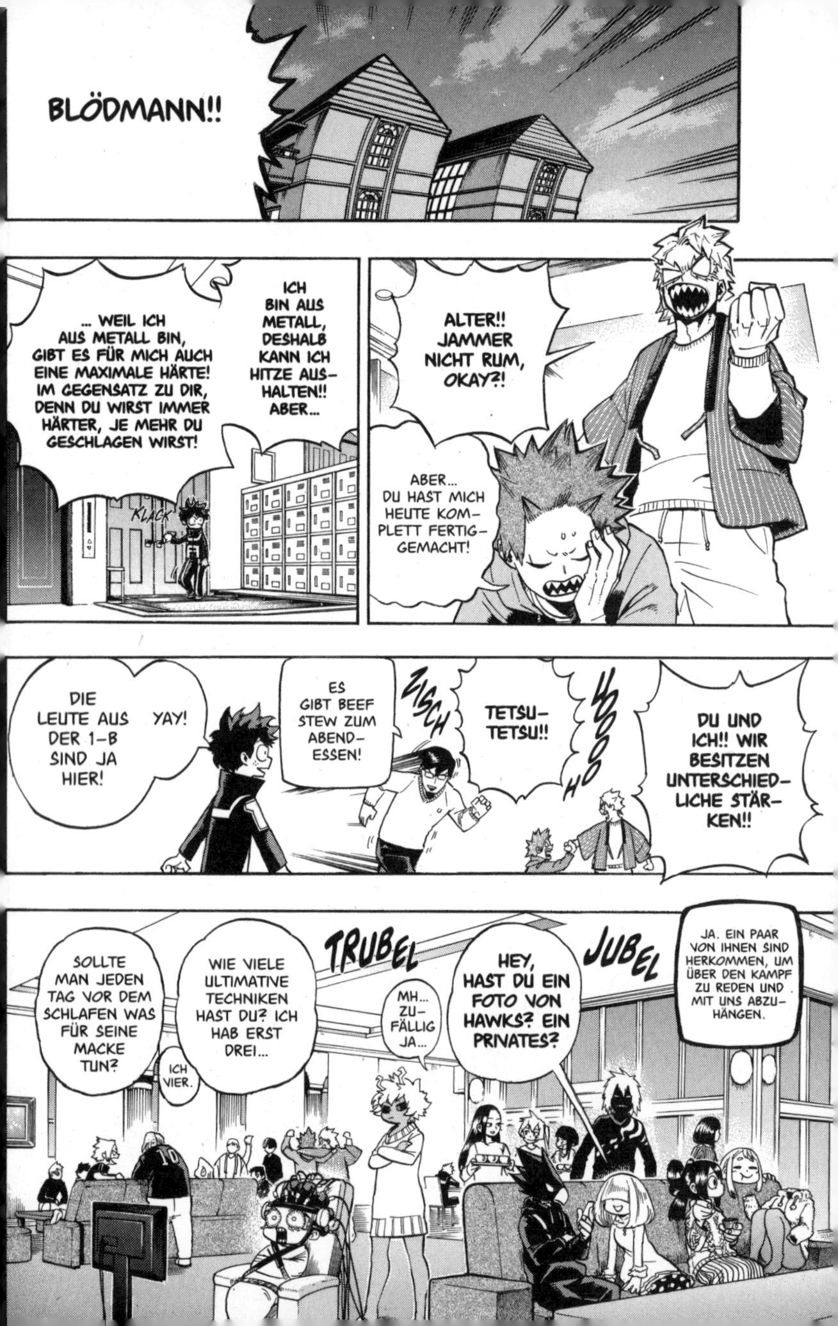

BLÖDMANN!!
ALTER!! JAMMER NICHT RUM, OKAY?!
ABER... DU HAST MICH HEUTE KOMPLETT FERTIGGEMACHT!
ICH BIN AUS METALL, DESHALB KANN ICH HITZE AUSHALTEN!! ABER...
... WEIL ICH AUS METALL BIN, GIBT ES FÜR MICH AUCH EINE MAXIMALE HÄRTE! IM GEGENSATZ ZU DIR, DENN DU WIRST IMMER HÄRTER, JE MEHR DU GESCHLAGEN WIRST!
KLACK
DU UND ICH!! WIR BESITZEN UNTERSCHIEDLICHE STÄRKEN!!
HOOOOO
TETSU-TETSU!!
ZISCH
ES GIBT BEEF STEW ZUM ABENDESSEN!
YAY!
DIE LEUTE AUS DER 1-B SIND JA HIER!
JA. EIN PAAR VON IHNEN SIND HERKOMMEN, UM ÜBER DEN KAMPF ZU REDEN UND MIT UNS ABZUHÄNGEN.
JUBEL
HEY, HAST DU EIN FOTO VON HAWKS? EIN PRIVATES?
MH... ZUFÄLLIG JA...
TRUBEL
WIE VIELE ULTIMATIVE TECHNIKEN HAST DU? ICH HAB ERST DREI...
ICH VIER.
SOLLTE MAN JEDEN TAG VOR DEM SCHLAFEN WAS FÜR SEINE MACKE TUN?

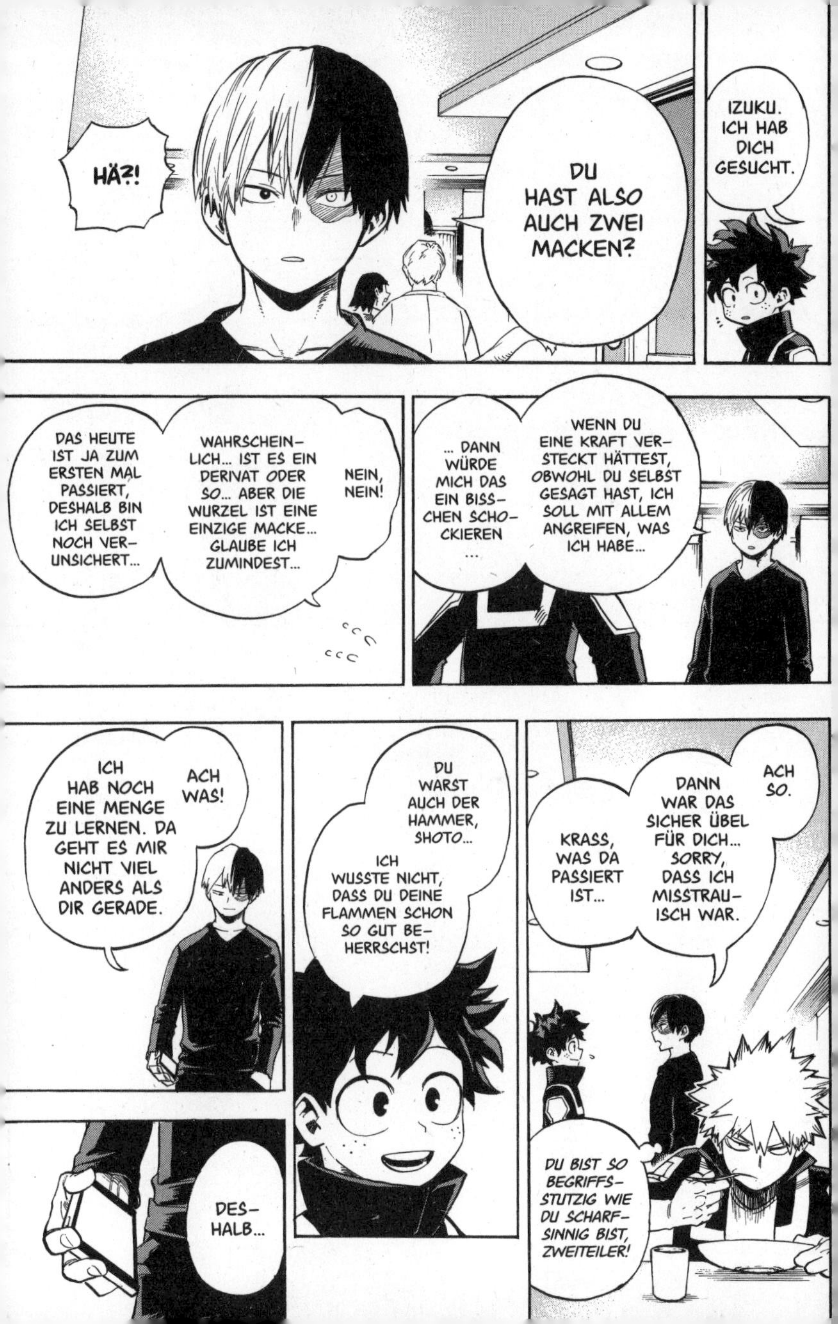
IZUKU. ICH HAB DICH GESUCHT.
DU HAST ALSO AUCH ZWEI MACKEN?
HÄ?!
WENN DU EINE KRAFT VERSTECKT HÄTTEST, OBWOHL DU SELBST GESAGT HAST, ICH SOLL MIT ALLEM ANGREIFEN, WAS ICH HABE...
... DANN WÜRDE MICH DAS EIN BISSCHEN SCHOCKIEREN ...
NEIN, NEIN!
WAHRSCHEINLICH... IST ES EIN DERIVAT ODER SO... ABER DIE WURZEL IST EINE EINZIGE MACKE... GLAUBE ICH ZUMINDEST...
DAS HEUTE IST JA ZUM ERSTEN MAL PASSIERT, DESHALB BIN ICH SELBST NOCH VERUNSICHERT...
ACH SO.
DANN WAR DAS SICHER ÜBEL FÜR DICH... SORRY, DASS ICH MISSTRAUISCH WAR.
KRASS, WAS DA PASSIERT IST...
DU BIST SO BEGRIFFSSTUTZIG WIE DU SCHARFSINNIG BIST, ZWEITEILER!
DU WARST AUCH DER HAMMER, SHOTO...
ICH WUSSTE NICHT, DASS DU DEINE FLAMMEN SCHON SO GUT BEHERRSCHST!
ACH WAS!
ICH HAB NOCH EINE MENGE ZU LERNEN. DA GEHT ES MIR NICHT VIEL ANDERS ALS DIR GERADE.
DESHALB...

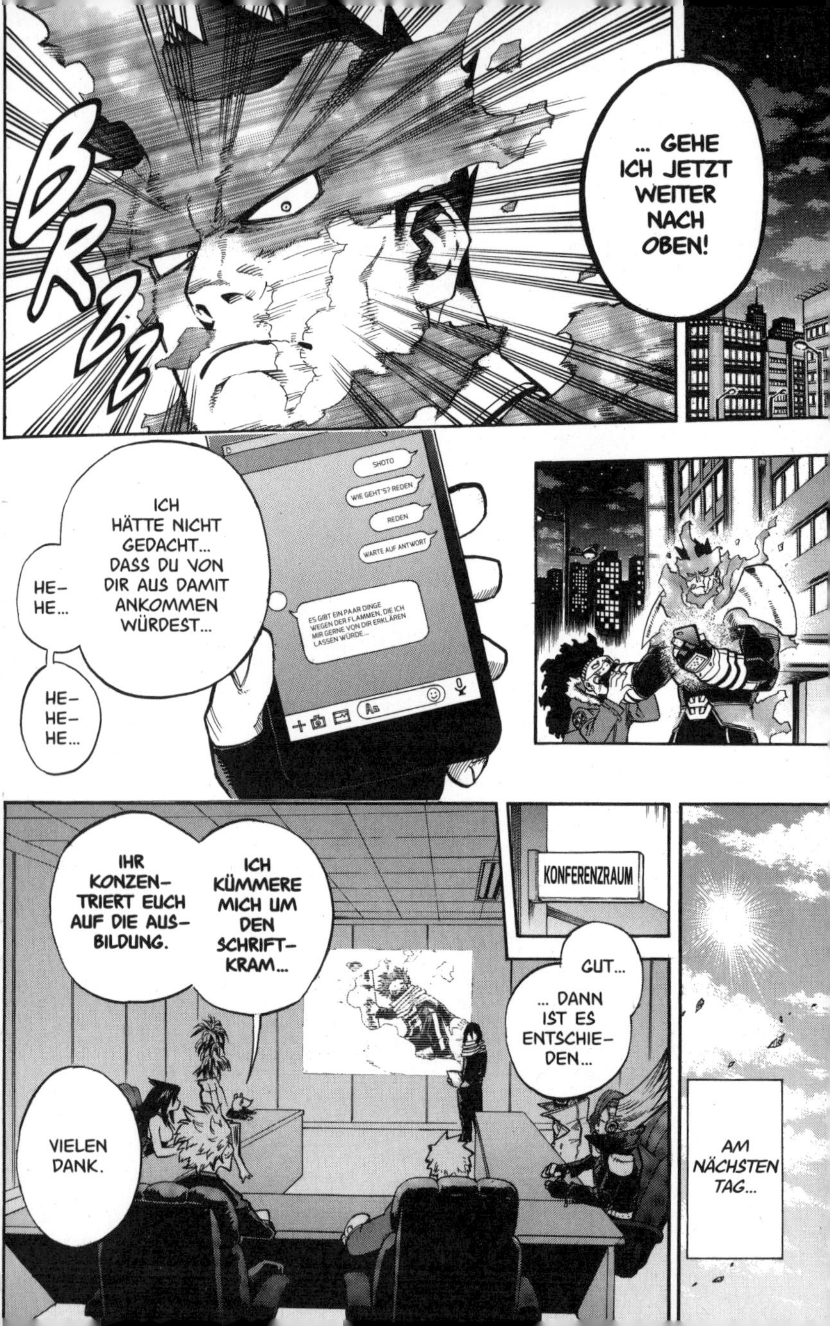

... GEHE ICH JETZT WEITER NACH OBEN!
BRZZZ
SHOTO
WIE GEHT'S? REDEN
REDEN
WARTE AUF ANTWORT
ES GIBT EIN PAAR DINGE WEGEN DER FLAMMEN, DIE ICH MIR GERNE VON DIR ERKLÄREN LASSEN WÜRDE...
ICH HÄTTE NICHT GEDACHT... DASS DU VON DIR AUS DAMIT ANKOMMEN WÜRDEST...
HE-HE...
HE-HE-HE...
AM NÄCHSTEN TAG...
KONFERENZRAUM
GUT...
... DANN IST ES ENTSCHIEDEN...
ICH KÜMMERE MICH UM DEN SCHRIFTKRAM...
IHR KONZENTRIERT EUCH AUF DIE AUSBILDUNG.
VIELEN DANK.

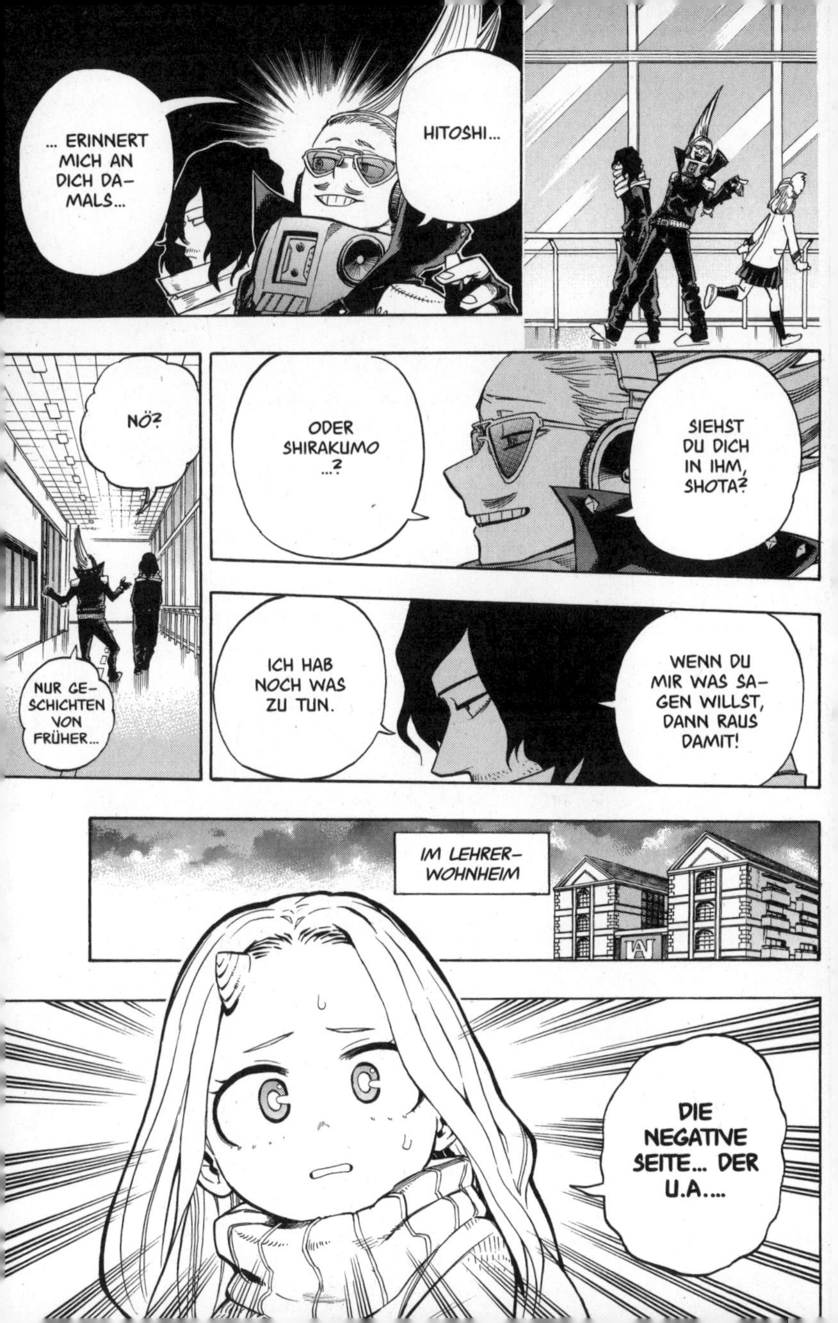
HITOSHI…
… ERINNERT MICH AN DICH DAMALS…
SIEHST DU DICH IN IHM, SHOTA?
ODER SHIRAKUMO …?
NÖ?
NUR GESCHICHTEN VON FRÜHER…
WENN DU MIR WAS SAGEN WILLST, DANN RAUS DAMIT!
ICH HAB NOCH WAS ZU TUN.
IM LEHRER-WOHNHEIM
DIE NEGATIVE SEITE… DER U.A.…

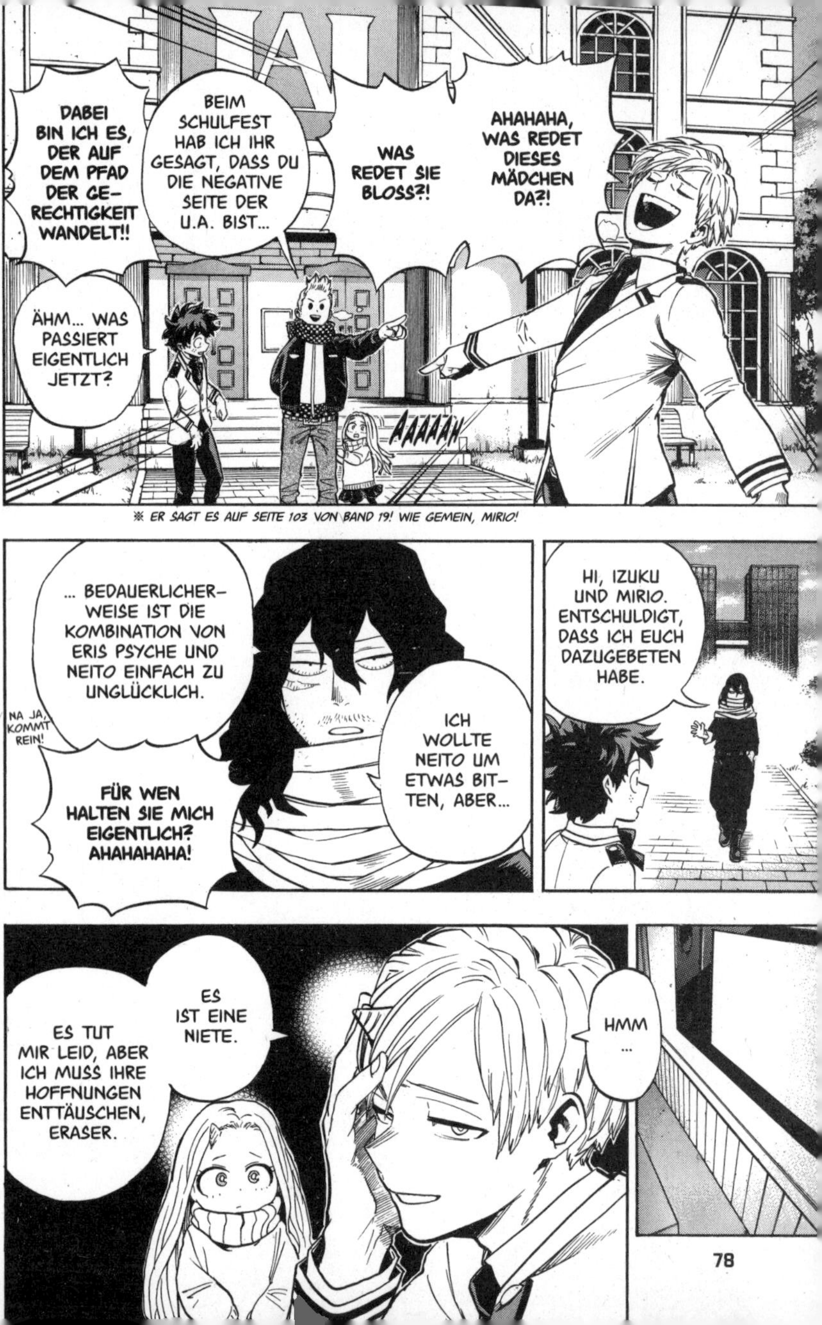

※ ER SAGT ES AUF SEITE 103 VON BAND 19! WIE GEMEIN, MIRIO!

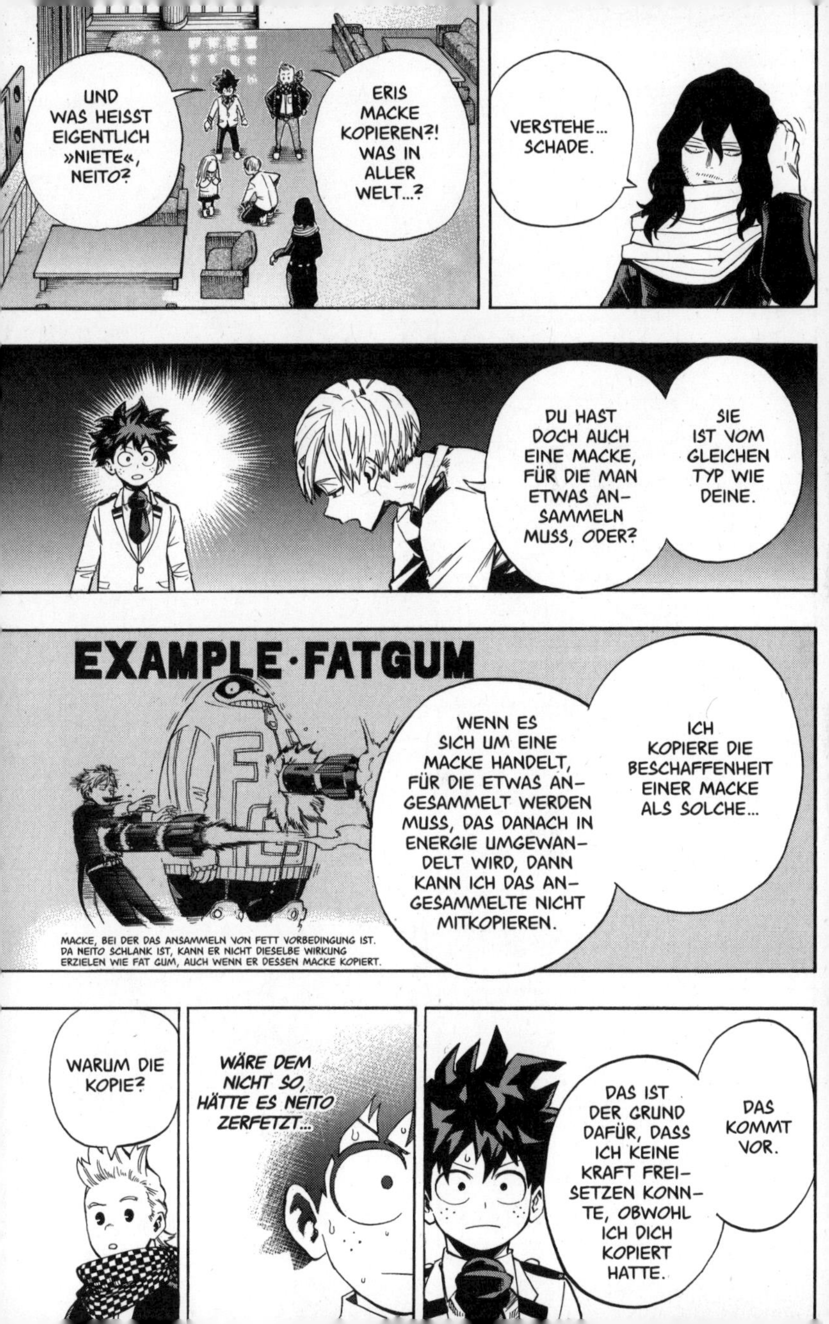
VERSTEHE... SCHADE.
ERIS MACKE KOPIEREN?! WAS IN ALLER WELT...?
UND WAS HEISST EIGENTLICH »NIETE«, NEITO?
SIE IST VOM GLEICHEN TYP WIE DEINE.
DU HAST DOCH AUCH EINE MACKE, FÜR DIE MAN ETWAS AN-SAMMELN MUSS, ODER?
EXAMPLE · FATGUM
ICH KOPIERE DIE BESCHAFFENHEIT EINER MACKE ALS SOLCHE...
WENN ES SICH UM EINE MACKE HANDELT, FÜR DIE ETWAS AN-GESAMMELT WERDEN MUSS, DAS DANACH IN ENERGIE UMGEWAN-DELT WIRD, DANN KANN ICH DAS AN-GESAMMELTE NICHT MITKOPIEREN.
MACKE, BEI DER DAS ANSAMMELN VON FETT VORBEDINGUNG IST. DA NEITO SCHLANK IST, KANN ER NICHT DIESELBE WIRKUNG ERZIELEN WIE FAT GUM, AUCH WENN ER DESSEN MACKE KOPIERT.
DAS KOMMT VOR.
DAS IST DER GRUND DAFÜR, DASS ICH KEINE KRAFT FREI-SETZEN KONN-TE, OBWOHL ICH DICH KOPIERT HATTE.
WÄRE DEM NICHT SO, HÄTTE ES NEITO ZERFETZT...
WARUM DIE KOPIE?

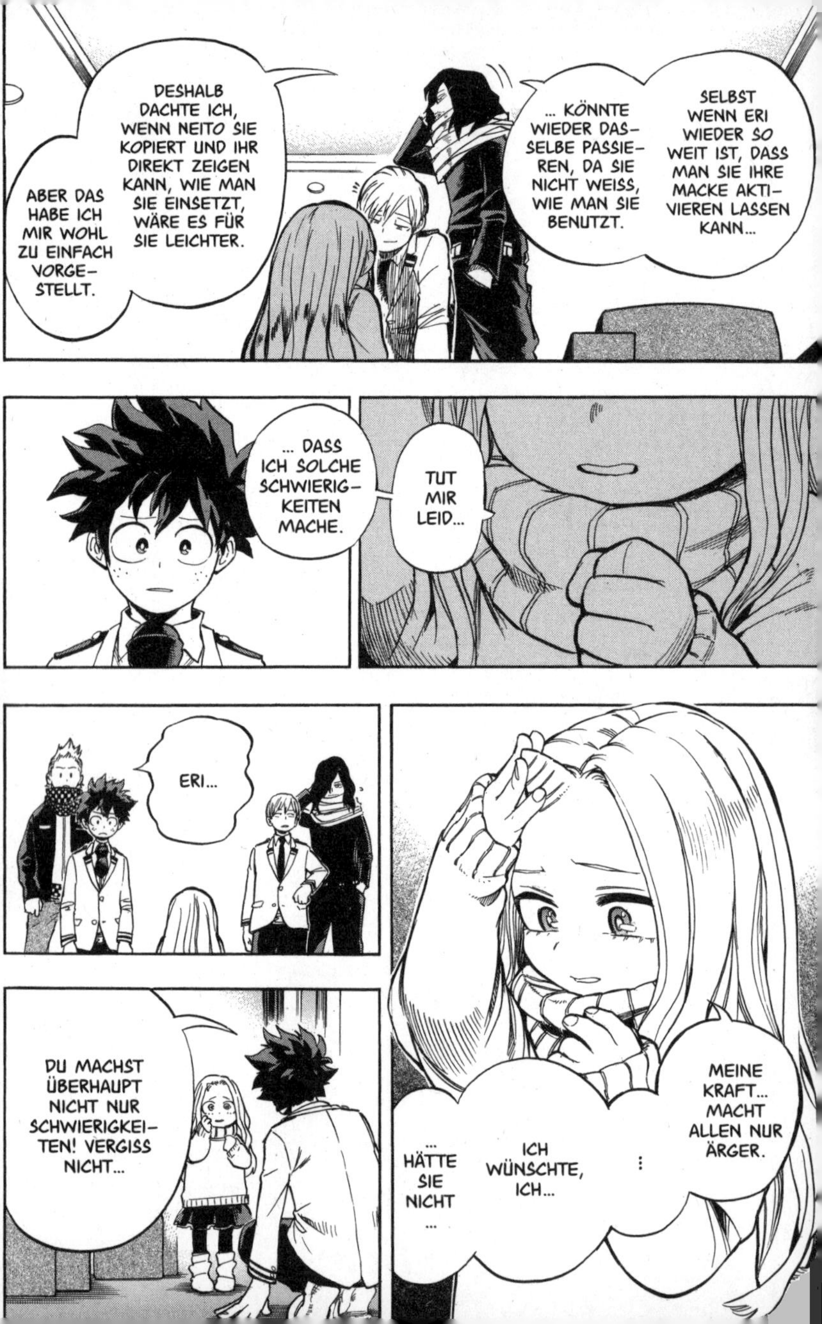
SELBST WENN ERI WIEDER SO WEIT IST, DASS MAN SIE IHRE MACKE AKTIVIEREN LASSEN KANN...
... KÖNNTE WIEDER DASSELBE PASSIEREN, DA SIE NICHT WEISS, WIE MAN SIE BENUTZT.
DESHALB DACHTE ICH, WENN NEITO SIE KOPIERT UND IHR DIREKT ZEIGEN KANN, WIE MAN SIE EINSETZT, WÄRE ES FÜR SIE LEICHTER.
ABER DAS HABE ICH MIR WOHL ZU EINFACH VORGESTELLT.
TUT MIR LEID...
... DASS ICH SOLCHE SCHWIERIGKEITEN MACHE.
MEINE KRAFT... MACHT ALLEN NUR ÄRGER.
:
ICH WÜNSCHTE, ICH...
... HÄTTE SIE NICHT ...
ERI...
DU MACHST ÜBERHAUPT NICHT NUR SCHWIERIGKEITEN! VERGISS NICHT...

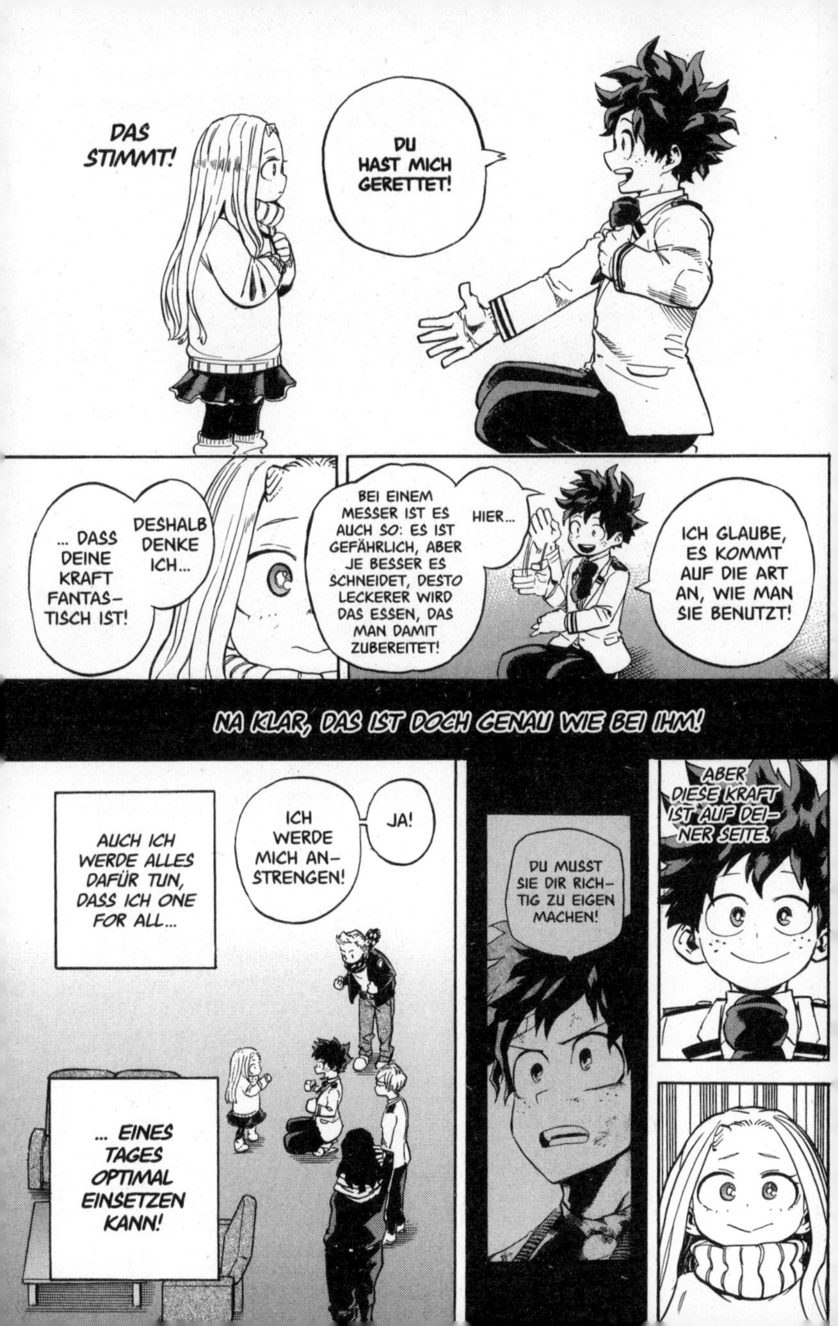
DU HAST MICH GERETTET!
DAS STIMMT!
ICH GLAUBE, ES KOMMT AUF DIE ART AN, WIE MAN SIE BENUTZT!
HIER...
BEI EINEM MESSER IST ES AUCH SO: ES IST GEFÄHRLICH, ABER JE BESSER ES SCHNEIDET, DESTO LECKERER WIRD DAS ESSEN, DAS MAN DAMIT ZUBEREITET!
DESHALB DENKE ICH...
... DASS DEINE KRAFT FANTAS-TISCH IST!
NA KLAR, DAS IST DOCH GENAU WIE BEI IHM!
ABER DIESE KRAFT IST AUF DEI-NER SEITE.
DU MUSST SIE DIR RICH-TIG ZU EIGEN MACHEN!
JA!
ICH WERDE MICH AN-STRENGEN!
AUCH ICH WERDE ALLES DAFÜR TUN, DASS ICH ONE FOR ALL...
... EINES TAGES OPTIMAL EINSETZEN KANN!

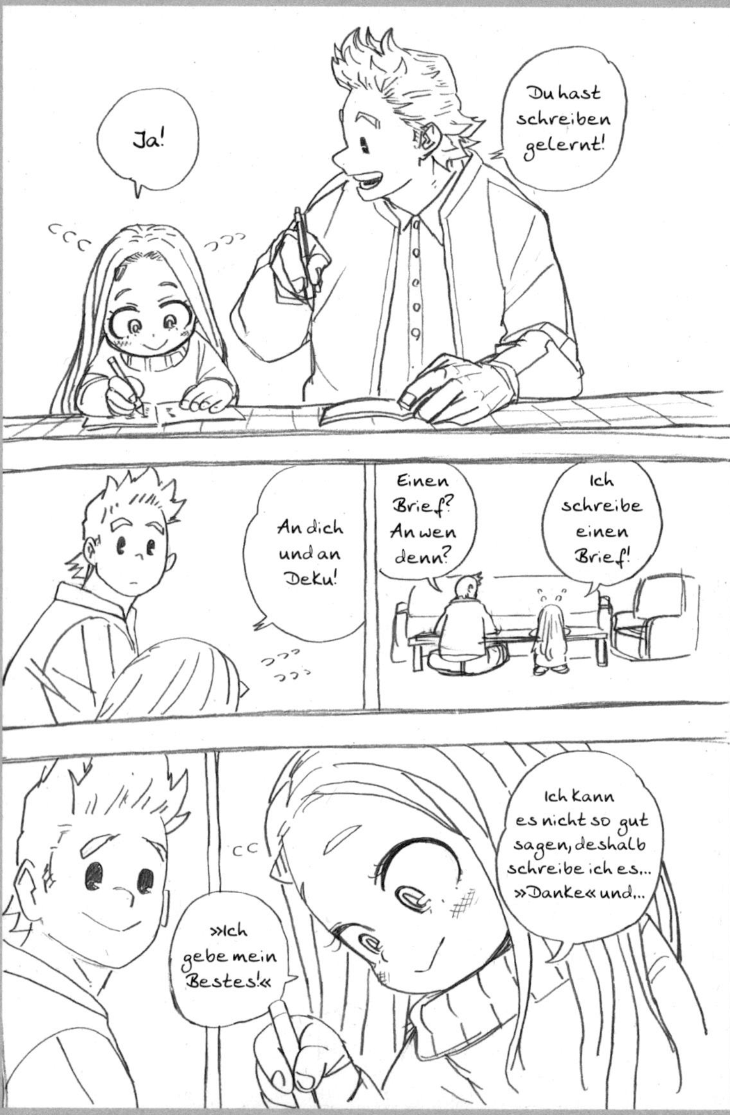
Du hast schreiben gelernt!
Ja!
Ich schreibe einen Brief!
Einen Brief? An wen denn?
An dich und an Deku!
Ich kann es nicht so gut sagen, deshalb schreibe ich es... »Danke« und...
»Ich gebe mein Bestes!«

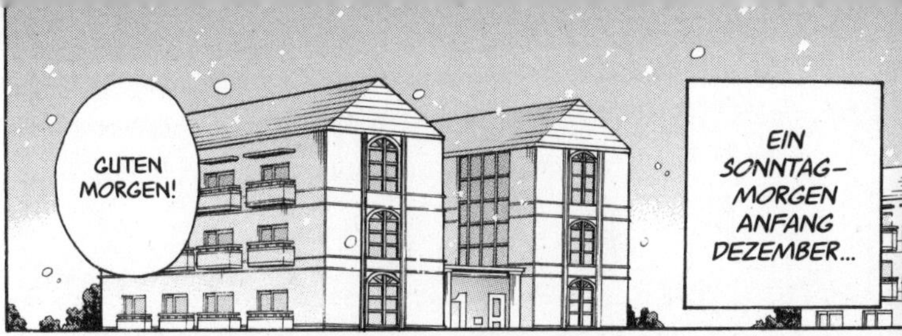

NR. 218 DIE ARMEE ZUR BEFREIUNG AUSSERGEWÖHNLICHER BEGABUNGEN

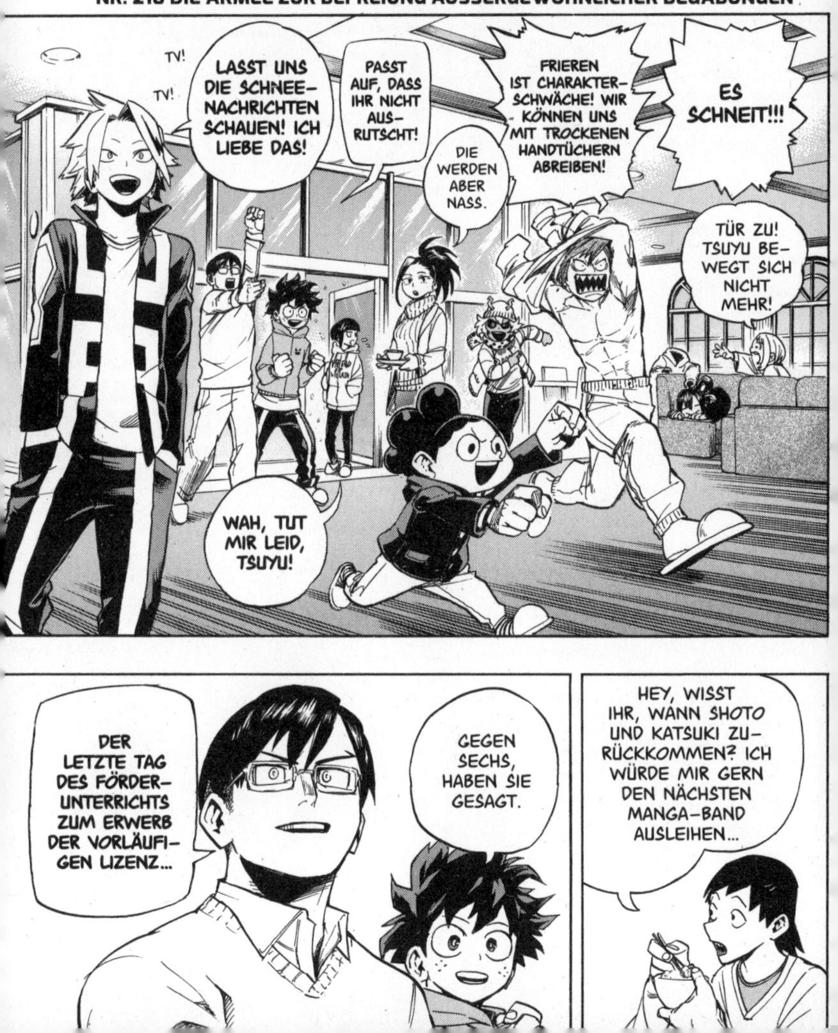

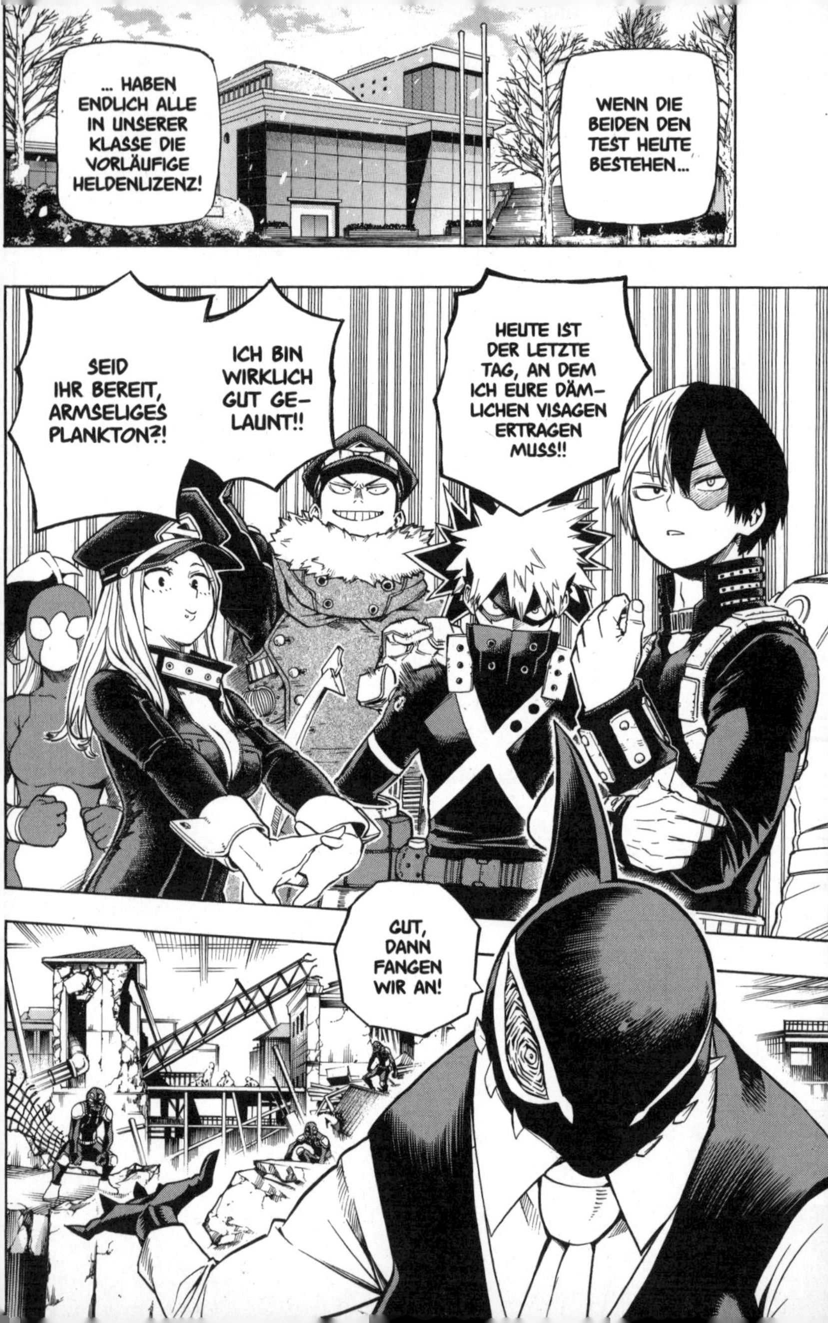
WENN DIE BEIDEN DEN TEST HEUTE BESTEHEN...
... HABEN ENDLICH ALLE IN UNSERER KLASSE DIE VORLÄUFIGE HELDENLIZENZ!
HEUTE IST DER LETZTE TAG, AN DEM ICH EURE DÄM-LICHEN VISAGEN ERTRAGEN MUSS!!
ICH BIN WIRKLICH GUT GE-LAUNT!!
SEID IHR BEREIT, ARMSELIGES PLANKTON?!
GUT, DANN FANGEN WIR AN!

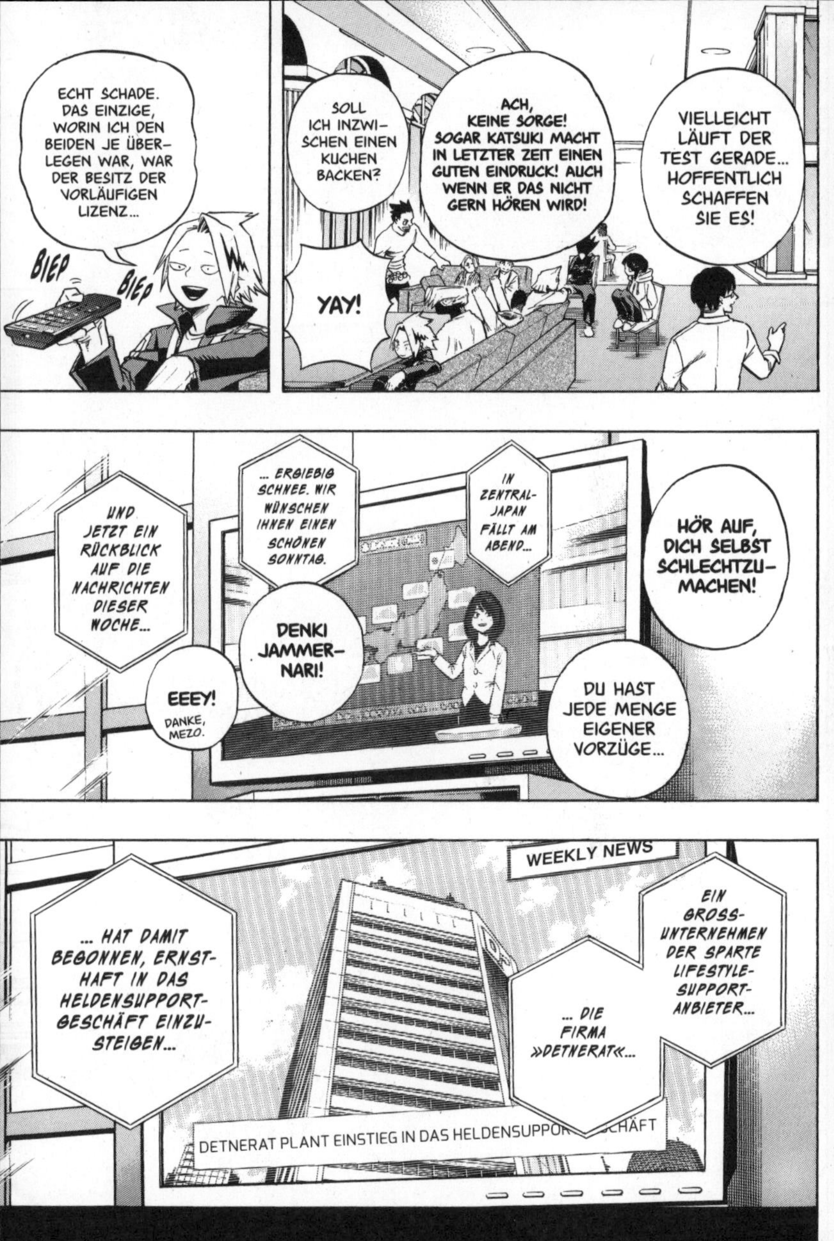

VIELLEICHT LÄUFT DER TEST GERADE... HOFFENTLICH SCHAFFEN SIE ES!
ACH, KEINE SORGE! SOGAR KATSUKI MACHT IN LETZTER ZEIT EINEN GUTEN EINDRUCK! AUCH WENN ER DAS NICHT GERN HÖREN WIRD!
SOLL ICH INZWISCHEN EINEN KUCHEN BACKEN?
YAY!
ECHT SCHADE. DAS EINZIGE, WORIN ICH DEN BEIDEN JE ÜBERLEGEN WAR, WAR DER BESITZ DER VORLÄUFIGEN LIZENZ...
BIEP
BIEP
HÖR AUF, DICH SELBST SCHLECHTZUMACHEN!
DU HAST JEDE MENGE EIGENER VORZÜGE...
IN ZENTRAL-JAPAN FÄLLT AM ABEND...
... ERGIEBIG SCHNEE. WIR WÜNSCHEN IHNEN EINEN SCHÖNEN SONNTAG.
DENKI JAMMERNARI!
UND JETZT EIN RÜCKBLICK AUF DIE NACHRICHTEN DIESER WOCHE...
EEEY!
DANKE, MEZO.
WEEKLY NEWS
EIN GROSSUNTERNEHMEN DER SPARTE LIFESTYLE-SUPPORT-ANBIETER...
... DIE FIRMA »DETNERAT«...
... HAT DAMIT BEGONNEN, ERNSTHAFT IN DAS HELDENSUPPORTGESCHÄFT EINZUSTEIGEN...
DETNERAT PLANT EINSTIEG IN DAS HELDENSUPPOR
SCHÄFT

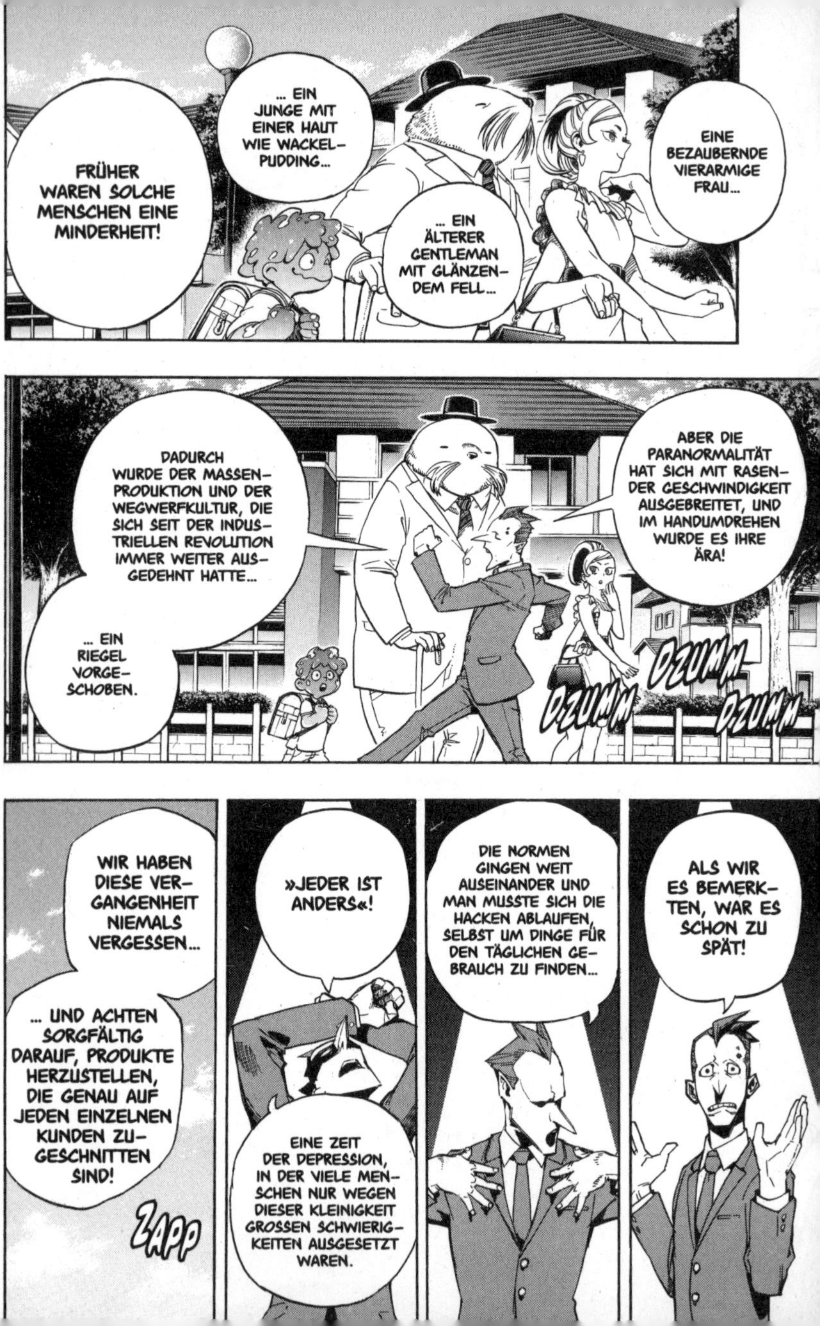
EINE BEZAUBERNDE VIERARMIGE FRAU...
... EIN ÄLTERER GENTLEMAN MIT GLÄNZENDEM FELL...
... EIN JUNGE MIT EINER HAUT WIE WACKELPUDDING...
FRÜHER WAREN SOLCHE MENSCHEN EINE MINDERHEIT!
ABER DIE PARANORMALITÄT HAT SICH MIT RASENDER GESCHWINDIGKEIT AUSGEBREITET, UND IM HANDUMDREHEN WURDE ES IHRE ÄRA!
DADURCH WURDE DER MASSENPRODUKTION UND DER WEGWERFKULTUR, DIE SICH SEIT DER INDUSTRIELLEN REVOLUTION IMMER WEITER AUSGEDEHNT HATTE...
... EIN RIEGEL VORGESCHOBEN.
DZUMM DZUMM DZUMM DZUMM
ALS WIR ES BEMERKTEN, WAR ES SCHON ZU SPÄT!
DIE NORMEN GINGEN WEIT AUSEINANDER UND MAN MUSSTE SICH DIE HACKEN ABLAUFEN, SELBST UM DINGE FÜR DEN TÄGLICHEN GEBRAUCH ZU FINDEN...
»JEDER IST ANDERS«!
EINE ZEIT DER DEPRESSION, IN DER VIELE MENSCHEN NUR WEGEN DIESER KLEINIGKEIT GROSSEN SCHWIERIGKEITEN AUSGESETZT WAREN.
WIR HABEN DIESE VERGANGENHEIT NIEMALS VERGESSEN...
... UND ACHTEN SORGFÄLTIG DARAUF, PRODUKTE HERZUSTELLEN, DIE GENAU AUF JEDEN EINZELNEN KUNDEN ZUGESCHNITTEN SIND!
ZAPP

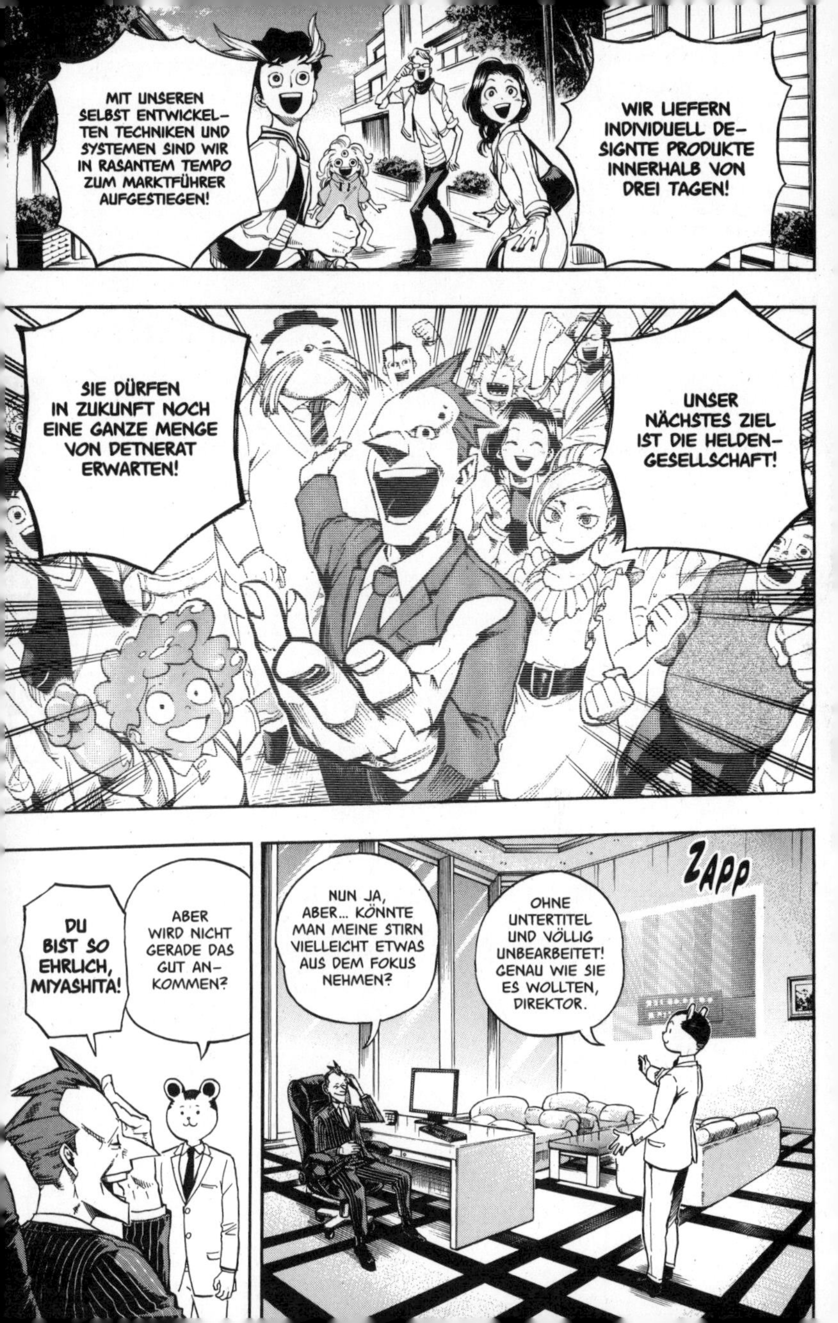
WIR LIEFERN INDIVIDUELL DE-SIGNTE PRODUKTE INNERHALB VON DREI TAGEN!
MIT UNSEREN SELBST ENTWICKEL-TEN TECHNIKEN UND SYSTEMEN SIND WIR IN RASANTEM TEMPO ZUM MARKTFÜHRER AUFGESTIEGEN!
UNSER NÄCHSTES ZIEL IST DIE HELDEN-GESELLSCHAFT!
SIE DÜRFEN IN ZUKUNFT NOCH EINE GANZE MENGE VON DETNERAT ERWARTEN!
ZAPP
OHNE UNTERTITEL UND VÖLLIG UNBEARBEITET! GENAU WIE SIE ES WOLLTEN, DIREKTOR.
NUN JA, ABER... KÖNNTE MAN MEINE STIRN VIELLEICHT ETWAS AUS DEM FOKUS NEHMEN?
ABER WIRD NICHT GERADE DAS GUT AN-KOMMEN?
DU BIST SO EHRLICH, MIYASHITA!

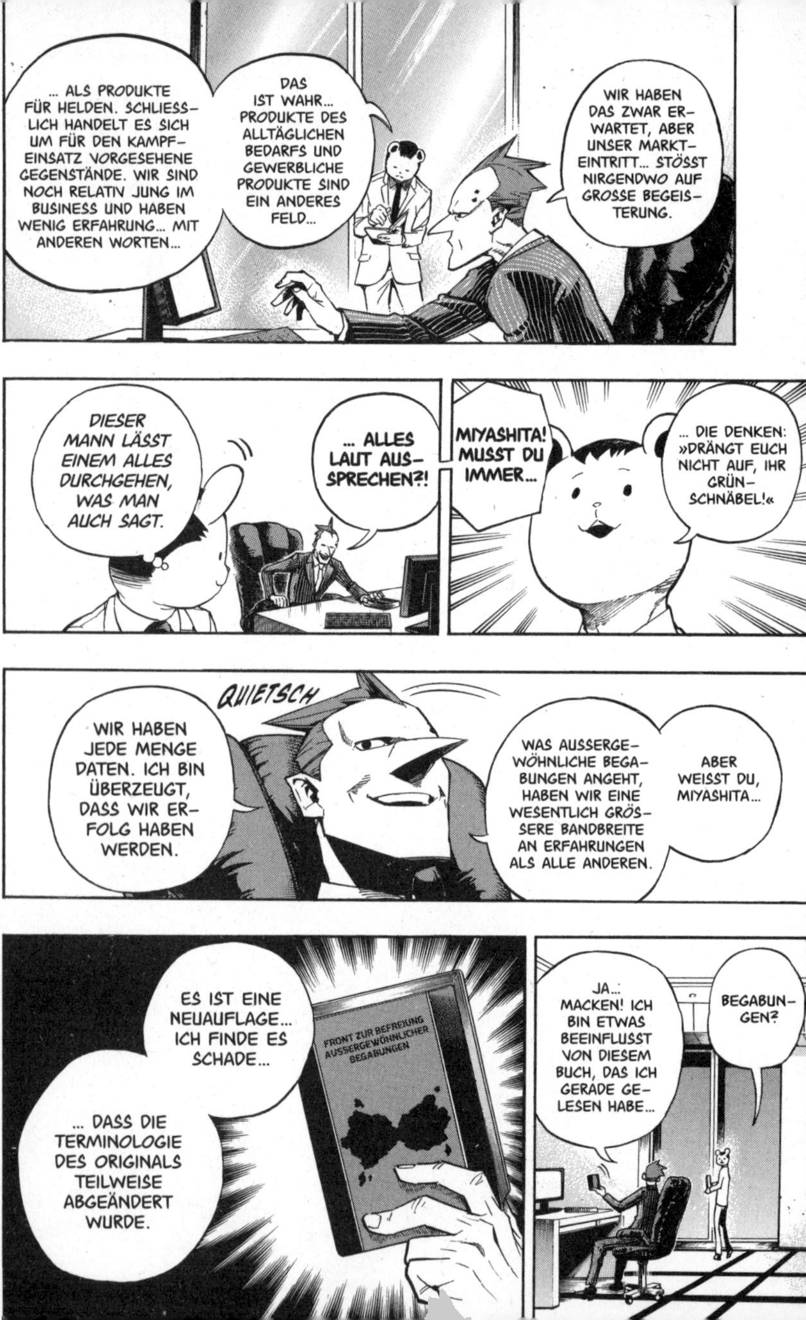
WIR HABEN DAS ZWAR ERWARTET, ABER UNSER MARKTEINTRITT... STÖSST NIRGENDWO AUF GROSSE BEGEISTERUNG.
DAS IST WAHR... PRODUKTE DES ALLTÄGLICHEN BEDARFS UND GEWERBLICHE PRODUKTE SIND EIN ANDERES FELD...
... ALS PRODUKTE FÜR HELDEN. SCHLIESSLICH HANDELT ES SICH UM FÜR DEN KAMPFEINSATZ VORGESEHENE GEGENSTÄNDE. WIR SIND NOCH RELATIV JUNG IM BUSINESS UND HABEN WENIG ERFAHRUNG... MIT ANDEREN WORTEN...
... DIE DENKEN: »DRÄNGT EUCH NICHT AUF, IHR GRÜNSCHNÄBEL!«
MIYASHITA! MUSST DU IMMER...
... ALLES LAUT AUSSPRECHEN?!
DIESER MANN LÄSST EINEM ALLES DURCHGEHEN, WAS MAN AUCH SAGT.
QUIETSCH
ABER WEISST DU, MIYASHITA...
WAS AUSSERGEWÖHNLICHE BEGABUNGEN ANGEHT, HABEN WIR EINE WESENTLICH GRÖSSERE BANDBREITE AN ERFAHRUNGEN ALS ALLE ANDEREN.
WIR HABEN JEDE MENGE DATEN. ICH BIN ÜBERZEUGT, DASS WIR ERFOLG HABEN WERDEN.
BEGABUNGEN?
JA...: MACKEN! ICH BIN ETWAS BEEINFLUSST VON DIESEM BUCH, DAS ICH GERADE GELESEN HABE...
FRONT ZUR BEFREIUNG AUSSERGEWÖHNLICHER BEGABUNGEN
ES IST EINE NEUAUFLAGE... ICH FINDE ES SCHADE...
... DASS DIE TERMINOLOGIE DES ORIGINALS TEILWEISE ABGEÄNDERT WURDE.

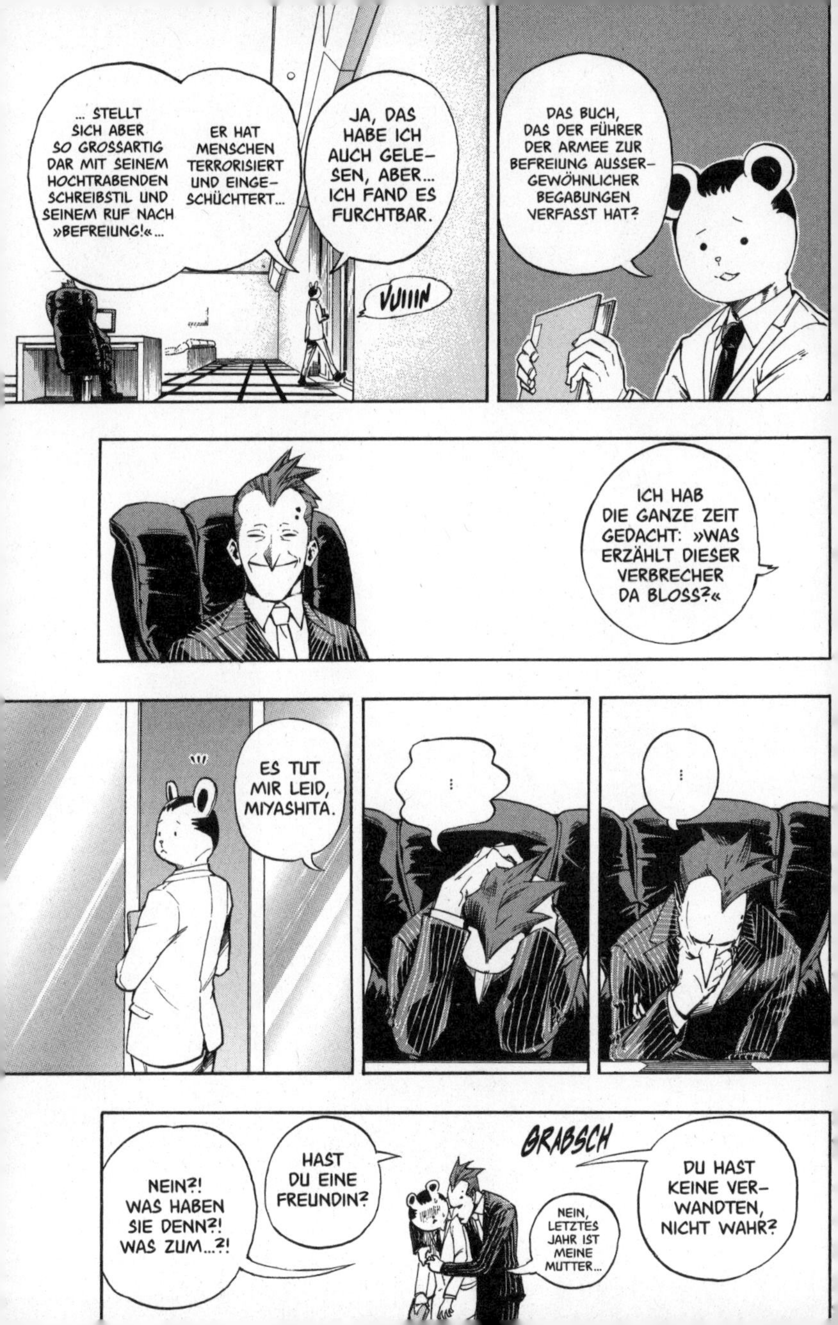
DAS BUCH, DAS DER FÜHRER DER ARMEE ZUR BEFREIUNG AUSSERGEWÖHNLICHER BEGABUNGEN VERFASST HAT?
JA, DAS HABE ICH AUCH GELESEN, ABER... ICH FAND ES FURCHTBAR.
VUIIIN
ER HAT MENSCHEN TERRORISIERT UND EINGESCHÜCHTERT...
... STELLT SICH ABER SO GROSSARTIG DAR MIT SEINEM HOCHTRABENDEN SCHREIBSTIL UND SEINEM RUF NACH »BEFREIUNG!«...
ICH HAB DIE GANZE ZEIT GEDACHT: »WAS ERZÄHLT DIESER VERBRECHER DA BLOSS?«
...
...
ES TUT MIR LEID, MIYASHITA.
DU HAST KEINE VERWANDTEN, NICHT WAHR?
NEIN, LETZTES JAHR IST MEINE MUTTER...
GRABSCH
HAST DU EINE FREUNDIN?
NEIN?! WAS HABEN SIE DENN?! WAS ZUM...?!

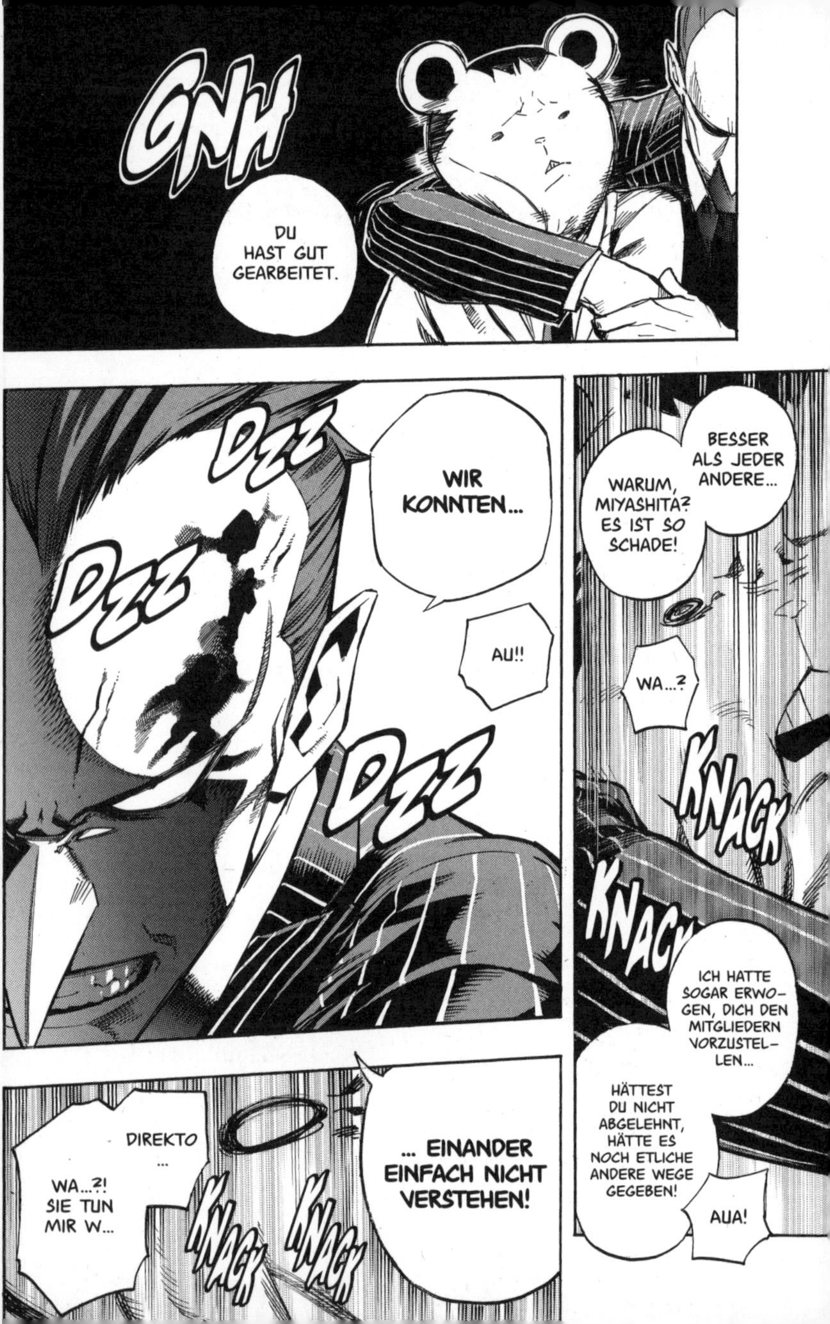
GNH
DU HAST GUT GEARBEITET.
BESSER ALS JEDER ANDERE...
WARUM, MIYASHITA? ES IST SO SCHADE!
WA...?
KNACK
KNACK
ICH HATTE SOGAR ERWOGEN, DICH DEN MITGLIEDERN VORZUSTELLEN...
HÄTTEST DU NICHT ABGELEHNT, HÄTTE ES NOCH ETLICHE ANDERE WEGE GEGEBEN!
AUA!
WIR KONNTEN...
DZZ
DZZ
AU!!
DZZ
... EINANDER EINFACH NICHT VERSTEHEN!
KNACK
KNACK
DIREKTO ...
WA...?! SIE TUN MIR W...

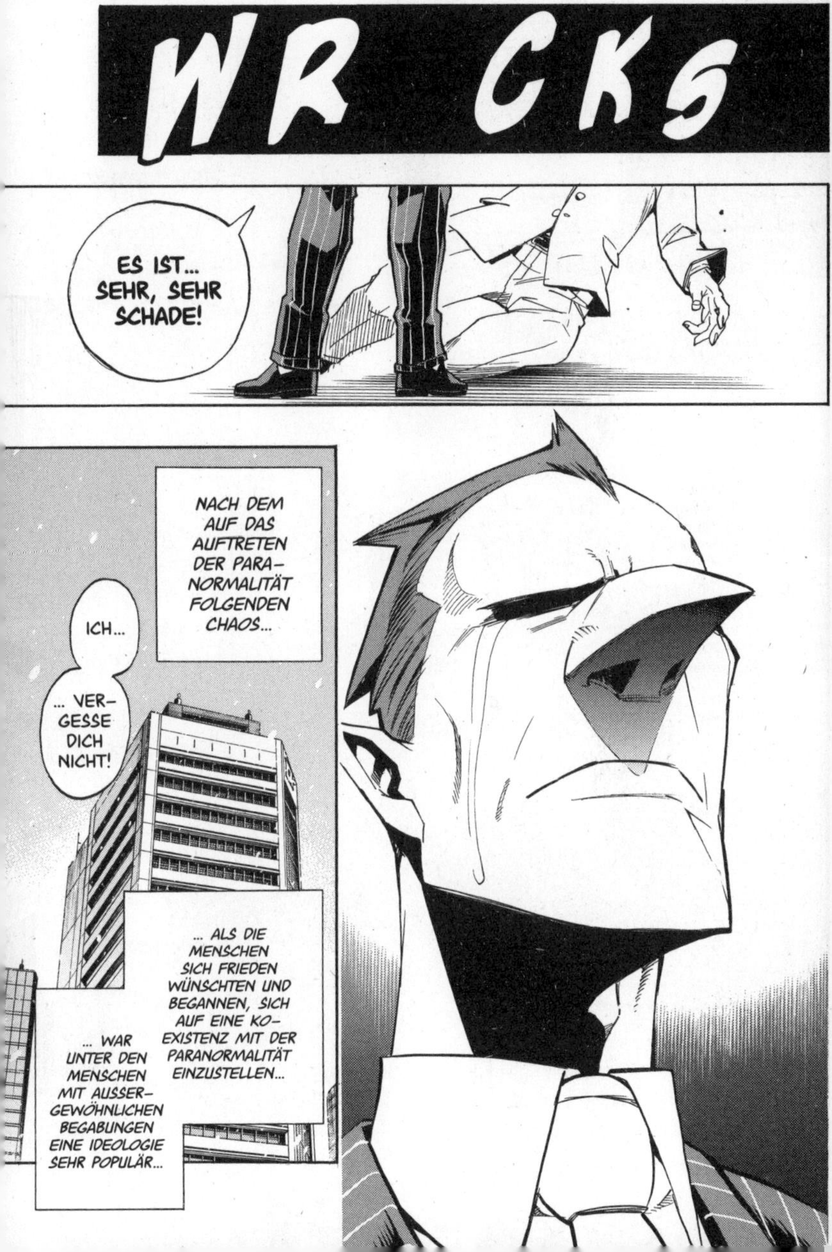
WR CKS
ES IST... SEHR, SEHR SCHADE!
NACH DEM AUF DAS AUFTRETEN DER PARA-NORMALITÄT FOLGENDEN CHAOS...
ICH...
... VER-GESSE DICH NICHT!
... ALS DIE MENSCHEN SICH FRIEDEN WÜNSCHTEN UND BEGANNEN, SICH AUF EINE KO-EXISTENZ MIT DER PARANORMALITÄT EINZUSTELLEN...
... WAR UNTER DEN MENSCHEN MIT AUSSER-GEWÖHNLICHEN BEGABUNGEN EINE IDEOLOGIE SEHR POPULÄR...

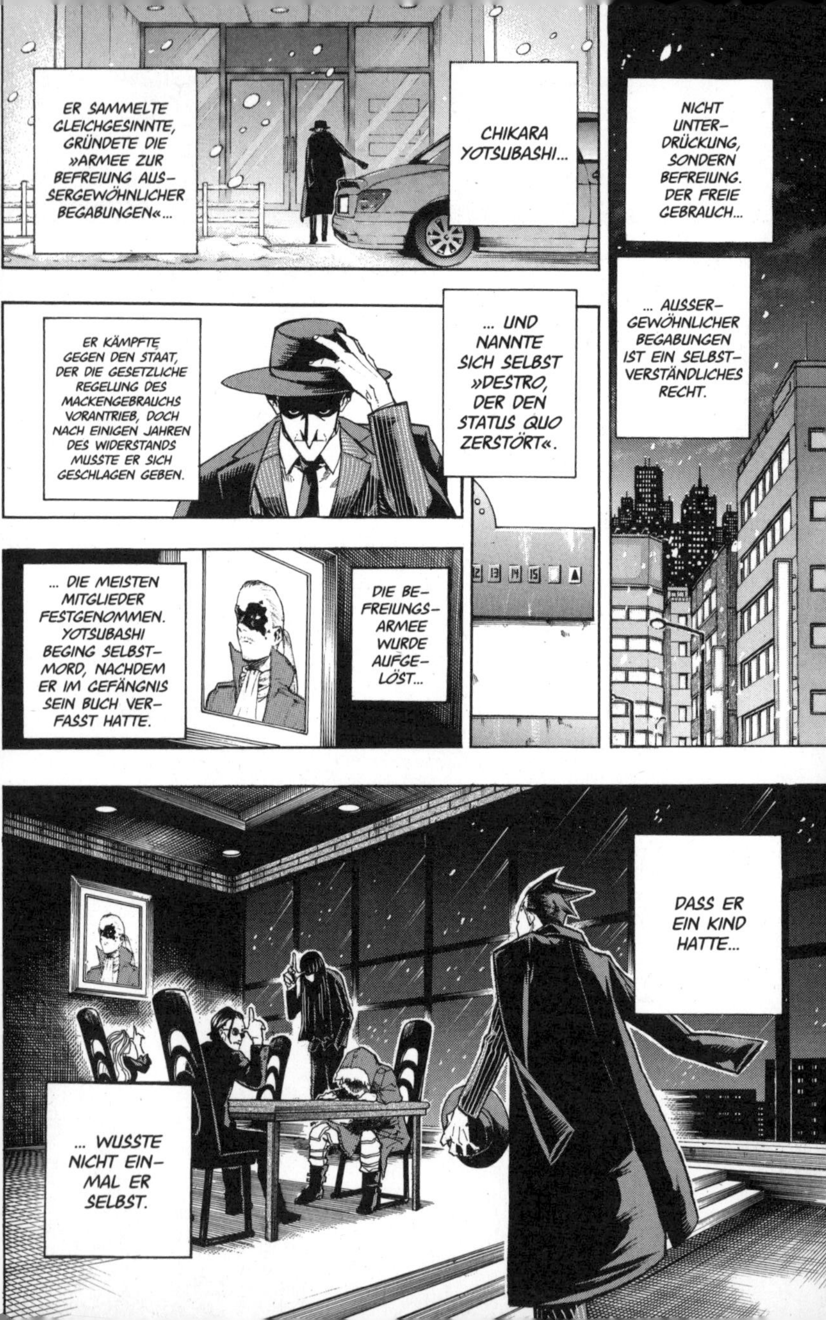
NICHT UNTER-DRÜCKUNG, SONDERN BEFREIUNG. DER FREIE GEBRAUCH...
... AUSSER-GEWÖHNLICHER BEGABUNGEN IST EIN SELBST-VERSTÄNDLICHES RECHT.
CHIKARA YOTSUBASHI...
ER SAMMELTE GLEICHGESINNTE, GRÜNDETE DIE »ARMEE ZUR BEFREIUNG AUS-SERGEWÖHNLICHER BEGABUNGEN«...
... UND NANNTE SICH SELBST »DESTRO, DER DEN STATUS QUO ZERSTÖRT«.
ER KÄMPFTE GEGEN DEN STAAT, DER DIE GESETZLICHE REGELUNG DES MACKENGEBRAUCHS VORANTRIEB, DOCH NACH EINIGEN JAHREN DES WIDERSTANDS MUSSTE ER SICH GESCHLAGEN GEBEN.
DIE BE-FREIUNGS-ARMEE WURDE AUFGE-LÖST...
... DIE MEISTEN MITGLIEDER FESTGENOMMEN. YOTSUBASHI BEGING SELBST-MORD, NACHDEM ER IM GEFÄNGNIS SEIN BUCH VER-FASST HATTE.
DASS ER EIN KIND HATTE...
... WUSSTE NICHT EIN-MAL ER SELBST.

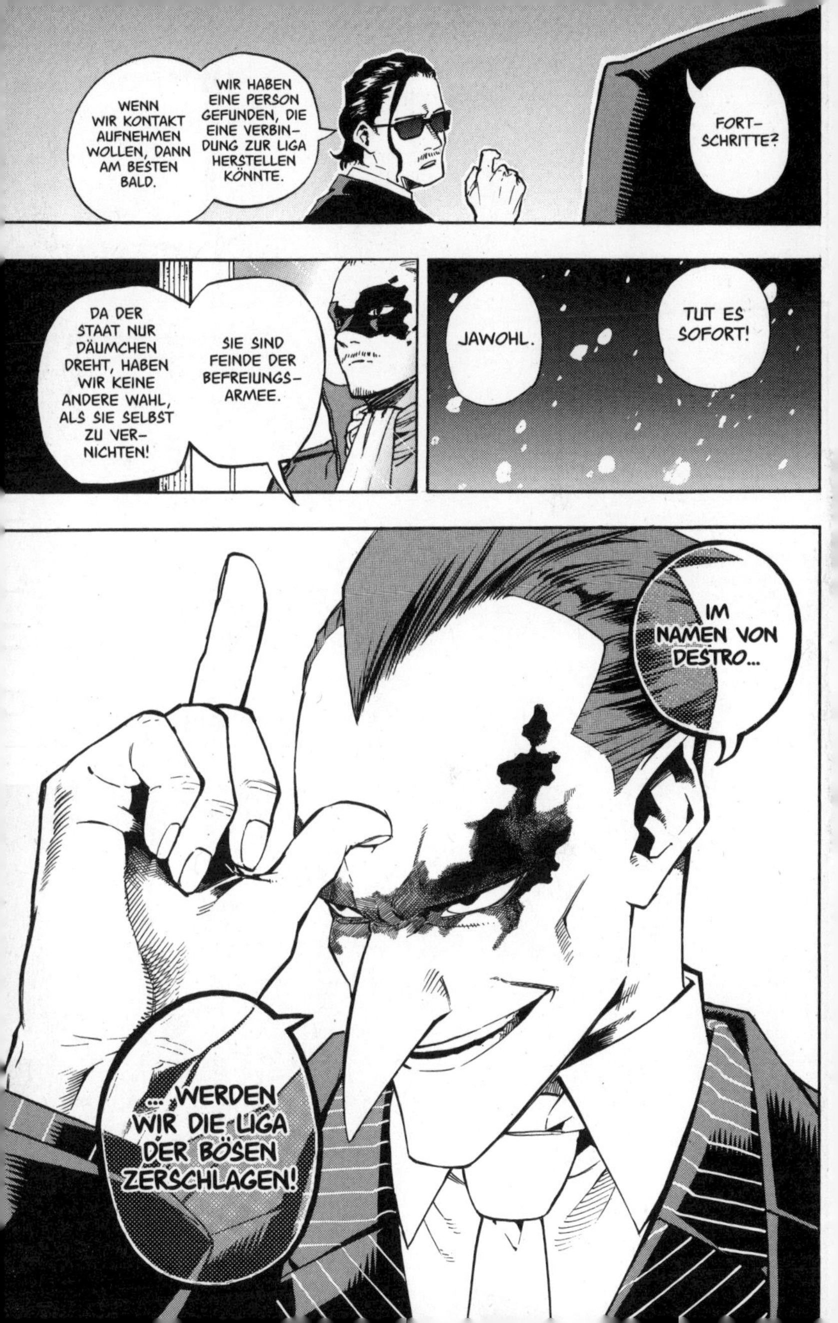
FORTSCHRITTE?
WIR HABEN EINE PERSON GEFUNDEN, DIE EINE VERBINDUNG ZUR LIGA HERSTELLEN KÖNNTE.
WENN WIR KONTAKT AUFNEHMEN WOLLEN, DANN AM BESTEN BALD.
TUT ES SOFORT!
JAWOHL.
SIE SIND FEINDE DER BEFREIUNGSARMEE.
DA DER STAAT NUR DÄUMCHEN DREHT, HABEN WIR KEINE ANDERE WAHL, ALS SIE SELBST ZU VERNICHTEN!
IM NAMEN VON DESTRO...
... WERDEN WIR DIE LIGA DER BÖSEN ZERSCHLAGEN!

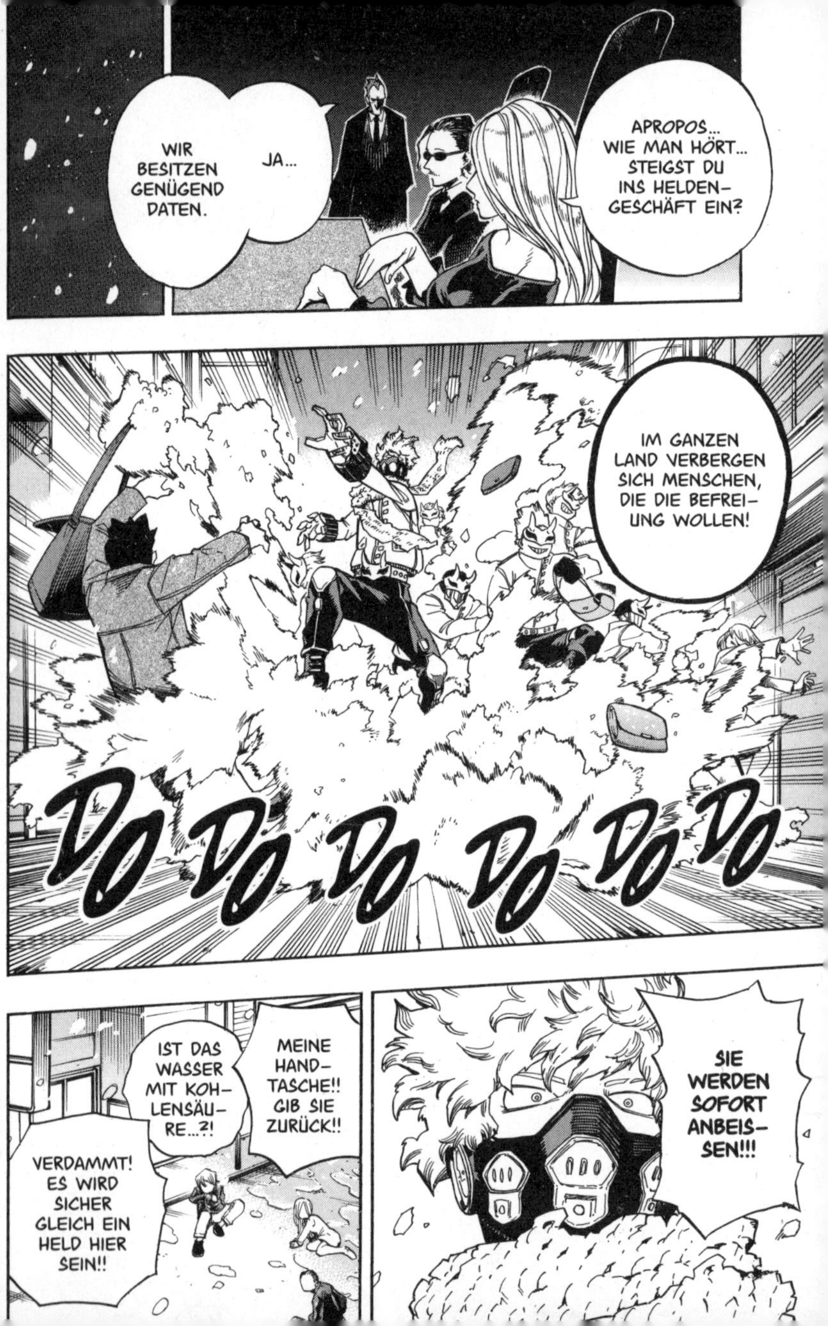
APROPOS... WIE MAN HÖRT... STEIGST DU INS HELDEN-GESCHÄFT EIN?
JA...
WIR BESITZEN GENÜGEND DATEN.
IM GANZEN LAND VERBERGEN SICH MENSCHEN, DIE DIE BEFREI-UNG WOLLEN!
DO DO DO DO DO DO
SIE WERDEN SOFORT ANBEIS-SEN!!!
MEINE HAND-TASCHE!! GIB SIE ZURÜCK!!
IST DAS WASSER MIT KOH-LENSÄU-RE...?!
VERDAMMT! ES WIRD SICHER GLEICH EIN HELD HIER SEIN!!

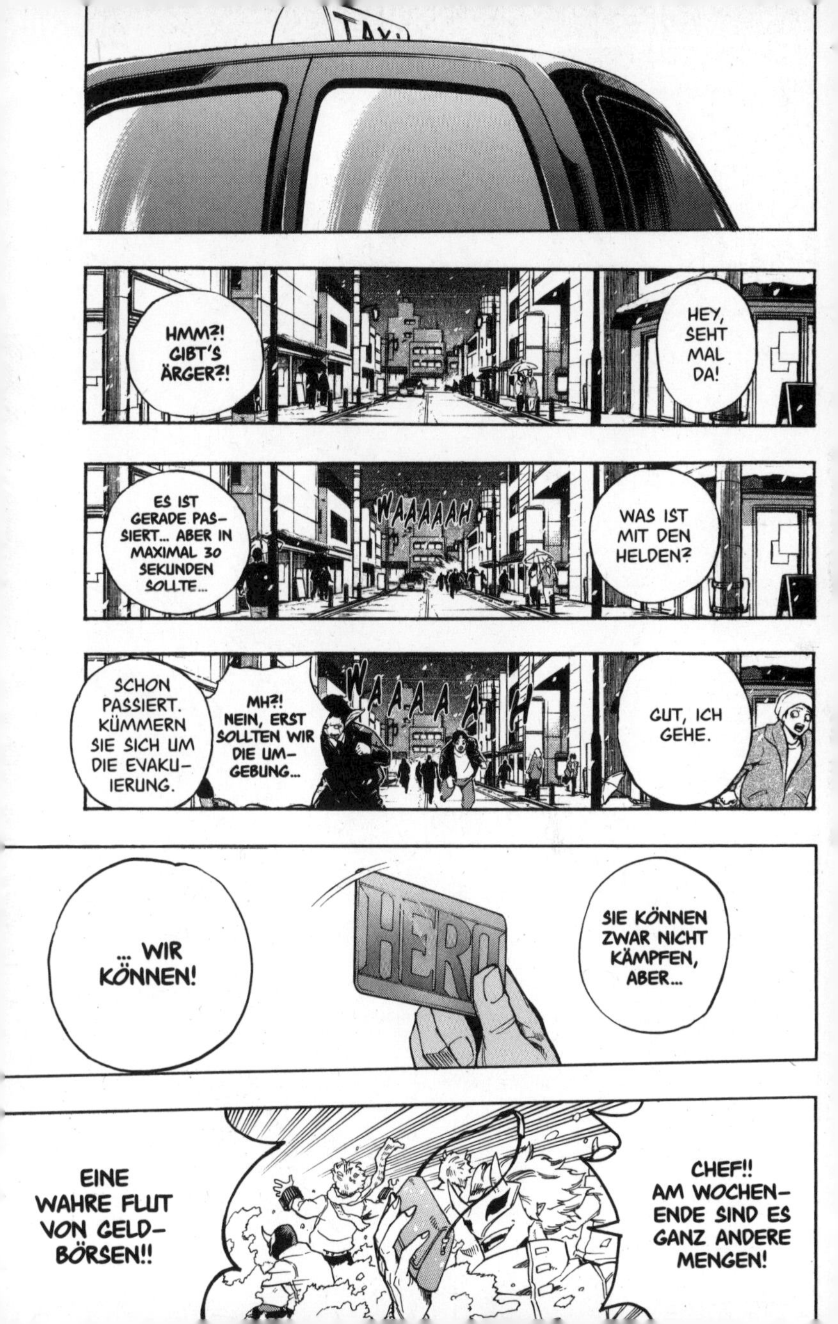

HEY, SEHT MAL DA!
HMM?! GIBT'S ÄRGER?!
WAS IST MIT DEN HELDEN?
WAAAAAH
ES IST GERADE PASSIERT... ABER IN MAXIMAL 30 SEKUNDEN SOLLTE...
GUT, ICH GEHE.
WAAAAAAH
MH?! NEIN, ERST SOLLTEN WIR DIE UMGEBUNG...
SCHON PASSIERT. KÜMMERN SIE SICH UM DIE EVAKUIERUNG.
SIE KÖNNEN ZWAR NICHT KÄMPFEN, ABER...
HERO
... WIR KÖNNEN!
CHEF!! AM WOCHENENDE SIND ES GANZ ANDERE MENGEN!
EINE WAHRE FLUT VON GELDBÖRSEN!!

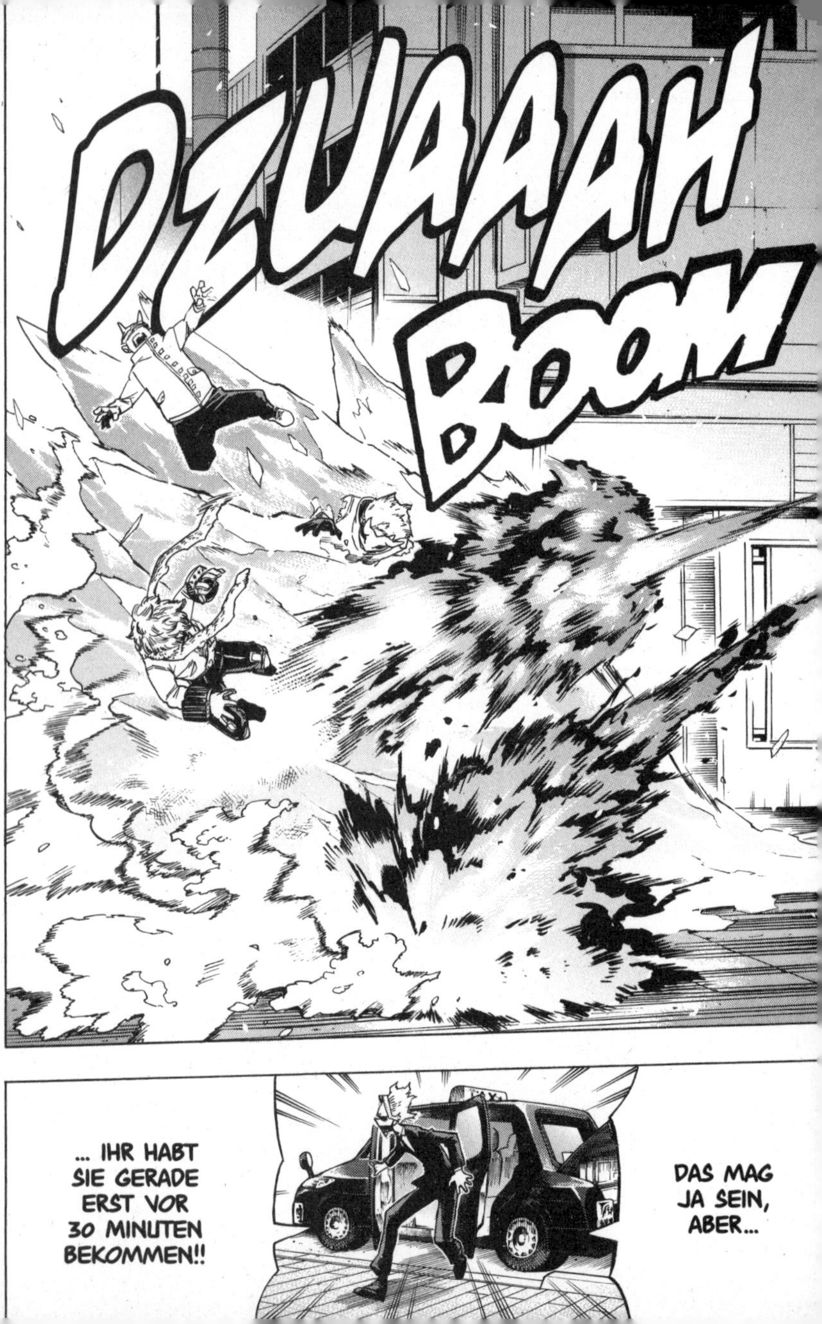
DZUAAAH
BOOM
DAS MAG JA SEIN, ABER...
... IHR HABT SIE GERADE ERST VOR 30 MINUTEN BEKOMMEN!!

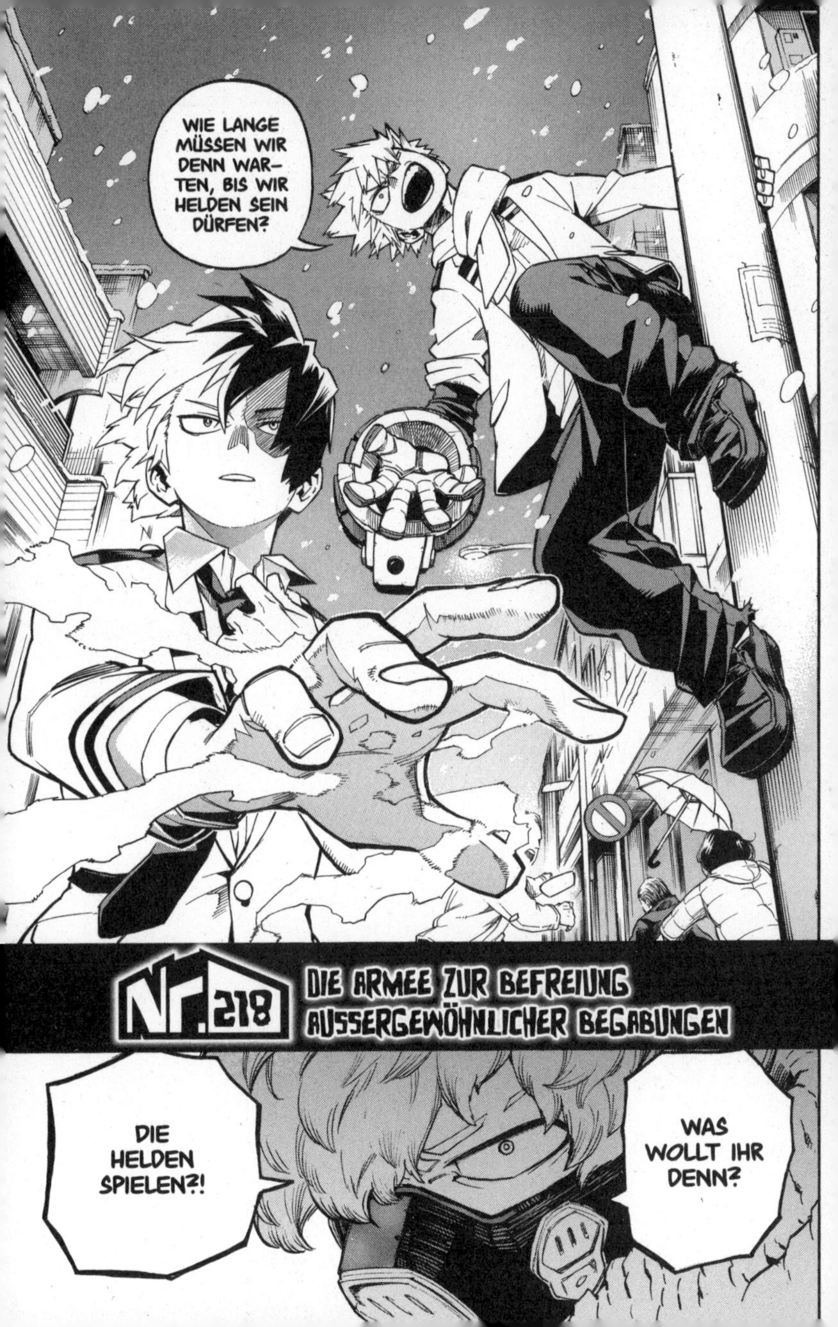
WIE LANGE MÜSSEN WIR DENN WARTEN, BIS WIR HELDEN SEIN DÜRFEN?
Nr. 218
DIE ARMEE ZUR BEFREIUNG AUSSERGEWÖHNLICHER BEGABUNGEN
WAS WOLLT IHR DENN?
DIE HELDEN SPIELEN?!

Damit er keine Passanten mit seiner Explosionswelle trifft, feuert Katsuki seinen AP Shot von oben herab ab.

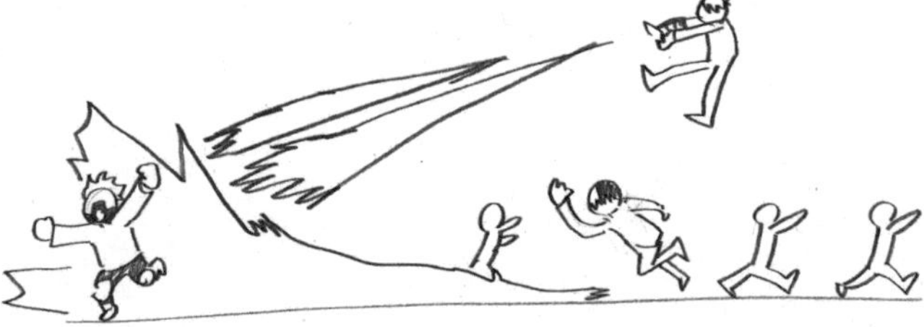

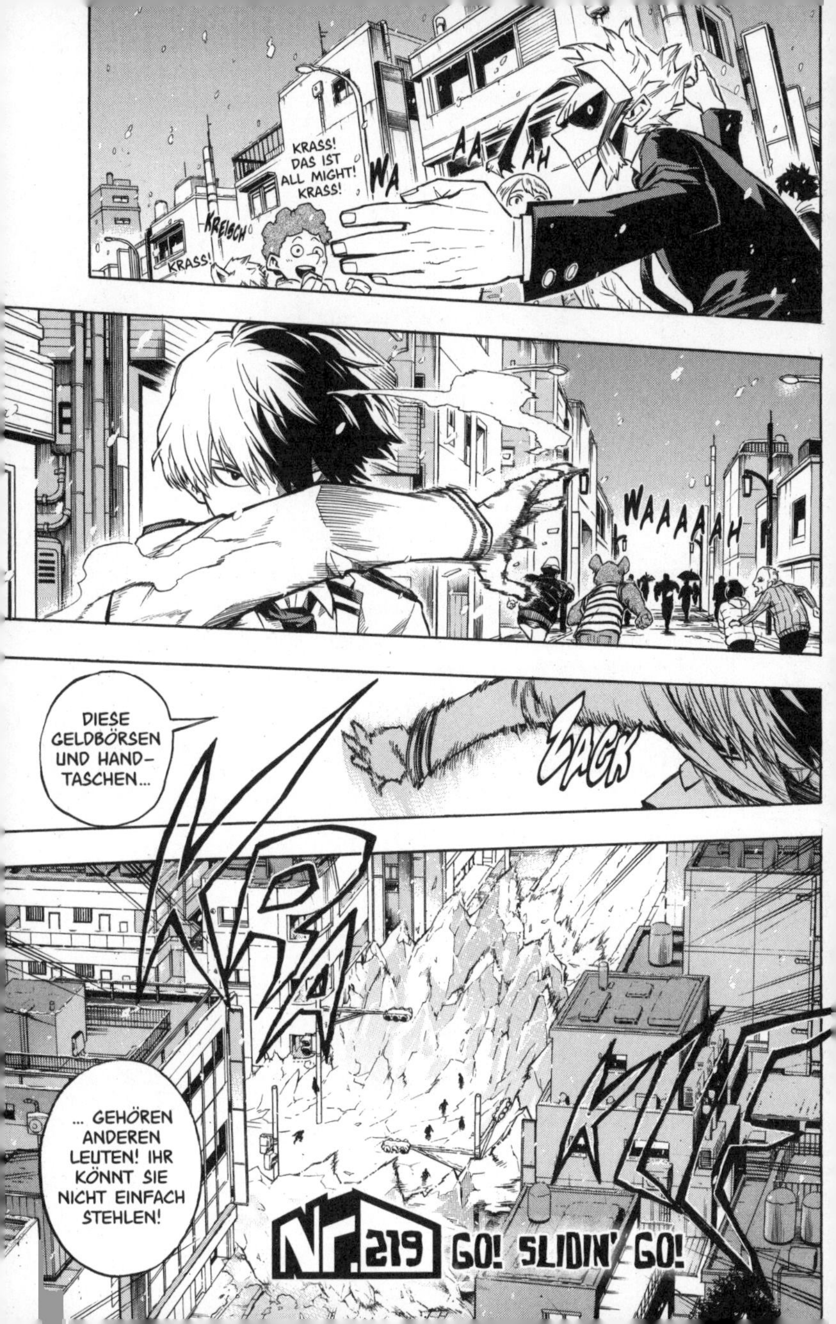
KRASS! DAS IST ALL MIGHT! KRASS!
WAAAAAH
KREISCH
KRASS!
WAAAAAH
DIESE GELDBÖRSEN UND HAND-TASCHEN...
ZACK
... GEHÖREN ANDEREN LEUTEN! IHR KÖNNT SIE NICHT EINFACH STEHLEN!
NR. 219 GO! SLIDIN' GO!

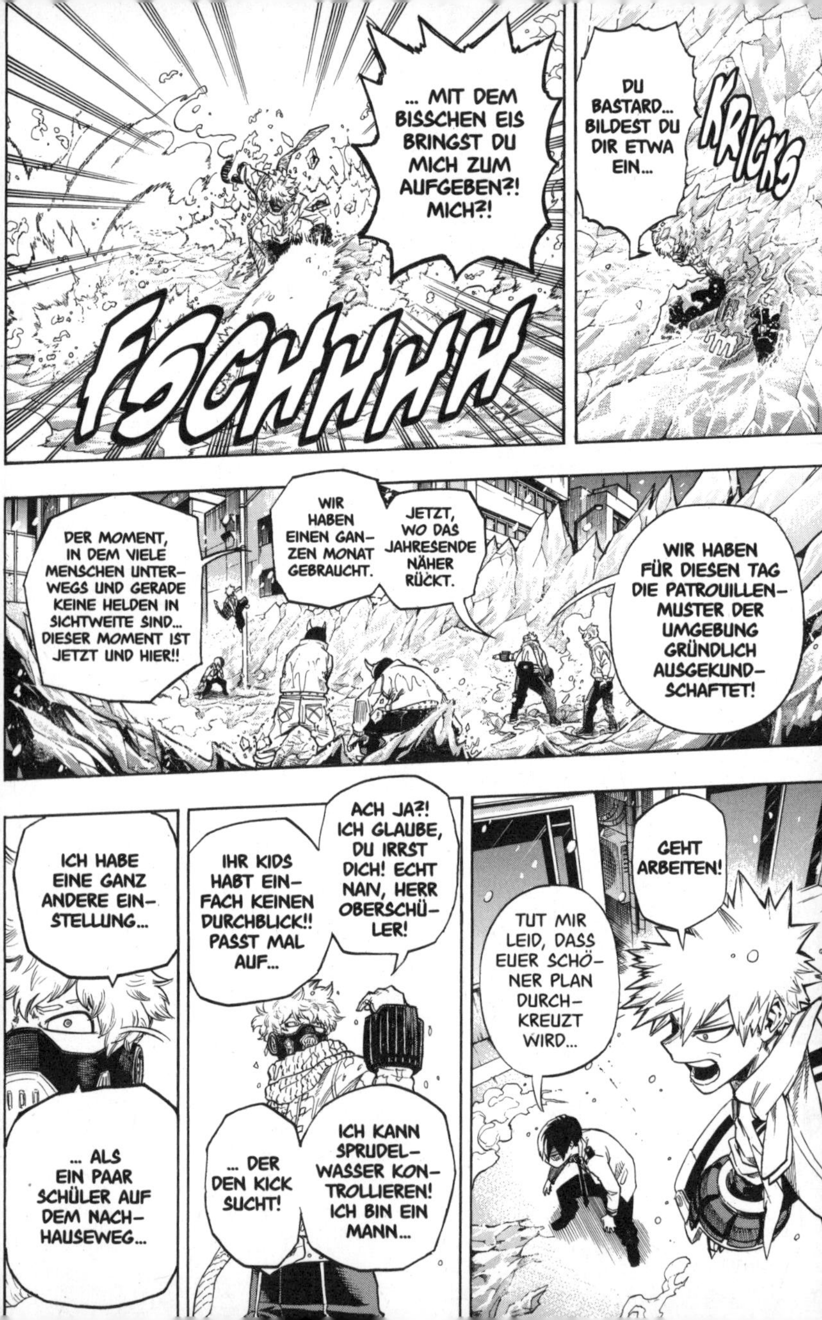
DU BASTARD... BILDEST DU DIR ETWA EIN...
KRICKS
... MIT DEM BISSCHEN EIS BRINGST DU MICH ZUM AUFGEBEN?! MICH?!
FSCHHHHH
WIR HABEN FÜR DIESEN TAG DIE PATROUILLEN-MUSTER DER UMGEBUNG GRÜNDLICH AUSGEKUND-SCHAFTET!
JETZT, WO DAS JAHRESENDE NÄHER RÜCKT.
WIR HABEN EINEN GAN-ZEN MONAT GEBRAUCHT.
DER MOMENT, IN DEM VIELE MENSCHEN UNTER-WEGS UND GERADE KEINE HELDEN IN SICHTWEITE SIND... DIESER MOMENT IST JETZT UND HIER!!
GEHT ARBEITEN!
TUT MIR LEID, DASS EUER SCHÖ-NER PLAN DURCH-KREUZT WIRD...
ACH JA?! ICH GLAUBE, DU IRRST DICH! ECHT NAIV, HERR OBERSCHÜ-LER!
IHR KIDS HABT EIN-FACH KEINEN DURCHBLICK!! PASST MAL AUF...
ICH KANN SPRUDEL-WASSER KON-TROLLIEREN! ICH BIN EIN MANN...
... DER DEN KICK SUCHT!
ICH HABE EINE GANZ ANDERE EIN-STELLUNG...
... ALS EIN PAAR SCHÜLER AUF DEM NACH-HAUSEWEG...

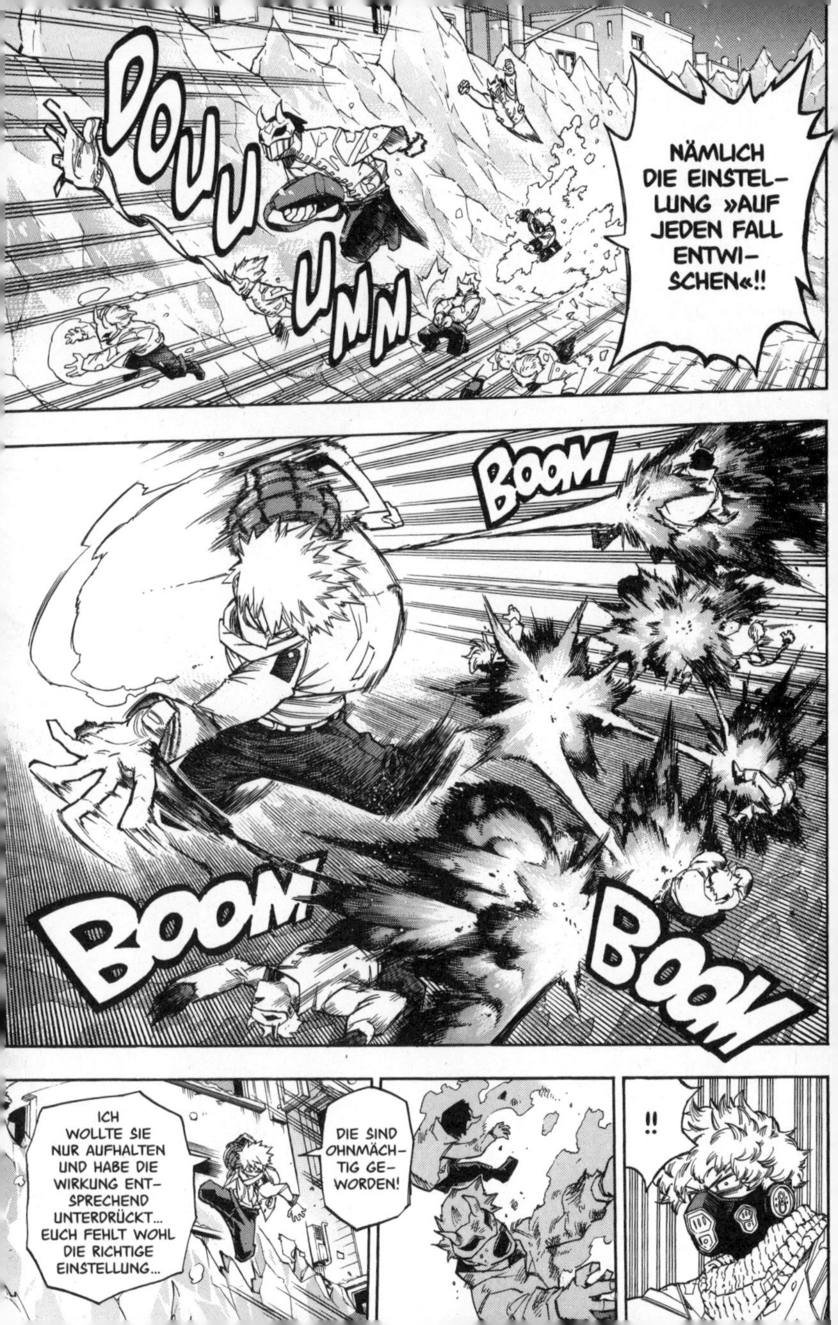
NÄMLICH DIE EINSTEL-LUNG »AUF JEDEN FALL ENTWI-SCHEN«!!
DOUUUMM
BOOM
BOOM
BOOM
!!
DIE SIND OHNMÄCH-TIG GE-WORDEN!
ICH WOLLTE SIE NUR AUFHALTEN UND HABE DIE WIRKUNG ENT-SPRECHEND UNTERDRÜCKT… EUCH FEHLT WOHL DIE RICHTIGE EINSTELLUNG…

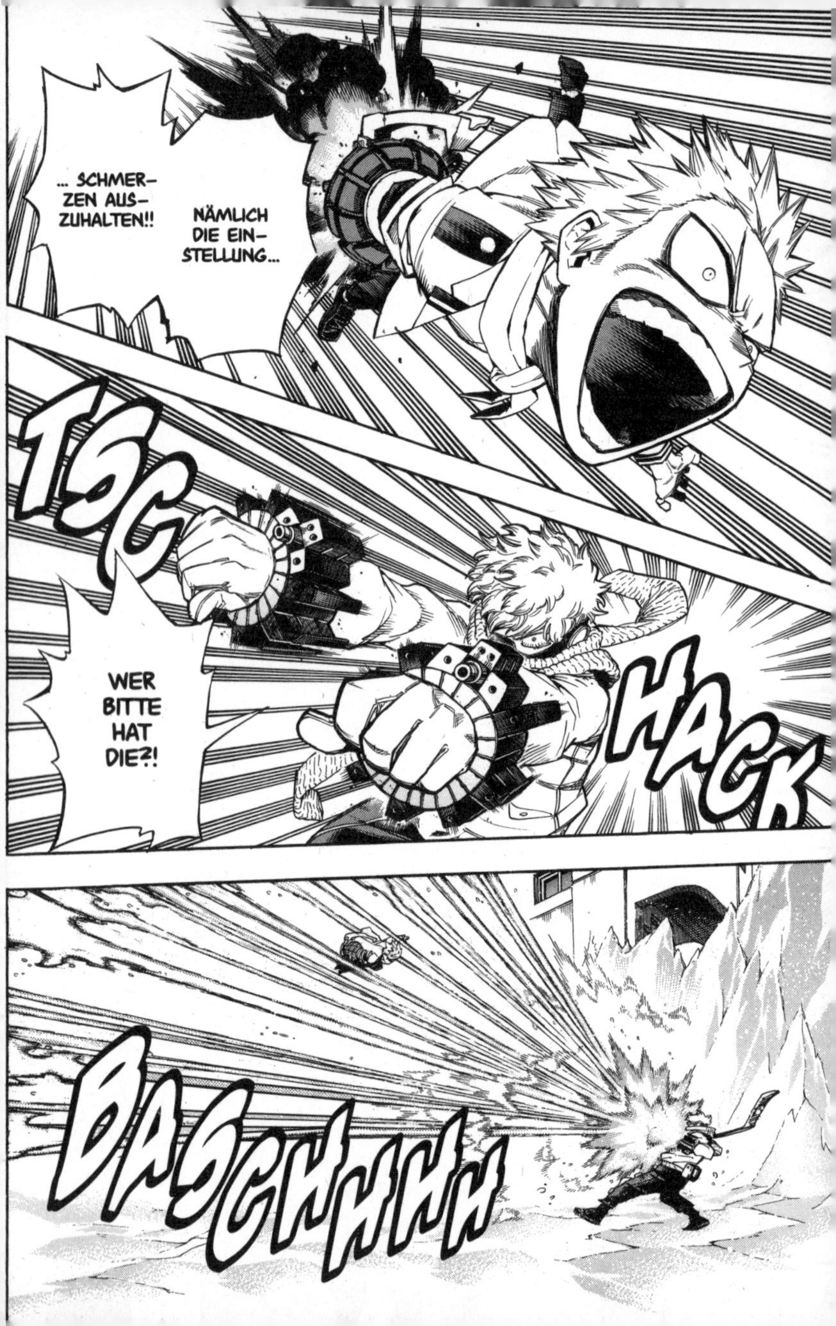
NÄMLICH DIE EINSTELLUNG...
... SCHMERZEN AUSZUHALTEN!!
HACK
TSC
WER BITTE HAT DIE?!
DASCHHHHH

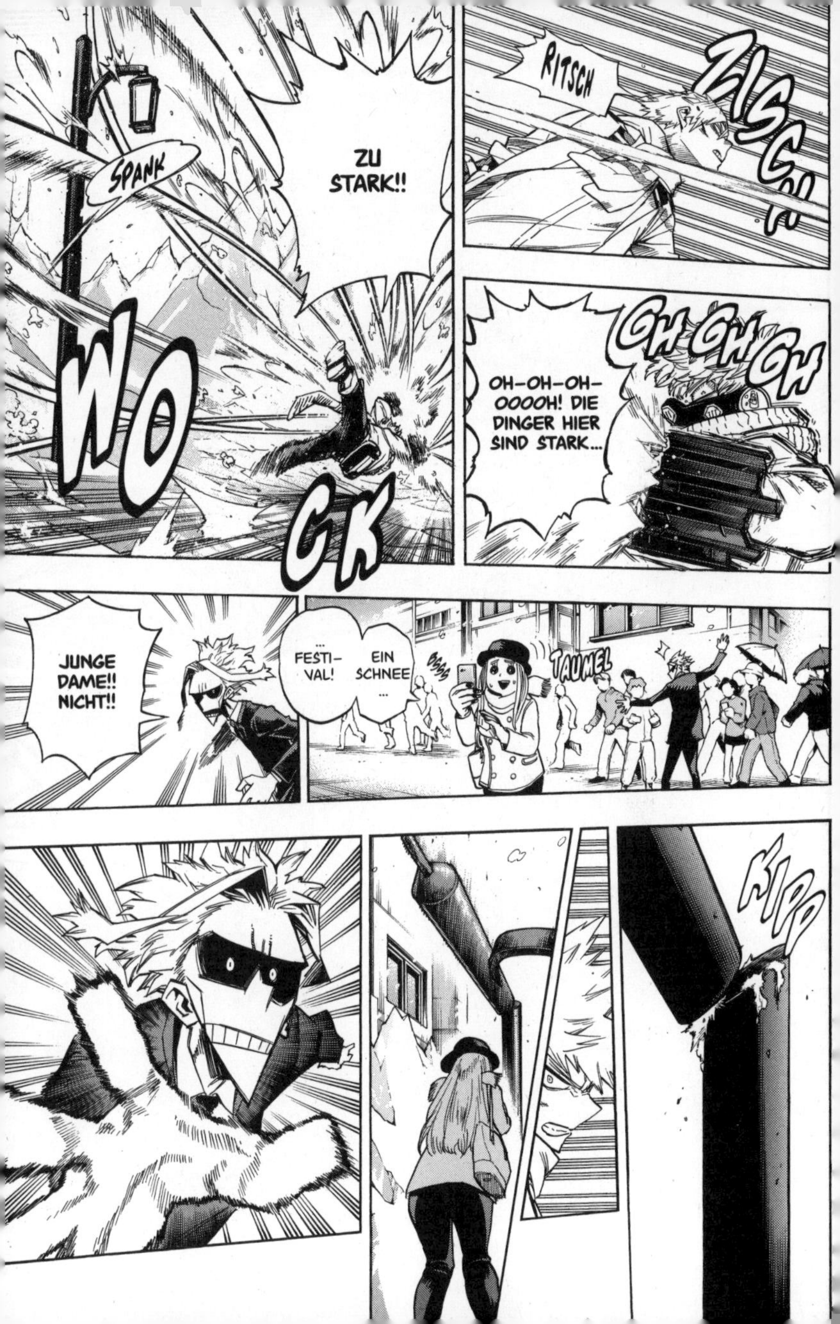
ZISCH
RITSCH
ZU STARK!!
SPANK
WO
CK
OH OH OH
OH-OH-OH-OOOOH! DIE DINGER HIER SIND STARK...
TAUMEL
EIN SCHNEE ...
... FESTIVAL!
JUNGE DAME!! NICHT!!
KIPP

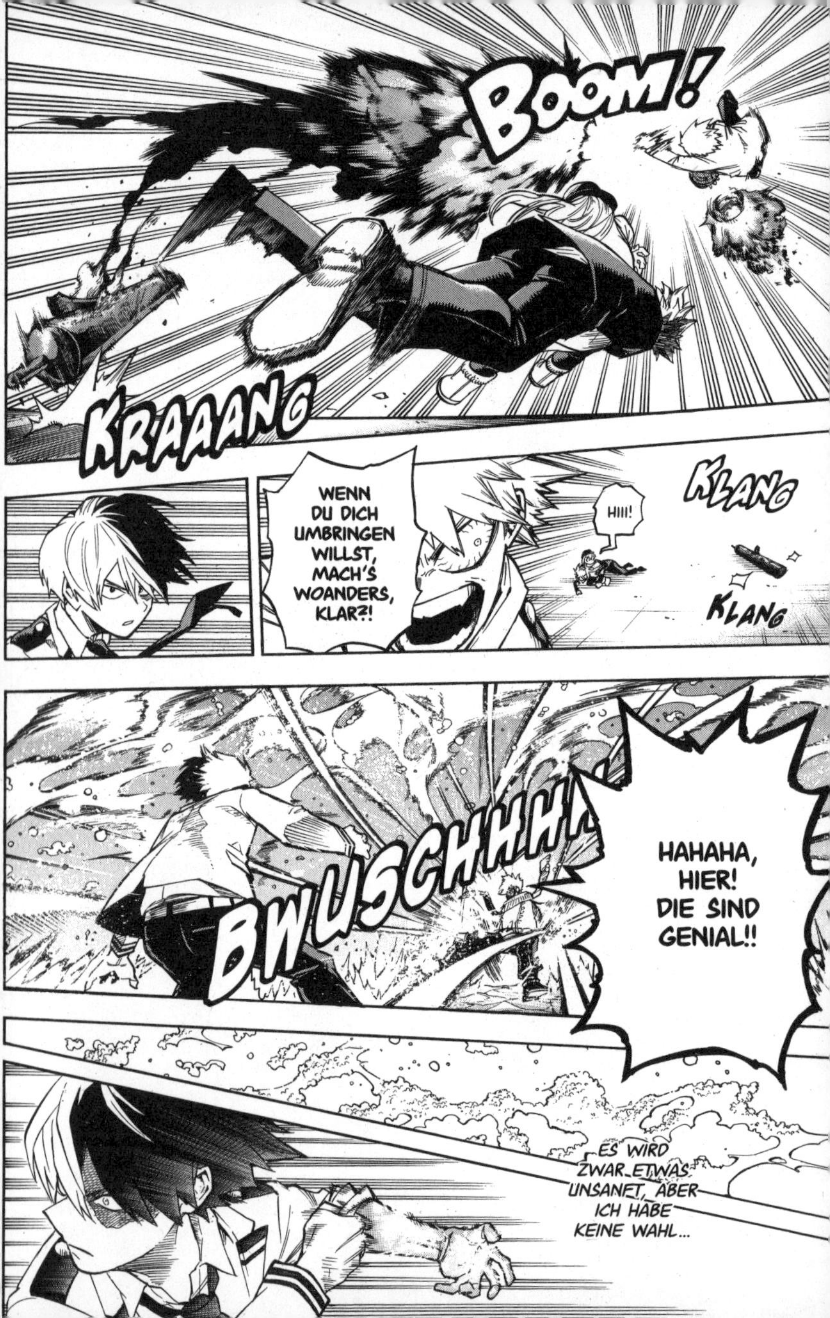
BOOM!
KRAAANG
KLANG
HIII!
KLANG
WENN DU DICH UMBRINGEN WILLST, MACH'S WOANDERS, KLAR?!
HAHAHA, HIER! DIE SIND GENIAL!!
BWUSCHHHH
ES WIRD ZWAR ETWAS UNSANFT, ABER ICH HABE KEINE WAHL...

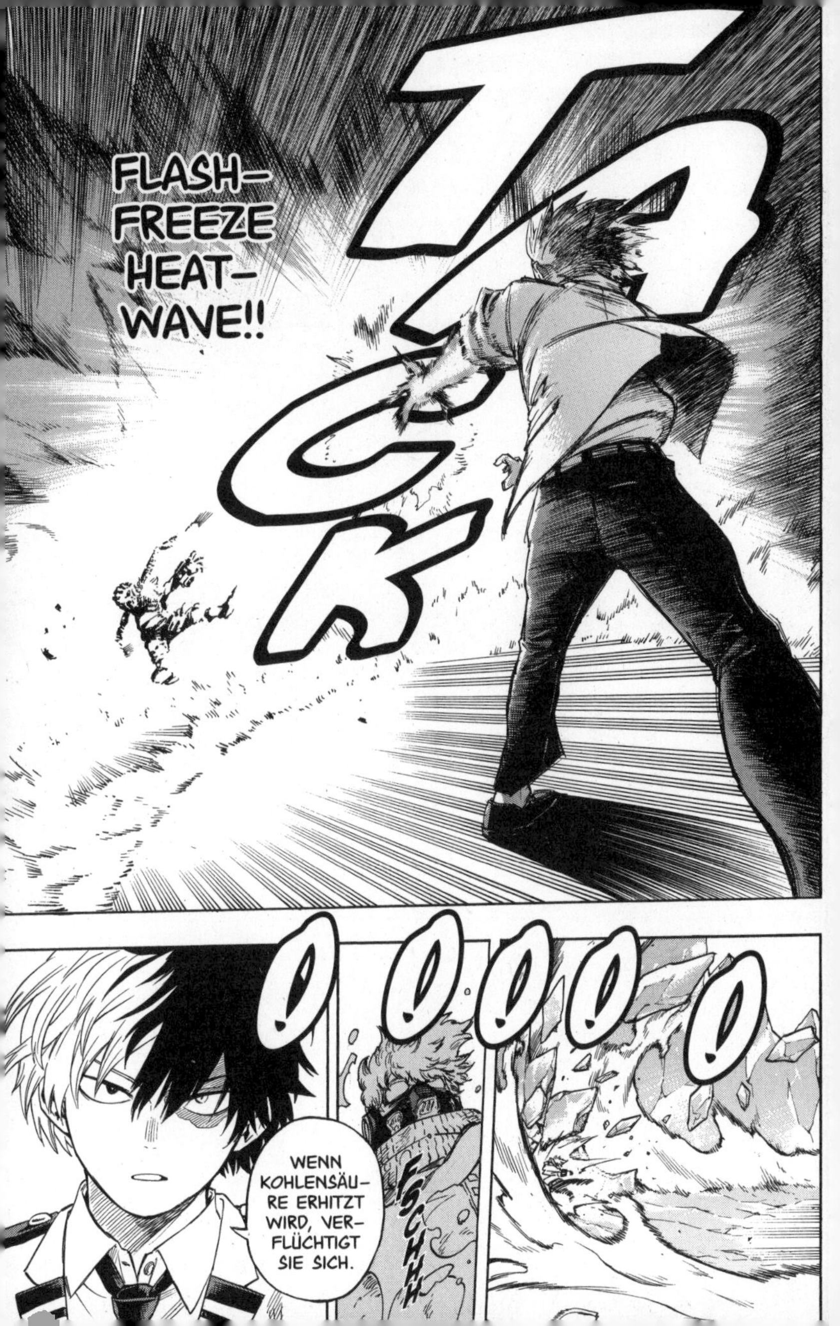
FLASH-FREEZE HEAT-WAVE!!
FSCHHH
WENN KOHLENSÄURE ERHITZT WIRD, VERFLÜCHTIGT SIE SICH.

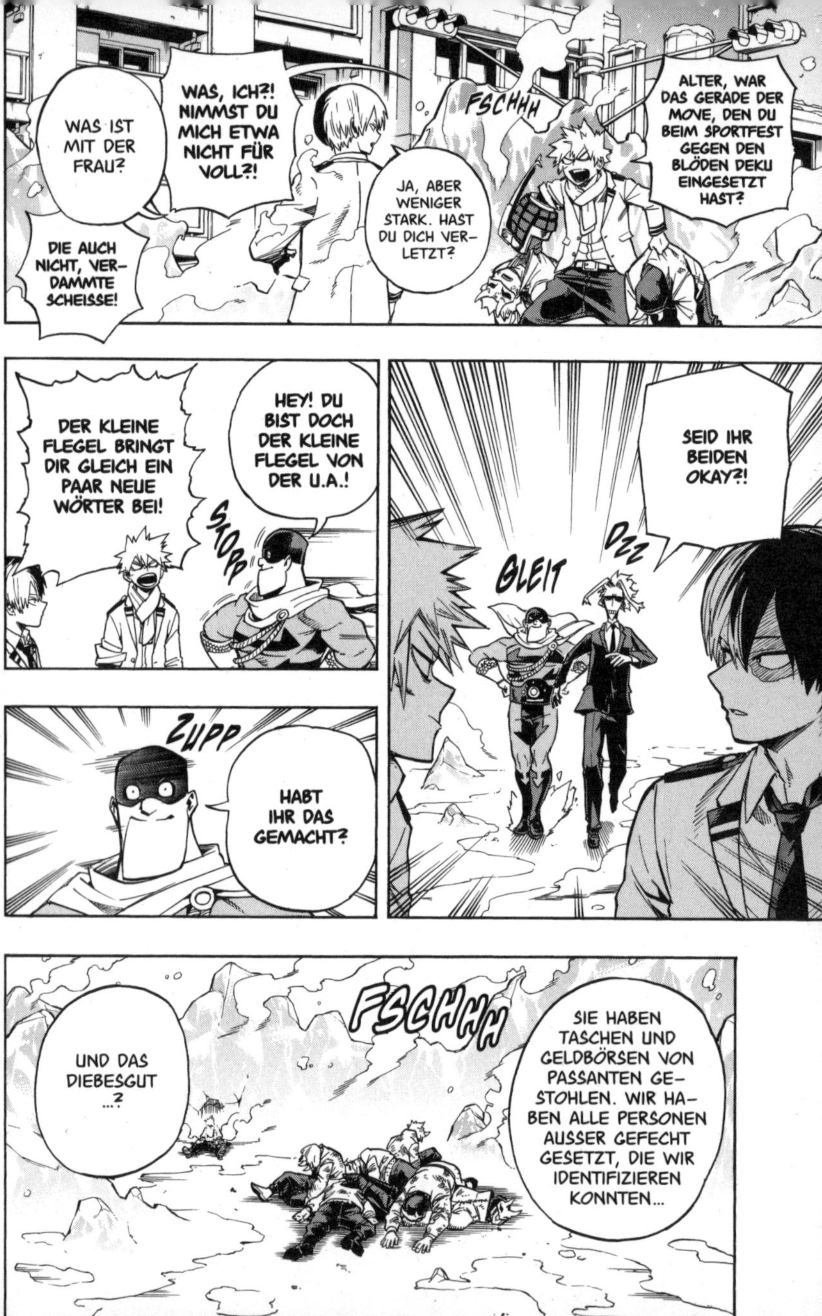
ALTER, WAR DAS GERADE DER MOVE, DEN DU BEIM SPORTFEST GEGEN DEN BLÖDEN DEKU EINGESETZT HAST?
FSCHHH
JA, ABER WENIGER STARK. HAST DU DICH VER-LETZT?
WAS, ICH?! NIMMST DU MICH ETWA NICHT FÜR VOLL?!
WAS IST MIT DER FRAU?
DIE AUCH NICHT, VER-DAMMTE SCHEISSE!
SEID IHR BEIDEN OKAY?!
DZZ
GLEIT
HEY! DU BIST DOCH DER KLEINE FLEGEL VON DER U.A.!
STOPP
DER KLEINE FLEGEL BRINGT DIR GLEICH EIN PAAR NEUE WÖRTER BEI!
ZUPP
HABT IHR DAS GEMACHT?
FSCHHH
SIE HABEN TASCHEN UND GELDBÖRSEN VON PASSANTEN GE-STOHLEN. WIR HA-BEN ALLE PERSONEN AUSSER GEFECHT GESETZT, DIE WIR IDENTIFIZIEREN KONNTEN...
UND DAS DIEBESGUT ...?

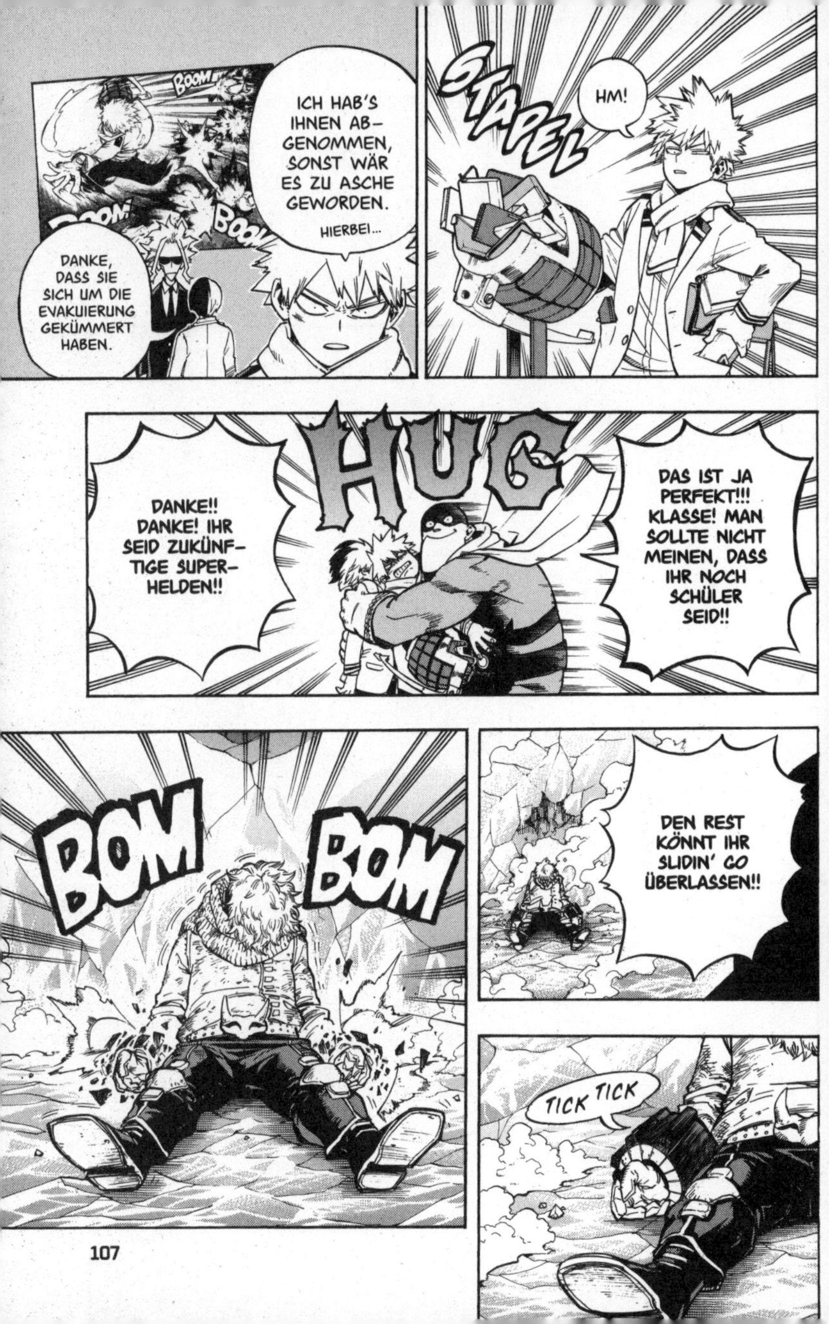
BOOM
BOOM
BOOM
DANKE, DASS SIE SICH UM DIE EVAKUIERUNG GEKÜMMERT HABEN.
ICH HAB'S IHNEN ABGENOMMEN, SONST WÄR ES ZU ASCHE GEWORDEN.
HIERBEI…
STAPEL
HM!
HUG
DANKE!! DANKE! IHR SEID ZUKÜNFTIGE SUPERHELDEN!!
DAS IST JA PERFEKT!!! KLASSE! MAN SOLLTE NICHT MEINEN, DASS IHR NOCH SCHÜLER SEID!!
BOM
BOM
DEN REST KÖNNT IHR SLIDIN' GO ÜBERLASSEN!!
TICK TICK

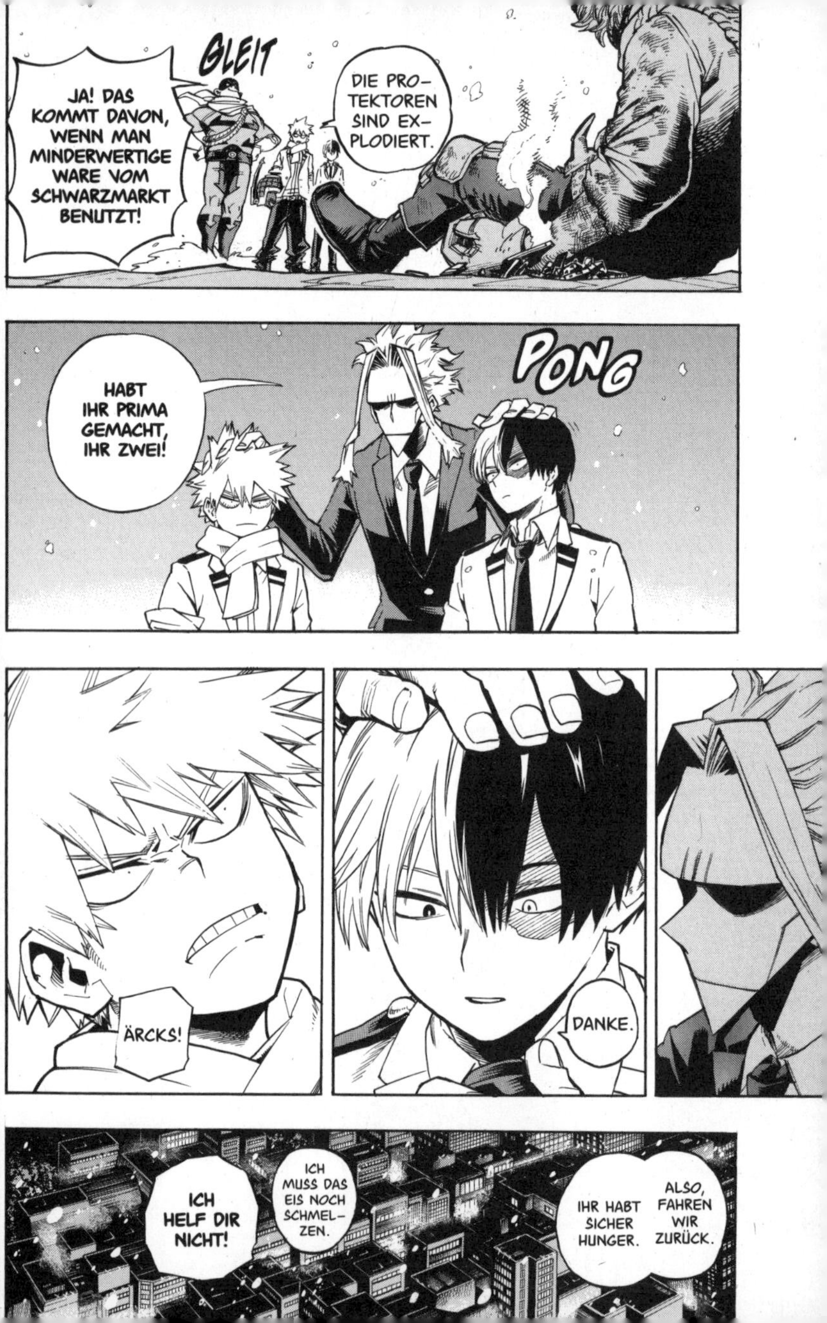

DIE PROTEKTOREN SIND EXPLODIERT.
GLEIT
JA! DAS KOMMT DAVON, WENN MAN MINDERWERTIGE WARE VOM SCHWARZMARKT BENUTZT!
PONG
HABT IHR PRIMA GEMACHT, IHR ZWEI!
DANKE.
ÄRCKS!
ALSO, FAHREN WIR ZURÜCK.
IHR HABT SICHER HUNGER.
ICH MUSS DAS EIS NOCH SCHMELZEN.
ICH HELF DIR NICHT!

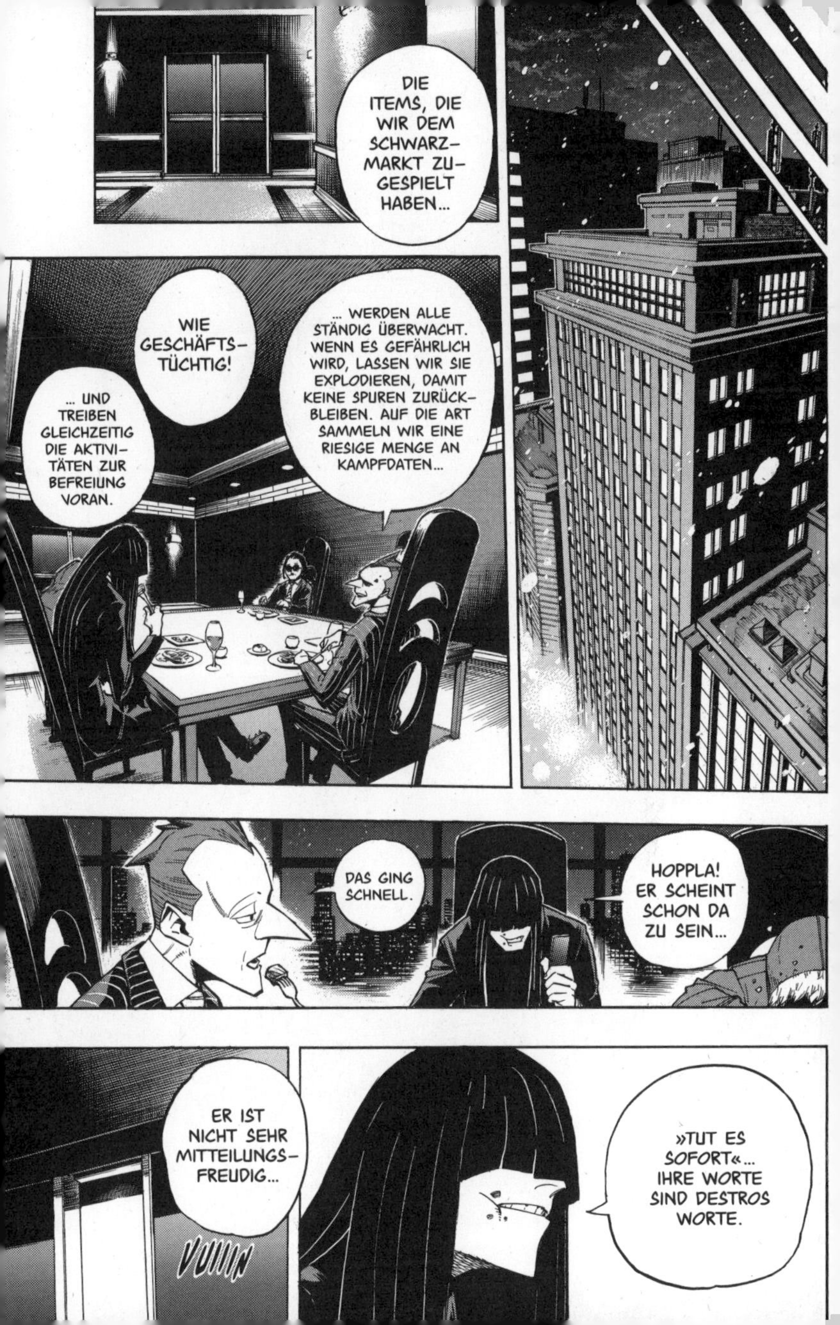
DIE ITEMS, DIE WIR DEM SCHWARZ-MARKT ZUGESPIELT HABEN...
WIE GESCHÄFTS-TÜCHTIG!
... WERDEN ALLE STÄNDIG ÜBERWACHT. WENN ES GEFÄHRLICH WIRD, LASSEN WIR SIE EXPLODIEREN, DAMIT KEINE SPUREN ZURÜCK-BLEIBEN. AUF DIE ART SAMMELN WIR EINE RIESIGE MENGE AN KAMPFDATEN...
... UND TREIBEN GLEICHZEITIG DIE AKTIVI-TÄTEN ZUR BEFREIUNG VORAN.
DAS GING SCHNELL.
HOPPLA! ER SCHEINT SCHON DA ZU SEIN...
ER IST NICHT SEHR MITTEILUNGS-FREUDIG...
VUIIIN
»TUT ES SOFORT«... IHRE WORTE SIND DESTROS WORTE.

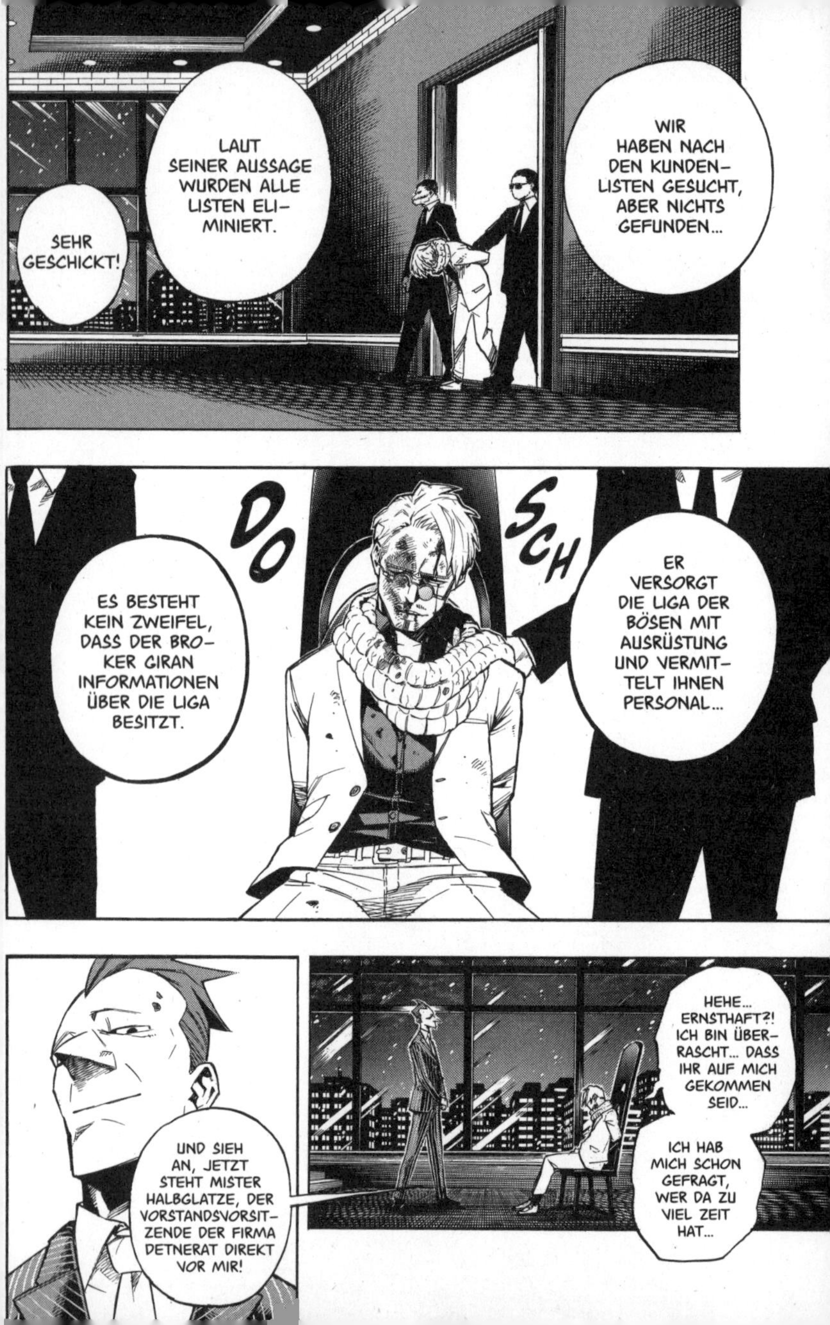
WIR HABEN NACH DEN KUNDENLISTEN GESUCHT, ABER NICHTS GEFUNDEN...
LAUT SEINER AUSSAGE WURDEN ALLE LISTEN ELIMINIERT.
SEHR GESCHICKT!
DOSCH
ER VERSORGT DIE LIGA DER BÖSEN MIT AUSRÜSTUNG UND VERMITTELT IHNEN PERSONAL...
ES BESTEHT KEIN ZWEIFEL, DASS DER BROKER GIRAN INFORMATIONEN ÜBER DIE LIGA BESITZT.
HEHE... ERNSTHAFT?! ICH BIN ÜBERRASCHT... DASS IHR AUF MICH GEKOMMEN SEID...
ICH HAB MICH SCHON GEFRAGT, WER DA ZU VIEL ZEIT HAT...
UND SIEH AN, JETZT STEHT MISTER HALBGLATZE, DER VORSTANDSVORSITZENDE DER FIRMA DETNERAT DIREKT VOR MIR!

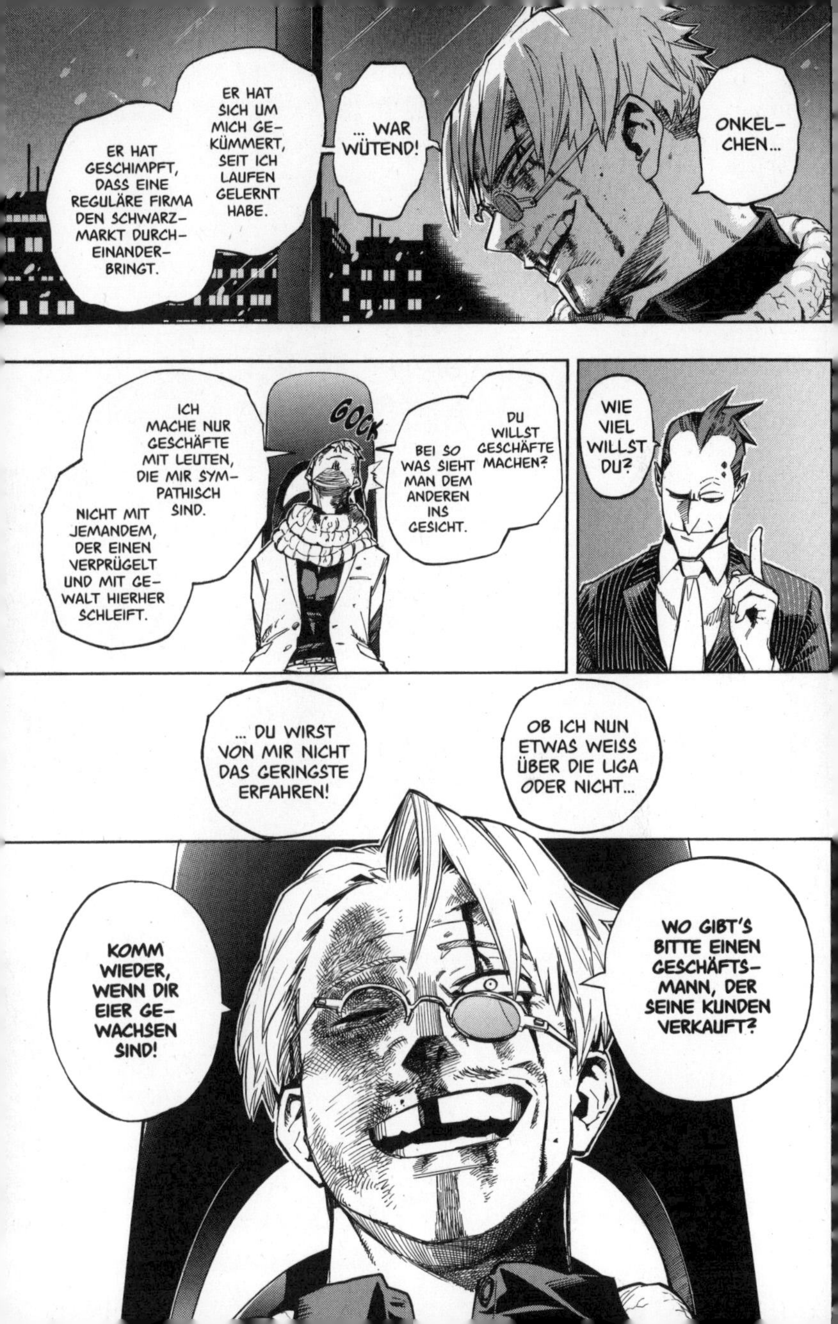
ONKELCHEN...
... WAR WÜTEND!
ER HAT SICH UM MICH GEKÜMMERT, SEIT ICH LAUFEN GELERNT HABE.
ER HAT GESCHIMPFT, DASS EINE REGULÄRE FIRMA DEN SCHWARZMARKT DURCHEINANDERBRINGT.
WIE VIEL WILLST DU?
GOCK
DU WILLST GESCHÄFTE MACHEN?
BEI SO WAS SIEHT MAN DEM ANDEREN INS GESICHT.
ICH MACHE NUR GESCHÄFTE MIT LEUTEN, DIE MIR SYMPATHISCH SIND.
NICHT MIT JEMANDEM, DER EINEN VERPRÜGELT UND MIT GEWALT HIERHER SCHLEIFT.
OB ICH NUN ETWAS WEISS ÜBER DIE LIGA ODER NICHT...
... DU WIRST VON MIR NICHT DAS GERINGSTE ERFAHREN!
WO GIBT'S BITTE EINEN GESCHÄFTSMANN, DER SEINE KUNDEN VERKAUFT?
KOMM WIEDER, WENN DIR EIER GEWACHSEN SIND!

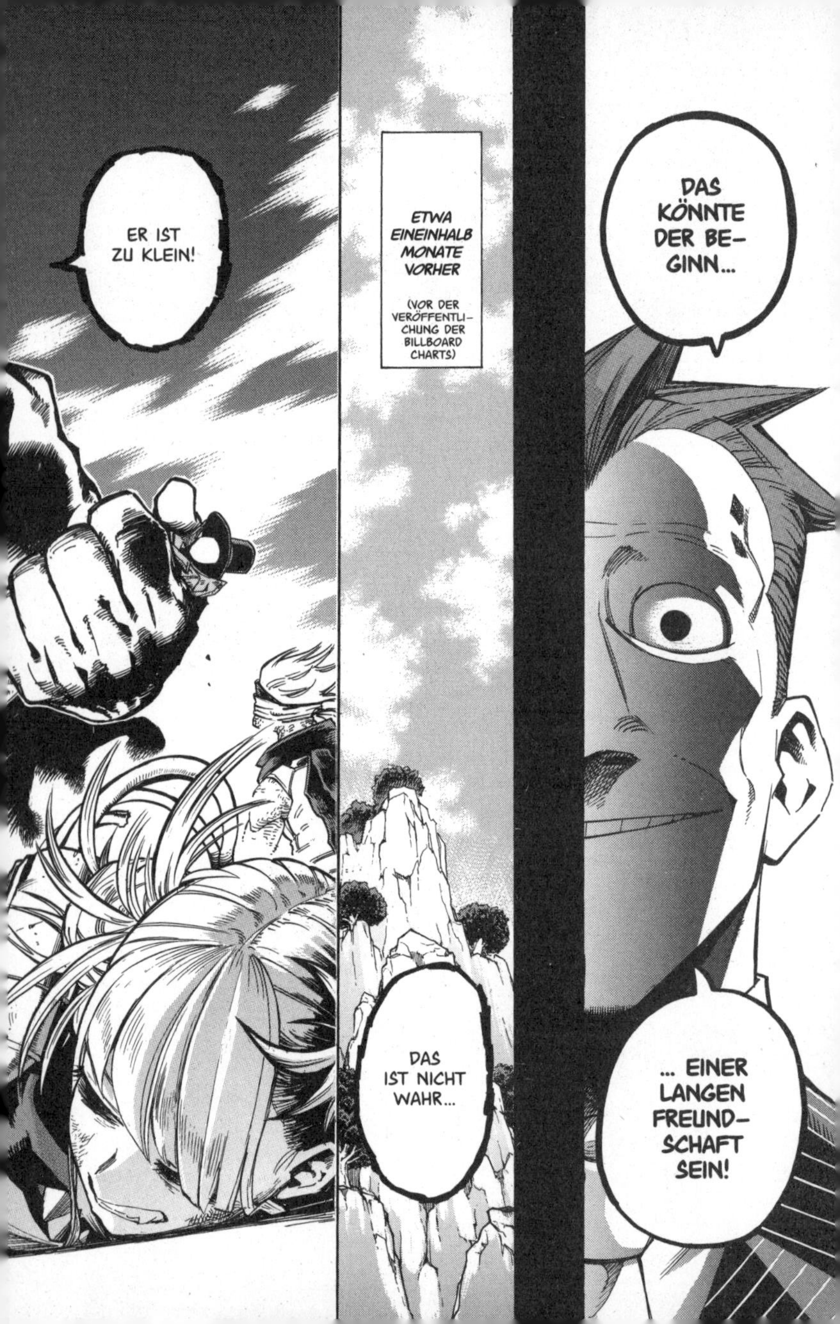
DAS KÖNNTE DER BE-GINN...
... EINER LANGEN FREUND-SCHAFT SEIN!
ETWA EINEINHALB MONATE VORHER
(VOR DER VERÖFFENTLI-CHUNG DER BILLBOARD CHARTS)
DAS IST NICHT WAHR...
ER IST ZU KLEIN!

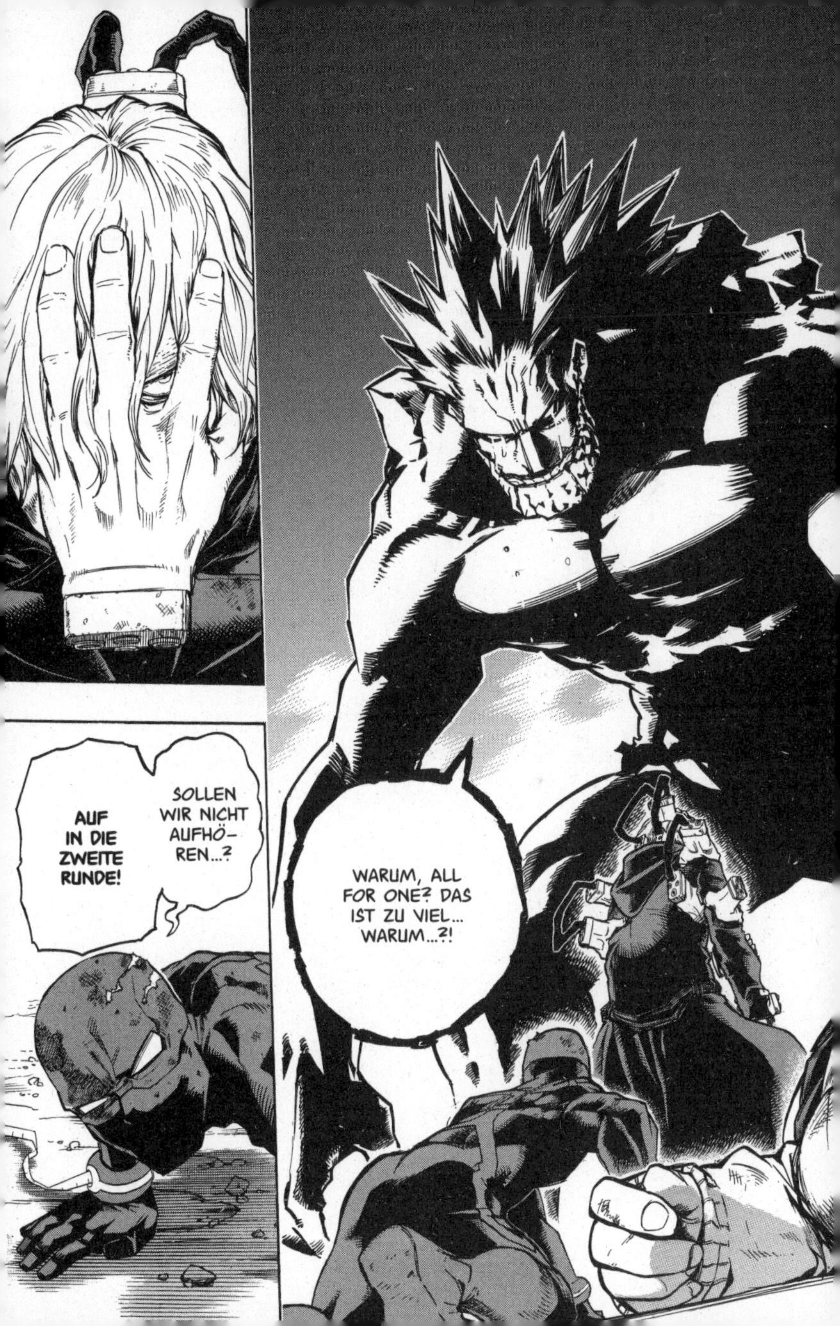

WARUM, ALL FOR ONE? DAS IST ZU VIEL... WARUM...?!
SOLLEN WIR NICHT AUFHÖ-REN...?
AUF IN DIE ZWEITE RUNDE!

HERO

SLIDIN' GO (36)
(TATSUYUKI TOKONAME)

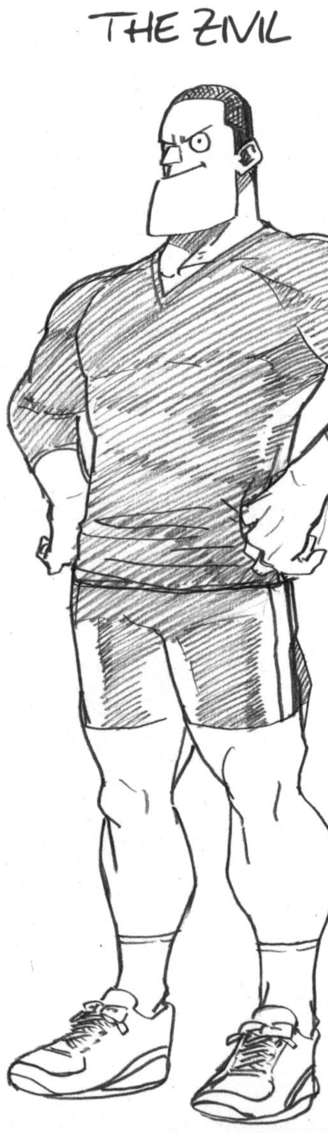

GEBURTSTAG: 1. MÄRZ
GRÖSSE: 1,87 M
MAG: LESEN

THE SLIDIN' GO

Das Maß an Glückseligkeit beim Zeichnen solcher Charaktere ist bedenklich. Macht Spaß.

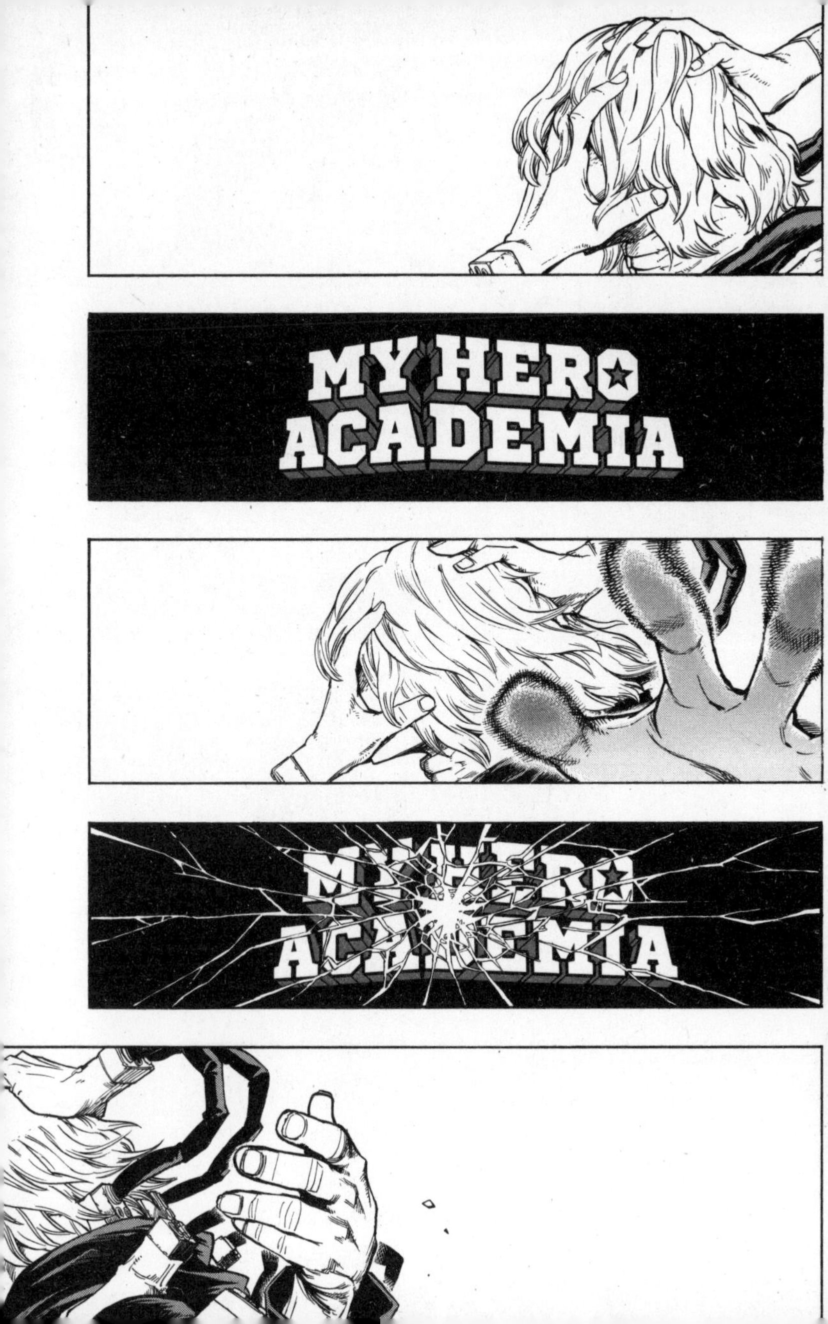
MY HERO ACADEMIA

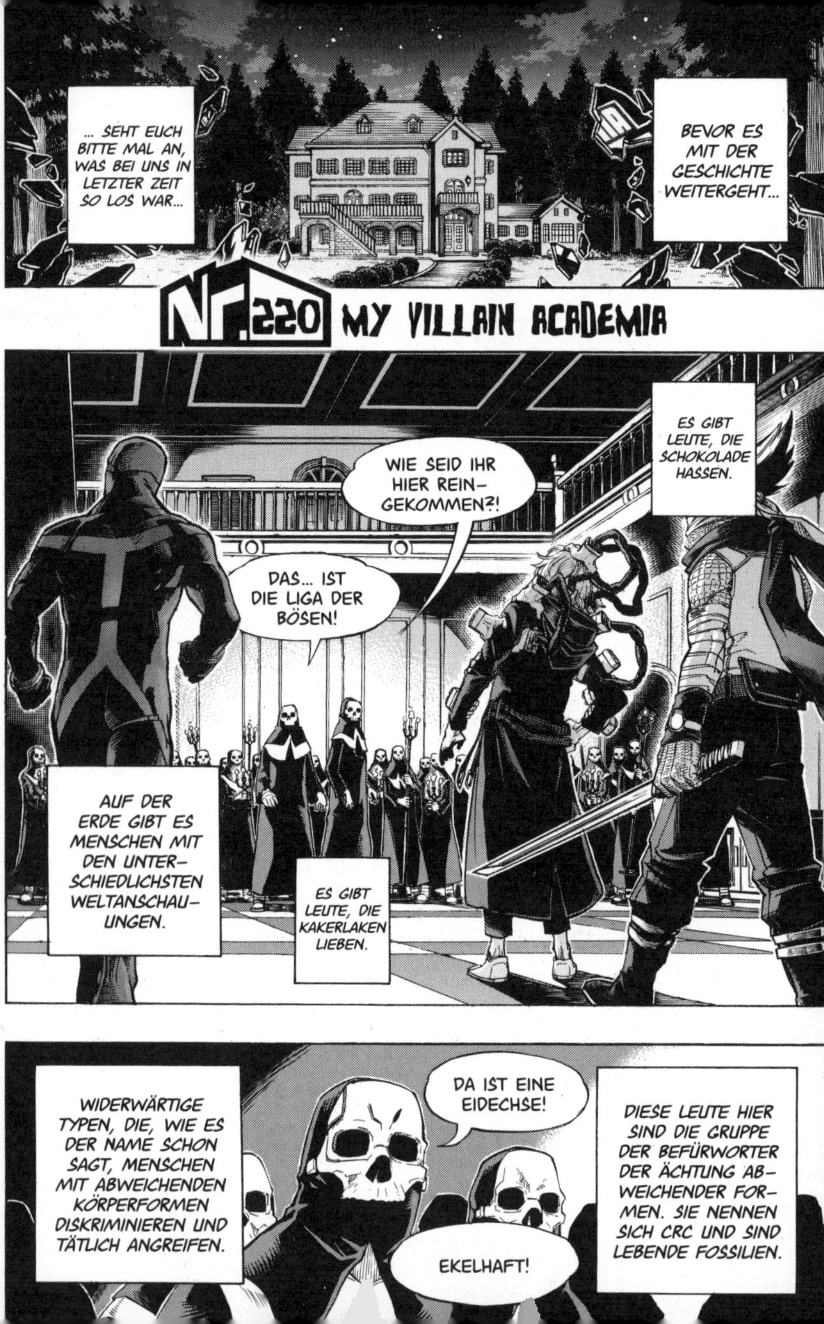
BEVOR ES MIT DER GESCHICHTE WEITERGEHT...
... SEHT EUCH BITTE MAL AN, WAS BEI UNS IN LETZTER ZEIT SO LOS WAR...
NR. 220 MY VILLAIN ACADEMIA
ES GIBT LEUTE, DIE SCHOKOLADE HASSEN.
WIE SEID IHR HIER REIN-GEKOMMEN?!
DAS... IST DIE LIGA DER BÖSEN!
ES GIBT LEUTE, DIE KAKERLAKEN LIEBEN.
AUF DER ERDE GIBT ES MENSCHEN MIT DEN UNTER-SCHIEDLICHSTEN WELTANSCHAU-UNGEN.
DIESE LEUTE HIER SIND DIE GRUPPE DER BEFÜRWORTER DER ÄCHTUNG AB-WEICHENDER FOR-MEN. SIE NENNEN SICH CRC UND SIND LEBENDE FOSSILIEN.
DA IST EINE EIDECHSE!
EKELHAFT!
WIDERWÄRTIGE TYPEN, DIE, WIE ES DER NAME SCHON SAGT, MENSCHEN MIT ABWEICHENDEN KÖRPERFORMEN DISKRIMINIEREN UND TÄTLICH ANGREIFEN.

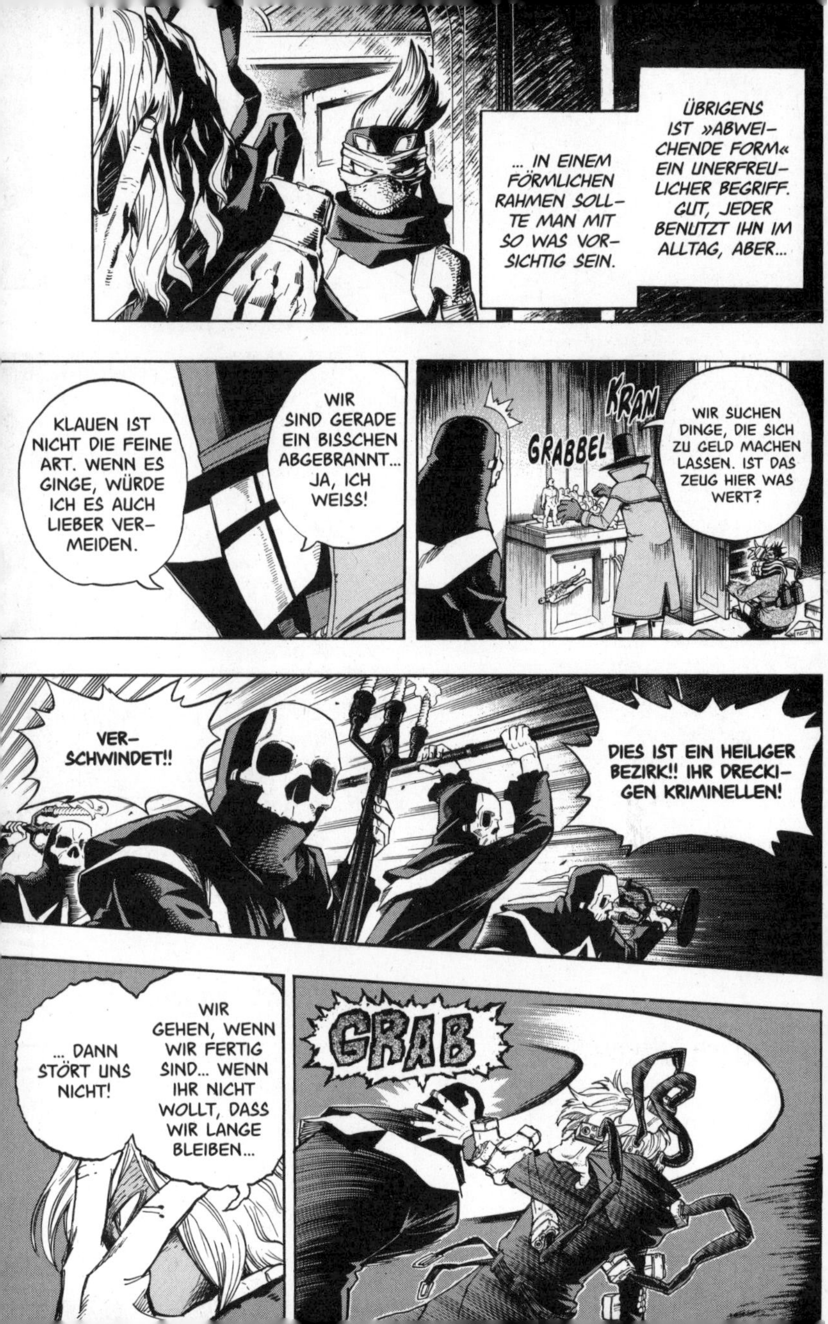

ÜBRIGENS IST »ABWEICHENDE FORM« EIN UNERFREULICHER BEGRIFF. GUT, JEDER BENUTZT IHN IM ALLTAG, ABER...
... IN EINEM FÖRMLICHEN RAHMEN SOLLTE MAN MIT SO WAS VORSICHTIG SEIN.
KLAUEN IST NICHT DIE FEINE ART. WENN ES GINGE, WÜRDE ICH ES AUCH LIEBER VERMEIDEN.
WIR SIND GERADE EIN BISSCHEN ABGEBRANNT... JA, ICH WEISS!
KRAM
GRABBEL
WIR SUCHEN DINGE, DIE SICH ZU GELD MACHEN LASSEN. IST DAS ZEUG HIER WAS WERT?
VERSCHWINDET!!
DIES IST EIN HEILIGER BEZIRK!! IHR DRECKIGEN KRIMINELLEN!
WIR GEHEN, WENN WIR FERTIG SIND... WENN IHR NICHT WOLLT, DASS WIR LANGE BLEIBEN...
... DANN STÖRT UNS NICHT!
GRAB

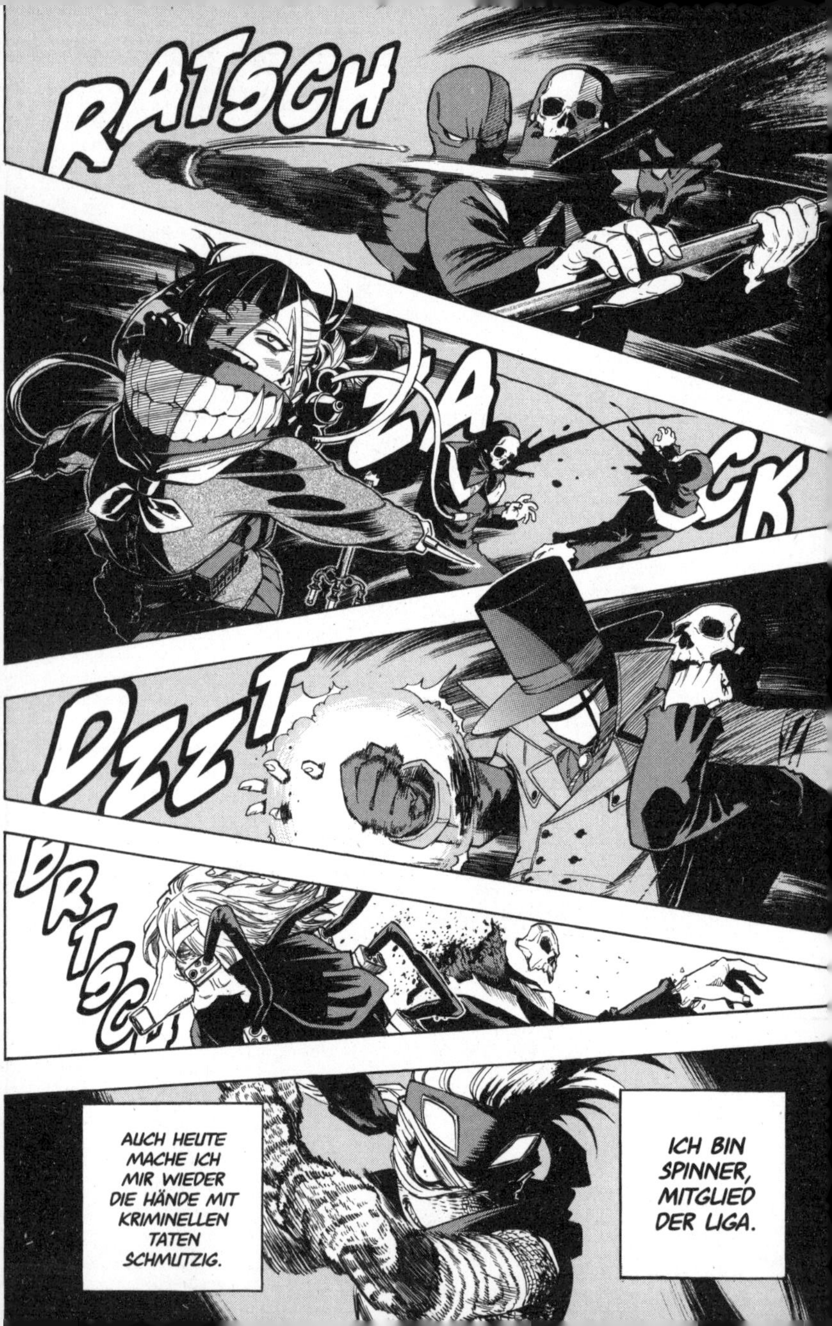
RATSCH
ZACK
DZZT
DRTSCH
AUCH HEUTE MACHE ICH MIR WIEDER DIE HÄNDE MIT KRIMINELLEN TATEN SCHMUTZIG.
ICH BIN SPINNER, MITGLIED DER LIGA.

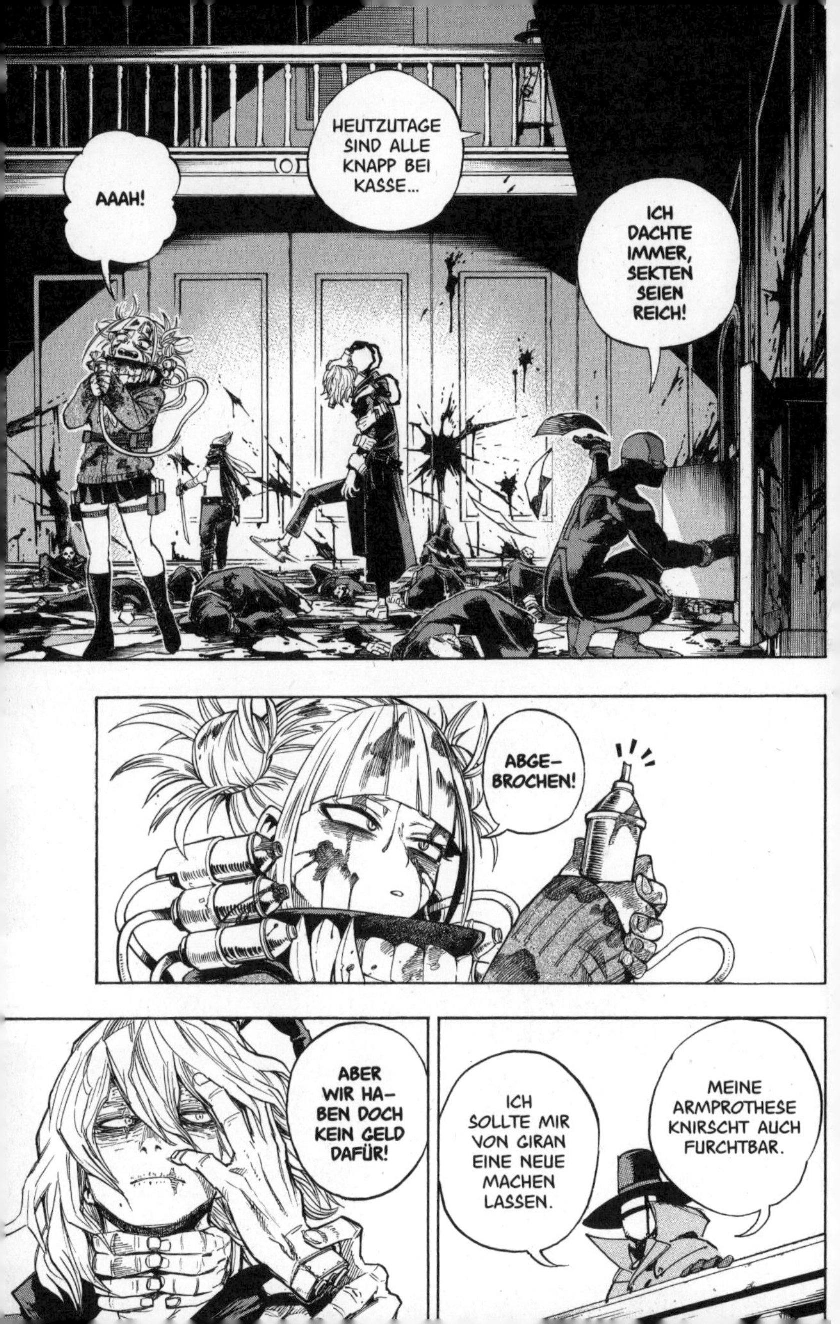

AAAH!
HEUTZUTAGE SIND ALLE KNAPP BEI KASSE...
ICH DACHTE IMMER, SEKTEN SEIEN REICH!
ABGE-BROCHEN!
ABER WIR HA-BEN DOCH KEIN GELD DAFÜR!
ICH SOLLTE MIR VON GIRAN EINE NEUE MACHEN LASSEN.
MEINE ARMPROTHESE KNIRSCHT AUCH FURCHTBAR.

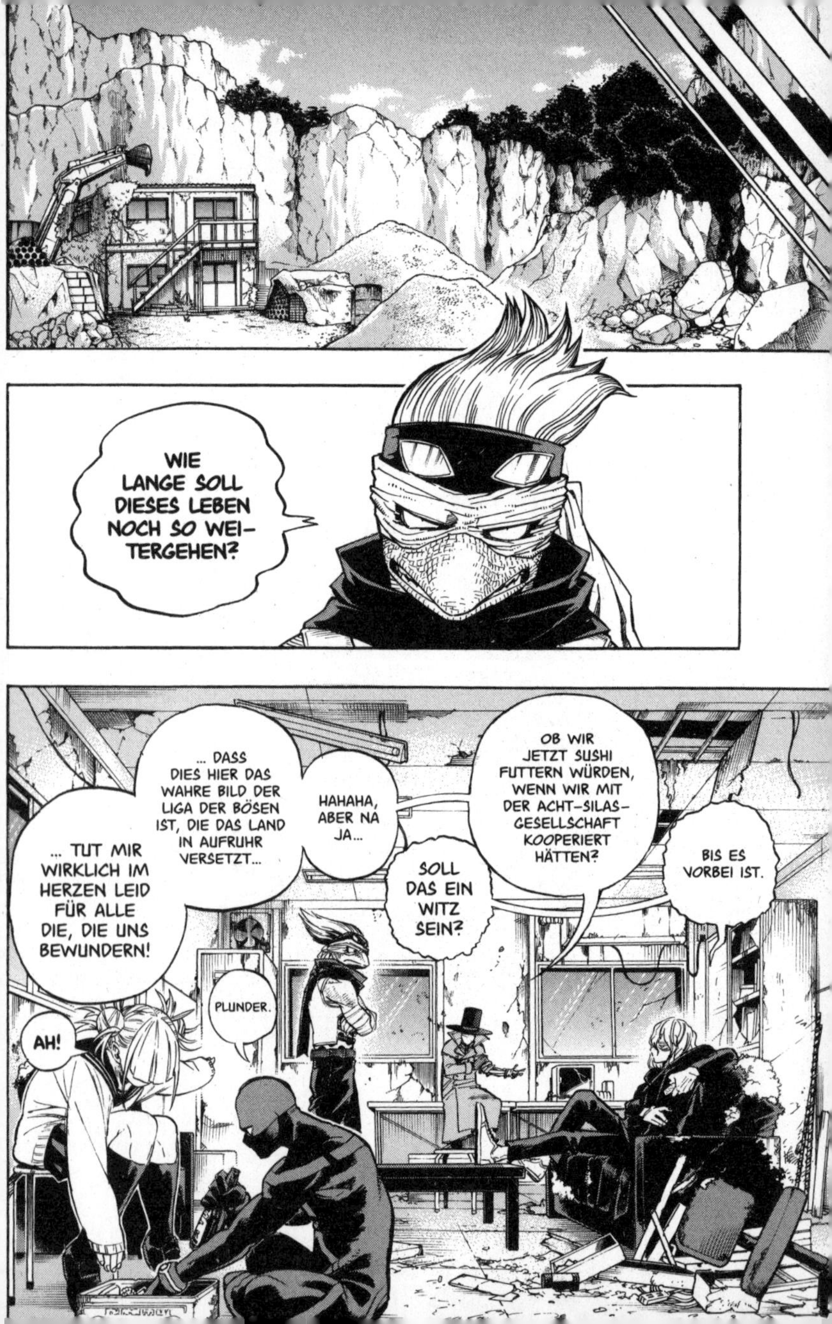
WIE LANGE SOLL DIESES LEBEN NOCH SO WEI-TERGEHEN?
BIS ES VORBEI IST.
OB WIR JETZT SUSHI FUTTERN WÜRDEN, WENN WIR MIT DER ACHT-SILAS-GESELLSCHAFT KOOPERIERT HÄTTEN?
SOLL DAS EIN WITZ SEIN?
HAHAHA, ABER NA JA...
... DASS DIES HIER DAS WAHRE BILD DER LIGA DER BÖSEN IST, DIE DAS LAND IN AUFRUHR VERSETZT...
... TUT MIR WIRKLICH IM HERZEN LEID FÜR ALLE DIE, DIE UNS BEWUNDERN!
PLUNDER.
AH!

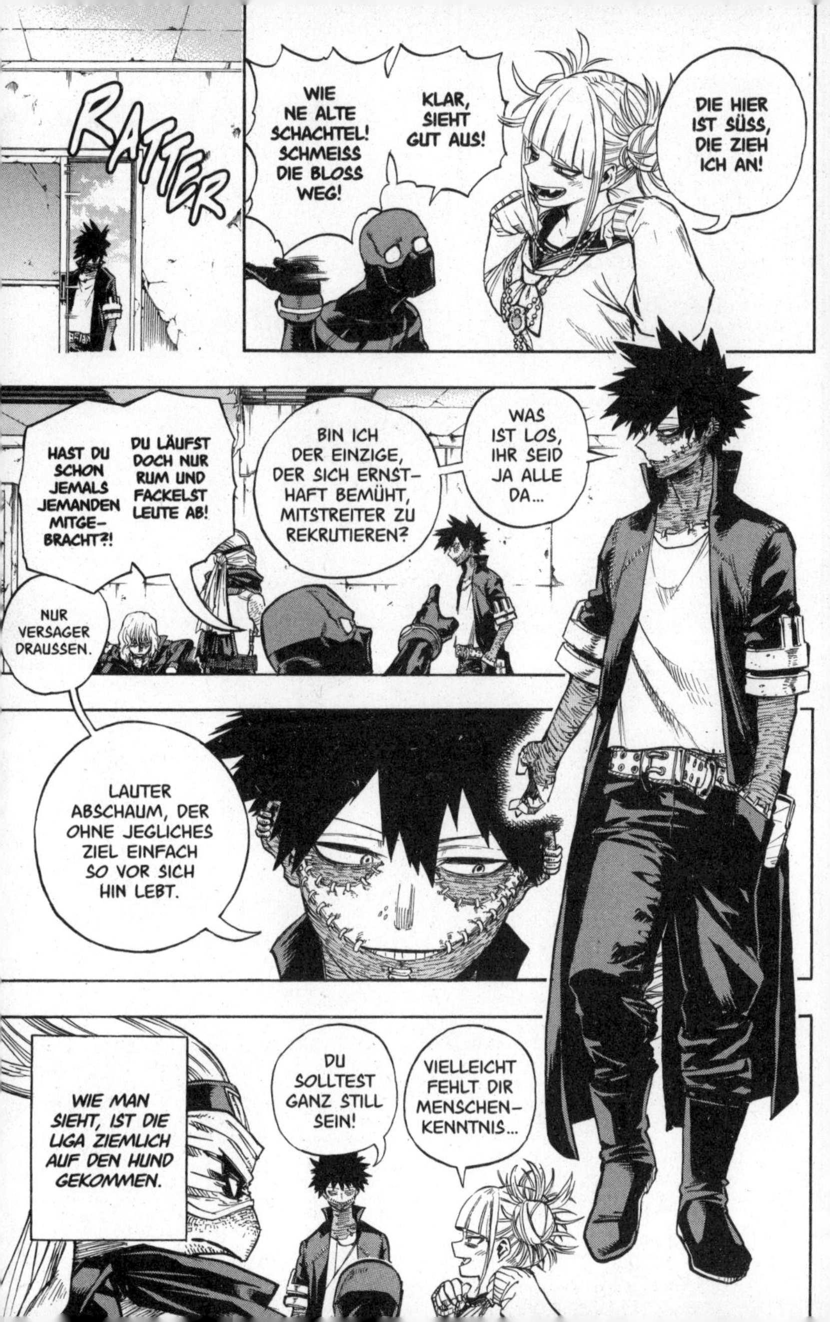
RATTER
DIE HIER IST SÜSS, DIE ZIEH ICH AN!
KLAR, SIEHT GUT AUS!
WIE NE ALTE SCHACHTEL! SCHMEISS DIE BLOSS WEG!
WAS IST LOS, IHR SEID JA ALLE DA...
BIN ICH DER EINZIGE, DER SICH ERNST-HAFT BEMÜHT, MITSTREITER ZU REKRUTIEREN?
DU LÄUFST DOCH NUR RUM UND FACKELST LEUTE AB!
HAST DU SCHON JEMALS JEMANDEN MITGE-BRACHT?!
NUR VERSAGER DRAUSSEN.
LAUTER ABSCHAUM, DER OHNE JEGLICHES ZIEL EINFACH SO VOR SICH HIN LEBT.
VIELLEICHT FEHLT DIR MENSCHEN-KENNTNIS...
DU SOLLTEST GANZ STILL SEIN!
WIE MAN SIEHT, IST DIE LIGA ZIEMLICH AUF DEN HUND GEKOMMEN.

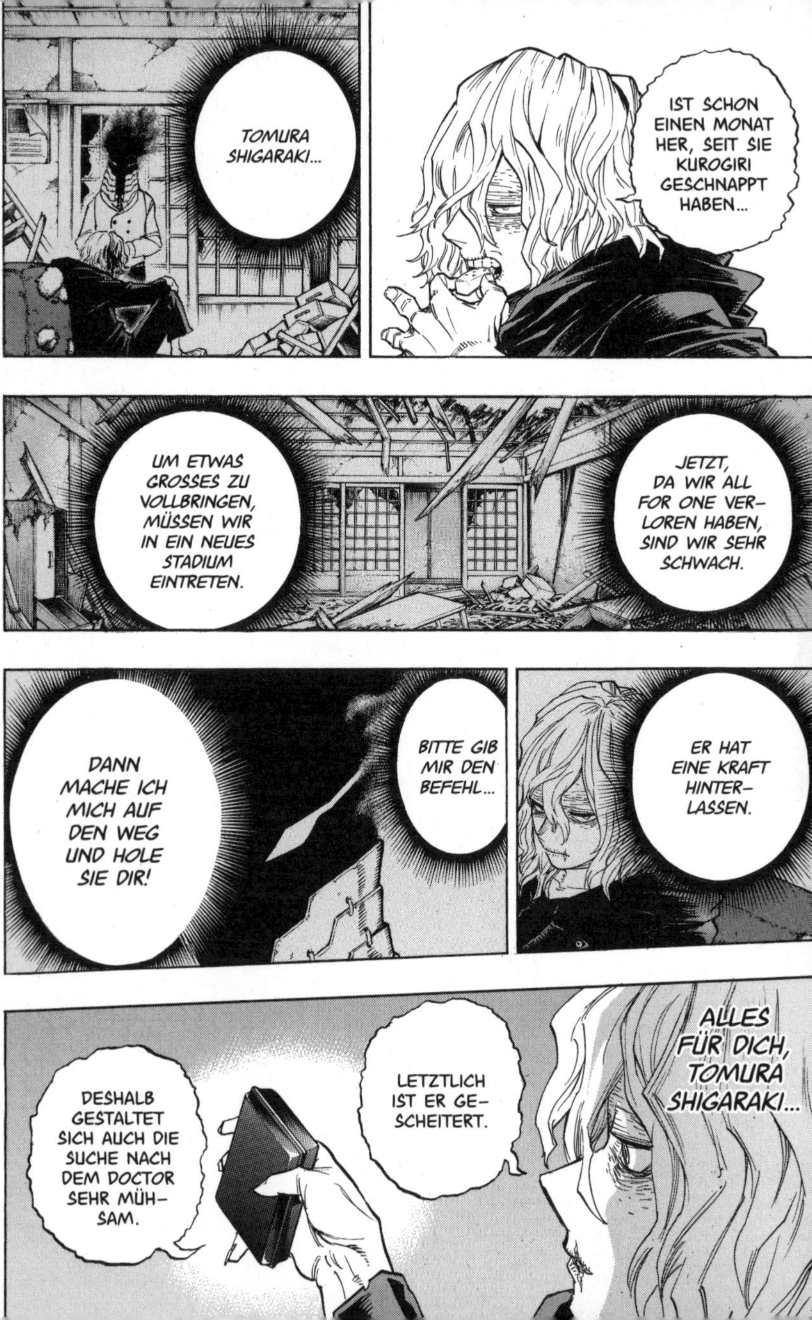
IST SCHON EINEN MONAT HER, SEIT SIE KUROGIRI GESCHNAPPT HABEN...
TOMURA SHIGARAKI...
JETZT, DA WIR ALL FOR ONE VER-LOREN HABEN, SIND WIR SEHR SCHWACH.
UM ETWAS GROSSES ZU VOLLBRINGEN, MÜSSEN WIR IN EIN NEUES STADIUM EINTRETEN.
ER HAT EINE KRAFT HINTER-LASSEN.
BITTE GIB MIR DEN BEFEHL...
DANN MACHE ICH MICH AUF DEN WEG UND HOLE SIE DIR!
ALLES FÜR DICH, TOMURA SHIGARAKI...
LETZTLICH IST ER GE-SCHEITERT.
DESHALB GESTALTET SICH AUCH DIE SUCHE NACH DEM DOCTOR SEHR MÜH-SAM.

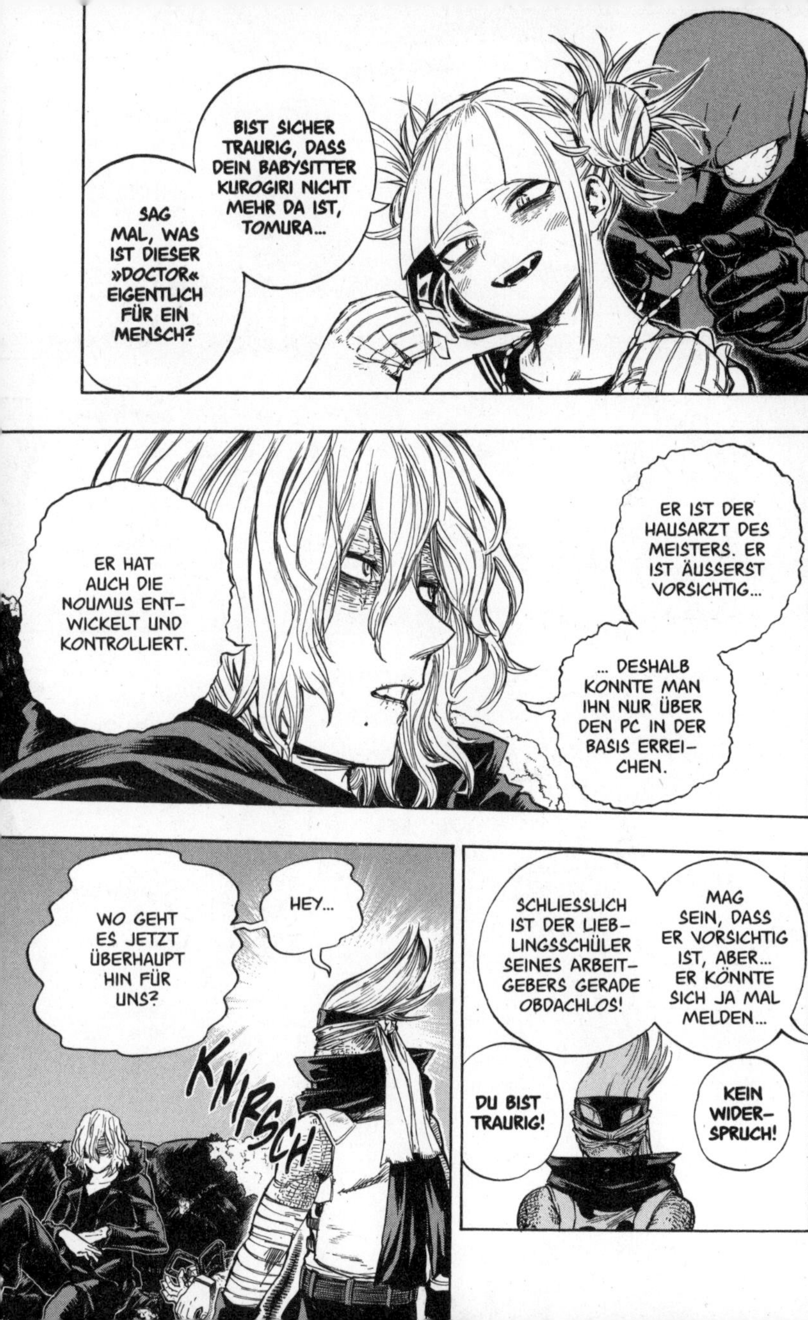
BIST SICHER TRAURIG, DASS DEIN BABYSITTER KUROGIRI NICHT MEHR DA IST, TOMURA...
SAG MAL, WAS IST DIESER »DOCTOR« EIGENTLICH FÜR EIN MENSCH?
ER IST DER HAUSARZT DES MEISTERS. ER IST ÄUSSERST VORSICHTIG...
... DESHALB KONNTE MAN IHN NUR ÜBER DEN PC IN DER BASIS ERREICHEN.
ER HAT AUCH DIE NOUMUS ENTWICKELT UND KONTROLLIERT.
MAG SEIN, DASS ER VORSICHTIG IST, ABER... ER KÖNNTE SICH JA MAL MELDEN...
SCHLIESSLICH IST DER LIEBLINGSSCHÜLER SEINES ARBEITGEBERS GERADE OBDACHLOS!
KEIN WIDERSPRUCH!
DU BIST TRAURIG!
HEY...
WO GEHT ES JETZT ÜBERHAUPT HIN FÜR UNS?
KNIRSCH

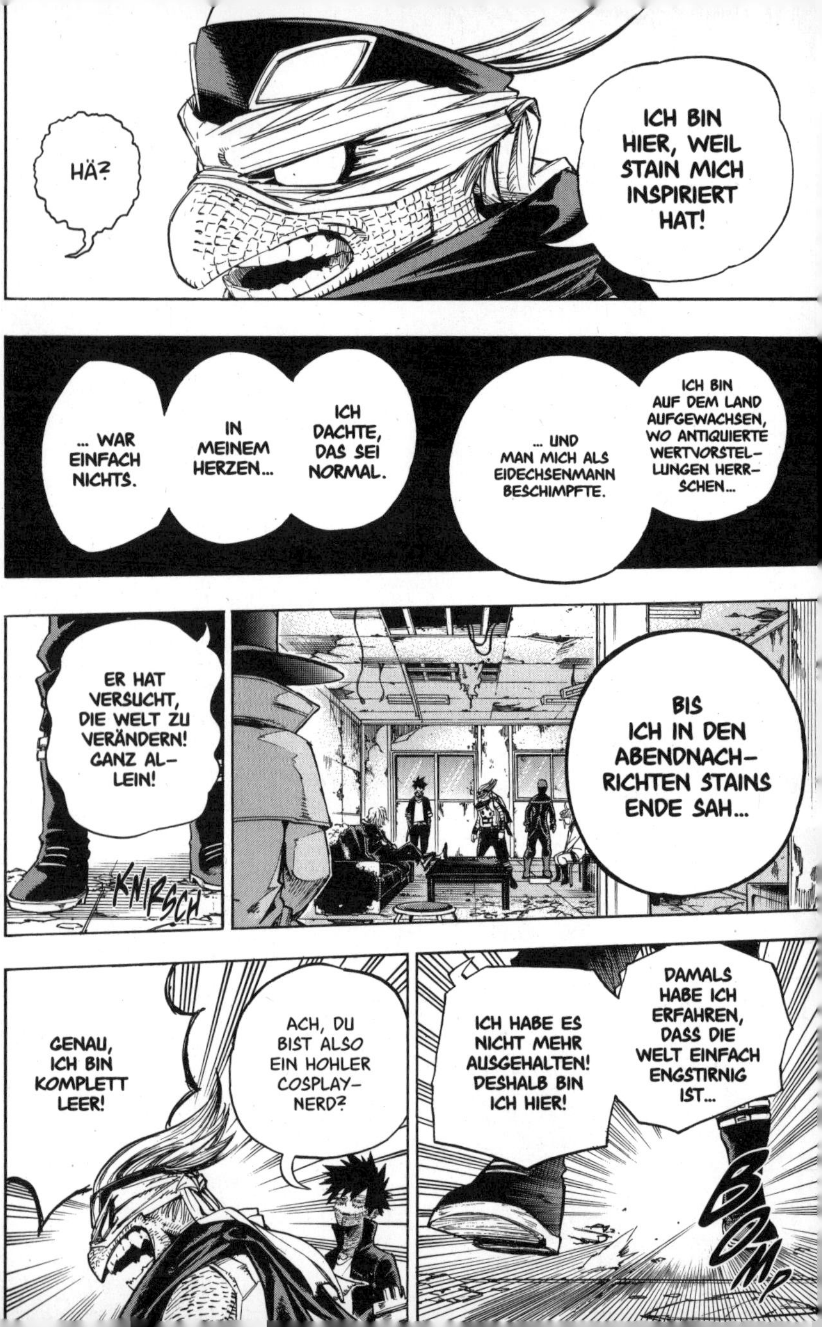
ICH BIN HIER, WEIL STAIN MICH INSPIRIERT HAT!
HÄ?
ICH BIN AUF DEM LAND AUFGEWACHSEN, WO ANTIQUIERTE WERTVORSTEL-LUNGEN HERR-SCHEN...
... UND MAN MICH ALS EIDECHSENMANN BESCHIMPFTE.
ICH DACHTE, DAS SEI NORMAL.
IN MEINEM HERZEN...
... WAR EINFACH NICHTS.
BIS ICH IN DEN ABENDNACH-RICHTEN STAINS ENDE SAH...
ER HAT VERSUCHT, DIE WELT ZU VERÄNDERN! GANZ AL-LEIN!
KNIRSCH
DAMALS HABE ICH ERFAHREN, DASS DIE WELT EINFACH ENGSTIRNIG IST...
ICH HABE ES NICHT MEHR AUSGEHALTEN! DESHALB BIN ICH HIER!
BOOM
ACH, DU BIST ALSO EIN HOHLER COSPLAY-NERD?
GENAU, ICH BIN KOMPLETT LEER!

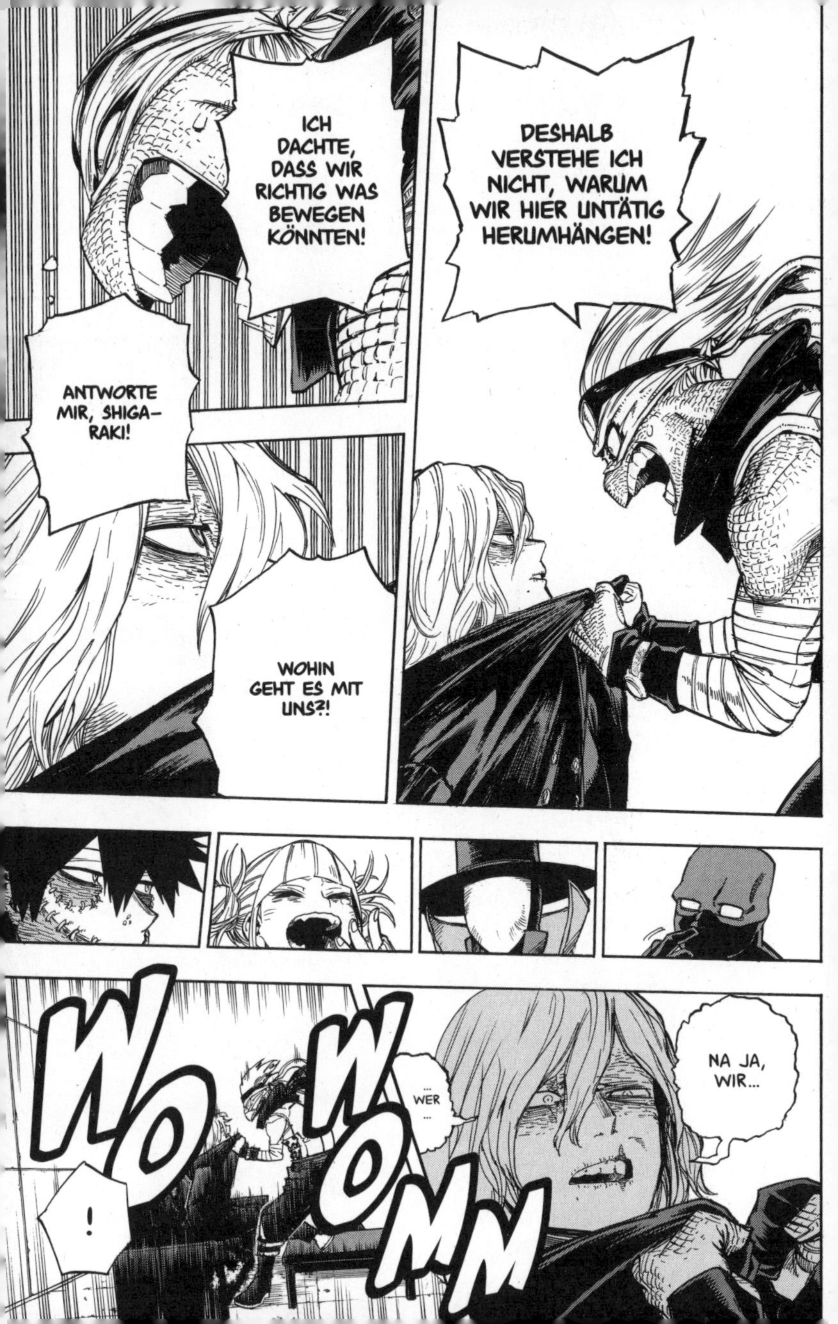
DESHALB VERSTEHE ICH NICHT, WARUM WIR HIER UNTÄTIG HERUMHÄNGEN!
ICH DACHTE, DASS WIR RICHTIG WAS BEWEGEN KÖNNTEN!
ANTWORTE MIR, SHIGA-RAKI!
WOHIN GEHT ES MIT UNS?!
NA JA, WIR...
... WER ...
WOWOMM
!

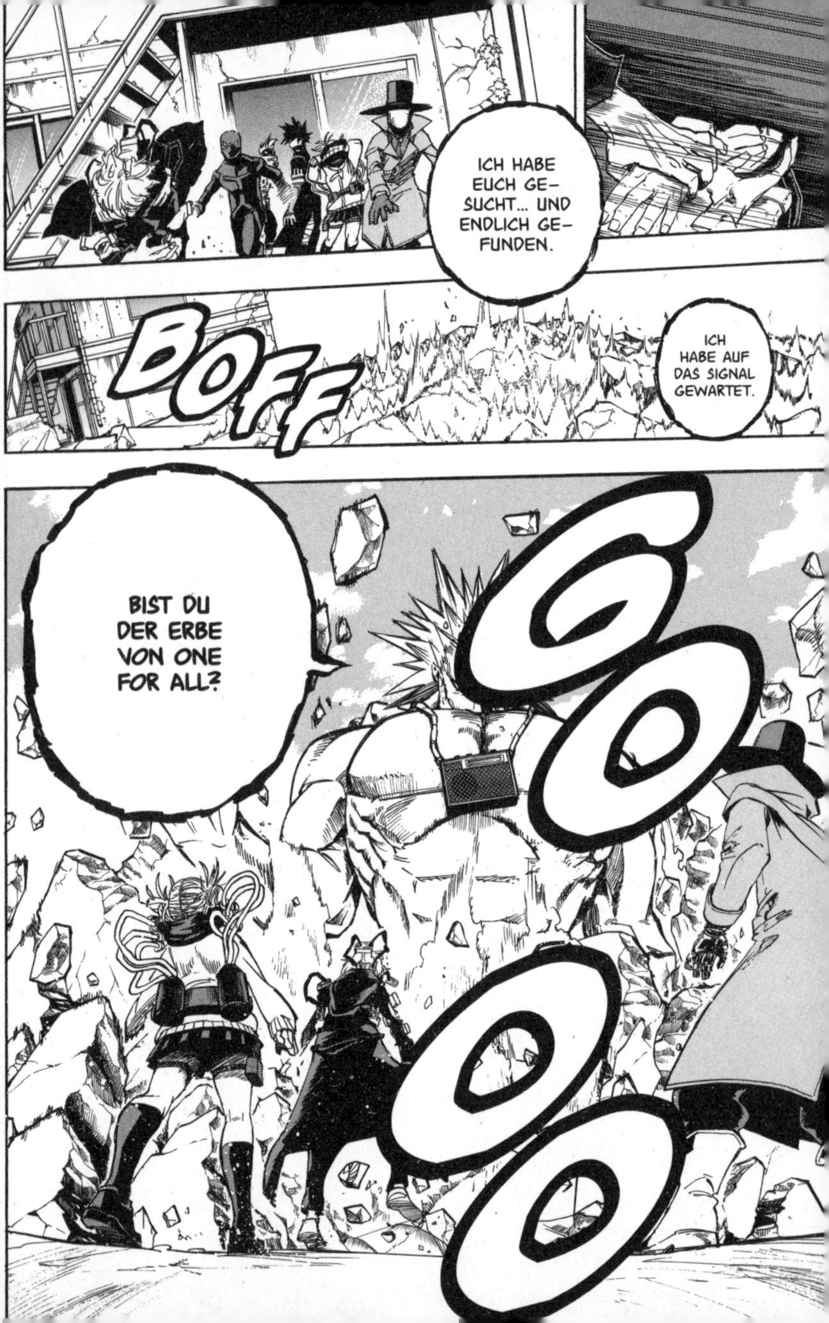
ICH HABE EUCH GESUCHT... UND ENDLICH GEFUNDEN.
ICH HABE AUF DAS SIGNAL GEWARTET.
BOFF
BIST DU DER ERBE VON ONE FOR ALL?

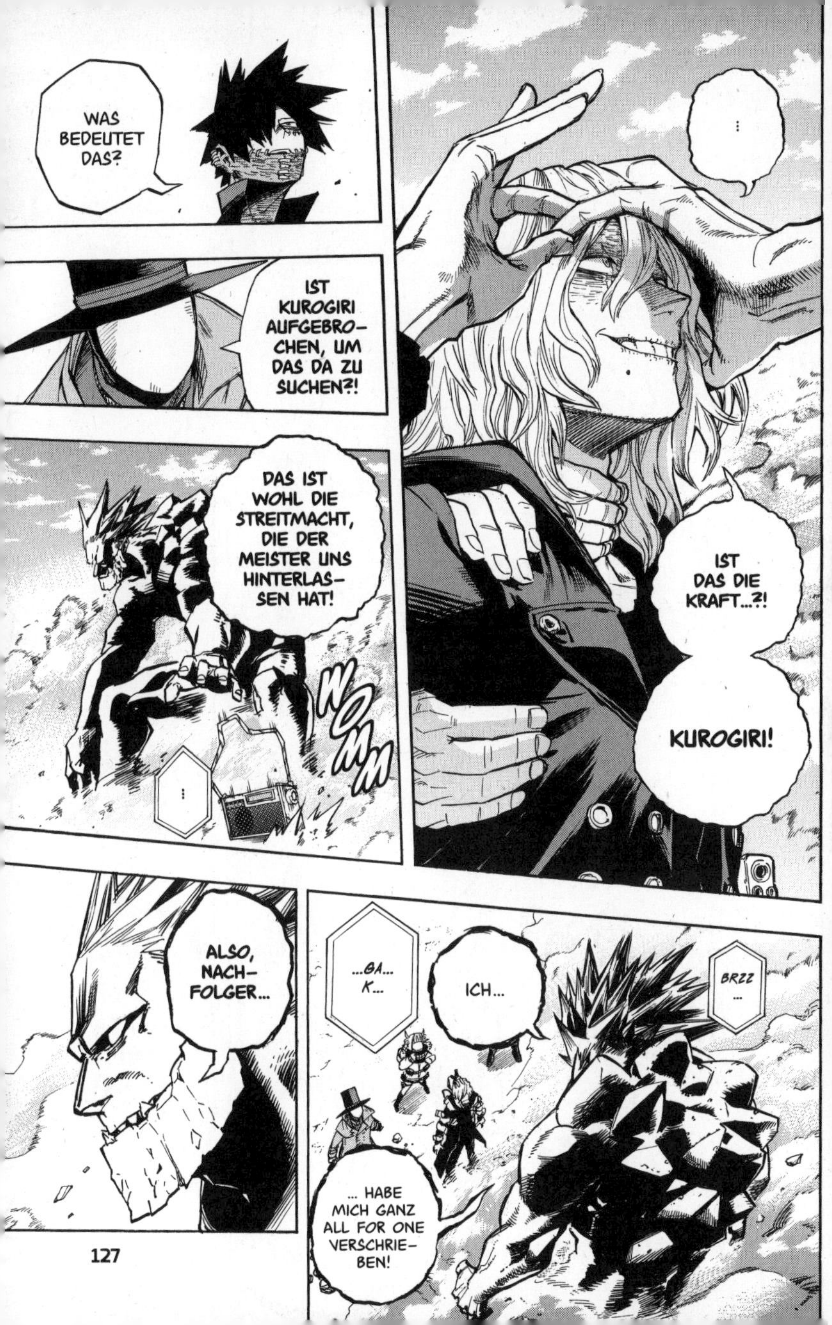
...
IST DAS DIE KRAFT...?!
KUROGIRI!
WAS BEDEUTET DAS?
IST KUROGIRI AUFGEBROCHEN, UM DAS DA ZU SUCHEN?!
DAS IST WOHL DIE STREITMACHT, DIE DER MEISTER UNS HINTERLASSEN HAT!
WOMM
...
BRZZ ...
ICH...
...GA... K...
... HABE MICH GANZ ALL FOR ONE VERSCHRIEBEN!
ALSO, NACHFOLGER...

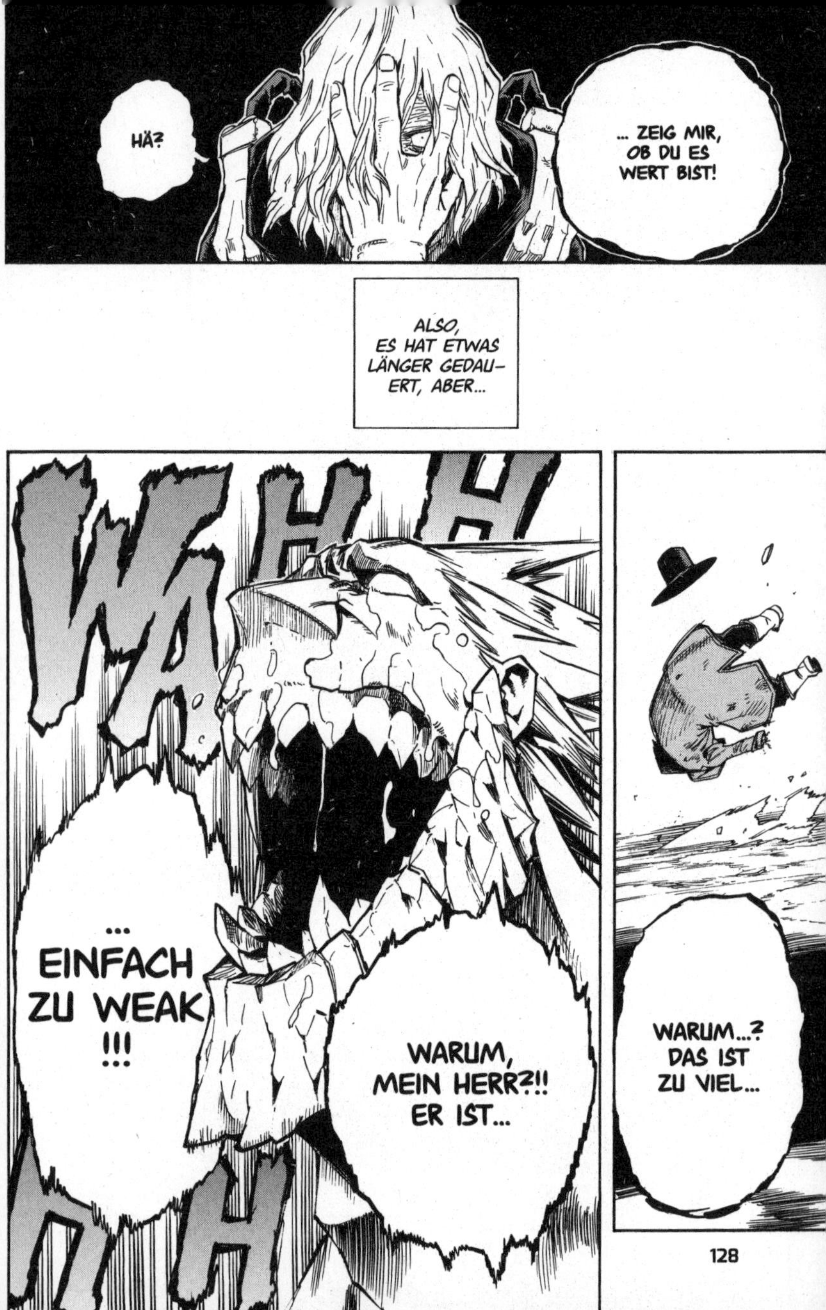
... ZEIG MIR, OB DU ES WERT BIST!
HÄ?
ALSO, ES HAT ETWAS LÄNGER GEDAU- ERT, ABER...
WARUM...? DAS IST ZU VIEL...
WARUM, MEIN HERR?!! ER IST...
... EINFACH ZU WEAK !!!
WAHH

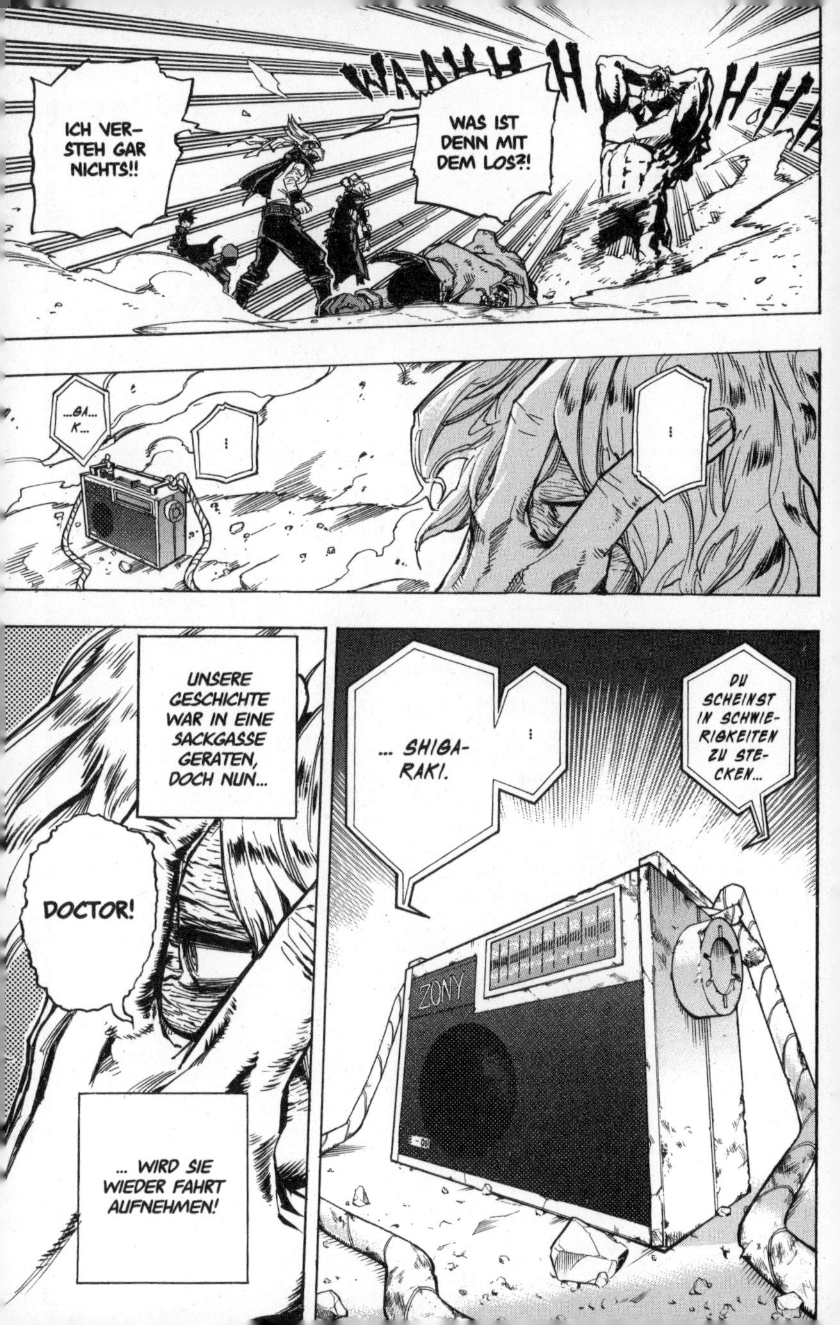
WAAHHHHHH
WAS IST DENN MIT DEM LOS?!
ICH VERSTEH GAR NICHTS!!
...
...
...GA... K...
DU SCHEINST IN SCHWIERIGKEITEN ZU STECKEN...
...
... SHIGARAKI.
ZONY
UNSERE GESCHICHTE WAR IN EINE SACKGASSE GERATEN, DOCH NUN...
DOCTOR!
... WIRD SIE WIEDER FAHRT AUFNEHMEN!

GRUPPE DER BEFÜRWORTER DER ÄCHTUNG ABWEICHENDER FORMEN

Gruppe von Personen, die Menschen mit ungewöhnlichem Aussehen noch immer nicht akzeptieren, obwohl die Gesellschaft das Chaos nach Auftreten der Paranormalität bewältigt und sich stabilisiert hat. Ihre hauptsächliche Aktivität bestand zunächst aus Demonstrationen, doch mit der Zeit radikalisierten sie sich und begannen gewalttätig zu werden. Die extremen Aktivitäten führten jedoch dazu, dass sie an Unterstützung verloren. Die Gruppe schrumpfte schlagartig zusammen und löste sich auf.

Gegenwärtig existieren hier und da noch Splittergruppen wie die Animal-Ächter, die nur Personen mit Tierkörper hassen, oder die Face Border, die nur Kopfmutationen ablehnen. Doch all diese Gruppierungen haben nur sehr geringe Mitgliederzahlen.

Die Leute, die Shigaraki mit seinen Leuten überfallen, sind Anhänger der ursprünglichen Ideologie.

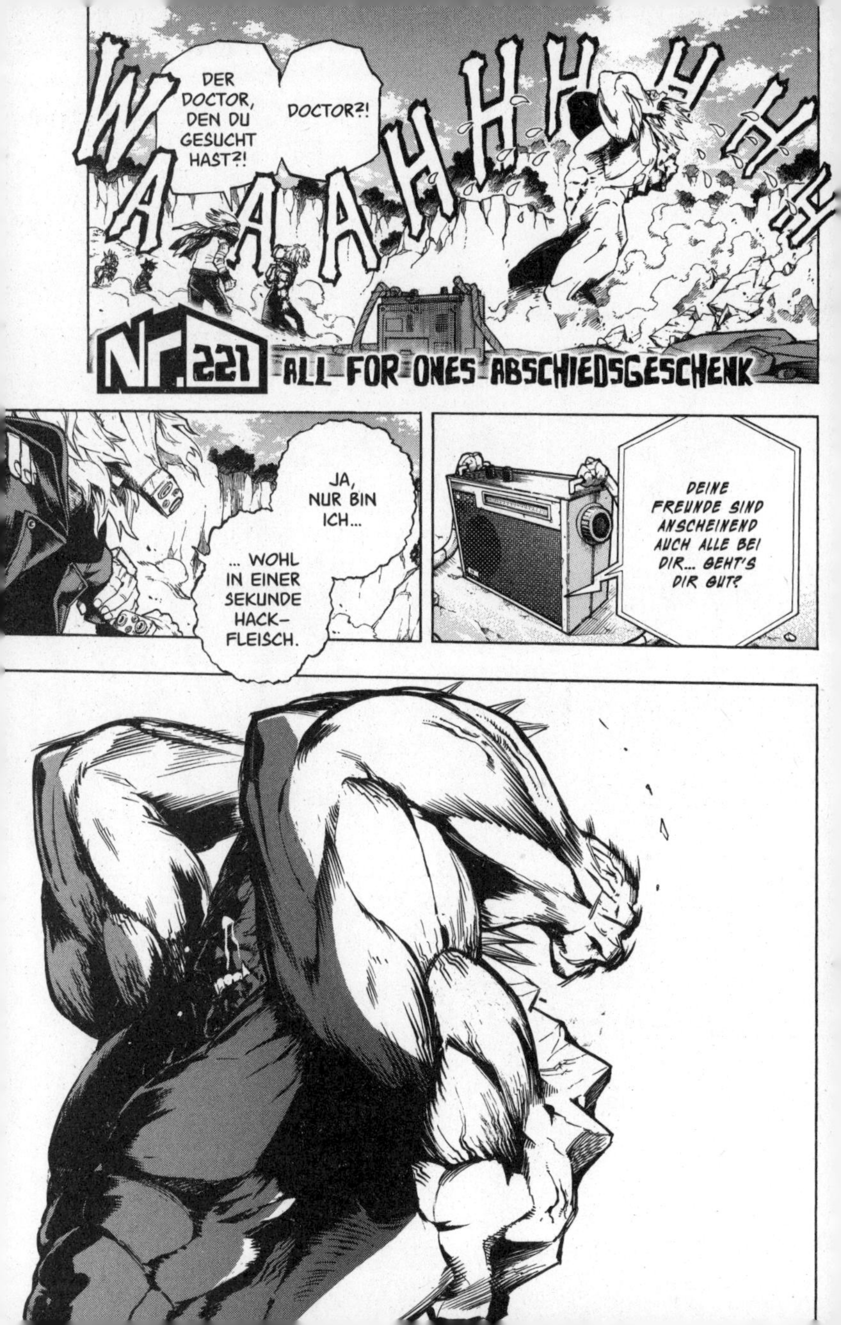
DOCTOR?!
DER DOCTOR, DEN DU GESUCHT HAST?!
WAAAHHHHHH
NR. 221 ALL FOR ONES ABSCHIEDSGESCHENK
DEINE FREUNDE SIND ANSCHEINEND AUCH ALLE BEI DIR… GEHT'S DIR GUT?
JA, NUR BIN ICH…
… WOHL IN EINER SEKUNDE HACK-FLEISCH.

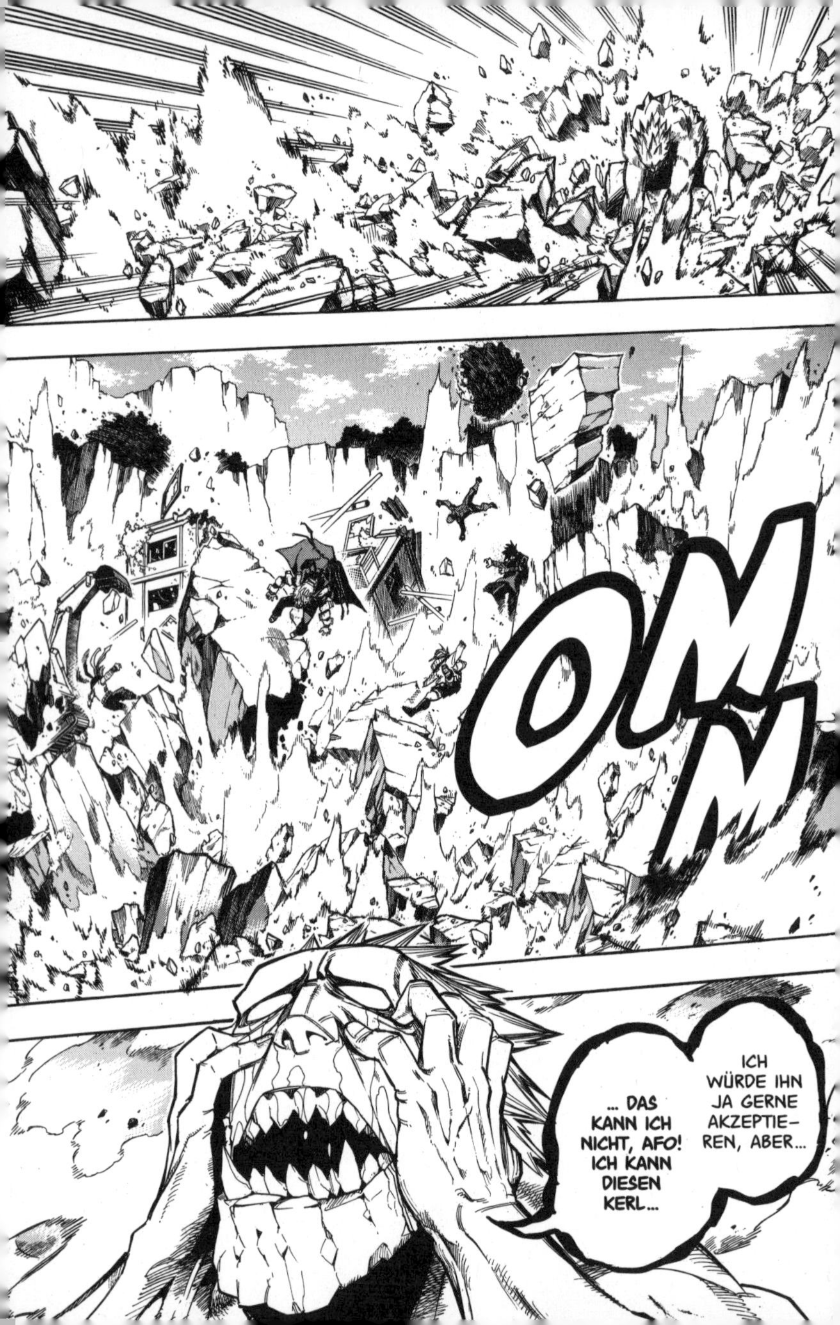
OM
M
ICH WÜRDE IHN JA GERNE AKZEPTIE-REN, ABER ...
... DAS KANN ICH NICHT, AFO! ICH KANN DIESEN KERL ...

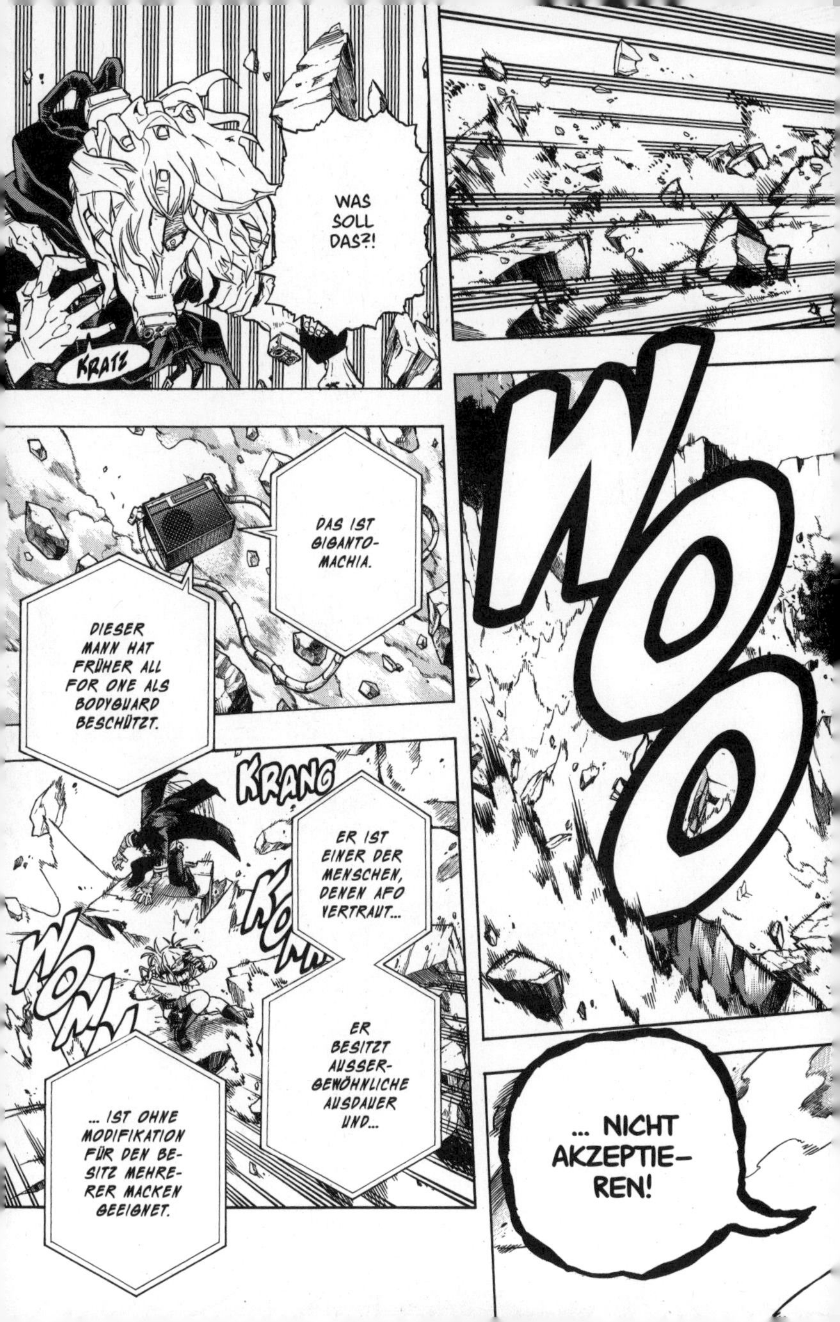
WAS SOLL DAS?!
KRATZ
WOOO
DAS IST GIGANTO-MACHIA.
DIESER MANN HAT FRÜHER ALL FOR ONE ALS BODYGUARD BESCHÜTZT.
KRANG
ER IST EINER DER MENSCHEN, DENEN AFO VERTRAUT...
ER BESITZT AUSSER-GEWÖHNLICHE AUSDAUER UND...
... IST OHNE MODIFIKATION FÜR DEN BE-SITZ MEHRE-RER MACKEN GEEIGNET.
... NICHT AKZEPTIE-REN!

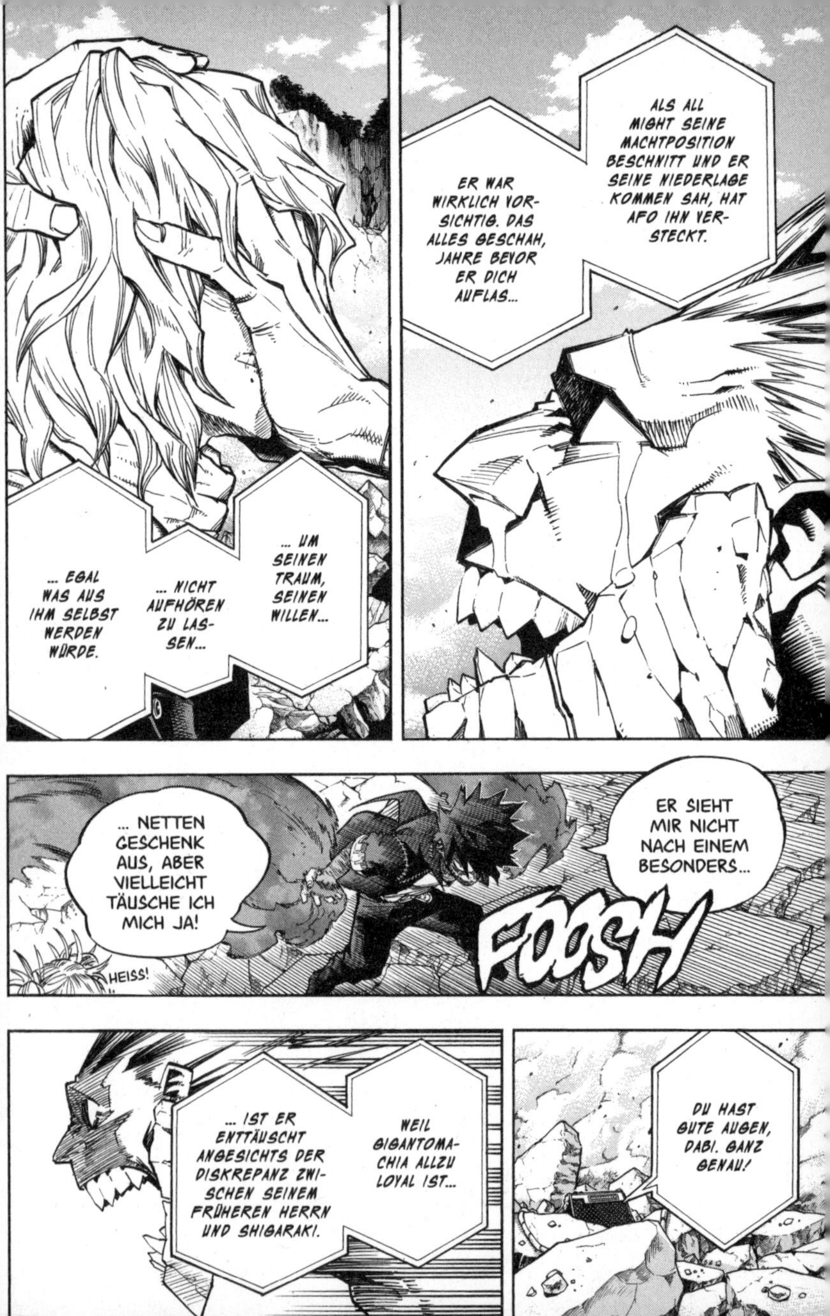

ALS ALL MIGHT SEINE MACHTPOSITION BESCHNITT UND ER SEINE NIEDERLAGE KOMMEN SAH, HAT AFO IHN VERSTECKT.
ER WAR WIRKLICH VORSICHTIG. DAS ALLES GESCHAH, JAHRE BEVOR ER DICH AUFLAS...
... UM SEINEN TRAUM, SEINEN WILLEN...
... NICHT AUFHÖREN ZU LASSEN...
... EGAL WAS AUS IHM SELBST WERDEN WÜRDE.
ER SIEHT MIR NICHT NACH EINEM BESONDERS...
... NETTEN GESCHENK AUS, ABER VIELLEICHT TÄUSCHE ICH MICH JA!
FOOSH
HEISS!
DU HAST GUTE AUGEN, DABI. GANZ GENAU!
WEIL GIGANTOMACHIA ALLZU LOYAL IST...
... IST ER ENTTÄUSCHT ANGESICHTS DER DISKREPANZ ZWISCHEN SEINEM FRÜHEREN HERRN UND SHIGARAKI.

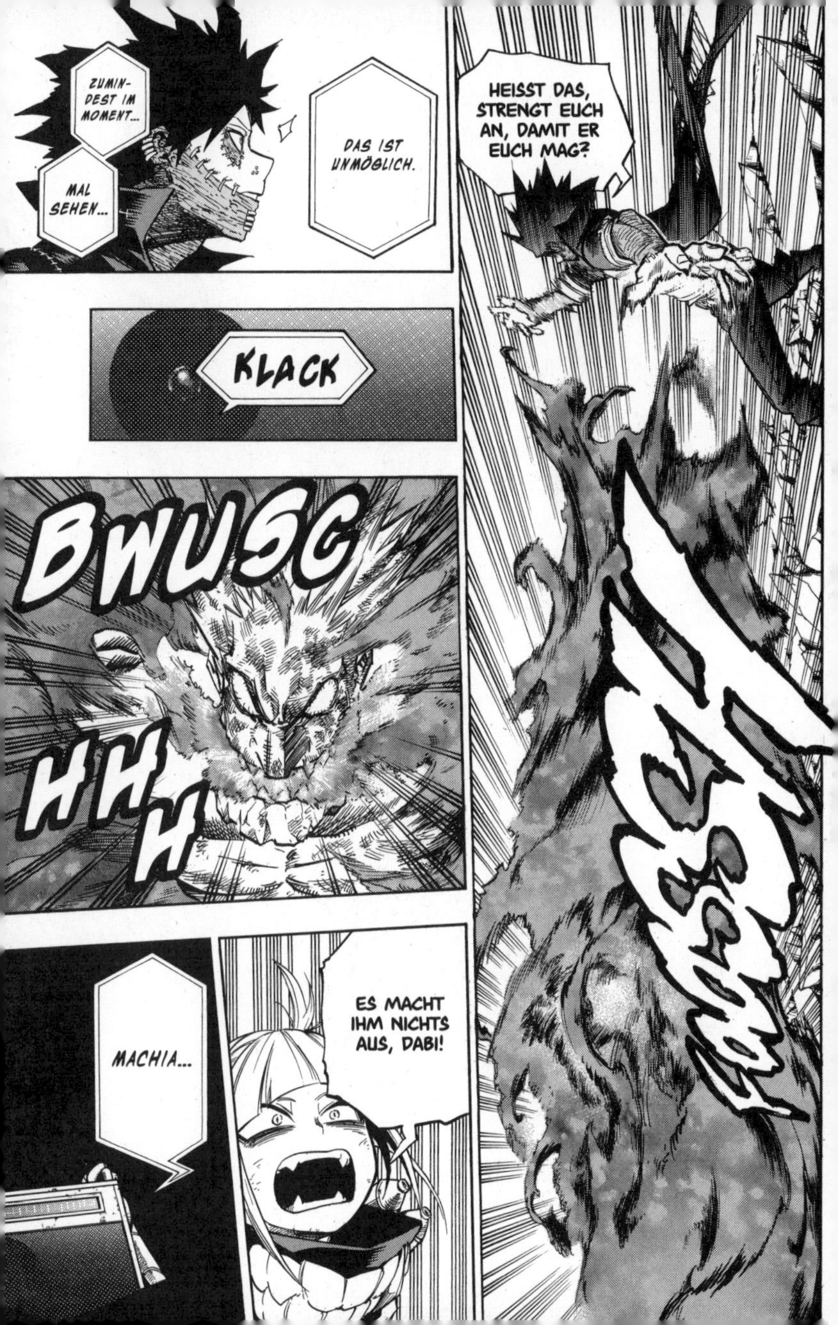
HEISST DAS, STRENGT EUCH AN, DAMIT ER EUCH MAG?
DAS IST UNMÖGLICH.
ZUMIN-DEST IM MOMENT...
MAL SEHEN...
KLACK
BWUSCHHH
ES MACHT IHM NICHTS AUS, DABI!
MACHIA...

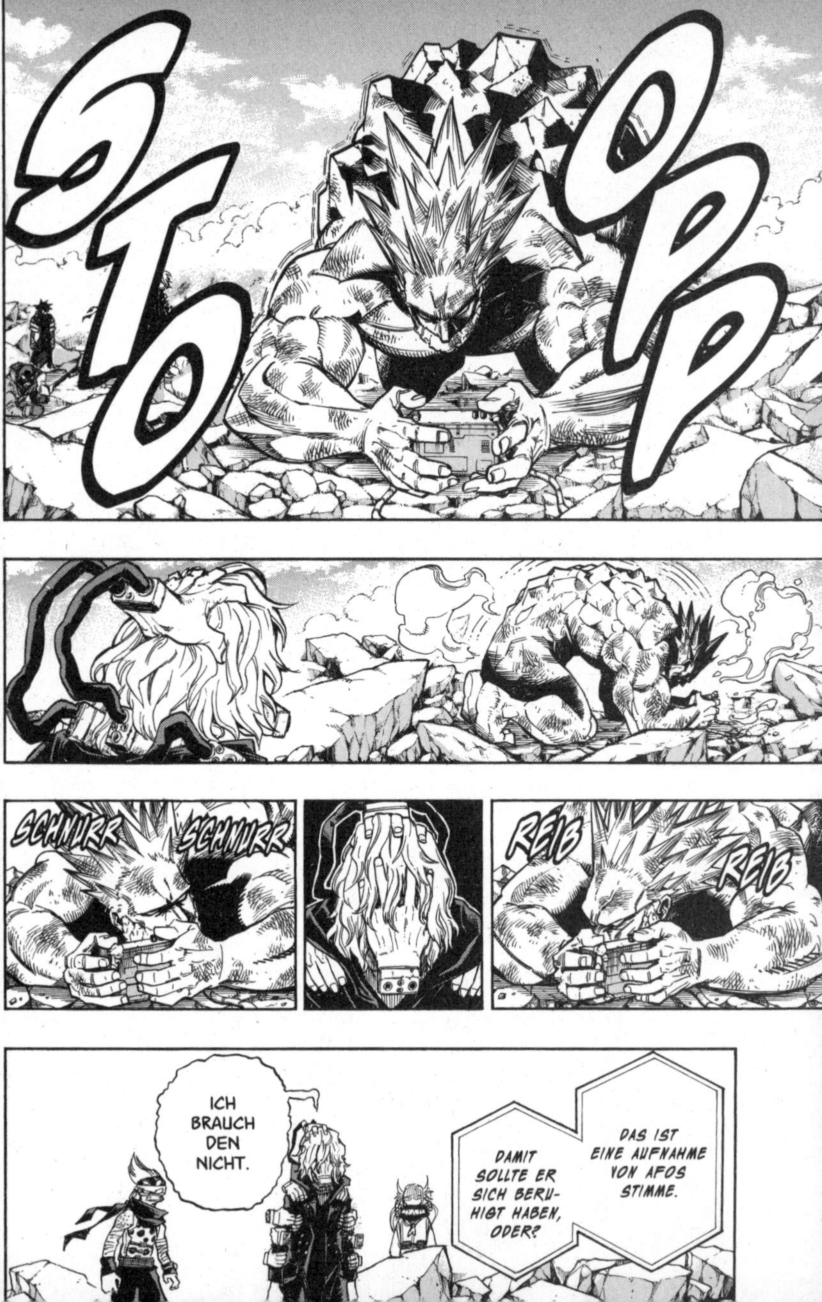
REIB
REIB
SCHNURR
SCHNURR
DAS IST EINE AUFNAHME VON AFOS STIMME.
DAMIT SOLLTE ER SICH BERUHIGT HABEN, ODER?
ICH BRAUCH DEN NICHT.

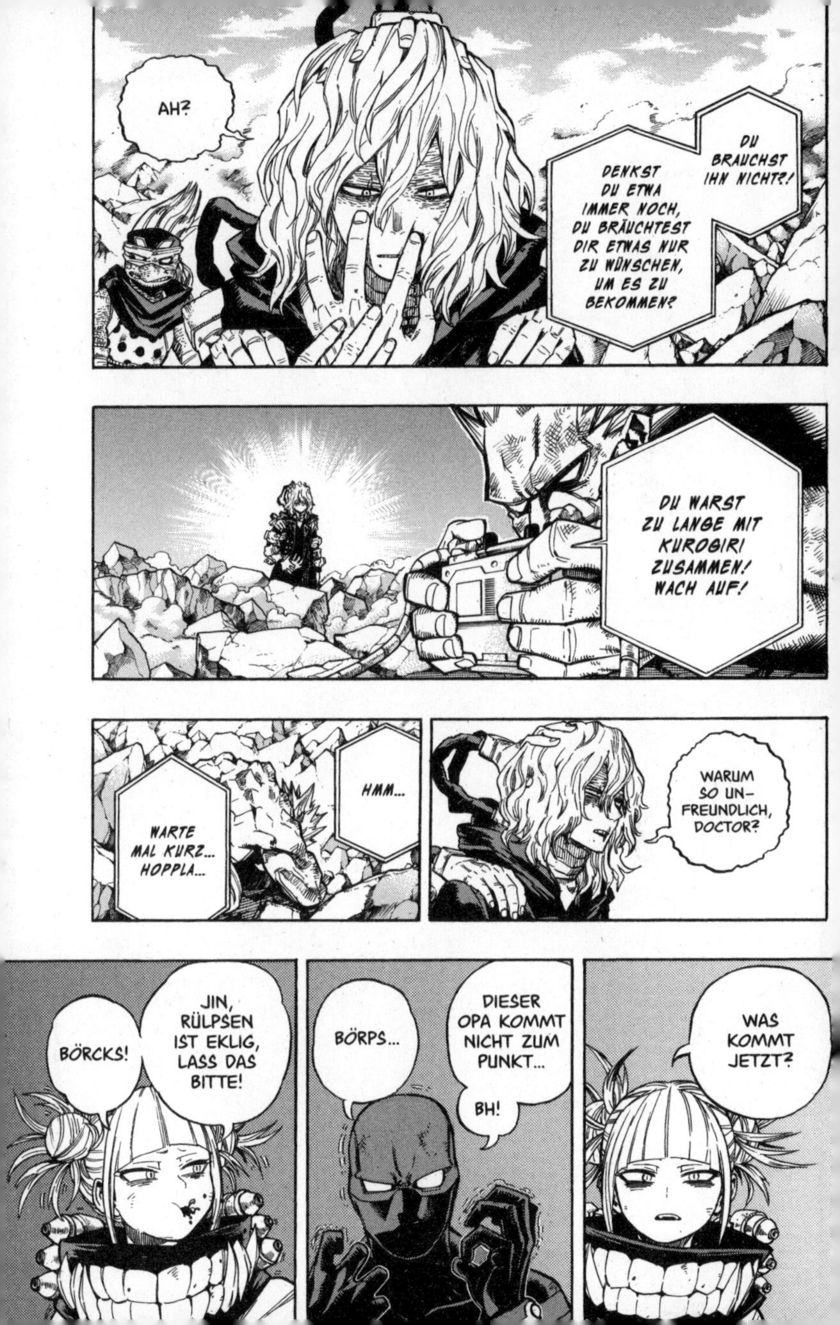

DU BRAUCHST IHN NICHT?!
DENKST DU ETWA IMMER NOCH, DU BRÄUCHTEST DIR ETWAS NUR ZU WÜNSCHEN, UM ES ZU BEKOMMEN?
AH?
DU WARST ZU LANGE MIT KUROGIRI ZUSAMMEN! WACH AUF!
WARUM SO UN-FREUNDLICH, DOCTOR?
HMM…
WARTE MAL KURZ… HOPPLA…
WAS KOMMT JETZT?
DIESER OPA KOMMT NICHT ZUM PUNKT…
BH!
BÖRPS…
JIN, RÜLPSEN IST EKLIG, LASS DAS BITTE!
BÖRCKS!

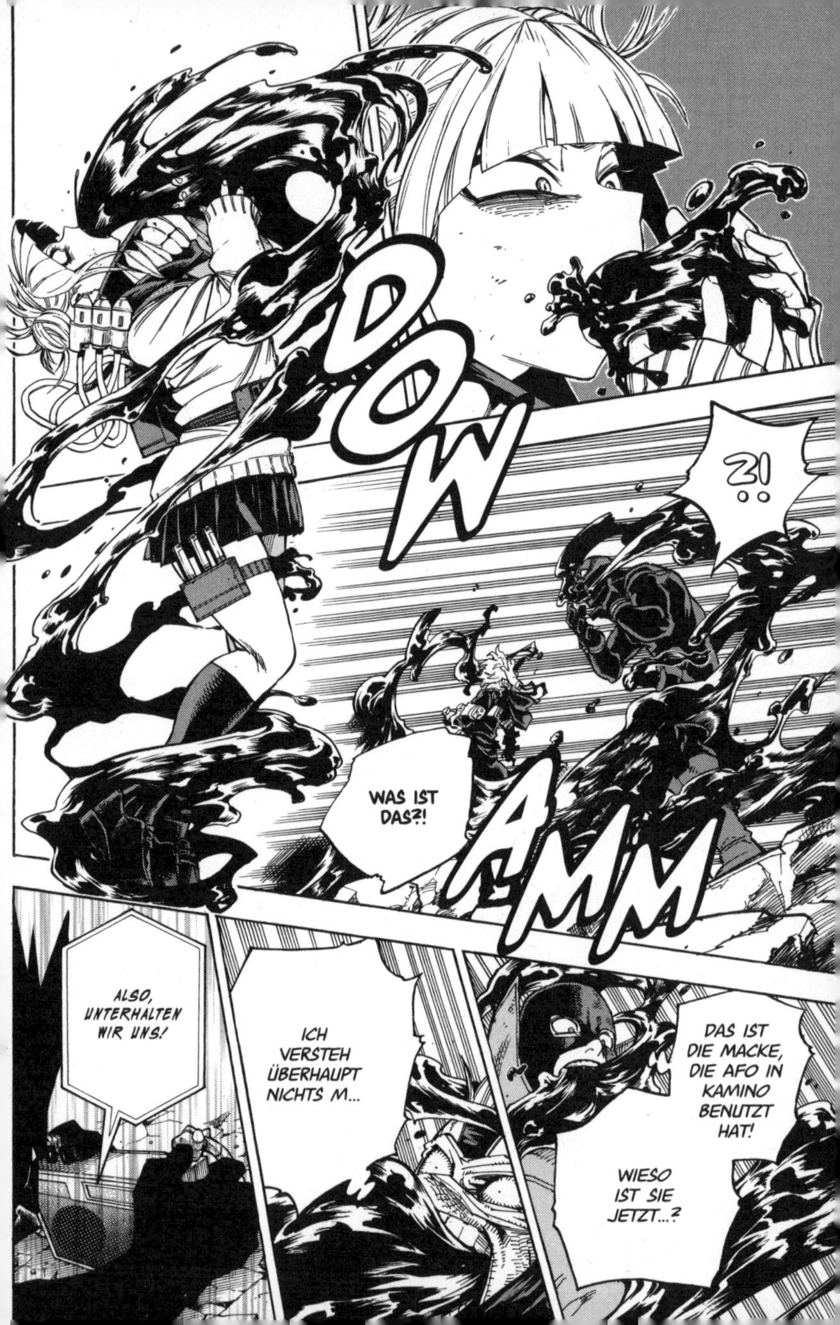
DOOW
AMM
?!
WAS IST DAS?!
DAS IST DIE MACKE, DIE AFO IN KAMINO BENUTZT HAT!
WIESO IST SIE JETZT…?
ICH VERSTEH ÜBERHAUPT NICHTS M…
ALSO, UNTERHALTEN WIR UNS!

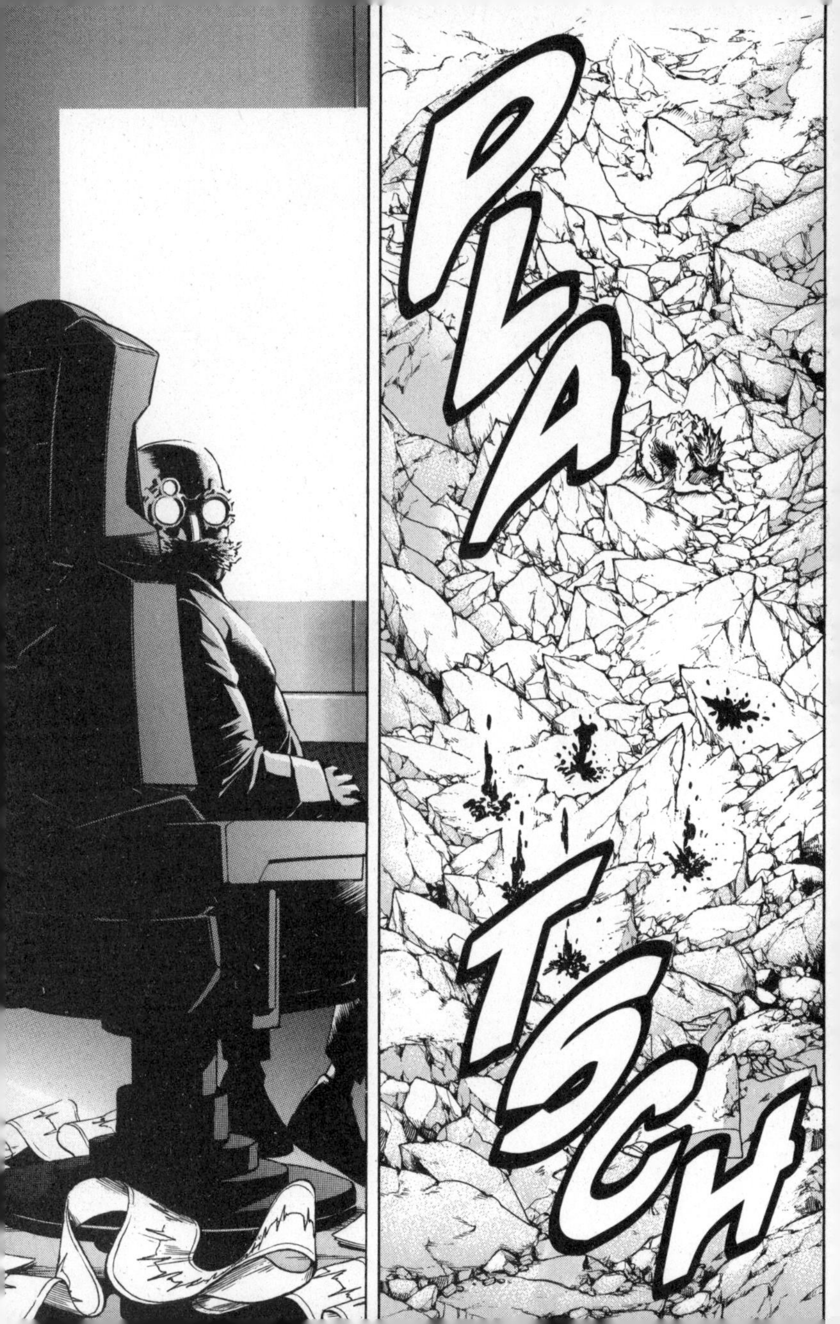
PLATSCH

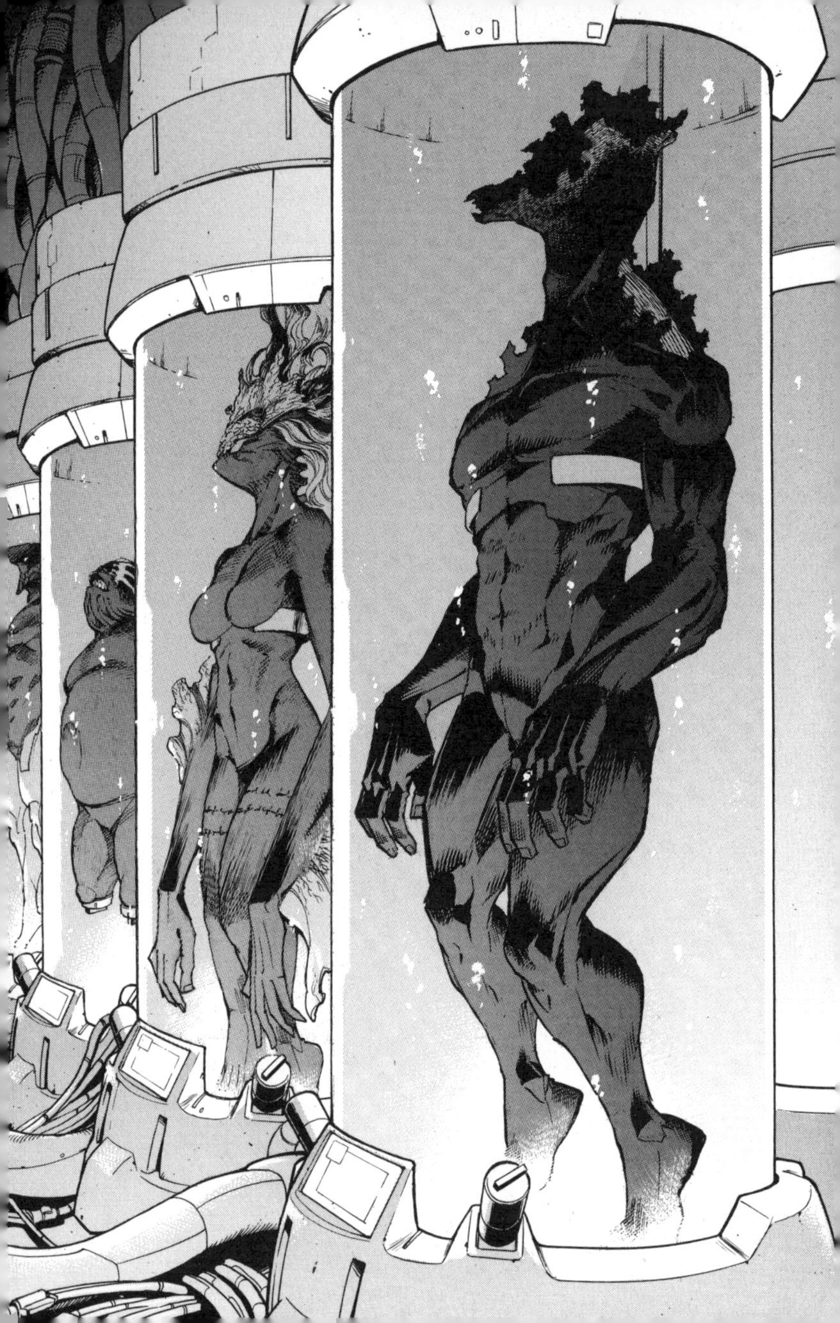

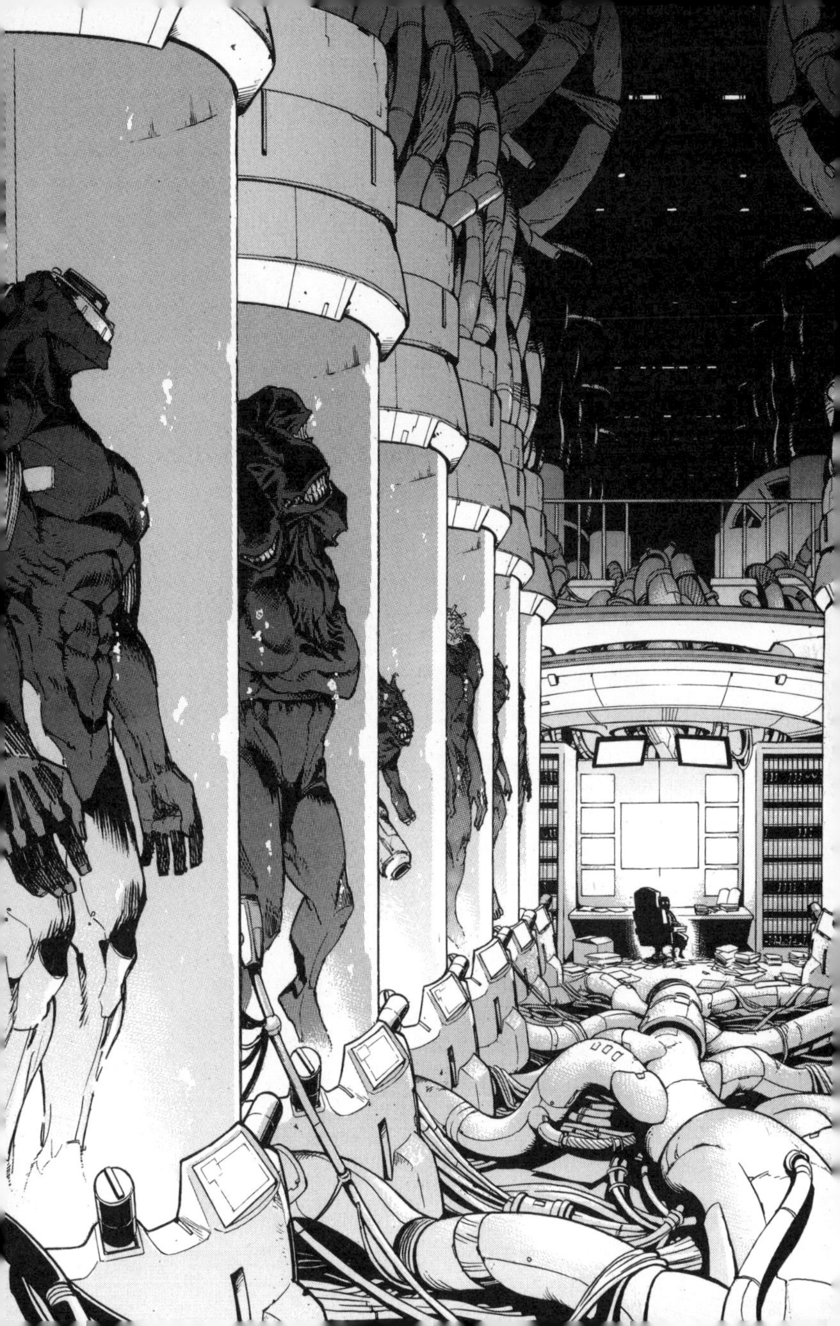

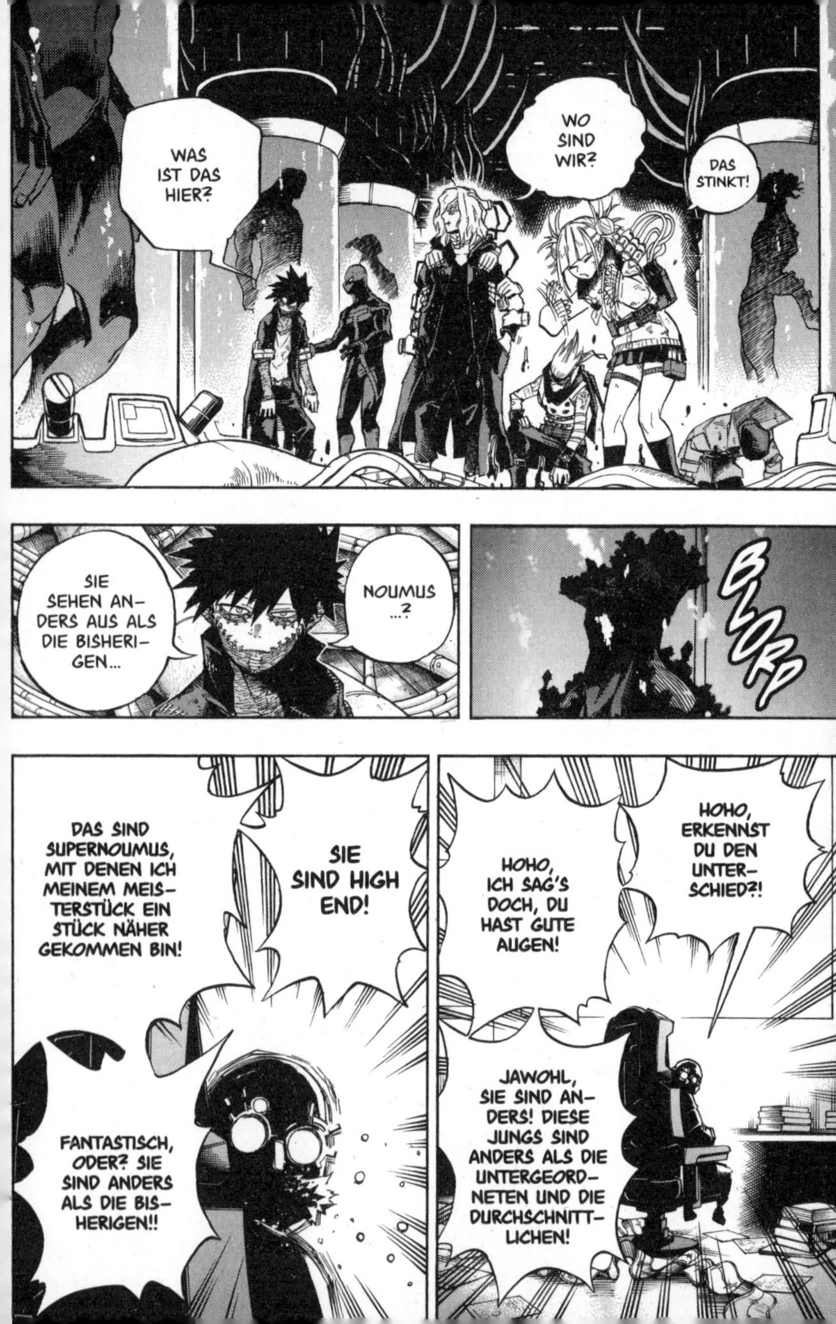

DAS STINKT!
WO SIND WIR?
WAS IST DAS HIER?
BLORP
NOUMUS ...?
SIE SEHEN ANDERS AUS ALS DIE BISHERIGEN...
HOHO, ERKENNST DU DEN UNTERSCHIED?!
HOHO, ICH SAG'S DOCH, DU HAST GUTE AUGEN!
JAWOHL, SIE SIND ANDERS! DIESE JUNGS SIND ANDERS ALS DIE UNTERGEORDNETEN UND DIE DURCHSCHNITTLICHEN!
SIE SIND HIGH END!
DAS SIND SUPERNOUMUS, MIT DENEN ICH MEINEM MEISTERSTÜCK EIN STÜCK NÄHER GEKOMMEN BIN!
FANTASTISCH, ODER? SIE SIND ANDERS ALS DIE BISHERIGEN!!

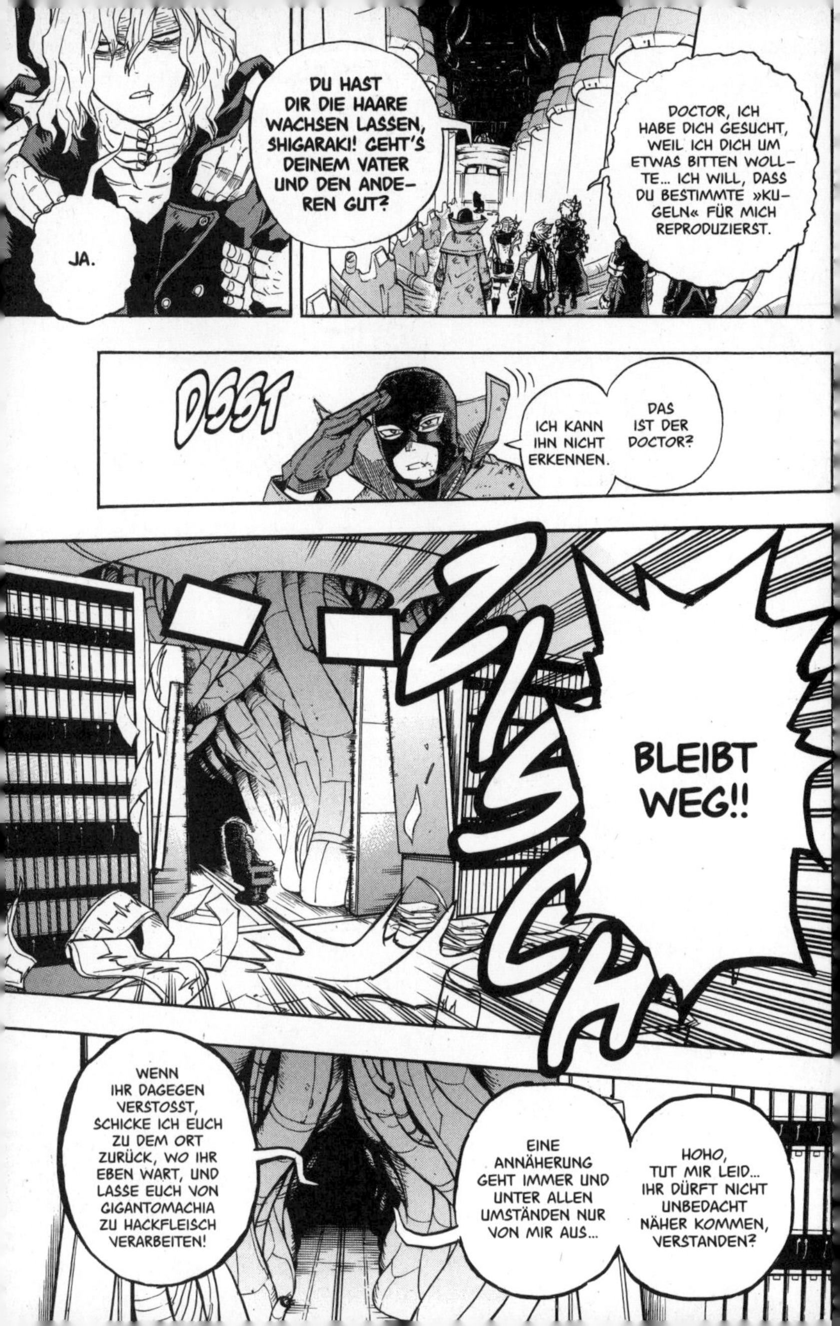
DOCTOR, ICH HABE DICH GESUCHT, WEIL ICH DICH UM ETWAS BITTEN WOLLTE... ICH WILL, DASS DU BESTIMMTE »KUGELN« FÜR MICH REPRODUZIERST.
DU HAST DIR DIE HAARE WACHSEN LASSEN, SHIGARAKI! GEHT'S DEINEM VATER UND DEN ANDEREN GUT?
JA.
DAS IST DER DOCTOR?
ICH KANN IHN NICHT ERKENNEN.
DSST
BLEIBT WEG!!
ZASCH
HOHO, TUT MIR LEID... IHR DÜRFT NICHT UNBEDACHT NÄHER KOMMEN, VERSTANDEN?
EINE ANNÄHERUNG GEHT IMMER UND UNTER ALLEN UMSTÄNDEN NUR VON MIR AUS...
WENN IHR DAGEGEN VERSTOSST, SCHICKE ICH EUCH ZU DEM ORT ZURÜCK, WO IHR EBEN WART, UND LASSE EUCH VON GIGANTOMACHIA ZU HACKFLEISCH VERARBEITEN!

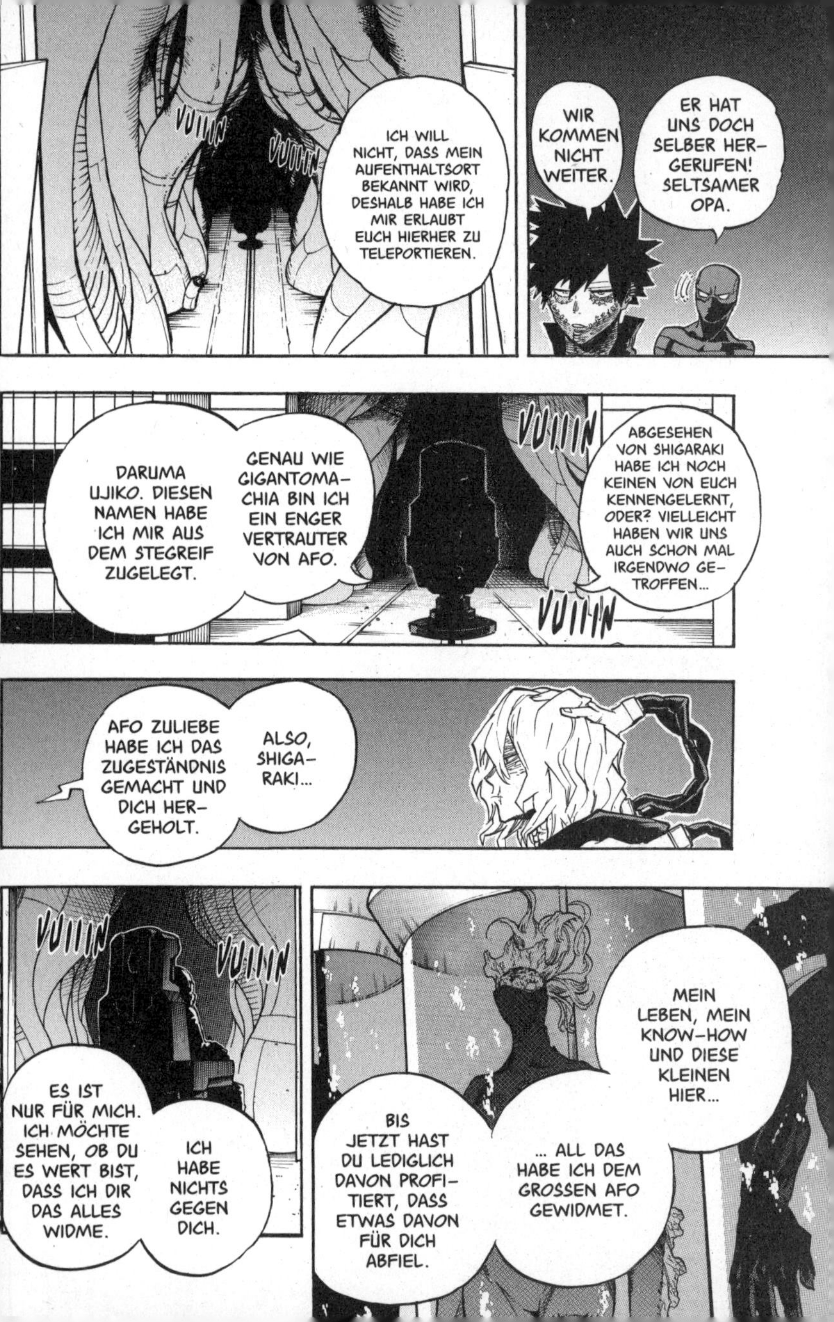

ER HAT UNS DOCH SELBER HERGERUFEN! SELTSAMER OPA.
WIR KOMMEN NICHT WEITER.
ICH WILL NICHT, DASS MEIN AUFENTHALTSORT BEKANNT WIRD, DESHALB HABE ICH MIR ERLAUBT EUCH HIERHER ZU TELEPORTIEREN.
VUIIIN
VUIIIN
VUIIIN
ABGESEHEN VON SHIGARAKI HABE ICH NOCH KEINEN VON EUCH KENNENGELERNT, ODER? VIELLEICHT HABEN WIR UNS AUCH SCHON MAL IRGENDWO GETROFFEN...
VUIIIN
GENAU WIE GIGANTOMACHIA BIN ICH EIN ENGER VERTRAUTER VON AFO.
DARUMA UJIKO. DIESEN NAMEN HABE ICH MIR AUS DEM STEGREIF ZUGELEGT.
ALSO, SHIGARAKI...
AFO ZULIEBE HABE ICH DAS ZUGESTÄNDNIS GEMACHT UND DICH HERGEHOLT.
MEIN LEBEN, MEIN KNOW-HOW UND DIESE KLEINEN HIER...
... ALL DAS HABE ICH DEM GROSSEN AFO GEWIDMET.
BIS JETZT HAST DU LEDIGLICH DAVON PROFITIERT, DASS ETWAS DAVON FÜR DICH ABFIEL.
VUIIIN
VUIIIN
ICH HABE NICHTS GEGEN DICH.
ES IST NUR FÜR MICH. ICH MÖCHTE SEHEN, OB DU ES WERT BIST, DASS ICH DIR DAS ALLES WIDME.

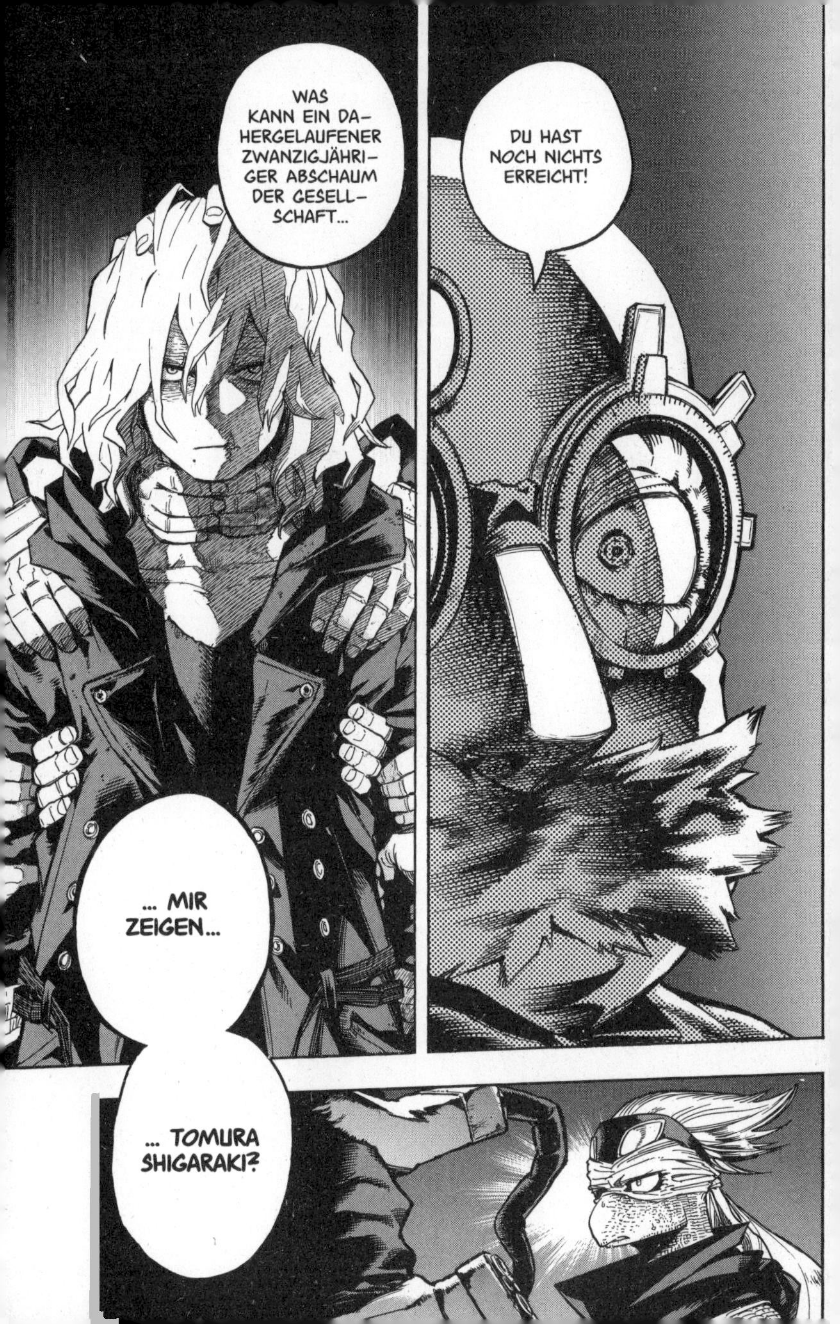
DU HAST NOCH NICHTS ERREICHT!
WAS KANN EIN DAHERGELAUFENER ZWANZIGJÄHRIGER ABSCHAUM DER GESELLSCHAFT...
... MIR ZEIGEN...
... TOMURA SHIGARAKI?

THE · ←

Das Kapiteltitelbild links ist ein Aprilscherz mit dem Titel »MHA Film II Visual Presentation«. Es war ein Koop-Projekt mit dem Anime-Team. Bitte genießt das Gefühl der Vergänglichkeit beim Betrachten eines Aprilscherzbildes, wenn der erste April längst vorbei ist!

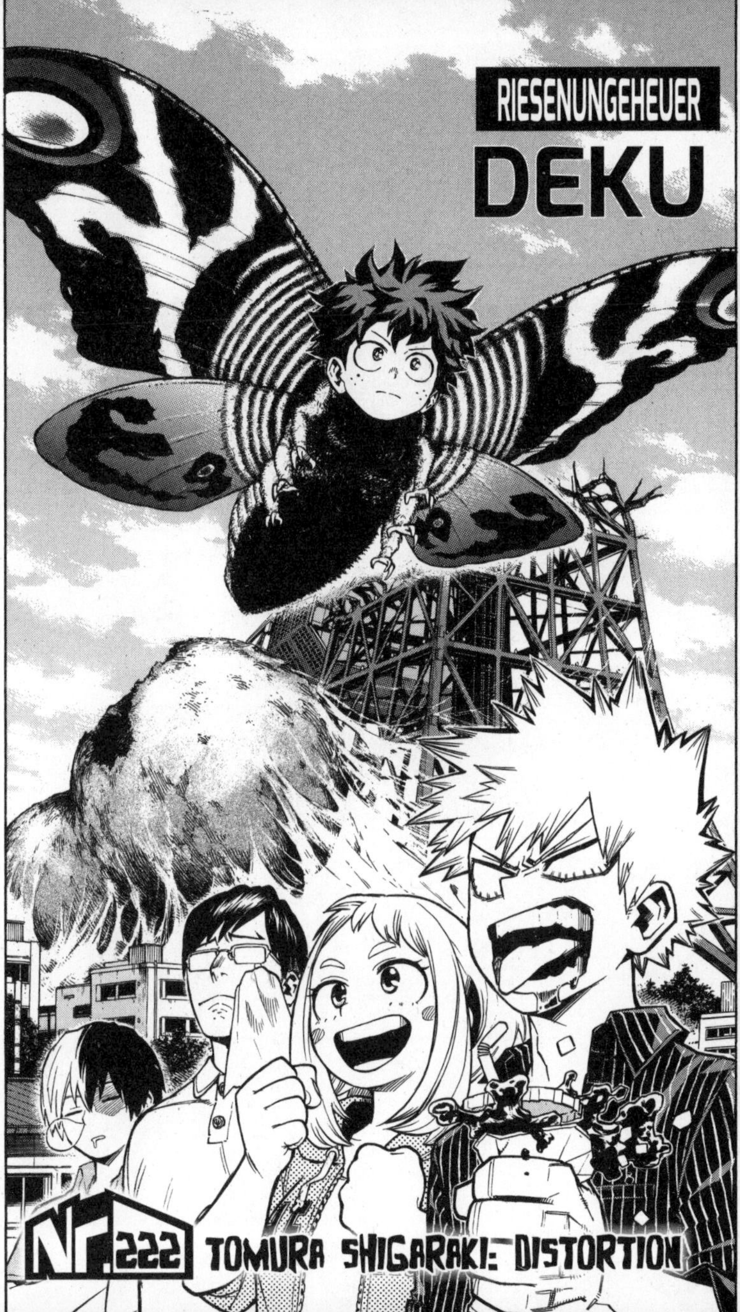
RIESENUNGEHEUER
DEKU
NR. 222 TOMURA SHIGARAKI: DISTORTION

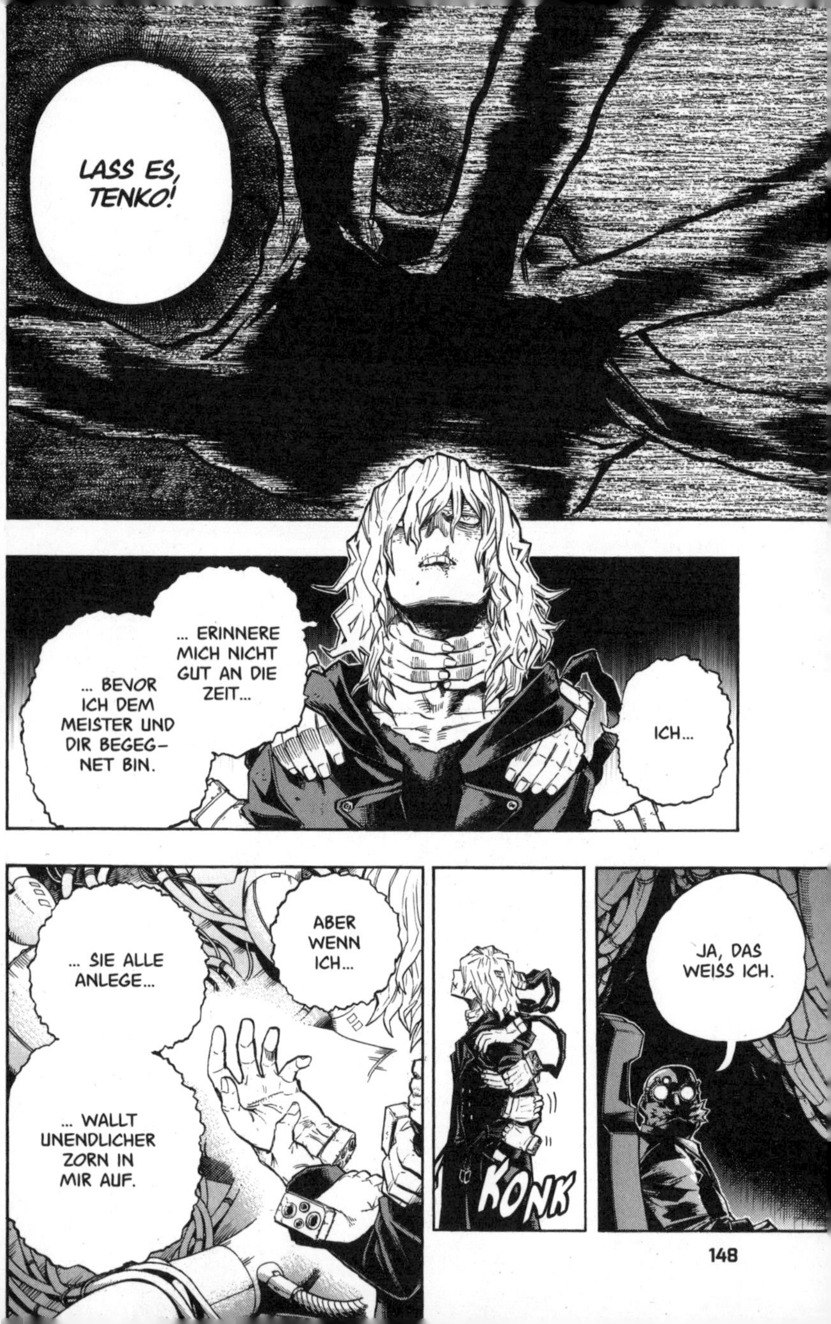
LASS ES, TENKO!
ICH...
... ERINNERE MICH NICHT GUT AN DIE ZEIT...
... BEVOR ICH DEM MEISTER UND DIR BEGEG-NET BIN.
ABER WENN ICH...
... SIE ALLE ANLEGE...
... WALLT UNENDLICHER ZORN IN MIR AUF.
KONK
JA, DAS WEISS ICH.

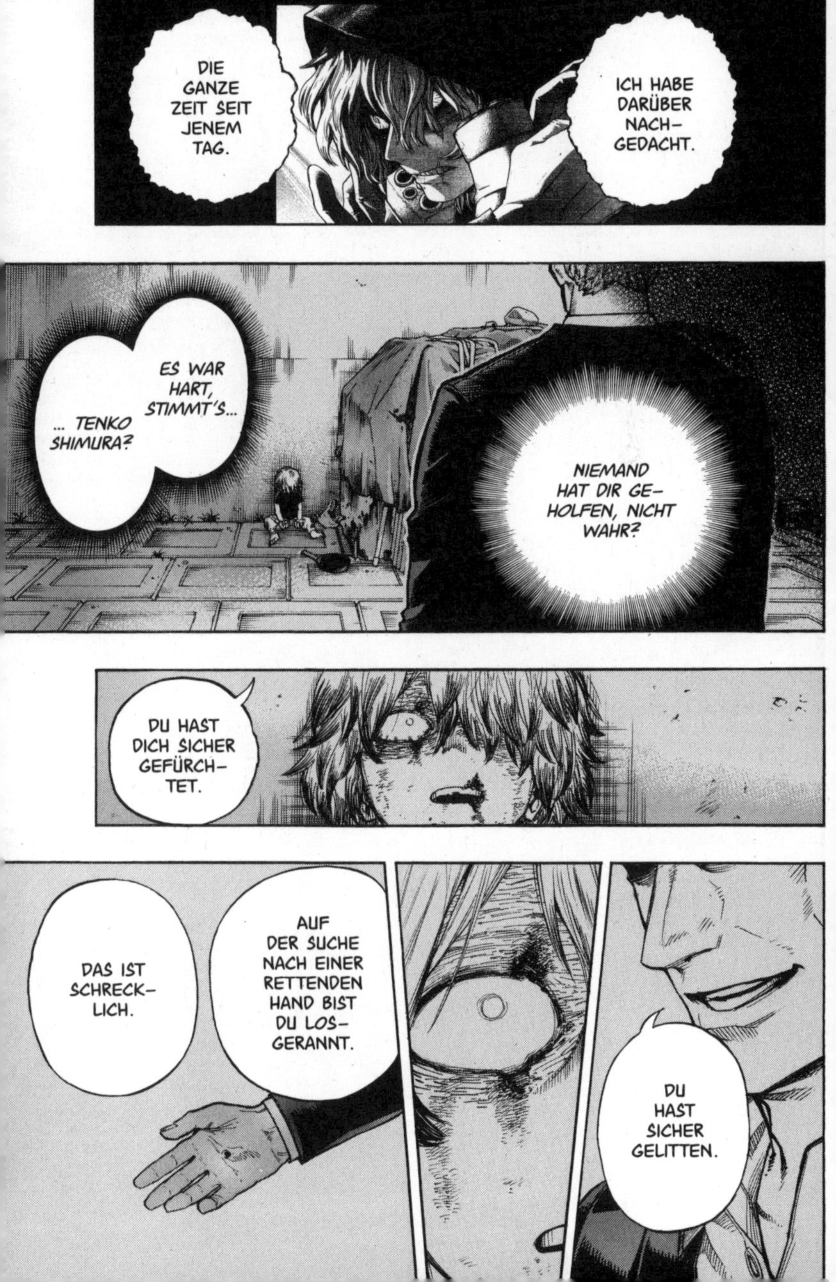
ICH HABE DARÜBER NACHGEDACHT.
DIE GANZE ZEIT SEIT JENEM TAG.
NIEMAND HAT DIR GEHOLFEN, NICHT WAHR?
ES WAR HART, STIMMT'S... ... TENKO SHIMURA?
DU HAST DICH SICHER GEFÜRCHTET.
DU HAST SICHER GELITTEN.
AUF DER SUCHE NACH EINER RETTENDEN HAND BIST DU LOSGERANNT.
DAS IST SCHRECKLICH.

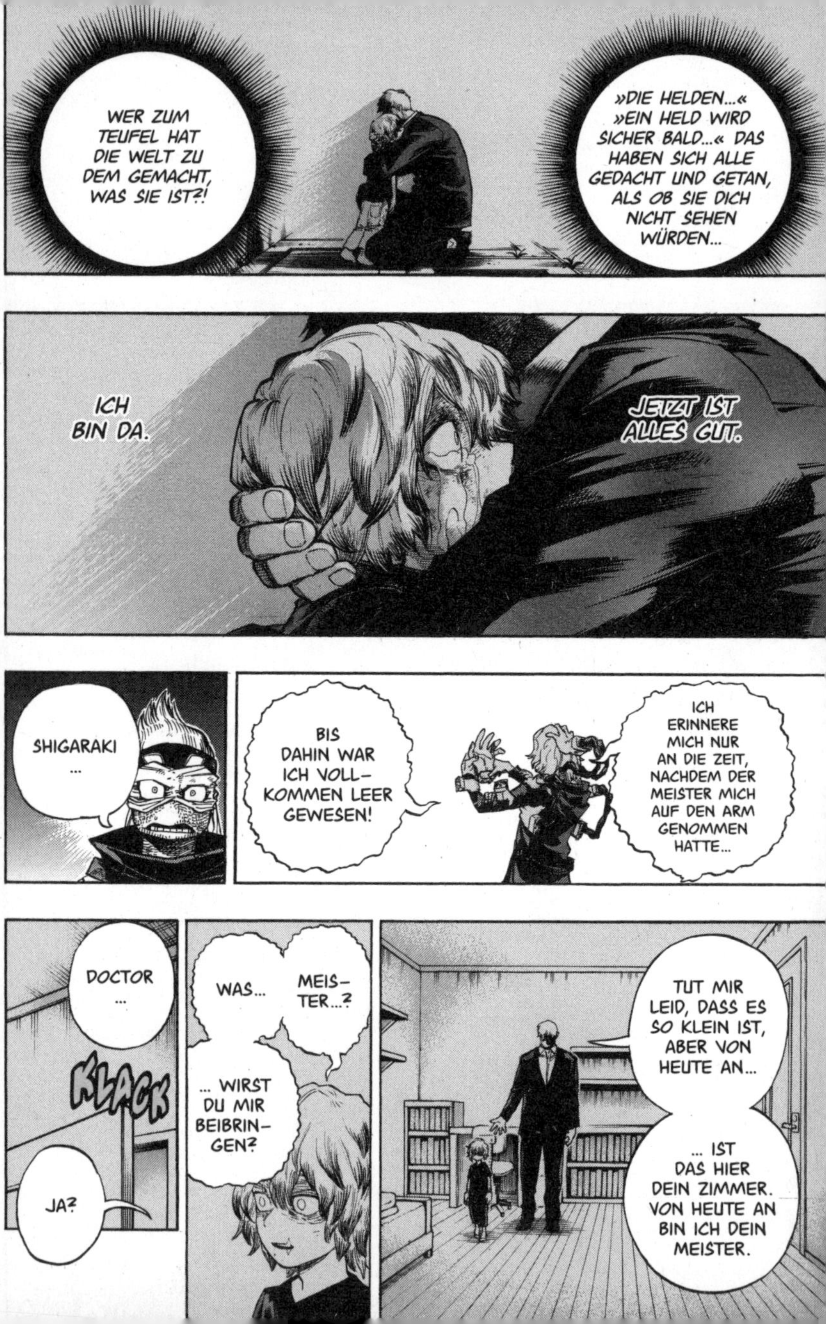
»DIE HELDEN...« »EIN HELD WIRD SICHER BALD...« DAS HABEN SICH ALLE GEDACHT UND GETAN, ALS OB SIE DICH NICHT SEHEN WÜRDEN...
WER ZUM TEUFEL HAT DIE WELT ZU DEM GEMACHT, WAS SIE IST?!
JETZT IST ALLES GUT.
ICH BIN DA.
ICH ERINNERE MICH NUR AN DIE ZEIT, NACHDEM DER MEISTER MICH AUF DEN ARM GENOMMEN HATTE...
BIS DAHIN WAR ICH VOLL-KOMMEN LEER GEWESEN!
SHIGARAKI ...
TUT MIR LEID, DASS ES SO KLEIN IST, ABER VON HEUTE AN...
... IST DAS HIER DEIN ZIMMER. VON HEUTE AN BIN ICH DEIN MEISTER.
MEIS-TER...?
WAS...
... WIRST DU MIR BEIBRIN-GEN?
DOCTOR ...
KLACK
JA?

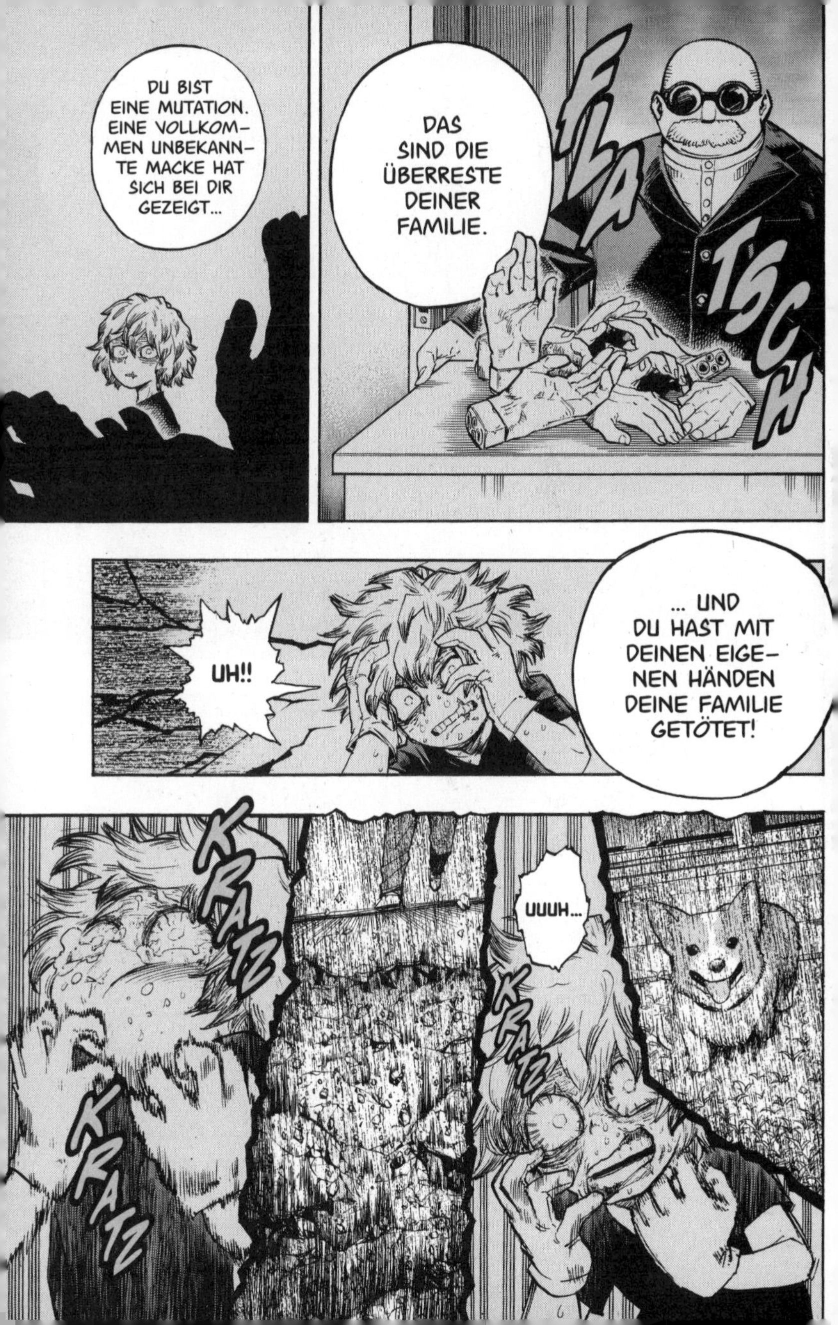
DAS SIND DIE ÜBERRESTE DEINER FAMILIE.
FLATSCH
DU BIST EINE MUTATION. EINE VOLLKOMMEN UNBEKANNTE MACKE HAT SICH BEI DIR GEZEIGT...
... UND DU HAST MIT DEINEN EIGENEN HÄNDEN DEINE FAMILIE GETÖTET!
UH!!
UUUH...
KRATZ
KRATZ
KRATZ

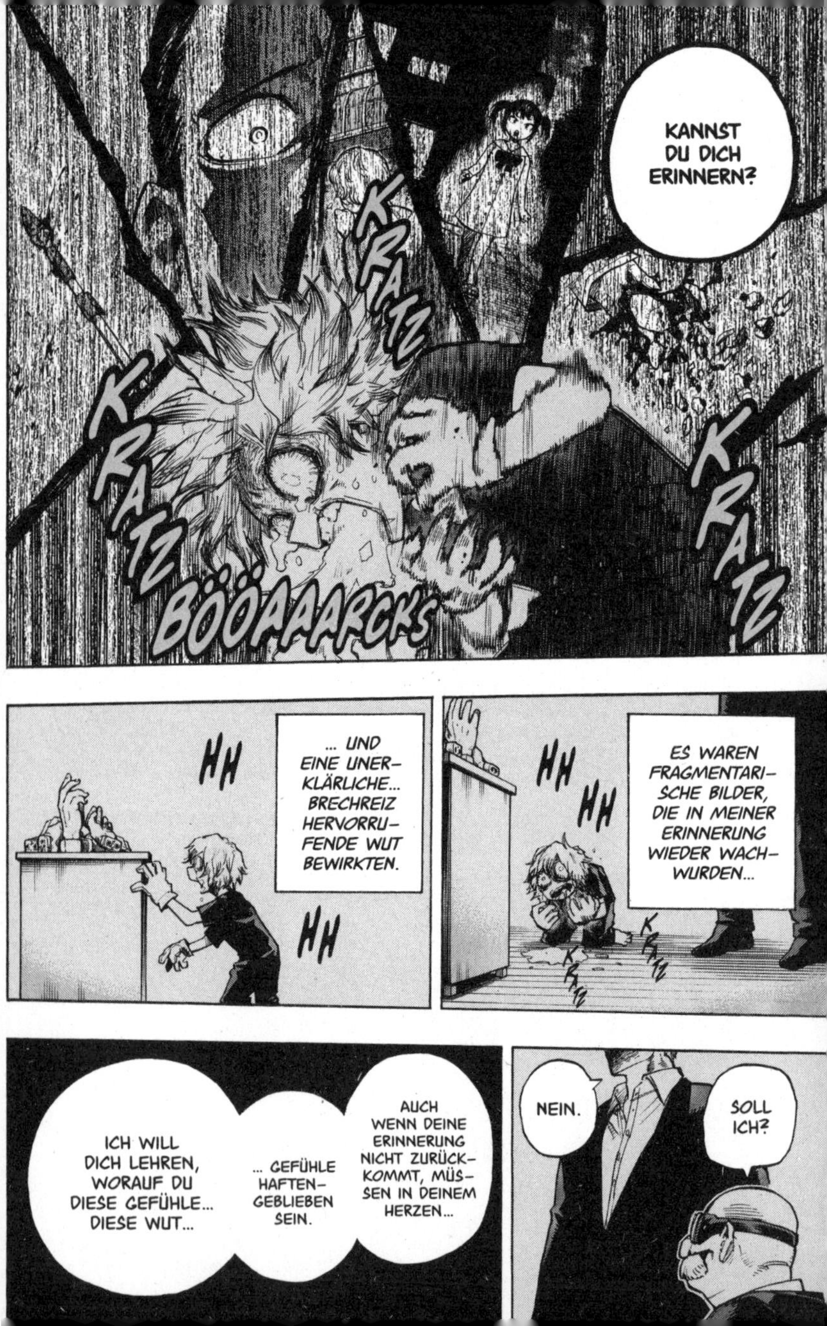
KANNST DU DICH ERINNERN?
KRATZ
KRATZ
KRATZ
BÖÖAAARCKS
ES WAREN FRAGMENTARISCHE BILDER, DIE IN MEINER ERINNERUNG WIEDER WACHWURDEN...
HH
HH
KRATZ
KRATZ
... UND EINE UNERKLÄRLICHE... BRECHREIZ HERVORRUFENDE WUT BEWIRKTEN.
HH
HH
SOLL ICH?
NEIN.
AUCH WENN DEINE ERINNERUNG NICHT ZURÜCKKOMMT, MÜSSEN IN DEINEM HERZEN...
... GEFÜHLE HAFTENGEBLIEBEN SEIN.
ICH WILL DICH LEHREN, WORAUF DU DIESE GEFÜHLE... DIESE WUT...

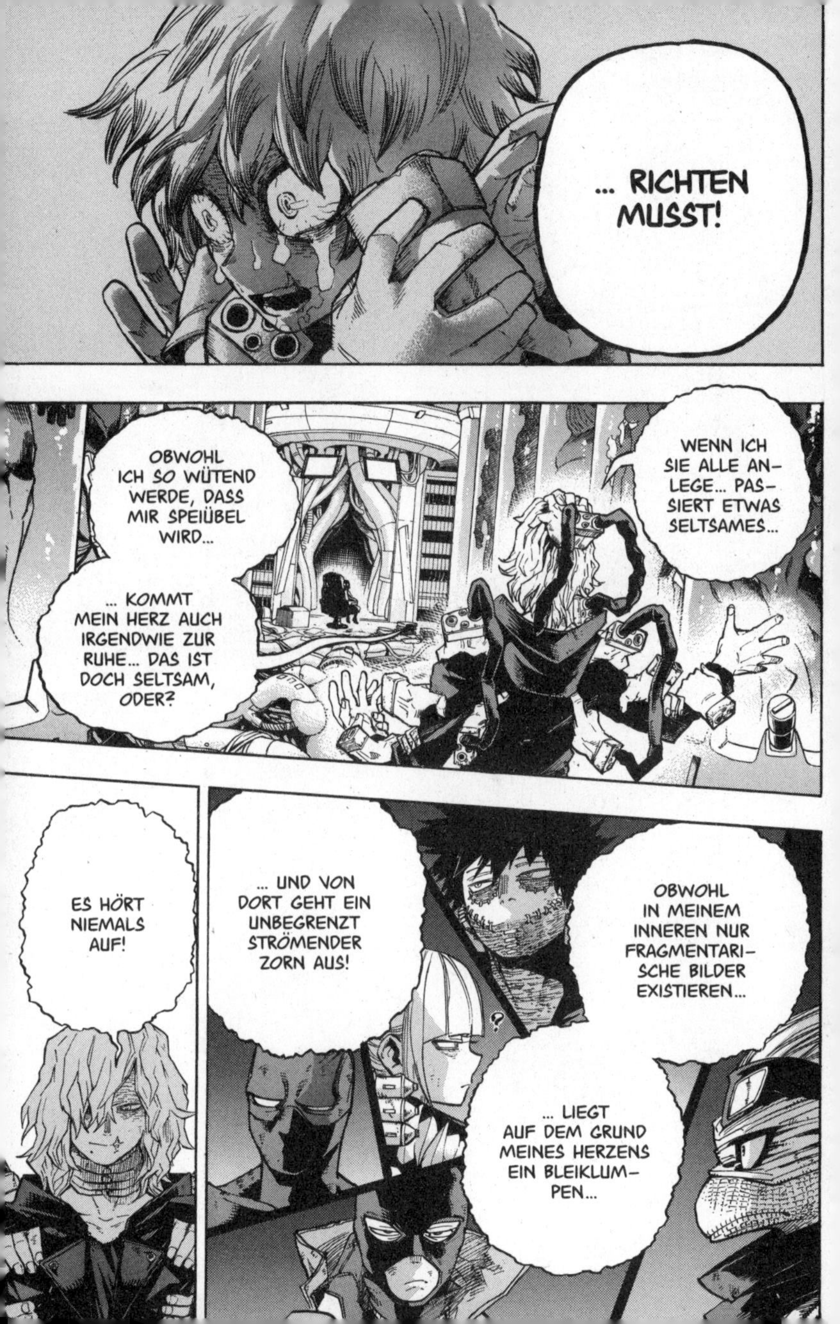

... RICHTEN MUSST!
WENN ICH SIE ALLE AN-LEGE... PAS-SIERT ETWAS SELTSAMES...
OBWOHL ICH SO WÜTEND WERDE, DASS MIR SPEIÜBEL WIRD...
... KOMMT MEIN HERZ AUCH IRGENDWIE ZUR RUHE... DAS IST DOCH SELTSAM, ODER?
OBWOHL IN MEINEM INNEREN NUR FRAGMENTARI-SCHE BILDER EXISTIEREN...
... LIEGT AUF DEM GRUND MEINES HERZENS EIN BLEIKLUM-PEN...
... UND VON DORT GEHT EIN UNBEGRENZT STRÖMENDER ZORN AUS!
ES HÖRT NIEMALS AUF!

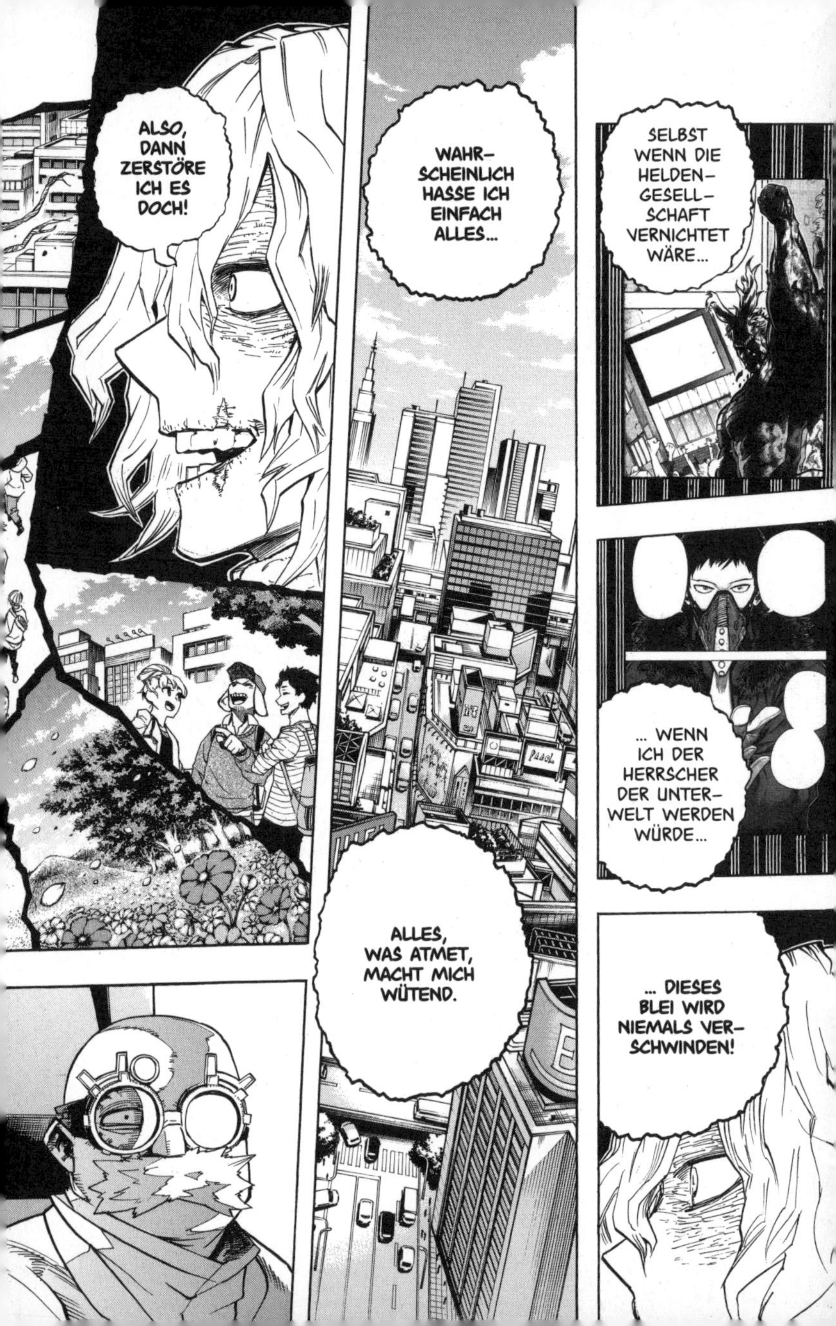
SELBST WENN DIE HELDEN-GESELL-SCHAFT VERNICHTET WÄRE...
... WENN ICH DER HERRSCHER DER UNTER-WELT WERDEN WÜRDE...
... DIESES BLEI WIRD NIEMALS VER-SCHWINDEN!
WAHR-SCHEINLICH HASSE ICH EINFACH ALLES...
ALLES, WAS ATMET, MACHT MICH WÜTEND.
ALSO, DANN ZERSTÖRE ICH ES DOCH!

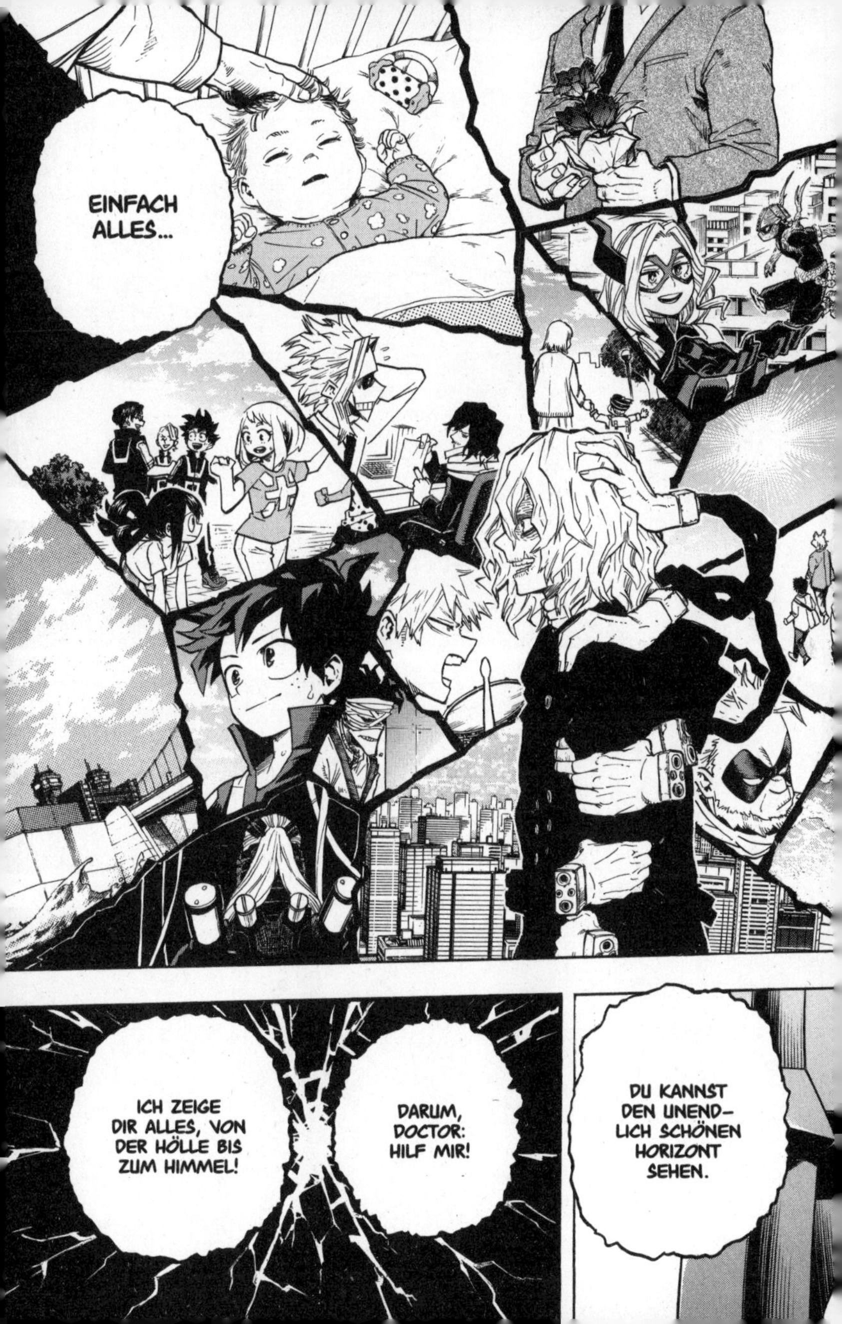
EINFACH ALLES...
DU KANNST DEN UNEND-LICH SCHÖNEN HORIZONT SEHEN.
DARUM, DOCTOR: HILF MIR!
ICH ZEIGE DIR ALLES, VON DER HÖLLE BIS ZUM HIMMEL!

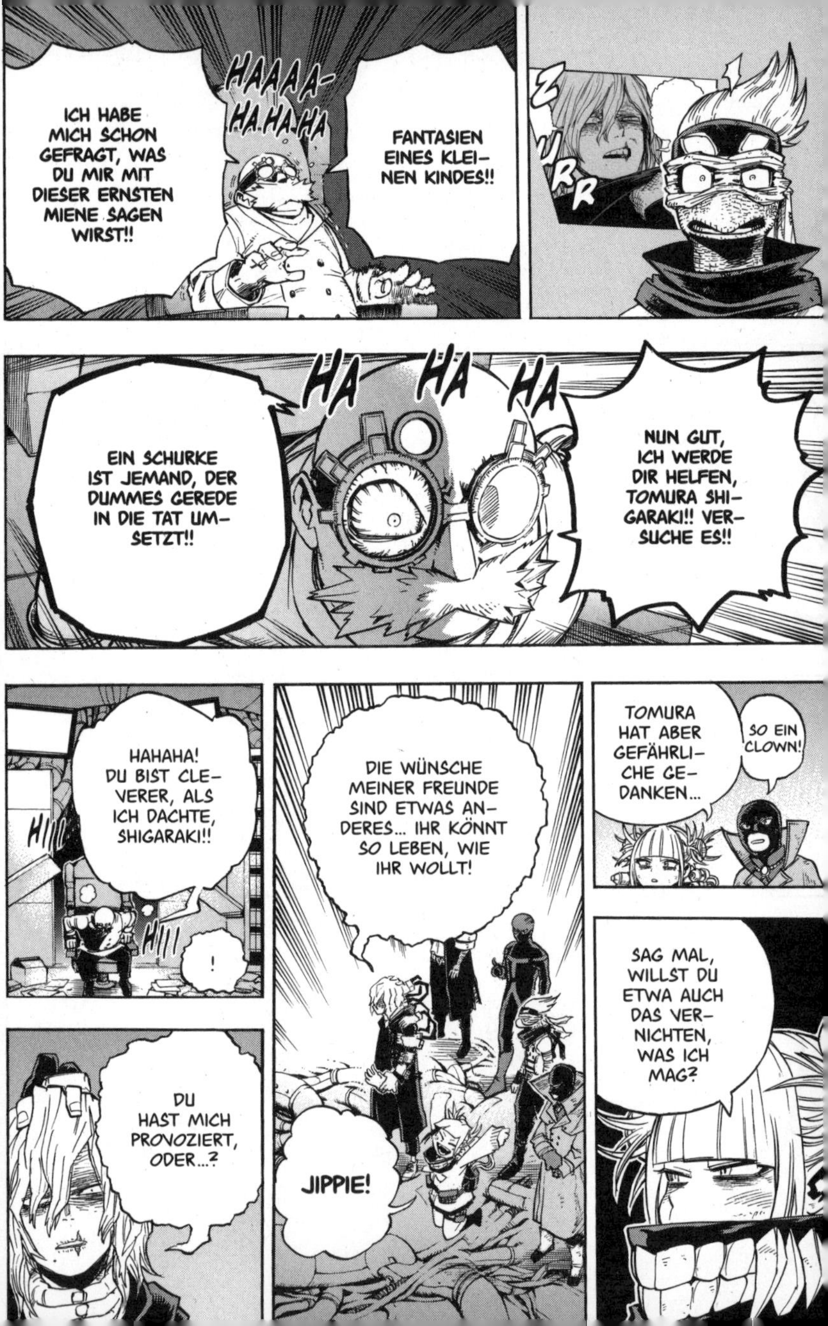
ZURRR
ICH HABE MICH SCHON GEFRAGT, WAS DU MIR MIT DIESER ERNSTEN MIENE SAGEN WIRST!!
HAAAA-HA-HA-HA
FANTASIEN EINES KLEI-NEN KINDES!!
HA HA HA
NUN GUT, ICH WERDE DIR HELFEN, TOMURA SHI-GARAKI!! VER-SUCHE ES!!
EIN SCHURKE IST JEMAND, DER DUMMES GEREDE IN DIE TAT UM-SETZT!!
TOMURA HAT ABER GEFÄHRLI-CHE GE-DANKEN...
SO EIN CLOWN!
SAG MAL, WILLST DU ETWA AUCH DAS VER-NICHTEN, WAS ICH MAG?
DIE WÜNSCHE MEINER FREUNDE SIND ETWAS AN-DERES... IHR KÖNNT SO LEBEN, WIE IHR WOLLT!
JIPPIE!
DU HAST MICH PROVOZIERT, ODER...?
HAHAHA! DU BIST CLE-VERER, ALS ICH DACHTE, SHIGARAKI!!
HIII
HIII
!

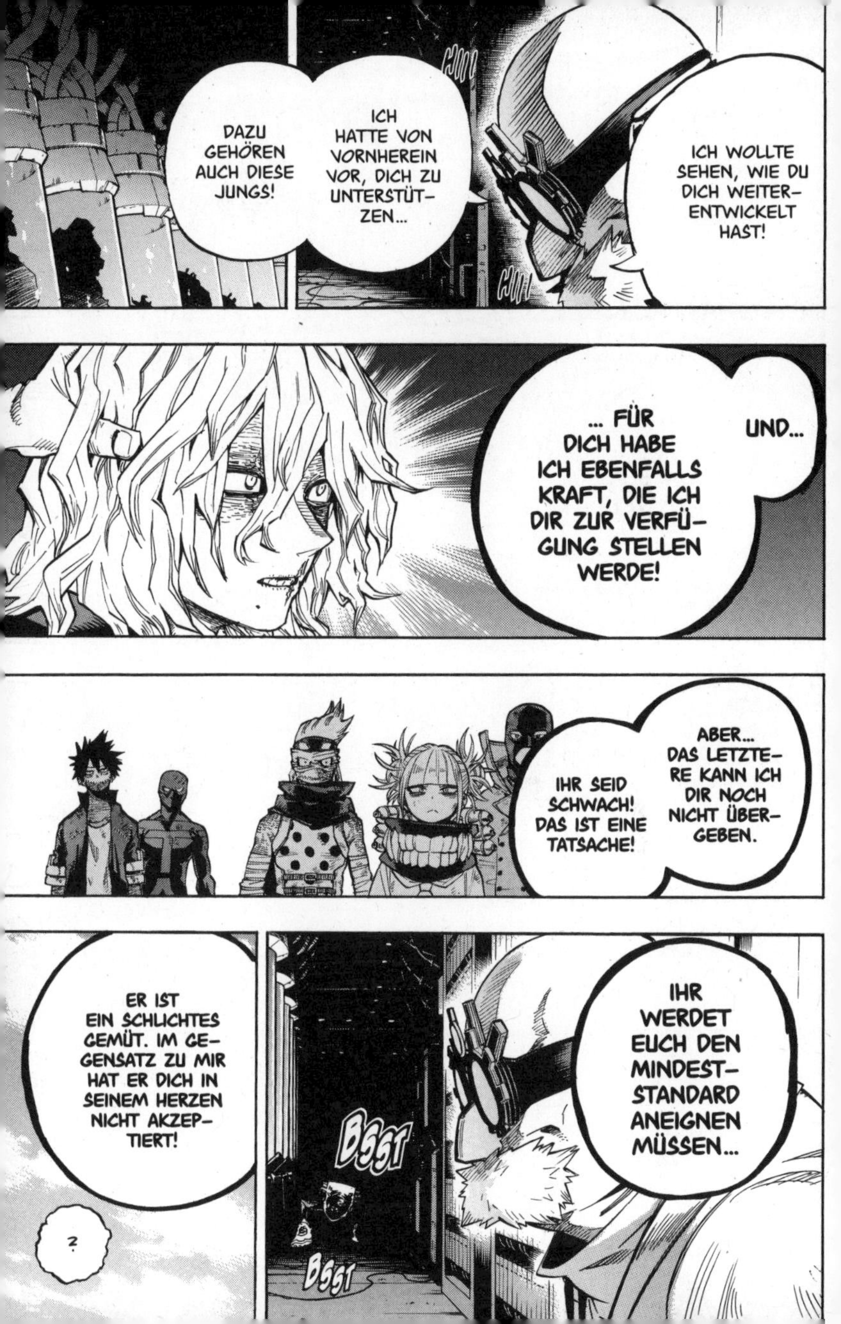

ICH WOLLTE SEHEN, WIE DU DICH WEITER-ENTWICKELT HAST!
ICH HATTE VON VORNHEREIN VOR, DICH ZU UNTERSTÜT-ZEN...
DAZU GEHÖREN AUCH DIESE JUNGS!
UND...
... FÜR DICH HABE ICH EBENFALLS KRAFT, DIE ICH DIR ZUR VERFÜ-GUNG STELLEN WERDE!
ABER... DAS LETZTE-RE KANN ICH DIR NOCH NICHT ÜBER-GEBEN.
IHR SEID SCHWACH! DAS IST EINE TATSACHE!
IHR WERDET EUCH DEN MINDEST-STANDARD ANEIGNEN MÜSSEN...
BSST
BSST
ER IST EIN SCHLICHTES GEMÜT. IM GE-GENSATZ ZU MIR HAT ER DICH IN SEINEM HERZEN NICHT AKZEP-TIERT!
?

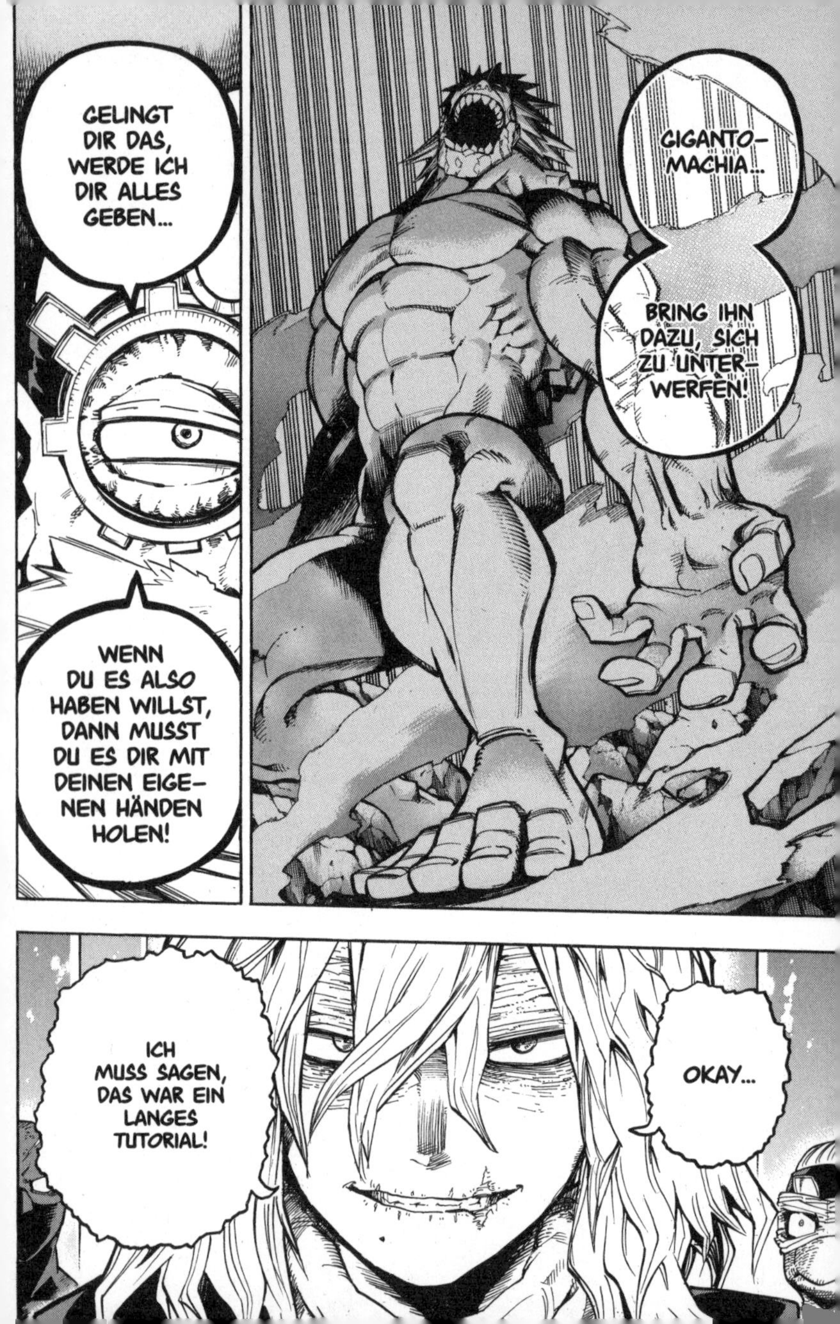
GIGANTO-MACHIA...
BRING IHN DAZU, SICH ZU UNTERWERFEN!
GELINGT DIR DAS, WERDE ICH DIR ALLES GEBEN...
WENN DU ES ALSO HABEN WILLST, DANN MUSST DU ES DIR MIT DEINEN EIGENEN HÄNDEN HOLEN!
OKAY...
ICH MUSS SAGEN, DAS WAR EIN LANGES TUTORIAL!

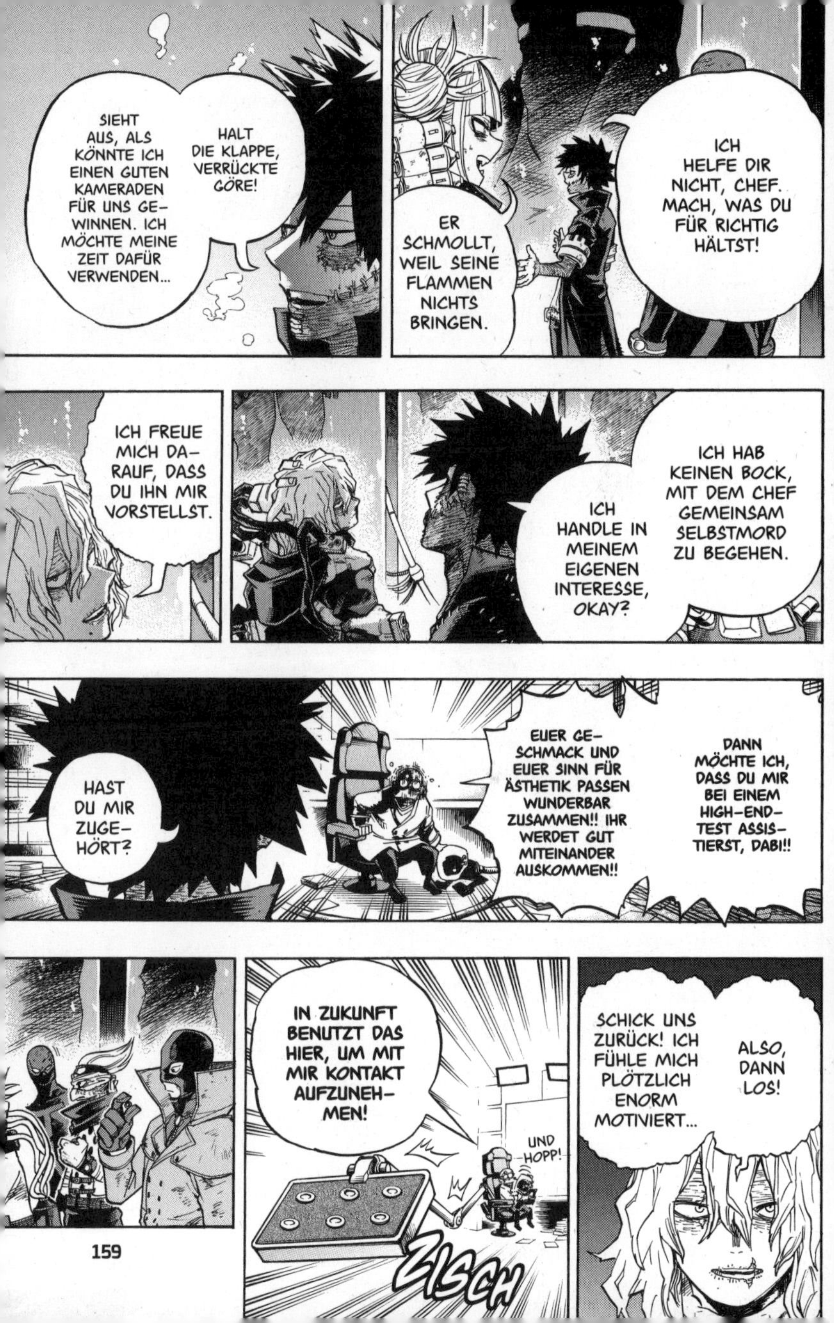
ICH HELFE DIR NICHT, CHEF. MACH, WAS DU FÜR RICHTIG HÄLTST!
ER SCHMOLLT, WEIL SEINE FLAMMEN NICHTS BRINGEN.
HALT DIE KLAPPE, VERRÜCKTE GÖRE!
SIEHT AUS, ALS KÖNNTE ICH EINEN GUTEN KAMERADEN FÜR UNS GEWINNEN. ICH MÖCHTE MEINE ZEIT DAFÜR VERWENDEN...
ICH HAB KEINEN BOCK, MIT DEM CHEF GEMEINSAM SELBSTMORD ZU BEGEHEN.
ICH HANDLE IN MEINEM EIGENEN INTERESSE, OKAY?
ICH FREUE MICH DARAUF, DASS DU IHN MIR VORSTELLST.
DANN MÖCHTE ICH, DASS DU MIR BEI EINEM HIGH-END-TEST ASSISTIERST, DABI!!
EUER GESCHMACK UND EUER SINN FÜR ÄSTHETIK PASSEN WUNDERBAR ZUSAMMEN!! IHR WERDET GUT MITEINANDER AUSKOMMEN!!
HAST DU MIR ZUGEHÖRT?
ALSO, DANN LOS!
SCHICK UNS ZURÜCK! ICH FÜHLE MICH PLÖTZLICH ENORM MOTIVIERT...
UND HOPP!
IN ZUKUNFT BENUTZT DAS HIER, UM MIT MIR KONTAKT AUFZUNEHMEN!
ZISCH

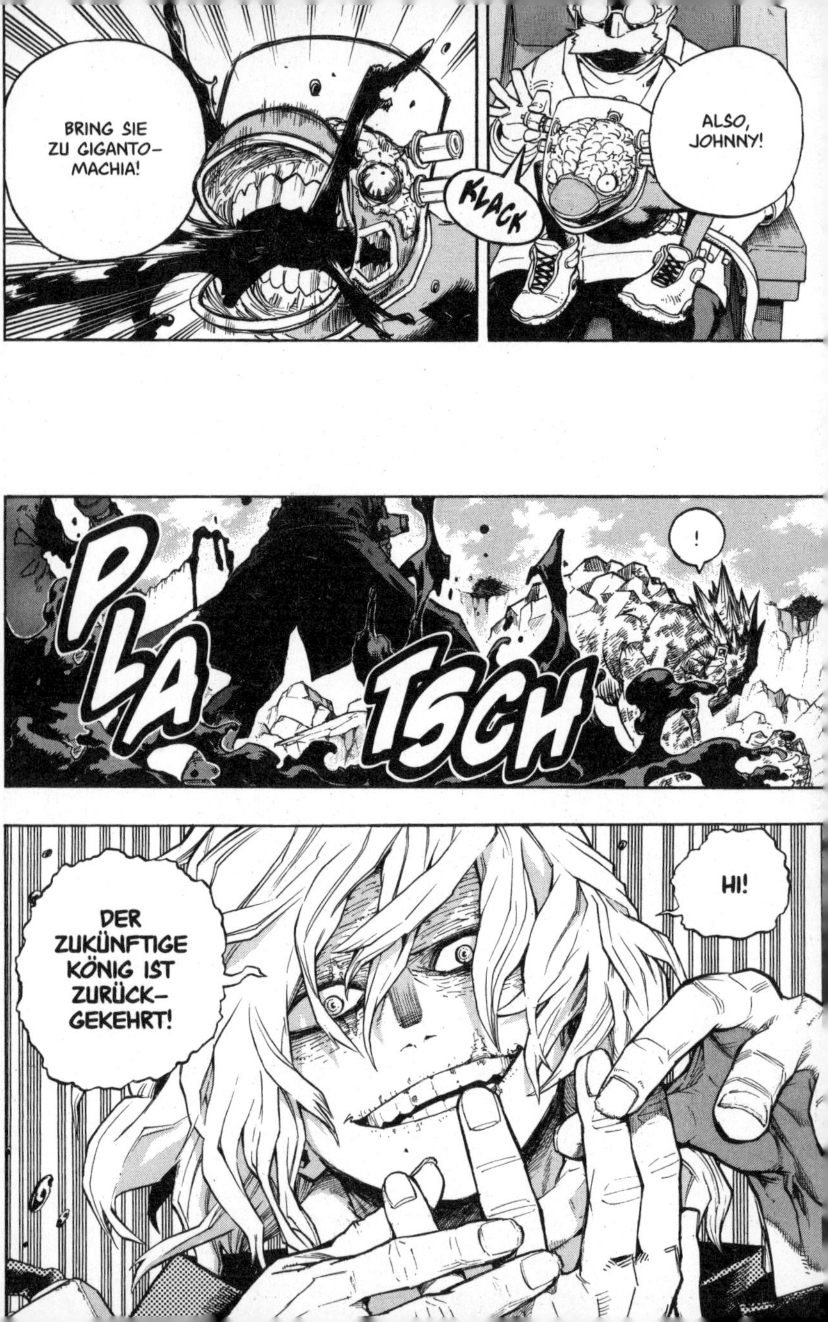

ALSO, JOHNNY!
KLACK
BRING SIE ZU GIGANTO-MACHIA!
!
PLATSCH
HI!
DER ZUKÜNFTIGE KÖNIG IST ZURÜCK-GEKEHRT!

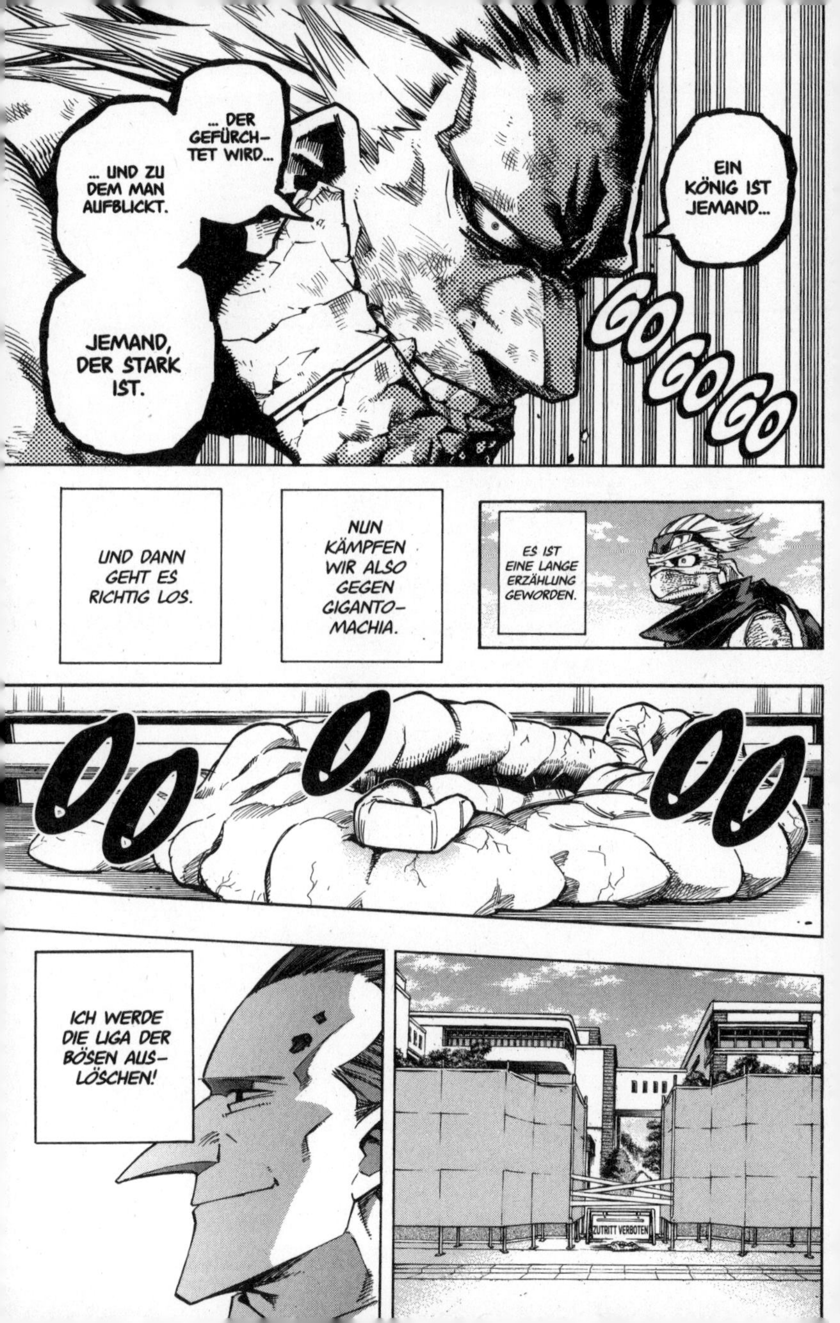
EIN KÖNIG IST JEMAND...
... DER GEFÜRCHTET WIRD...
... UND ZU DEM MAN AUFBLICKT.
JEMAND, DER STARK IST.
GOGOGO
ES IST EINE LANGE ERZÄHLUNG GEWORDEN.
NUN KÄMPFEN WIR ALSO GEGEN GIGANTOMACHIA.
UND DANN GEHT ES RICHTIG LOS.
ZUTRITT VERBOTEN
ICH WERDE DIE LIGA DER BÖSEN AUSLÖSCHEN!

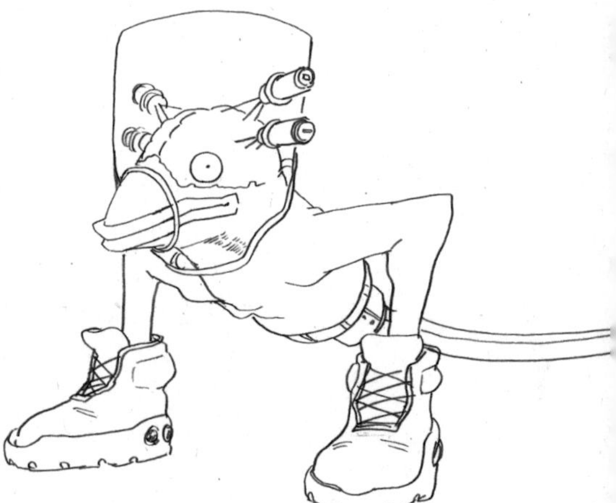

JOHNNY

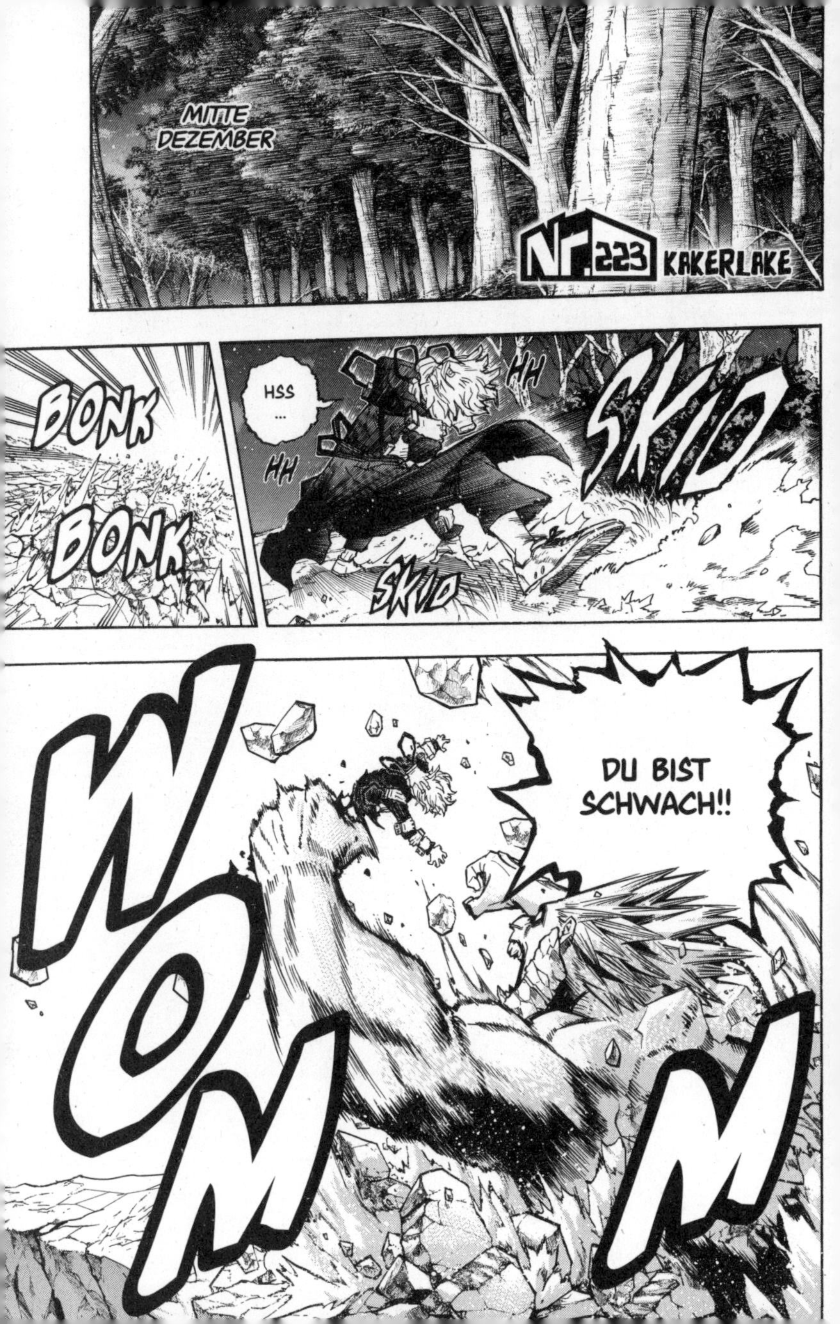

MITTE DEZEMBER
NR. 223 KAKERLAKE
SKID
HH
HSS …
HH
SKID
BONK
BONK
DU BIST SCHWACH!!
WOMM

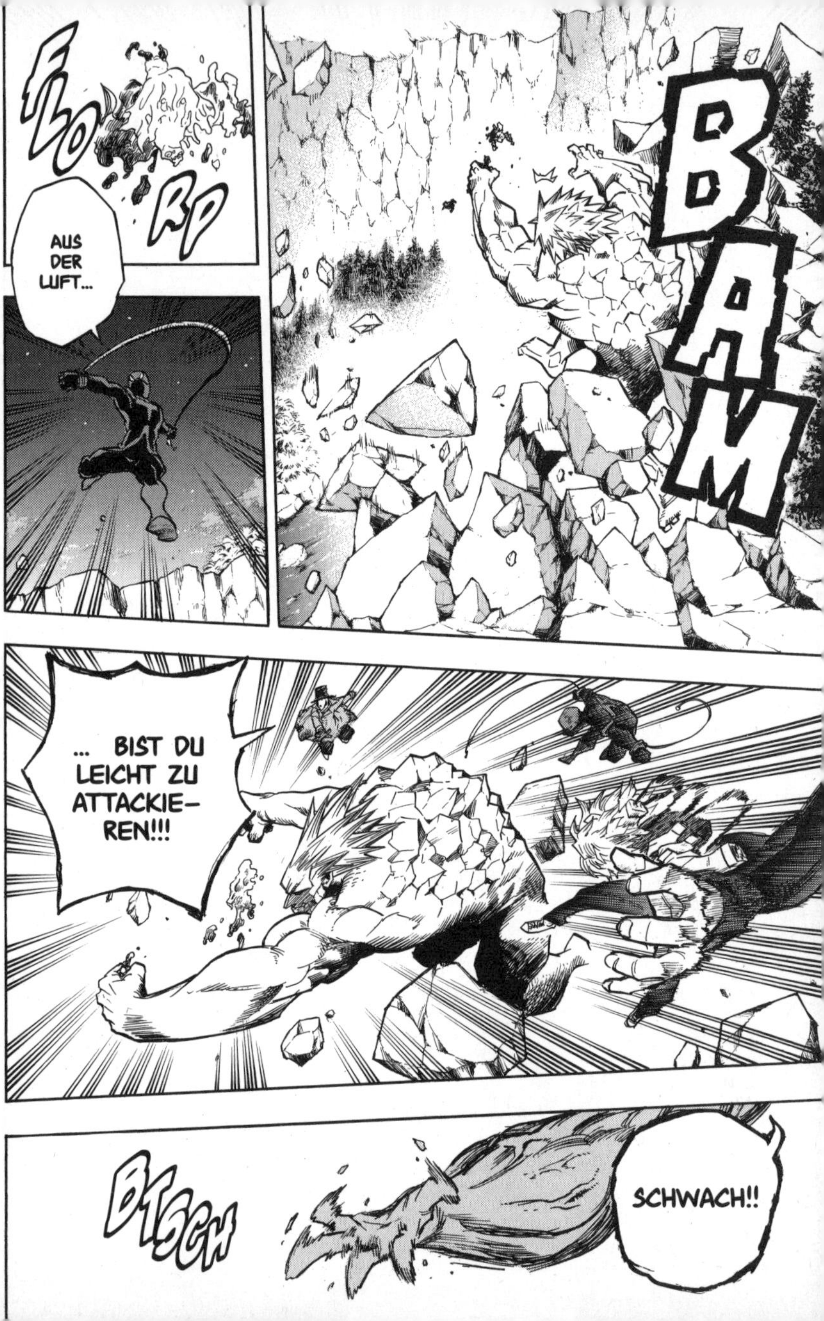
BAM
FLORP
AUS DER LUFT…
… BIST DU LEICHT ZU ATTACKIE-REN!!!
BTSCH
SCHWACH!!

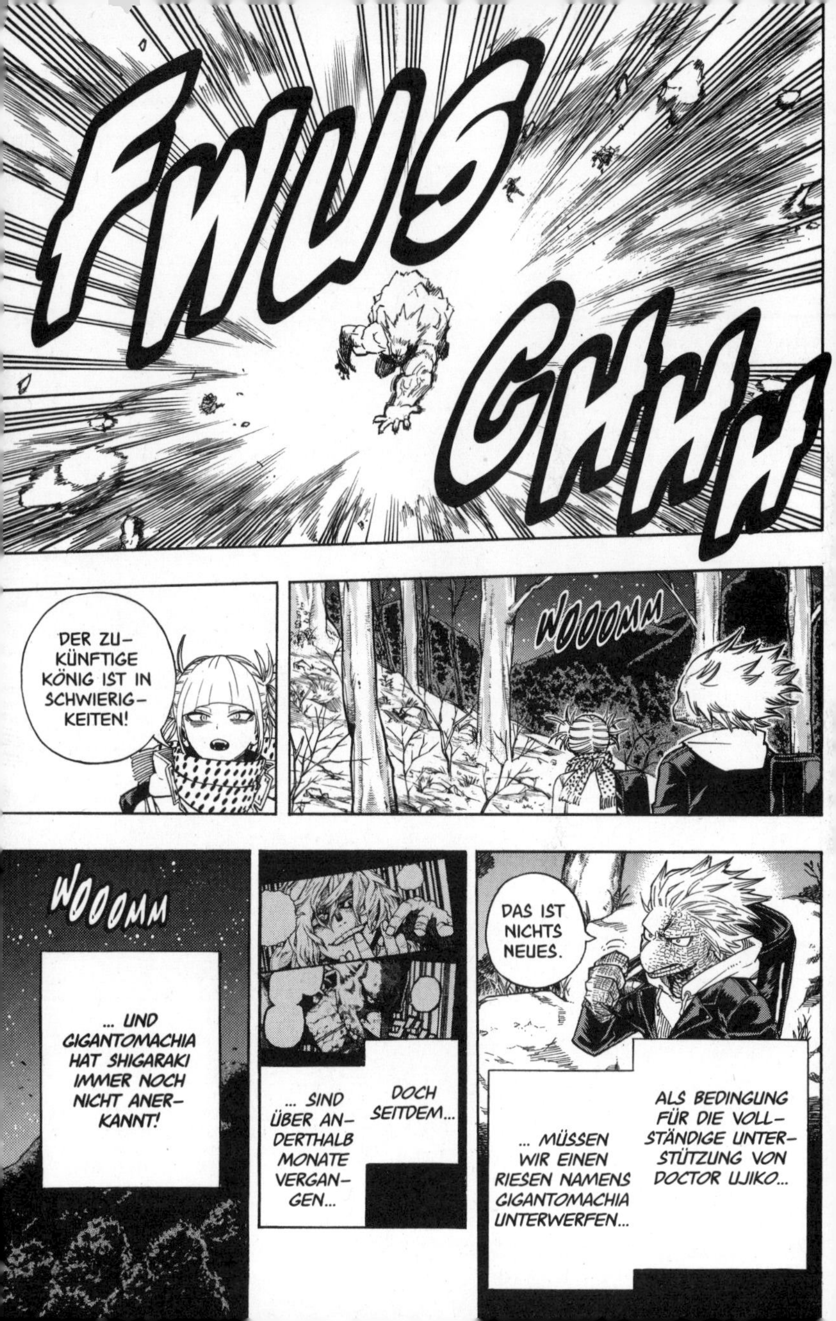
FWUSCHHH
WOOOMM
DER ZUKÜNFTIGE KÖNIG IST IN SCHWIERIGKEITEN!
DAS IST NICHTS NEUES.
ALS BEDINGUNG FÜR DIE VOLLSTÄNDIGE UNTERSTÜTZUNG VON DOCTOR UJIKO...
... MÜSSEN WIR EINEN RIESEN NAMENS GIGANTOMACHIA UNTERWERFEN...
DOCH SEITDEM...
... SIND ÜBER ANDERTHALB MONATE VERGANGEN...
WOOOMM
... UND GIGANTOMACHIA HAT SHIGARAKI IMMER NOCH NICHT ANERKANNT!

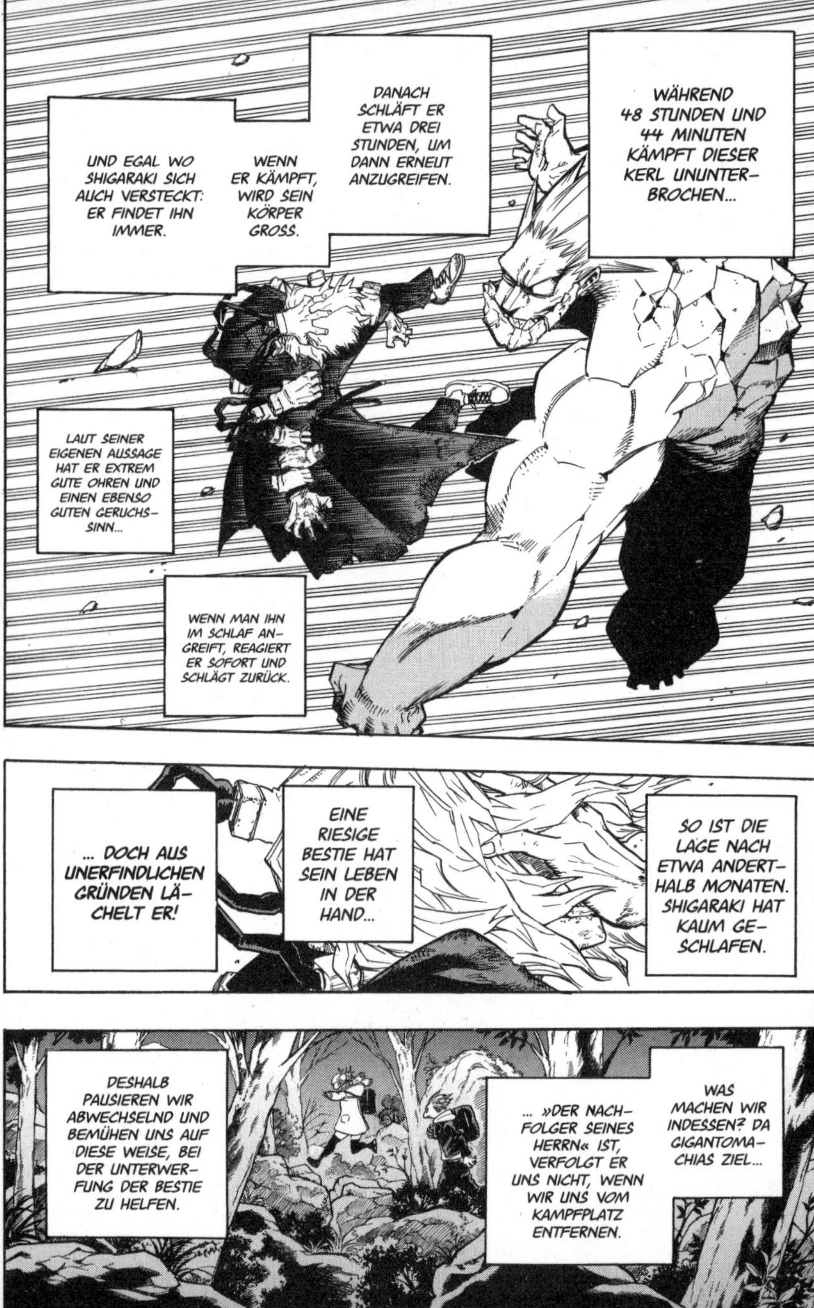
WÄHREND 48 STUNDEN UND 44 MINUTEN KÄMPFT DIESER KERL UNUNTER-BROCHEN...
DANACH SCHLÄFT ER ETWA DREI STUNDEN, UM DANN ERNEUT ANZUGREIFEN.
WENN ER KÄMPFT, WIRD SEIN KÖRPER GROSS.
UND EGAL WO SHIGARAKI SICH AUCH VERSTECKT: ER FINDET IHN IMMER.
LAUT SEINER EIGENEN AUSSAGE HAT ER EXTREM GUTE OHREN UND EINEN EBENSO GUTEN GERUCHS-SINN...
WENN MAN IHN IM SCHLAF AN-GREIFT, REAGIERT ER SOFORT UND SCHLÄGT ZURÜCK.
SO IST DIE LAGE NACH ETWA ANDERT-HALB MONATEN. SHIGARAKI HAT KAUM GE-SCHLAFEN.
EINE RIESIGE BESTIE HAT SEIN LEBEN IN DER HAND...
... DOCH AUS UNERFINDLICHEN GRÜNDEN LÄ-CHELT ER!
WAS MACHEN WIR INDESSEN? DA GIGANTOMA-CHIAS ZIEL...
... »DER NACH-FOLGER SEINES HERRN« IST, VERFOLGT ER UNS NICHT, WENN WIR UNS VOM KAMPFPLATZ ENTFERNEN.
DESHALB PAUSIEREN WIR ABWECHSELND UND BEMÜHEN UNS AUF DIESE WEISE, BEI DER UNTERWER-FUNG DER BESTIE ZU HELFEN.

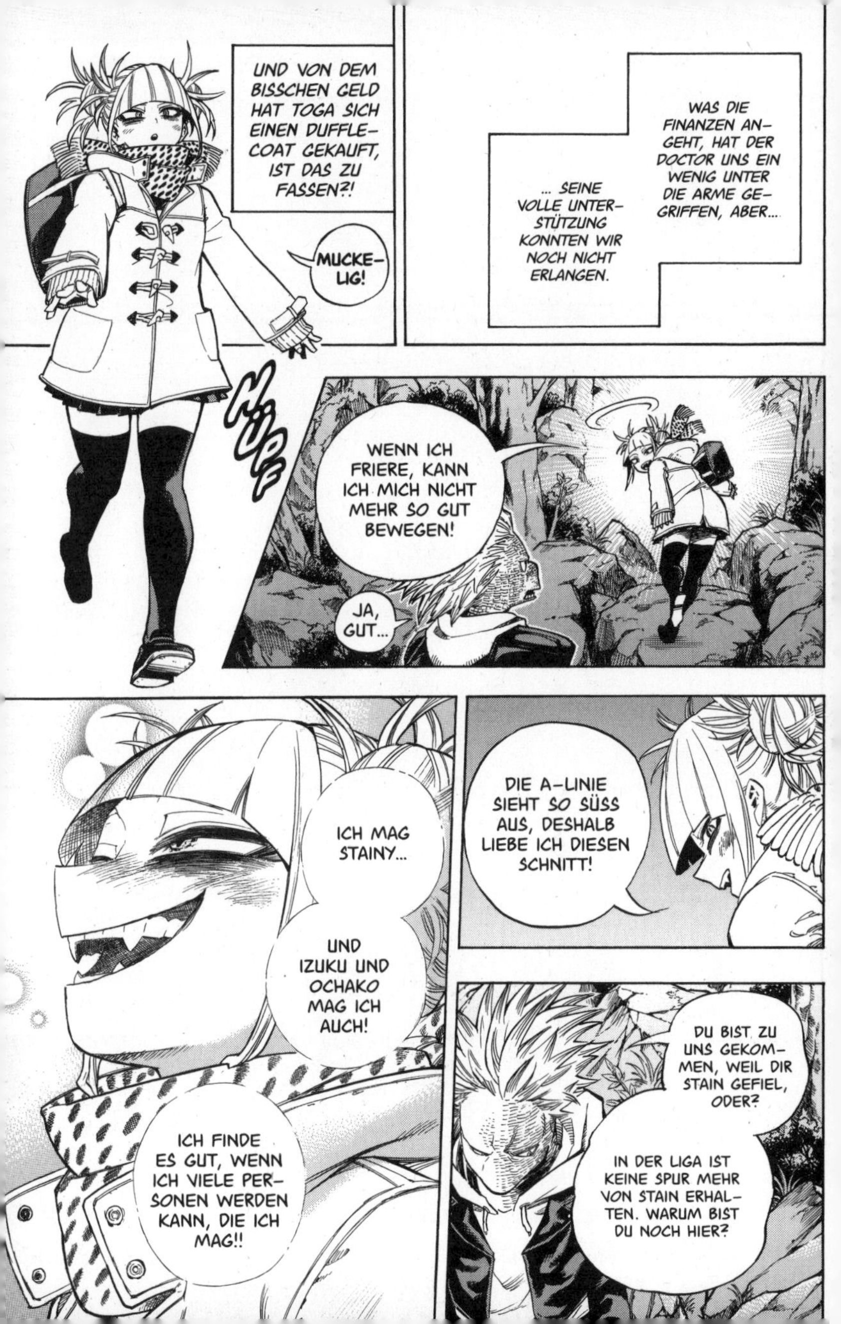
WAS DIE FINANZEN ANGEHT, HAT DER DOCTOR UNS EIN WENIG UNTER DIE ARME GEGRIFFEN, ABER...
... SEINE VOLLE UNTERSTÜTZUNG KONNTEN WIR NOCH NICHT ERLANGEN.
UND VON DEM BISSCHEN GELD HAT TOGA SICH EINEN DUFFLECOAT GEKAUFT, IST DAS ZU FASSEN?!
MUCKELIG!
HÜPF
WENN ICH FRIERE, KANN ICH MICH NICHT MEHR SO GUT BEWEGEN!
JA, GUT...
DIE A-LINIE SIEHT SO SÜSS AUS, DESHALB LIEBE ICH DIESEN SCHNITT!
ICH MAG STAINY...
UND IZUKU UND OCHAKO MAG ICH AUCH!
ICH FINDE ES GUT, WENN ICH VIELE PERSONEN WERDEN KANN, DIE ICH MAG!!
DU BIST ZU UNS GEKOMMEN, WEIL DIR STAIN GEFIEL, ODER?
IN DER LIGA IST KEINE SPUR MEHR VON STAIN ERHALTEN. WARUM BIST DU NOCH HIER?

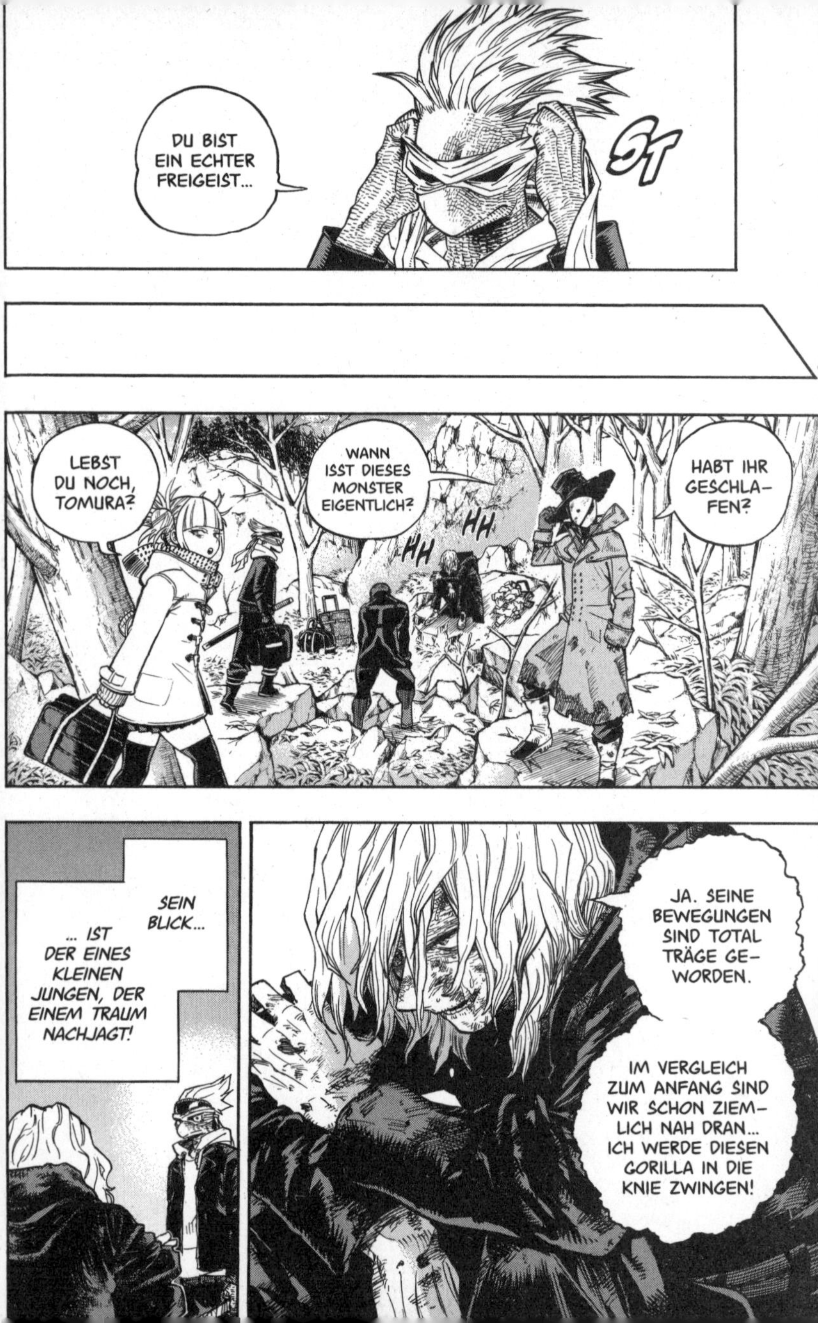
DU BIST EIN ECHTER FREIGEIST...
ST
LEBST DU NOCH, TOMURA?
WANN ISST DIESES MONSTER EIGENTLICH?
HH
HH
HABT IHR GESCHLA-FEN?
SEIN BLICK...
... IST DER EINES KLEINEN JUNGEN, DER EINEM TRAUM NACHJAGT!
JA. SEINE BEWEGUNGEN SIND TOTAL TRÄGE GE-WORDEN.
IM VERGLEICH ZUM ANFANG SIND WIR SCHON ZIEM-LICH NAH DRAN... ICH WERDE DIESEN GORILLA IN DIE KNIE ZWINGEN!

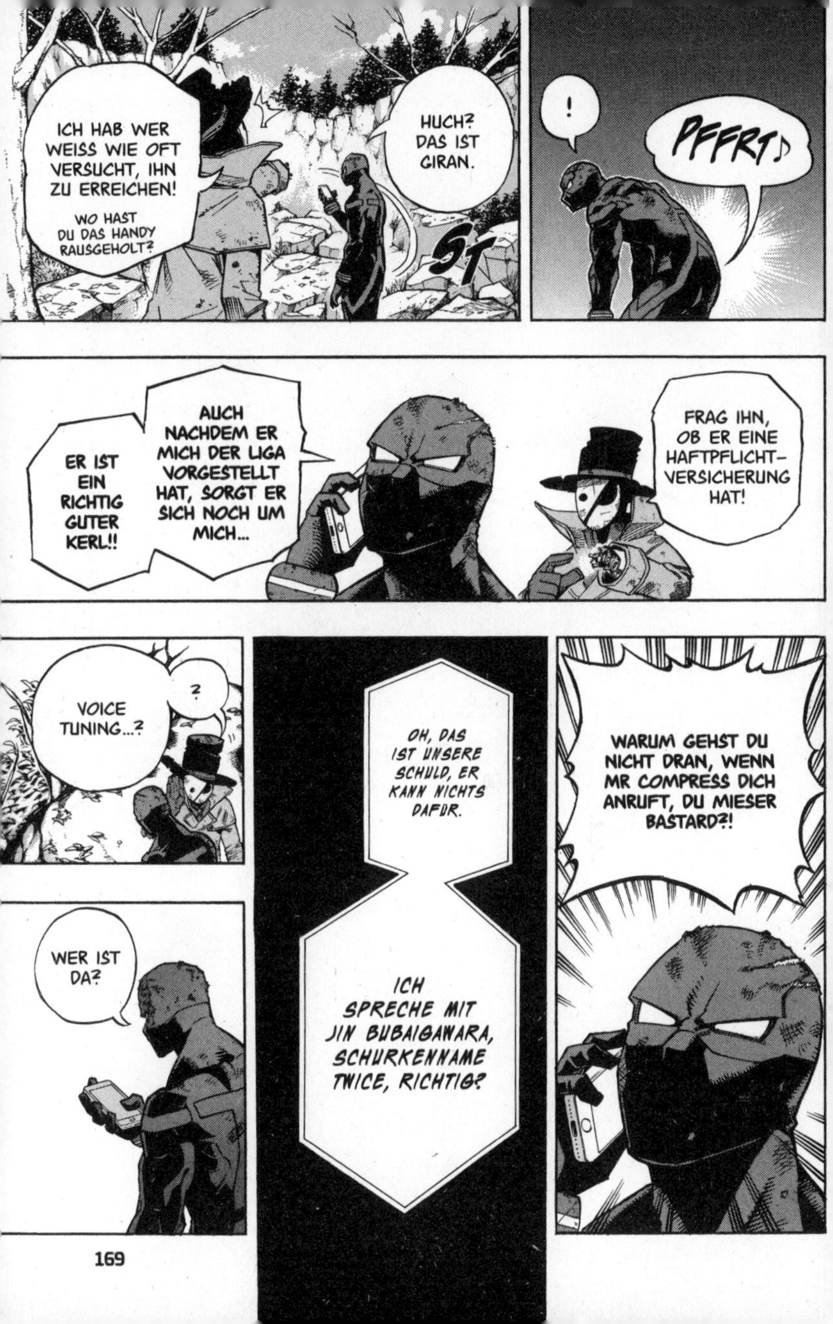
!
PFFRT♪
HUCH? DAS IST GIRAN.
ST
ICH HAB WER WEISS WIE OFT VERSUCHT, IHN ZU ERREICHEN!
WO HAST DU DAS HANDY RAUSGEHOLT?
FRAG IHN, OB ER EINE HAFTPFLICHT-VERSICHERUNG HAT!
AUCH NACHDEM ER MICH DER LIGA VORGESTELLT HAT, SORGT ER SICH NOCH UM MICH...
ER IST EIN RICHTIG GUTER KERL!!
WARUM GEHST DU NICHT DRAN, WENN MR COMPRESS DICH ANRUFT, DU MIESER BASTARD?!
OH, DAS IST UNSERE SCHULD, ER KANN NICHTS DAFÜR.
ICH SPRECHE MIT JIN BUBAIGAWARA, SCHURKENNAME TWICE, RICHTIG?
VOICE TUNING...?
?
WER IST DA?

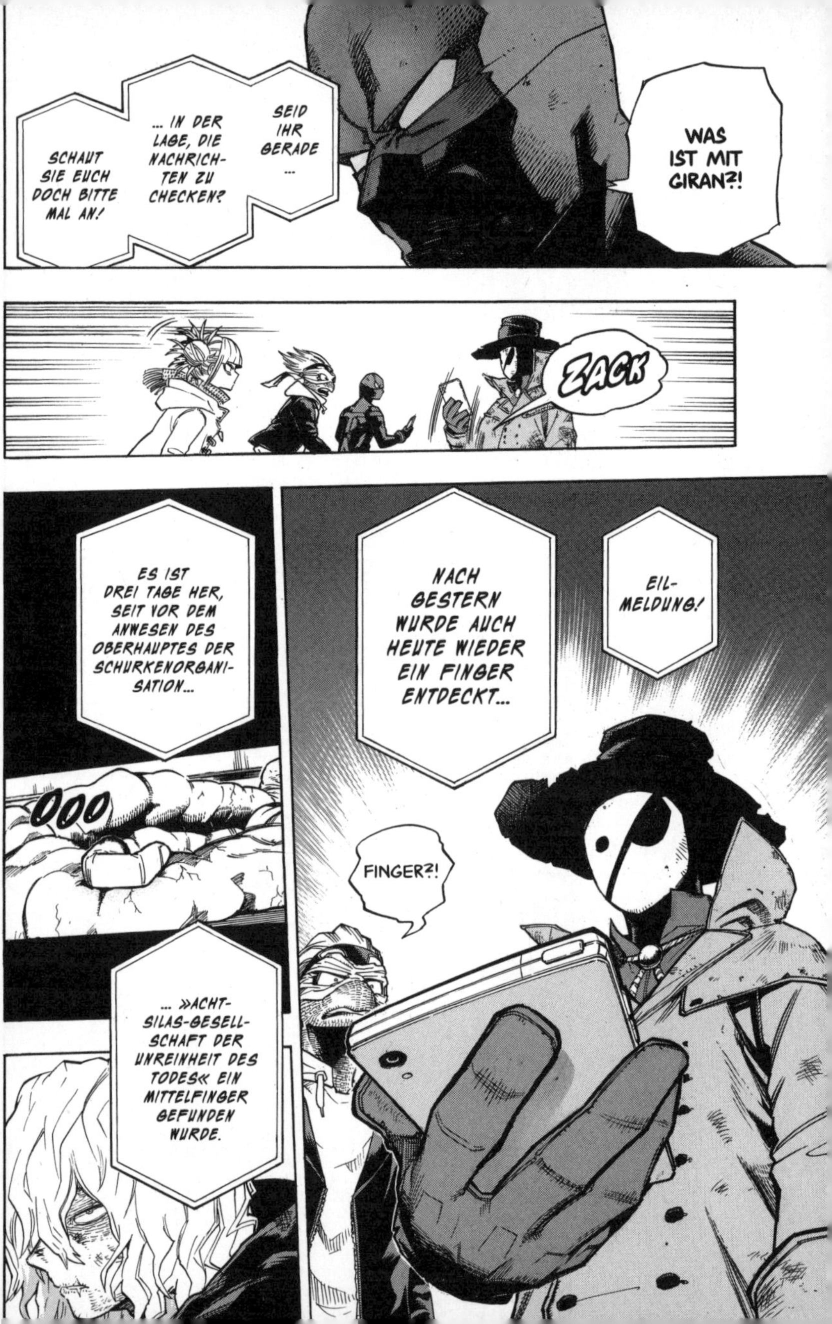
WAS IST MIT GIRAN?!
SEID IHR GERADE ...
... IN DER LAGE, DIE NACHRICHTEN ZU CHECKEN?
SCHAUT SIE EUCH DOCH BITTE MAL AN!
ZACK
EIL-MELDUNG!
NACH GESTERN WURDE AUCH HEUTE WIEDER EIN FINGER ENTDECKT...
FINGER?!
ES IST DREI TAGE HER, SEIT VOR DEM ANWESEN DES OBERHAUPTES DER SCHURKENORGANISATION...
OOO
... »ACHT-SILAS-GESELLSCHAFT DER UNREINHEIT DES TODES« EIN MITTELFINGER GEFUNDEN WURDE.

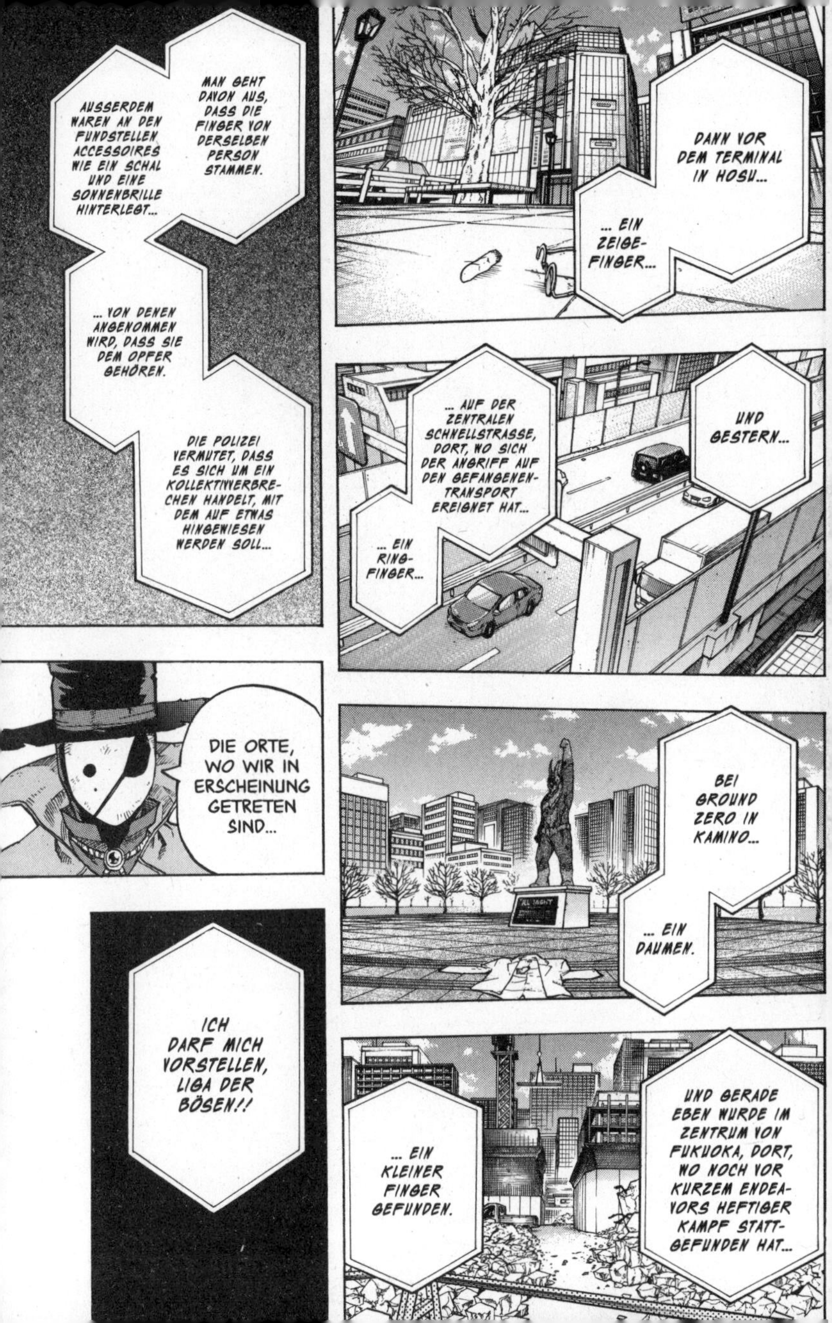
DANN VOR DEM TERMINAL IN HOSU ...
... EIN ZEIGEFINGER ...
UND GESTERN ...
... AUF DER ZENTRALEN SCHNELLSTRASSE, DORT, WO SICH DER ANGRIFF AUF DEN GEFANGENENTRANSPORT EREIGNET HAT ...
... EIN RINGFINGER ...
BEI GROUND ZERO IN KAMINO ...
... EIN DAUMEN.
UND GERADE EBEN WURDE IM ZENTRUM VON FUKUOKA, DORT, WO NOCH VOR KURZEM ENDEAVORS HEFTIGER KAMPF STATTGEFUNDEN HAT ...
... EIN KLEINER FINGER GEFUNDEN.
MAN GEHT DAVON AUS, DASS DIE FINGER VON DERSELBEN PERSON STAMMEN.
AUSSERDEM WAREN AN DEN FUNDSTELLEN ACCESSOIRES WIE EIN SCHAL UND EINE SONNENBRILLE HINTERLEGT ...
... VON DENEN ANGENOMMEN WIRD, DASS SIE DEM OPFER GEHÖREN.
DIE POLIZEI VERMUTET, DASS ES SICH UM EIN KOLLEKTIVVERBRECHEN HANDELT, MIT DEM AUF ETWAS HINGEWIESEN WERDEN SOLL ...
DIE ORTE, WO WIR IN ERSCHEINUNG GETRETEN SIND ...
ICH DARF MICH VORSTELLEN, LIGA DER BÖSEN!!
ALL MIGHT

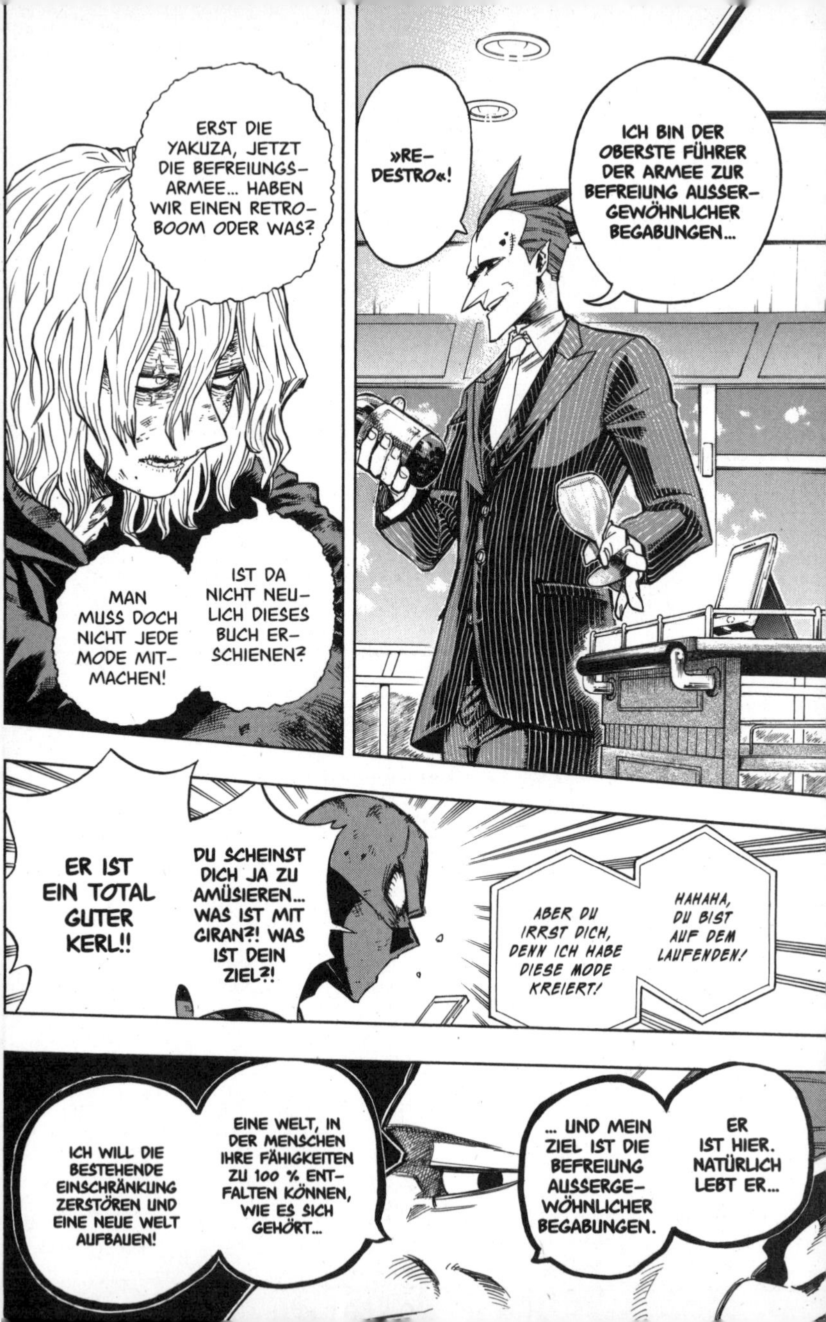
ICH BIN DER OBERSTE FÜHRER DER ARMEE ZUR BEFREIUNG AUSSER-GEWÖHNLICHER BEGABUNGEN...
»RE-DESTRO«!
ERST DIE YAKUZA, JETZT DIE BEFREIUNGS-ARMEE... HABEN WIR EINEN RETRO-BOOM ODER WAS?
IST DA NICHT NEU-LICH DIESES BUCH ER-SCHIENEN?
MAN MUSS DOCH NICHT JEDE MODE MIT-MACHEN!
HAHAHA, DU BIST AUF DEM LAUFENDEN!
ABER DU IRRST DICH, DENN ICH HABE DIESE MODE KREIERT!
DU SCHEINST DICH JA ZU AMÜSIEREN... WAS IST MIT GIRAN?! WAS IST DEIN ZIEL?!
ER IST EIN TOTAL GUTER KERL!!
ER IST HIER. NATÜRLICH LEBT ER...
... UND MEIN ZIEL IST DIE BEFREIUNG AUSSERGE-WÖHNLICHER BEGABUNGEN.
EINE WELT, IN DER MENSCHEN IHRE FÄHIGKEITEN ZU 100 % ENT-FALTEN KÖNNEN, WIE ES SICH GEHÖRT...
ICH WILL DIE BESTEHENDE EINSCHRÄNKUNG ZERSTÖREN UND EINE NEUE WELT AUFBAUEN!

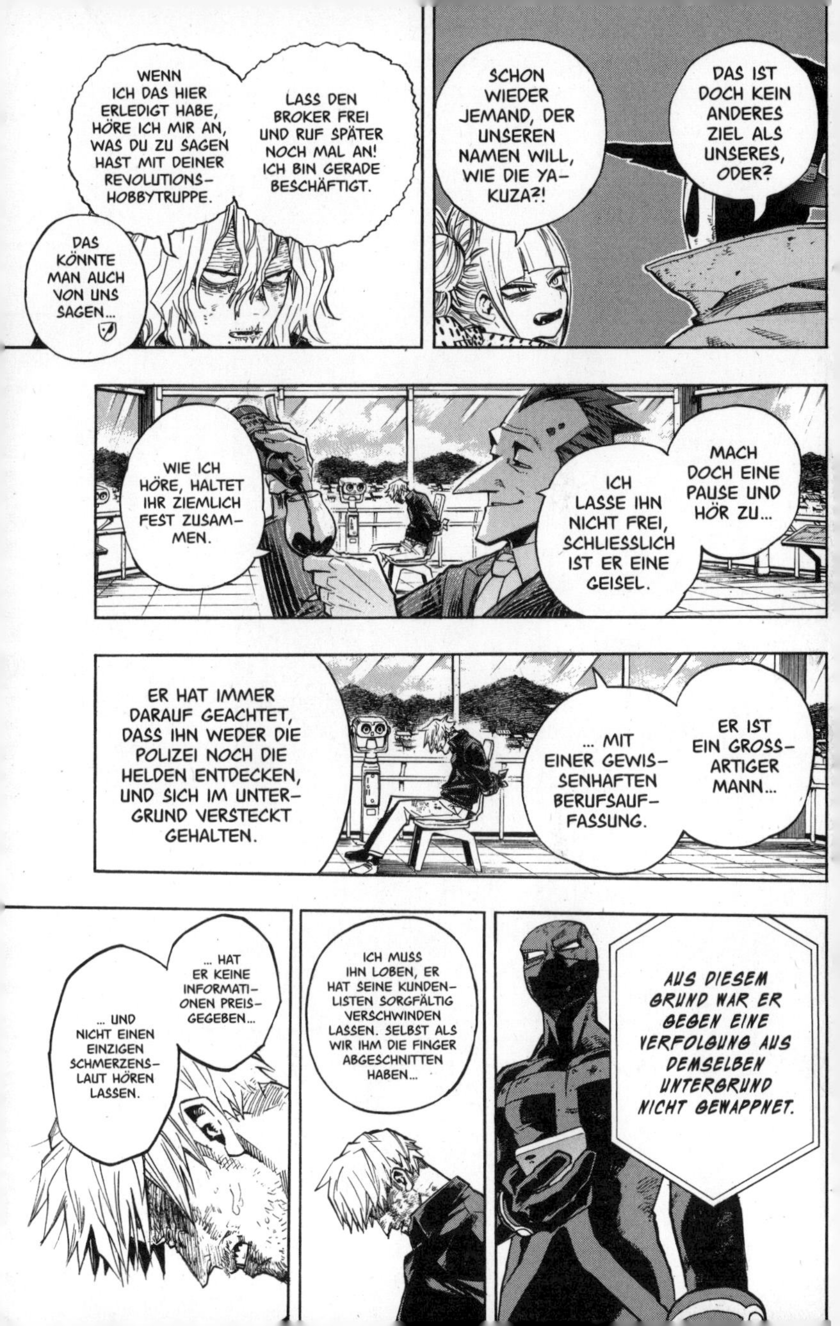
DAS IST DOCH KEIN ANDERES ZIEL ALS UNSERES, ODER?
SCHON WIEDER JEMAND, DER UNSEREN NAMEN WILL, WIE DIE YAKUZA?!
LASS DEN BROKER FREI UND RUF SPÄTER NOCH MAL AN! ICH BIN GERADE BESCHÄFTIGT.
WENN ICH DAS HIER ERLEDIGT HABE, HÖRE ICH MIR AN, WAS DU ZU SAGEN HAST MIT DEINER REVOLUTIONS-HOBBYTRUPPE.
DAS KÖNNTE MAN AUCH VON UNS SAGEN...
MACH DOCH EINE PAUSE UND HÖR ZU...
ICH LASSE IHN NICHT FREI, SCHLIESSLICH IST ER EINE GEISEL.
WIE ICH HÖRE, HALTET IHR ZIEMLICH FEST ZUSAMMEN.
ER IST EIN GROSSARTIGER MANN...
... MIT EINER GEWISSENHAFTEN BERUFSAUFFASSUNG.
ER HAT IMMER DARAUF GEACHTET, DASS IHN WEDER DIE POLIZEI NOCH DIE HELDEN ENTDECKEN, UND SICH IM UNTERGRUND VERSTECKT GEHALTEN.
AUS DIESEM GRUND WAR ER GEGEN EINE VERFOLGUNG AUS DEMSELBEN UNTERGRUND NICHT GEWAPPNET.
ICH MUSS IHN LOBEN, ER HAT SEINE KUNDENLISTEN SORGFÄLTIG VERSCHWINDEN LASSEN. SELBST ALS WIR IHM DIE FINGER ABGESCHNITTEN HABEN...
... HAT ER KEINE INFORMATIONEN PREISGEGEBEN...
... UND NICHT EINEN EINZIGEN SCHMERZENSLAUT HÖREN LASSEN.

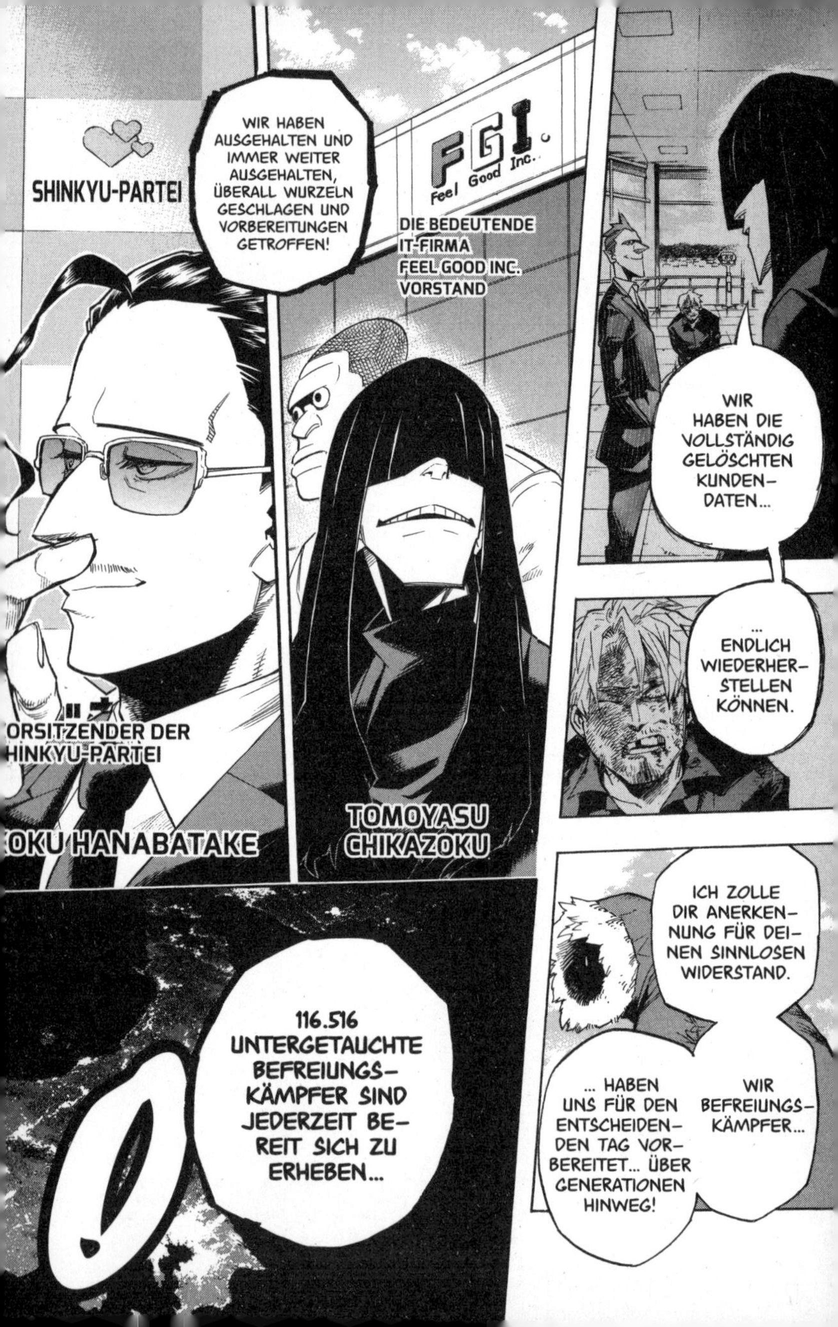
WIR HABEN DIE VOLLSTÄNDIG GELÖSCHTEN KUNDEN-DATEN...
... ENDLICH WIEDERHER-STELLEN KÖNNEN.
FGI. Feel Good Inc.
DIE BEDEUTENDE IT-FIRMA FEEL GOOD INC. VORSTAND
TOMOYASU CHIKAZOKU
WIR HABEN AUSGEHALTEN UND IMMER WEITER AUSGEHALTEN, ÜBERALL WURZELN GESCHLAGEN UND VORBEREITUNGEN GETROFFEN!
SHINKYU-PARTEI
ORSITZENDER DER HINKYU-PARTEI
OKU HANABATAKE
ICH ZOLLE DIR ANERKEN-NUNG FÜR DEI-NEN SINNLOSEN WIDERSTAND.
WIR BEFREIUNGS-KÄMPFER...
... HABEN UNS FÜR DEN ENTSCHEIDEN-DEN TAG VOR-BEREITET... ÜBER GENERATIONEN HINWEG!
116.516 UNTERGETAUCHTE BEFREIUNGS-KÄMPFER SIND JEDERZEIT BE-REIT SICH ZU ERHEBEN...

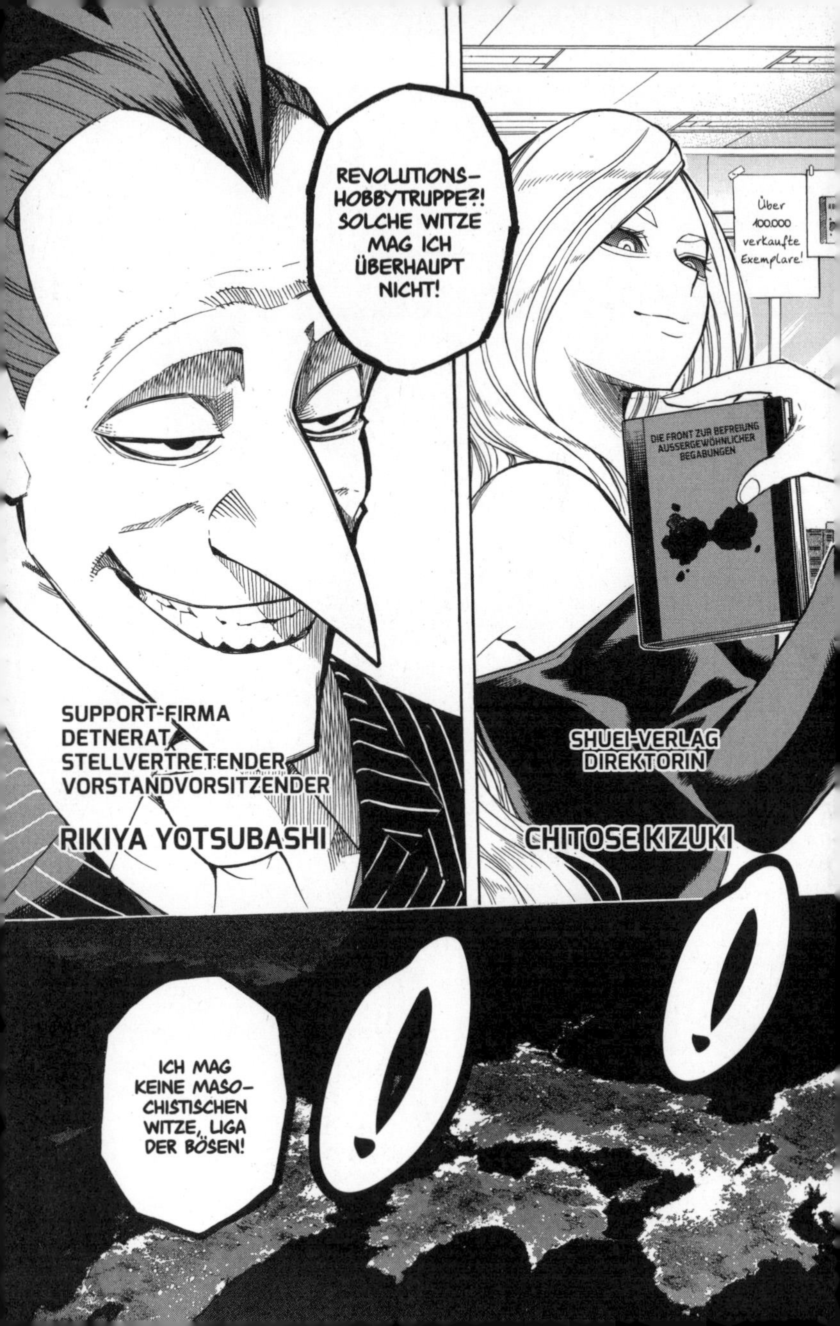
Über 100.000 verkaufte Exemplare!
REVOLUTIONS-HOBBYTRUPPE?! SOLCHE WITZE MAG ICH ÜBERHAUPT NICHT!
DIE FRONT ZUR BEFREIUNG AUSSERGEWÖHNLICHER BEGABUNGEN
SHUEI-VERLAG DIREKTORIN
CHITOSE KIZUKI
SUPPORT-FIRMA DETNERAT STELLVERTRETENDER VORSTANDVORSITZENDER
RIKIYA YOTSUBASHI
ICH MAG KEINE MASO-CHISTISCHEN WITZE, LIGA DER BÖSEN!

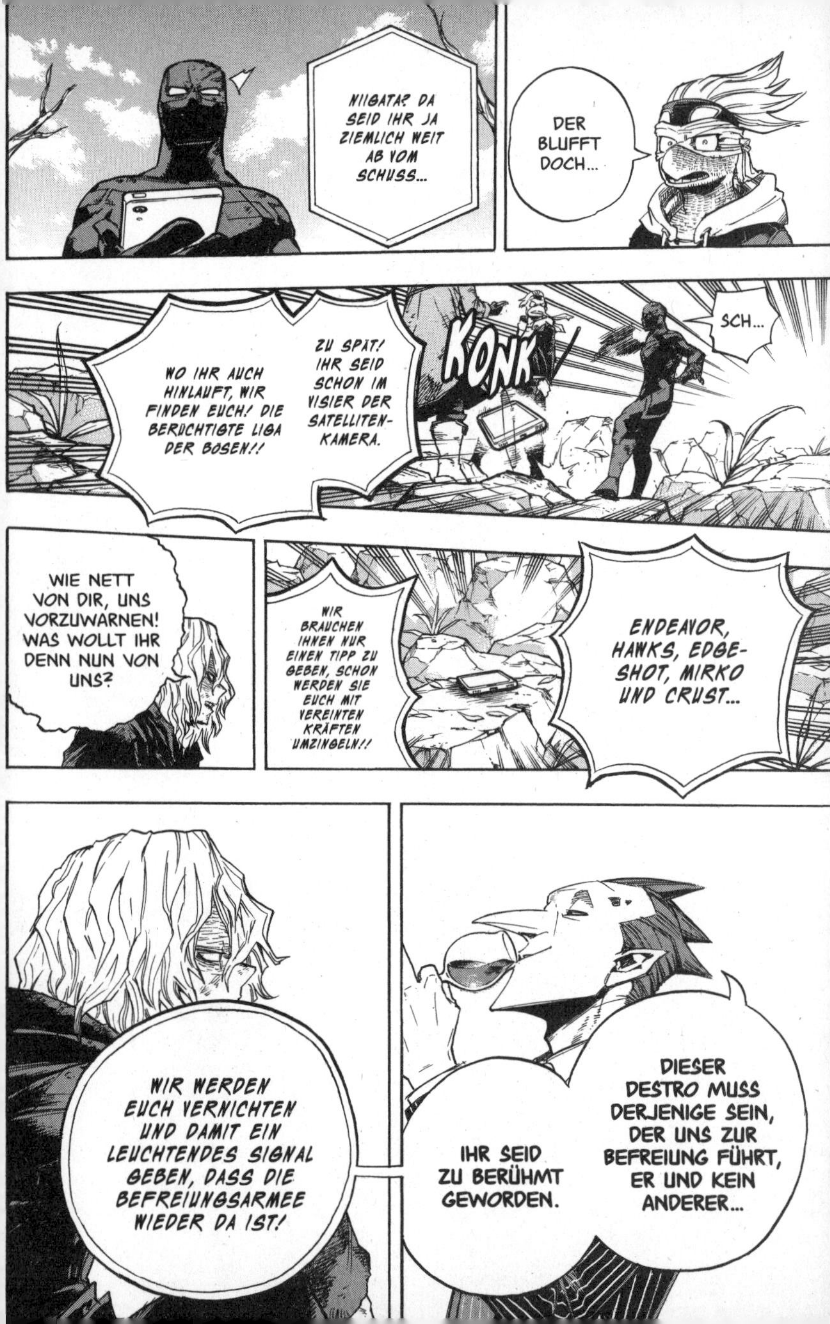

DER BLUFFT DOCH...
NIIGATA? DA SEID IHR JA ZIEMLICH WEIT AB VOM SCHUSS...
SCH...
KONK
ZU SPÄT! IHR SEID SCHON IM VISIER DER SATELLITEN-KAMERA.
WO IHR AUCH HINLAUFT, WIR FINDEN EUCH! DIE BERÜCHTIGTE LIGA DER BÖSEN!!
ENDEAVOR, HAWKS, EDGE-SHOT, MIRKO UND CRUST...
WIR BRAUCHEN IHNEN NUR EINEN TIPP ZU GEBEN, SCHON WERDEN SIE EUCH MIT VEREINTEN KRÄFTEN UMZINGELN!!
WIE NETT VON DIR, UNS VORZUWARNEN! WAS WOLLT IHR DENN NUN VON UNS?
DIESER DESTRO MUSS DERJENIGE SEIN, DER UNS ZUR BEFREIUNG FÜHRT, ER UND KEIN ANDERER...
IHR SEID ZU BERÜHMT GEWORDEN.
WIR WERDEN EUCH VERNICHTEN UND DAMIT EIN LEUCHTENDES SIGNAL GEBEN, DASS DIE BEFREIUNGSARMEE WIEDER DA IST!

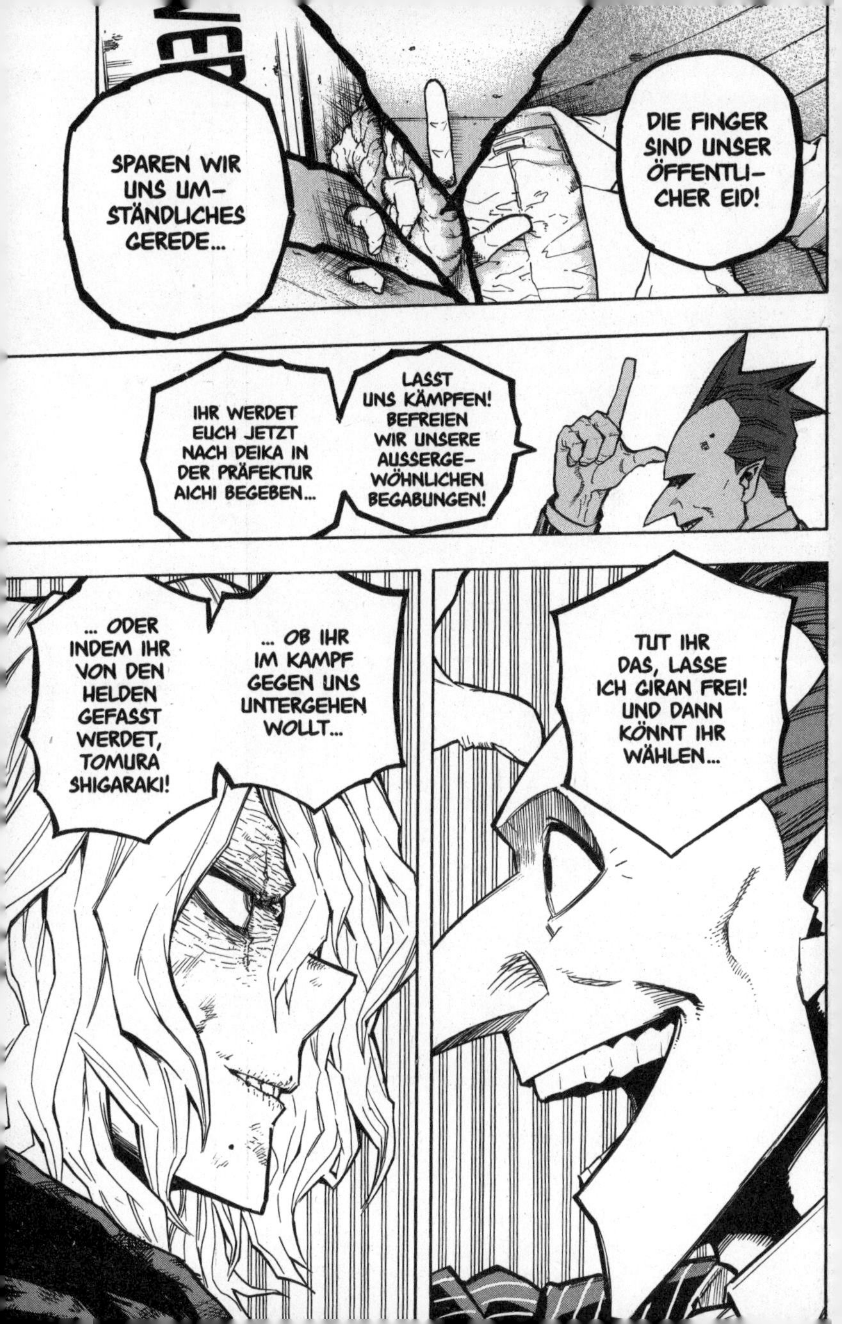
DIE FINGER SIND UNSER ÖFFENTLICHER EID!
SPAREN WIR UNS UMSTÄNDLICHES GEREDE...
LASST UNS KÄMPFEN! BEFREIEN WIR UNSERE AUSSERGEWÖHNLICHEN BEGABUNGEN!
IHR WERDET EUCH JETZT NACH DEIKA IN DER PRÄFEKTUR AICHI BEGEBEN...
TUT IHR DAS, LASSE ICH GIRAN FREI! UND DANN KÖNNT IHR WÄHLEN...
... OB IHR IM KAMPF GEGEN UNS UNTERGEHEN WOLLT...
... ODER INDEM IHR VON DEN HELDEN GEFASST WERDET, TOMURA SHIGARAKI!

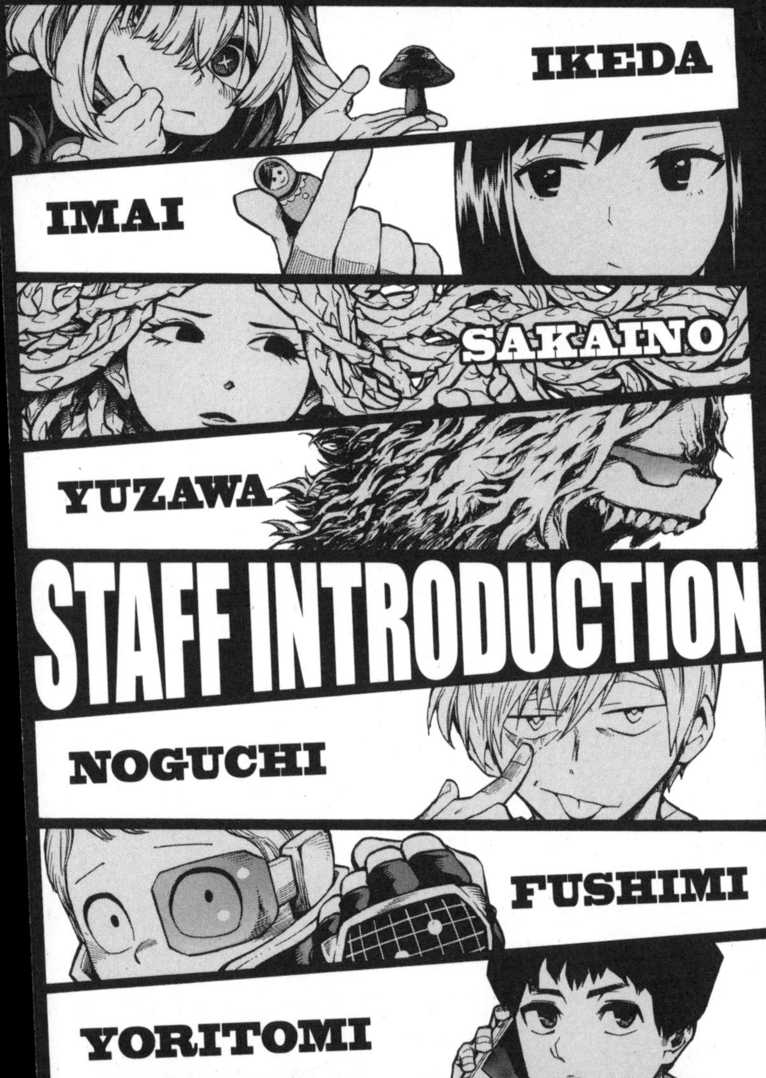
IKEDA
IMAI
SAKAINO
YUZAWA
STAFF INTRODUCTION
NOGUCHI
FUSHIMI
YORITOMI

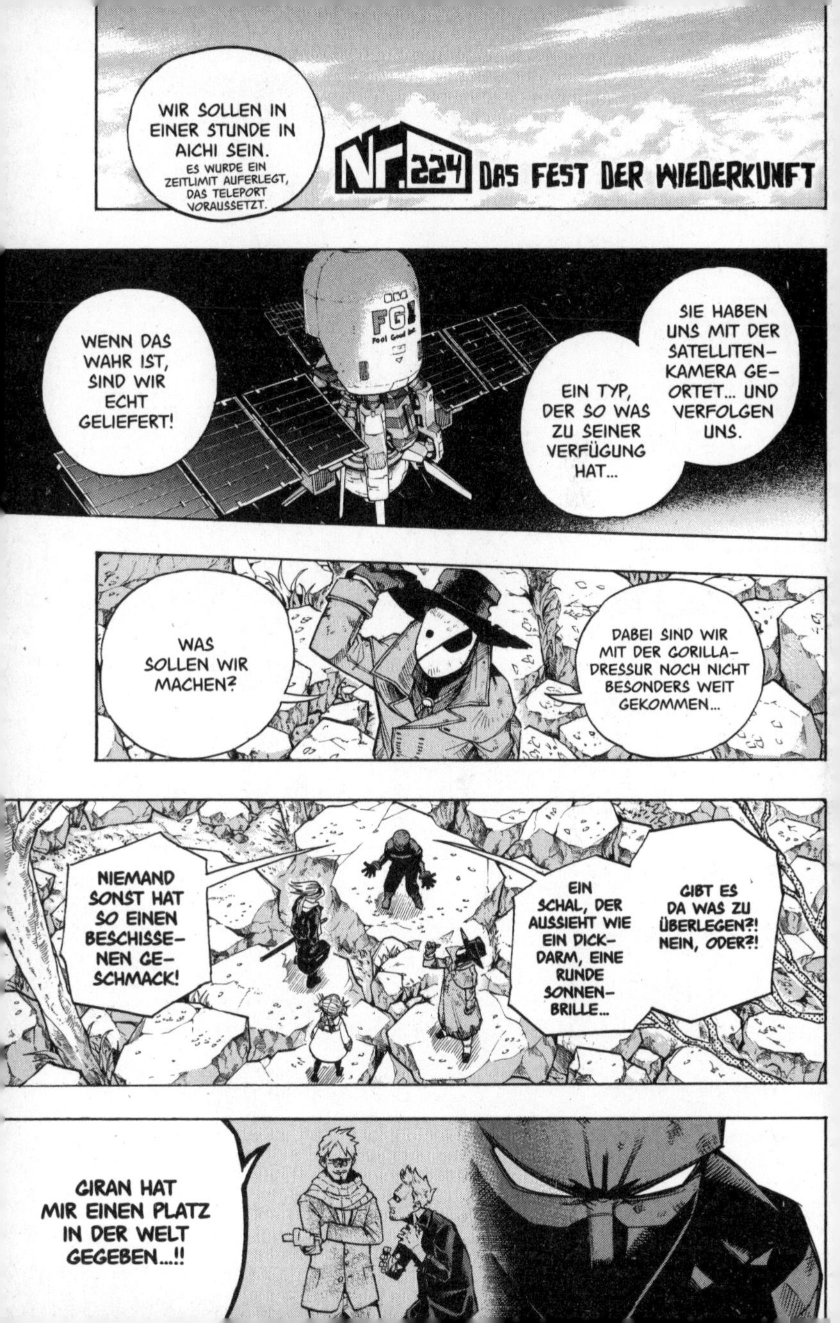
NR. 224 DAS FEST DER WIEDERKUNFT
WIR SOLLEN IN EINER STUNDE IN AICHI SEIN.
ES WURDE EIN ZEITLIMIT AUFERLEGT, DAS TELEPORT VORAUSSETZT.
SIE HABEN UNS MIT DER SATELLITEN-KAMERA GE-ORTET... UND VERFOLGEN UNS.
EIN TYP, DER SO WAS ZU SEINER VERFÜGUNG HAT...
WENN DAS WAHR IST, SIND WIR ECHT GELIEFERT!
DABEI SIND WIR MIT DER GORILLA-DRESSUR NOCH NICHT BESONDERS WEIT GEKOMMEN...
WAS SOLLEN WIR MACHEN?
GIBT ES DA WAS ZU ÜBERLEGEN?! NEIN, ODER?!
EIN SCHAL, DER AUSSIEHT WIE EIN DICK-DARM, EINE RUNDE SONNEN-BRILLE...
NIEMAND SONST HAT SO EINEN BESCHISSE-NEN GE-SCHMACK!
GIRAN HAT MIR EINEN PLATZ IN DER WELT GEGEBEN...!!

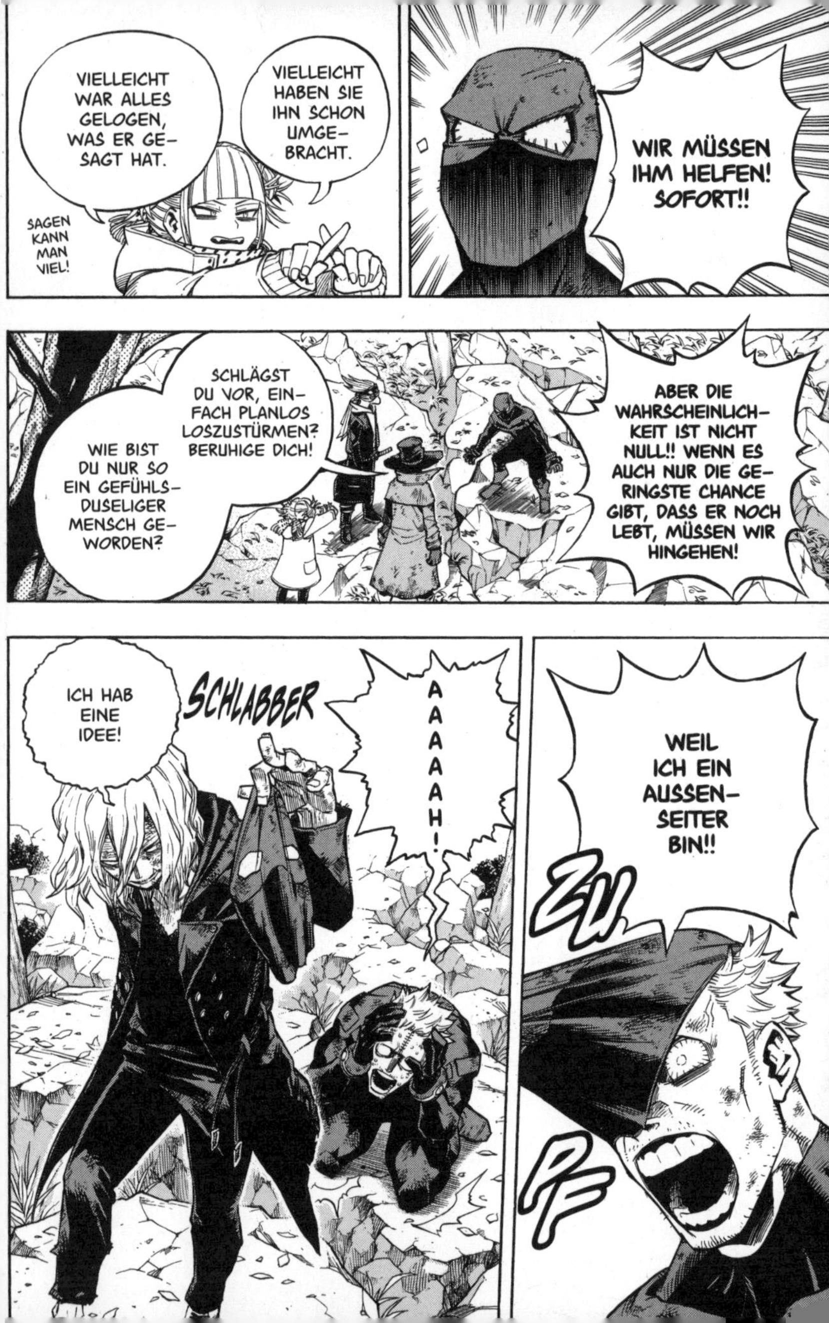
VIELLEICHT WAR ALLES GELOGEN, WAS ER GESAGT HAT.
VIELLEICHT HABEN SIE IHN SCHON UMGEBRACHT.
SAGEN KANN MAN VIEL!
WIR MÜSSEN IHM HELFEN! SOFORT!!
SCHLÄGST DU VOR, EINFACH PLANLOS LOSZUSTÜRMEN? BERUHIGE DICH!
WIE BIST DU NUR SO EIN GEFÜHLSDUSELIGER MENSCH GEWORDEN?
ABER DIE WAHRSCHEINLICHKEIT IST NICHT NULL!! WENN ES AUCH NUR DIE GERINGSTE CHANCE GIBT, DASS ER NOCH LEBT, MÜSSEN WIR HINGEHEN!
ICH HAB EINE IDEE!
SCHLABBER
AAAAAAH!
WEIL ICH EIN AUSSENSEITER BIN!!
ZU
PF

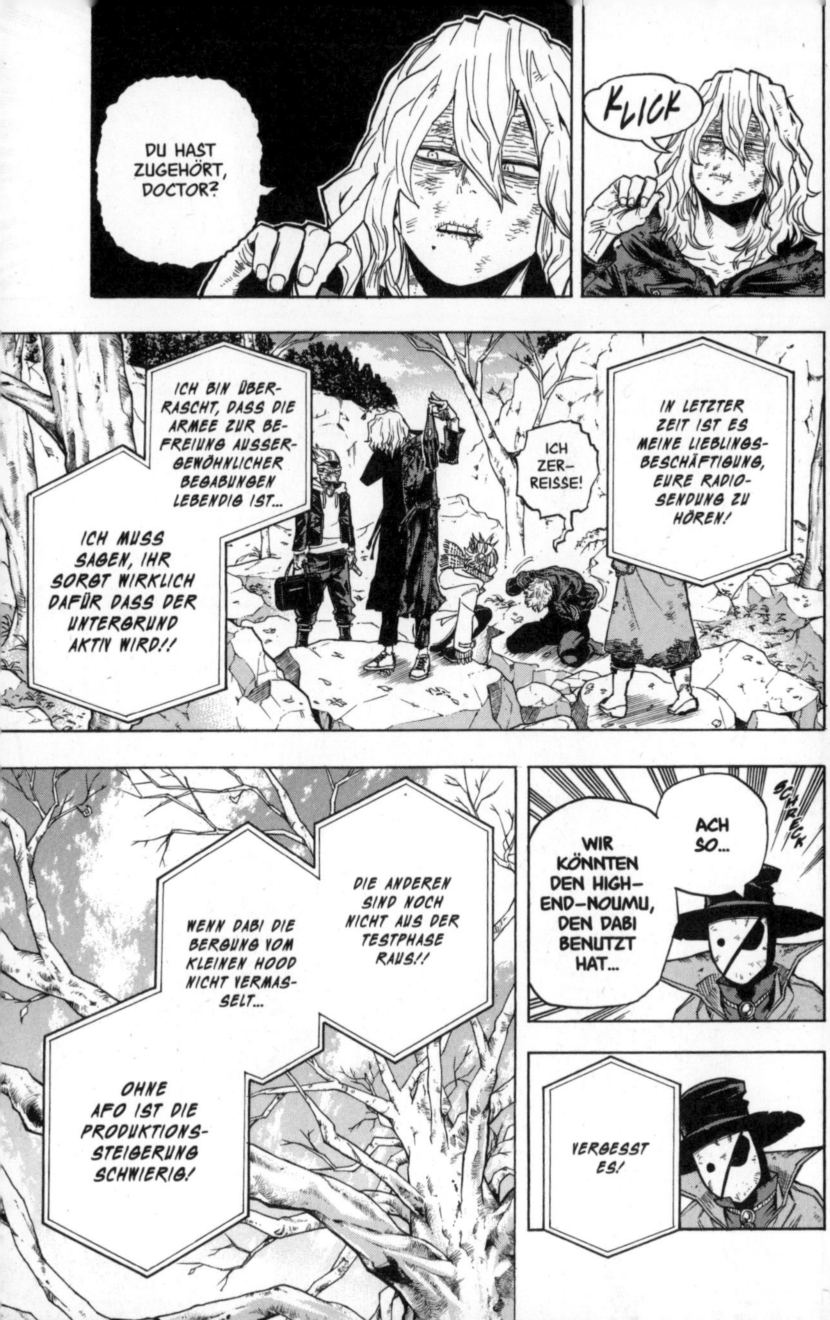
KLICK
DU HAST ZUGEHÖRT, DOCTOR?
IN LETZTER ZEIT IST ES MEINE LIEBLINGS-BESCHÄFTIGUNG, EURE RADIO-SENDUNG ZU HÖREN!
ICH ZER-REISSE!
ICH BIN ÜBER-RASCHT, DASS DIE ARMEE ZUR BE-FREIUNG AUSSER-GEWÖHNLICHER BEGABUNGEN LEBENDIG IST...
ICH MUSS SAGEN, IHR SORGT WIRKLICH DAFÜR DASS DER UNTERGRUND AKTIV WIRD!!
SCHRECK
ACH SO...
WIR KÖNNTEN DEN HIGH-END-NOUMU, DEN DABI BENUTZT HAT...
VERGESST ES!
DIE ANDEREN SIND NOCH NICHT AUS DER TESTPHASE RAUS!!
WENN DABI DIE BERGUNG VOM KLEINEN HOOD NICHT VERMAS-SELT...
OHNE AFO IST DIE PRODUKTIONS-STEIGERUNG SCHWIERIG!

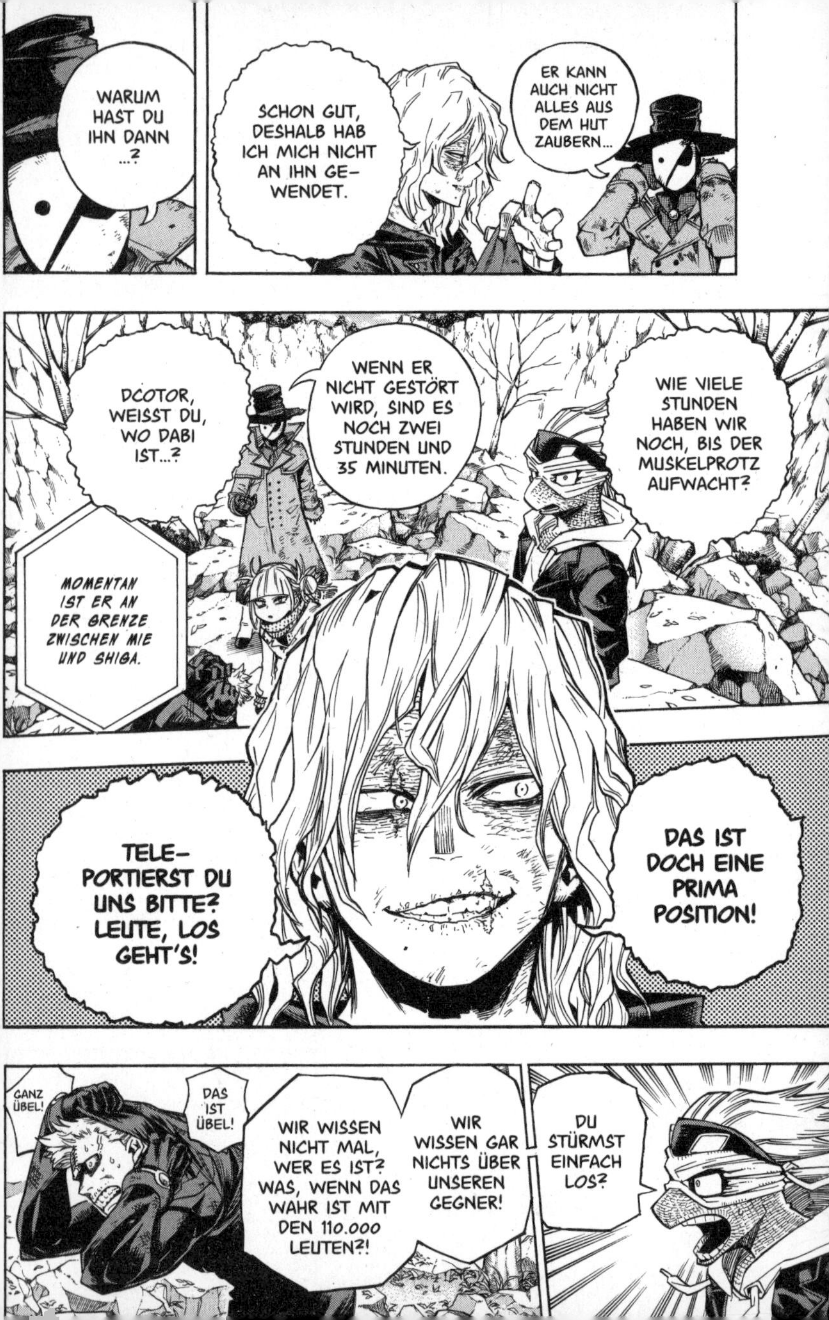

ER KANN AUCH NICHT ALLES AUS DEM HUT ZAUBERN...
SCHON GUT, DESHALB HAB ICH MICH NICHT AN IHN GE- WENDET.
WARUM HAST DU IHN DANN ...?
WIE VIELE STUNDEN HABEN WIR NOCH, BIS DER MUSKELPROTZ AUFWACHT?
WENN ER NICHT GESTÖRT WIRD, SIND ES NOCH ZWEI STUNDEN UND 35 MINUTEN.
DCOTOR, WEISST DU, WO DABI IST...?
MOMENTAN IST ER AN DER GRENZE ZWISCHEN MIE UND SHIGA.
DAS IST DOCH EINE PRIMA POSITION!
TELE- PORTIERST DU UNS BITTE? LEUTE, LOS GEHT'S!
DU STÜRMST EINFACH LOS?
WIR WISSEN GAR NICHTS ÜBER UNSEREN GEGNER!
WIR WISSEN NICHT MAL, WER ES IST? WAS, WENN DAS WAHR IST MIT DEN 110.000 LEUTEN?!
DAS IST ÜBEL!
GANZ ÜBEL!

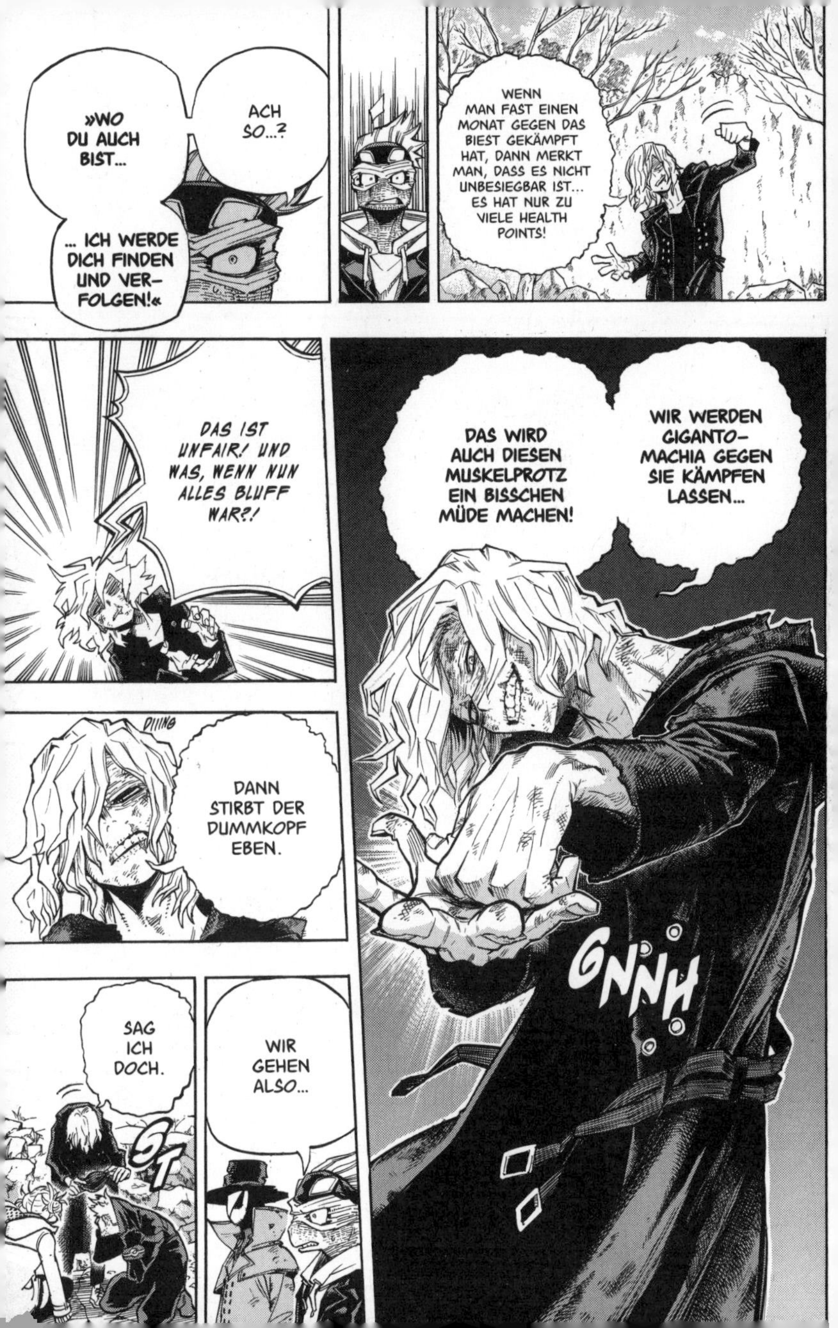
WENN MAN FAST EINEN MONAT GEGEN DAS BIEST GEKÄMPFT HAT, DANN MERKT MAN, DASS ES NICHT UNBESIEGBAR IST... ES HAT NUR ZU VIELE HEALTH POINTS!
ACH SO...?
»WO DU AUCH BIST...
... ICH WERDE DICH FINDEN UND VERFOLGEN!«
WIR WERDEN GIGANTO-MACHIA GEGEN SIE KÄMPFEN LASSEN...
DAS WIRD AUCH DIESEN MUSKELPROTZ EIN BISSCHEN MÜDE MACHEN!
GNNH
DAS IST UNFAIR! UND WAS, WENN NUN ALLES BLUFF WAR?!
DIIING
DANN STIRBT DER DUMMKOPF EBEN.
WIR GEHEN ALSO...
SAG ICH DOCH.
ST

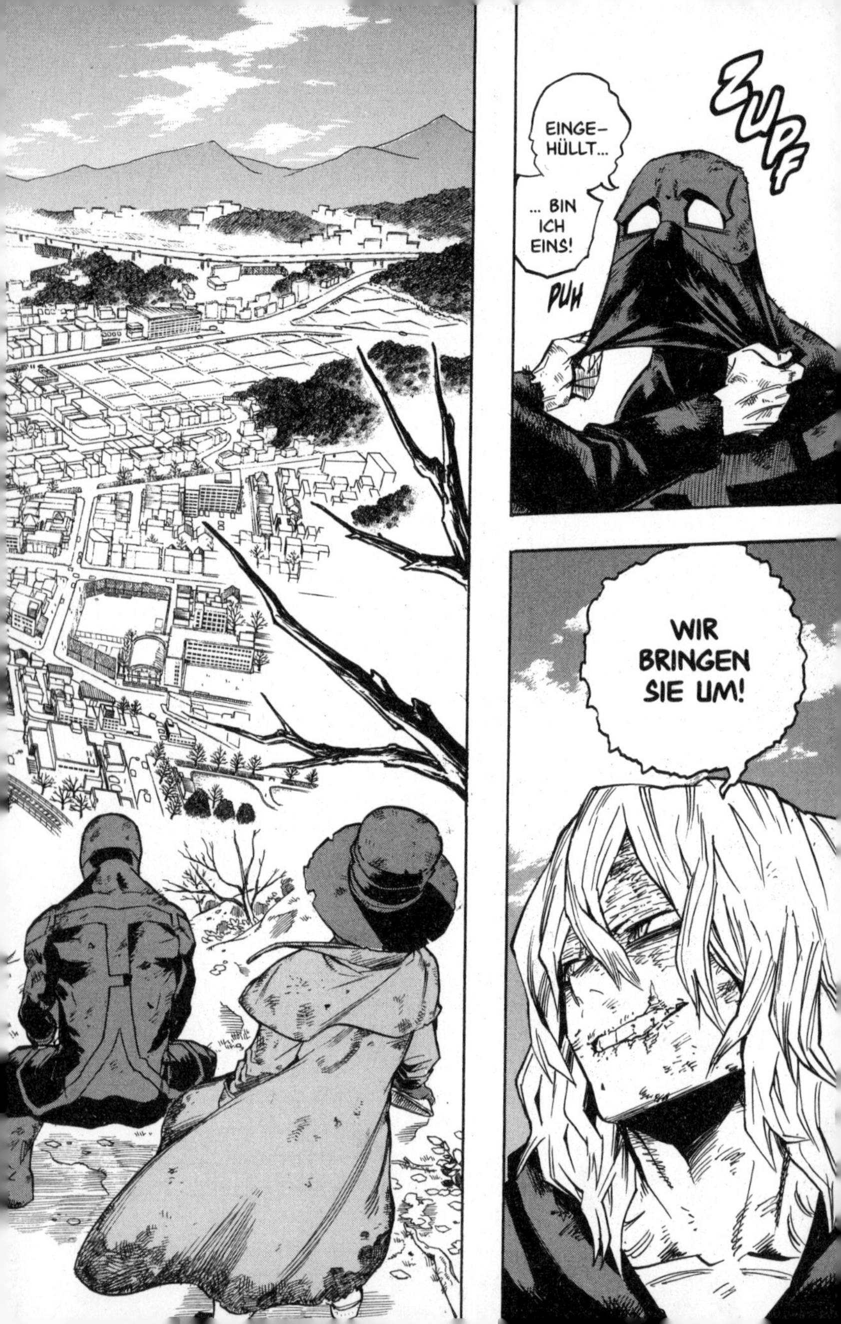

ZUPF
EINGE-HÜLLT...
... BIN ICH EINS!
PUH
WIR BRINGEN SIE UM!

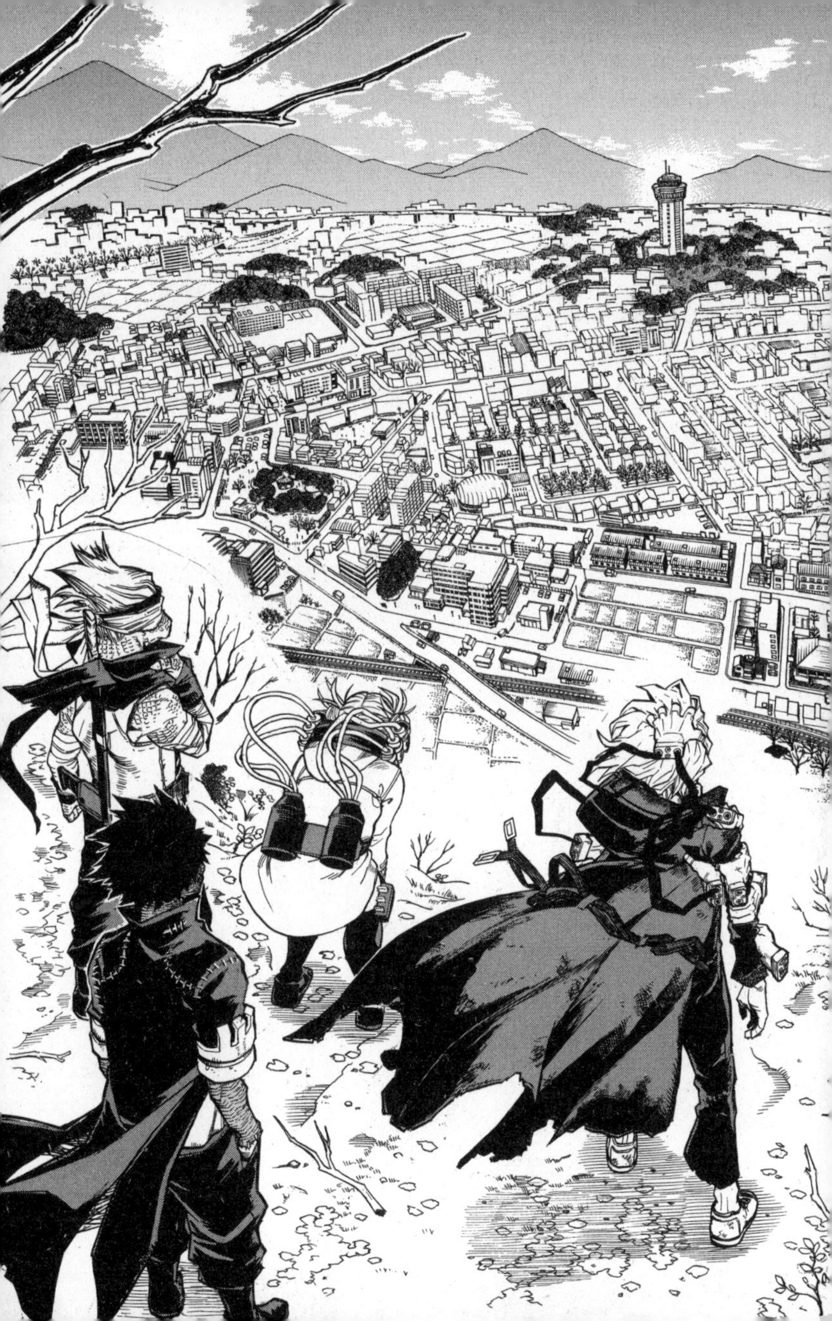

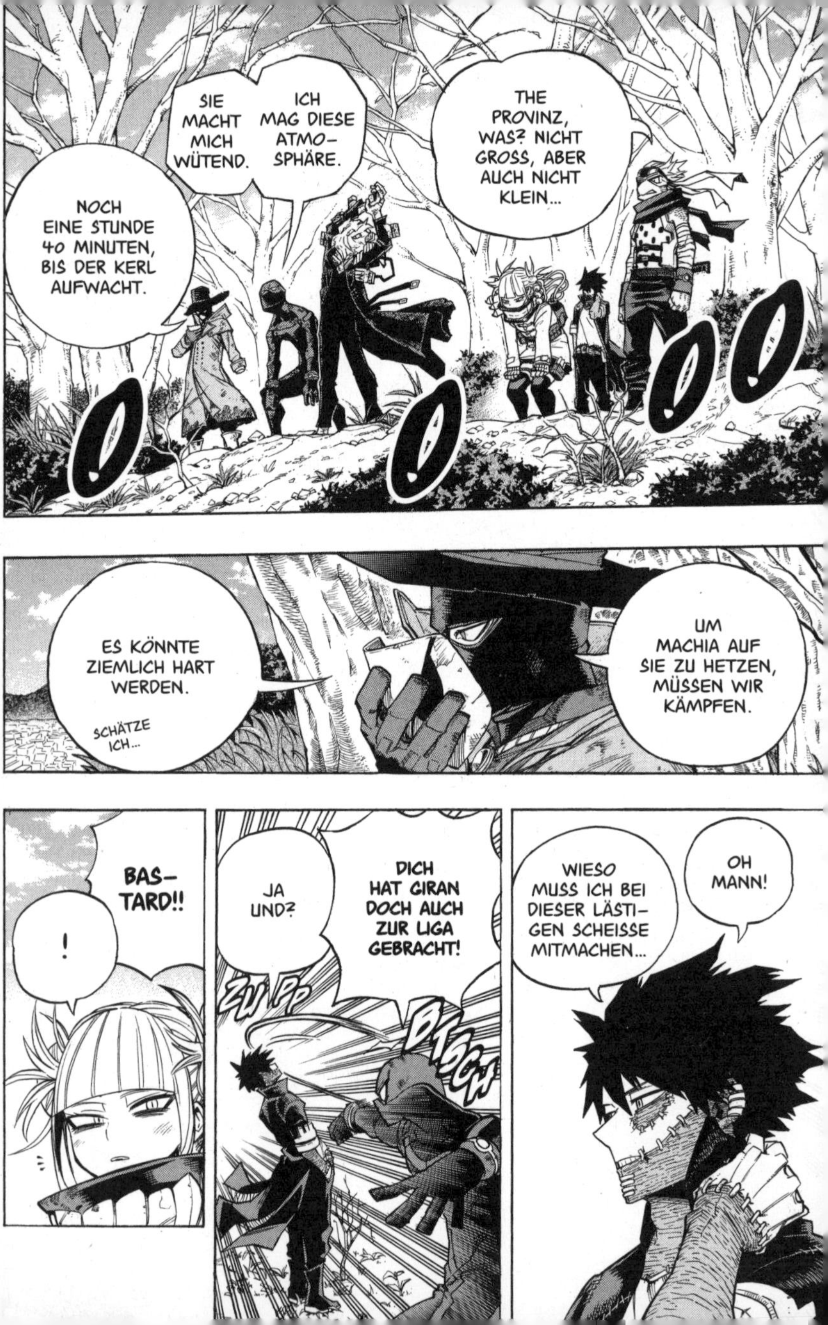
THE PROVINZ, WAS? NICHT GROSS, ABER AUCH NICHT KLEIN...
ICH MAG DIESE ATMO-SPHÄRE.
SIE MACHT MICH WÜTEND.
NOCH EINE STUNDE 40 MINUTEN, BIS DER KERL AUFWACHT.
UM MACHIA AUF SIE ZU HETZEN, MÜSSEN WIR KÄMPFEN.
ES KÖNNTE ZIEMLICH HART WERDEN.
SCHÄTZE ICH...
OH MANN!
WIESO MUSS ICH BEI DIESER LÄSTI-GEN SCHEISSE MITMACHEN...
DICH HAT GIRAN DOCH AUCH ZUR LIGA GEBRACHT!
JA UND?
ZUPP
BTSCH
BAS-TARD!!
!

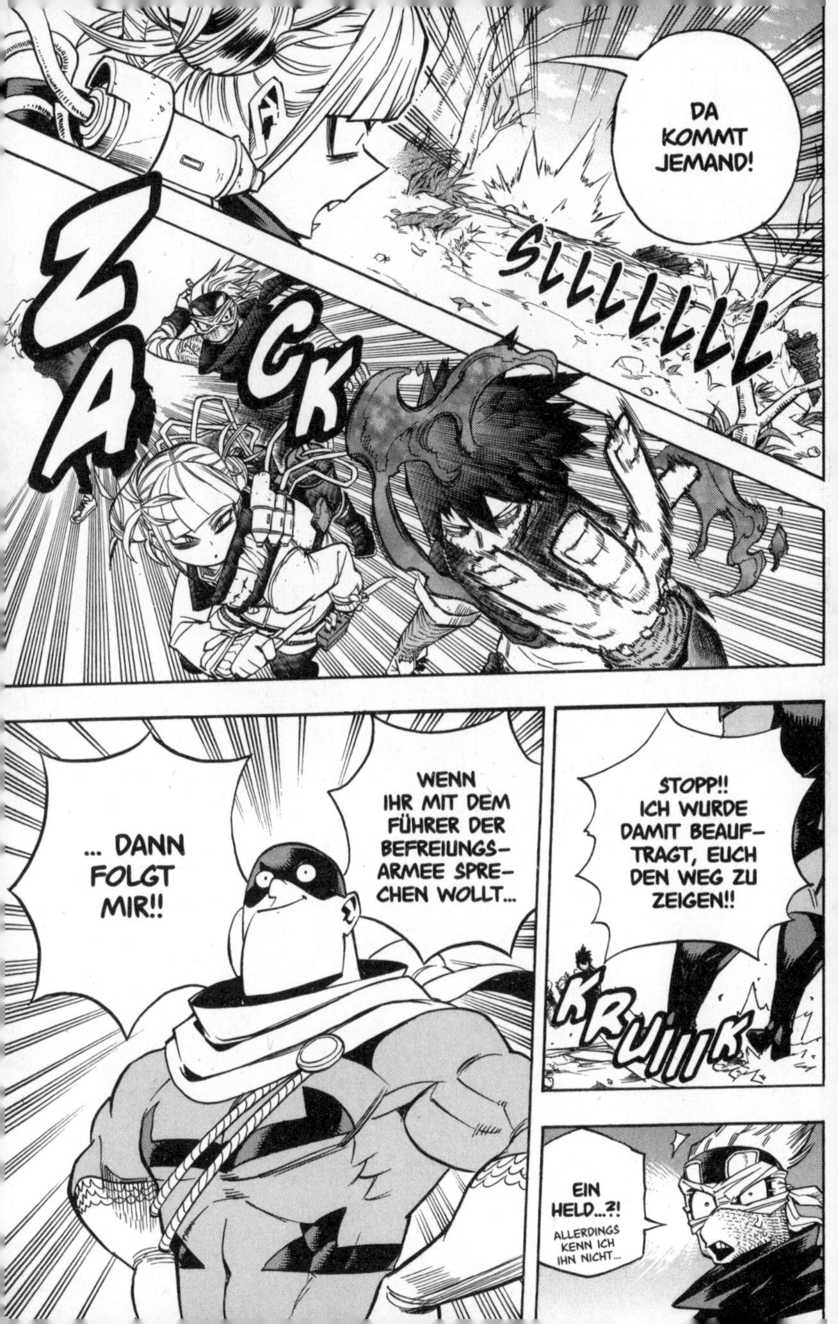
DA KOMMT JEMAND!
SLLLLLLL
ZACK
STOPP!! ICH WURDE DAMIT BEAUF-TRAGT, EUCH DEN WEG ZU ZEIGEN!!
KRUIIIK
WENN IHR MIT DEM FÜHRER DER BEFREIUNGS-ARMEE SPRE-CHEN WOLLT...
... DANN FOLGT MIR!!
EIN HELD...?!
ALLERDINGS KENN ICH IHN NICHT...

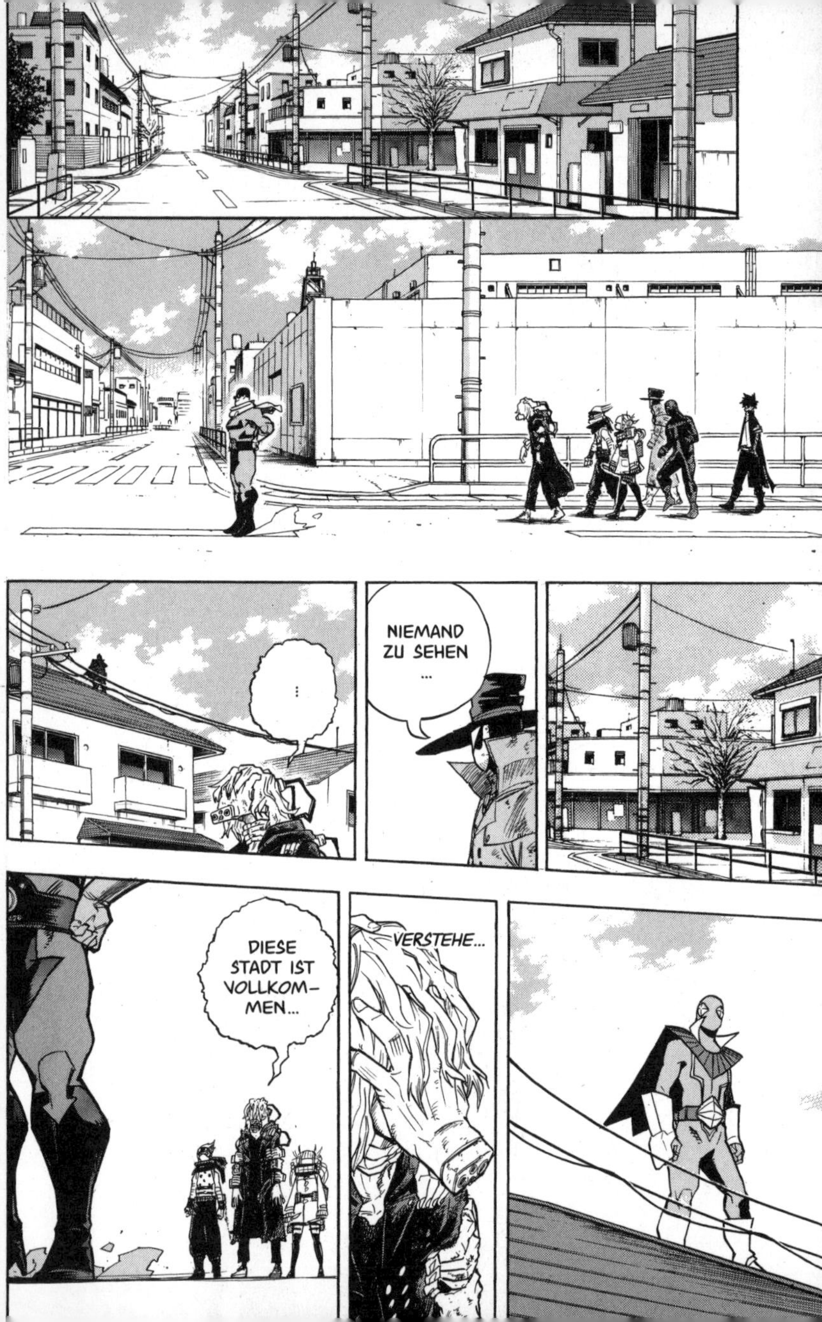
…
NIEMAND
ZU SEHEN
…
DIESE
STADT IST
VOLLKOM-
MEN…
VERSTEHE…

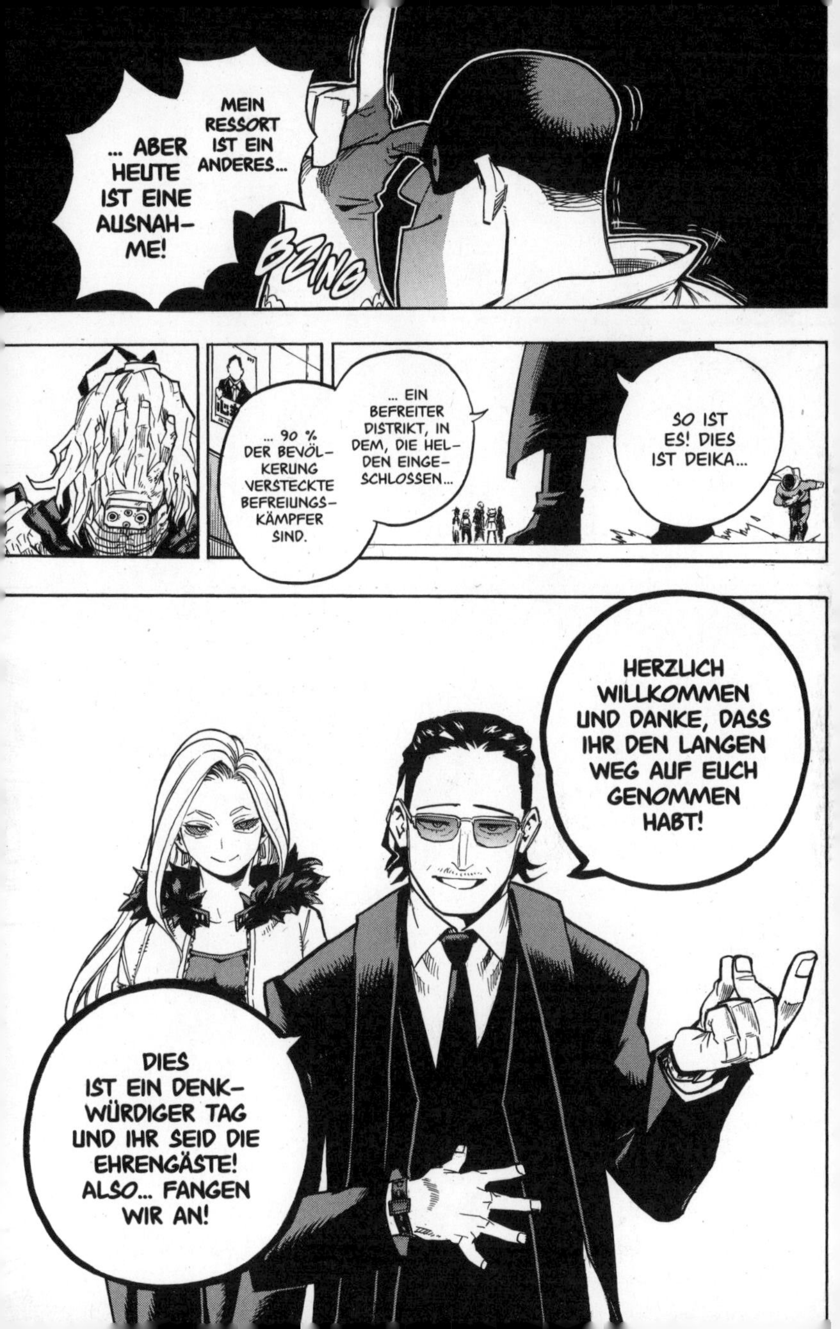
MEIN RESSORT IST EIN ANDERES...
... ABER HEUTE IST EINE AUSNAHME!
BZING
SO IST ES! DIES IST DEIKA...
... EIN BEFREITER DISTRIKT, IN DEM, DIE HELDEN EINGESCHLOSSEN...
... 90 % DER BEVÖLKERUNG VERSTECKTE BEFREIUNGSKÄMPFER SIND.
HERZLICH WILLKOMMEN UND DANKE, DASS IHR DEN LANGEN WEG AUF EUCH GENOMMEN HABT!
DIES IST EIN DENKWÜRDIGER TAG UND IHR SEID DIE EHRENGÄSTE! ALSO... FANGEN WIR AN!

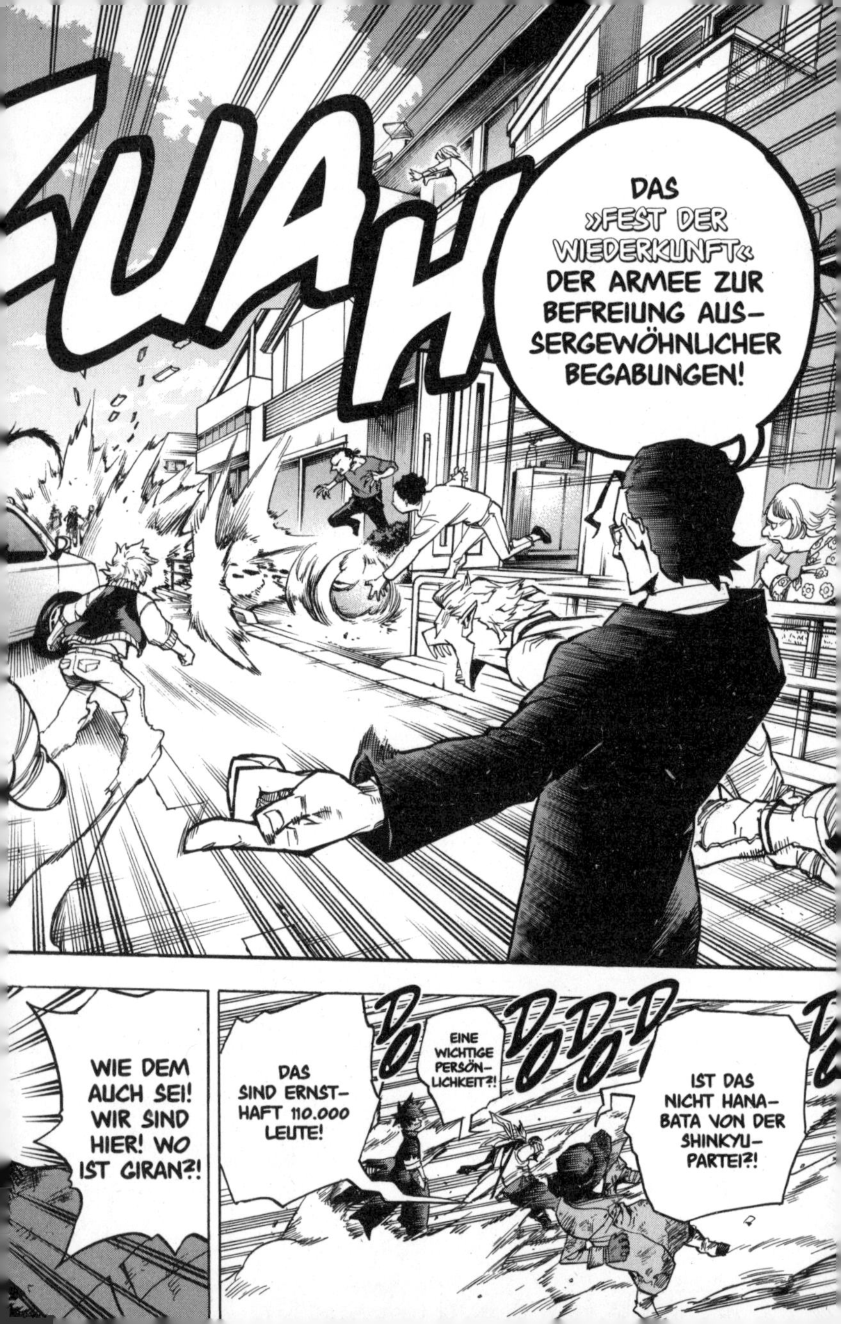

WUAH
DAS »FEST DER WIEDERKUNFT« DER ARMEE ZUR BEFREIUNG AUS-SERGEWÖHNLICHER BEGABUNGEN!
DDDDD
IST DAS NICHT HANA-BATA VON DER SHINKYU-PARTEI?!
EINE WICHTIGE PERSÖN-LICHKEIT?!
DAS SIND ERNST-HAFT 110.000 LEUTE!
WIE DEM AUCH SEI! WIR SIND HIER! WO IST GIRAN?!

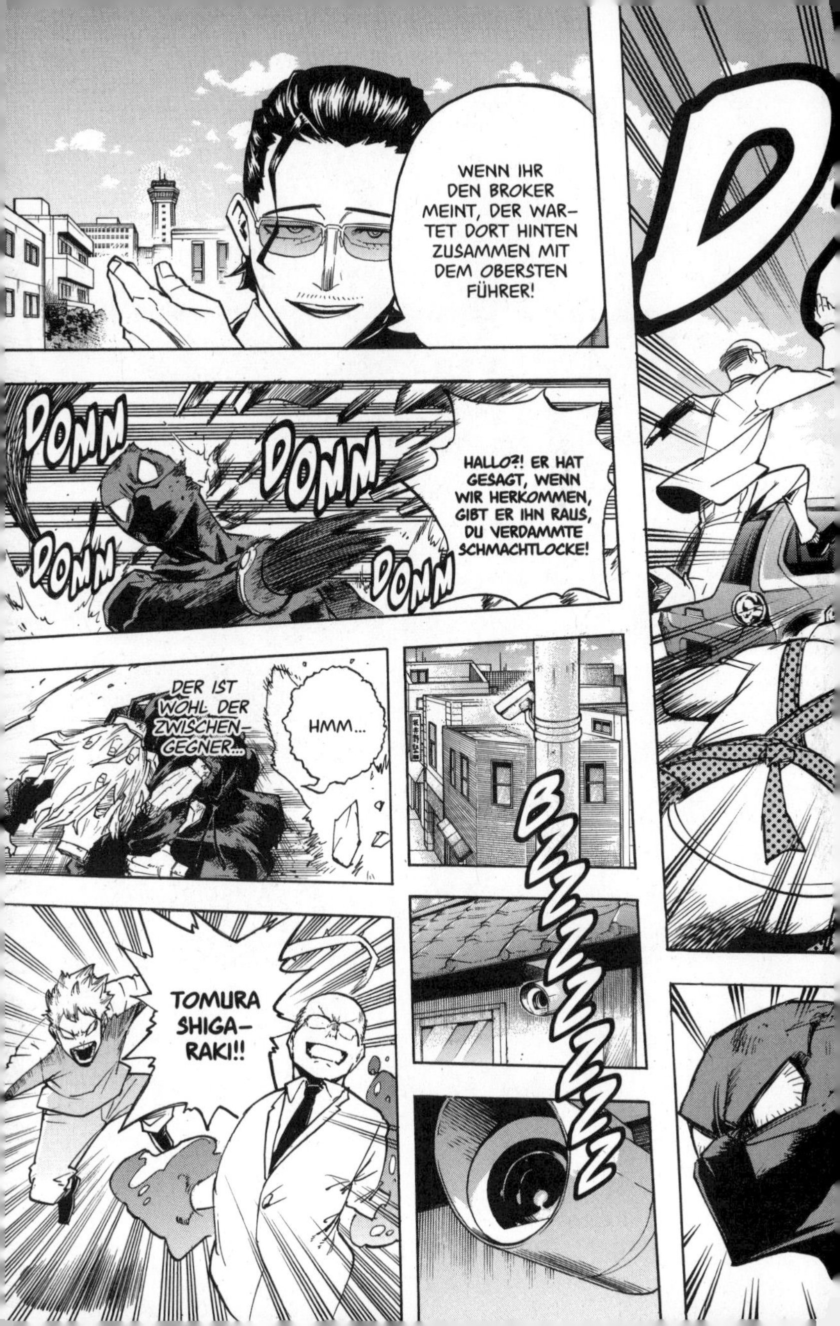
WENN IHR DEN BROKER MEINT, DER WAR-TET DORT HINTEN ZUSAMMEN MIT DEM OBERSTEN FÜHRER!
HALLO?! ER HAT GESAGT, WENN WIR HERKOMMEN, GIBT ER IHN RAUS, DU VERDAMMTE SCHMACHTLOCKE!
DOMM DOMM DOMM DOMM
HMM...
DER IST WOHL DER ZWISCHEN-GEGNER...
BZZZZZZZZ
TOMURA SHIGA-RAKI!!

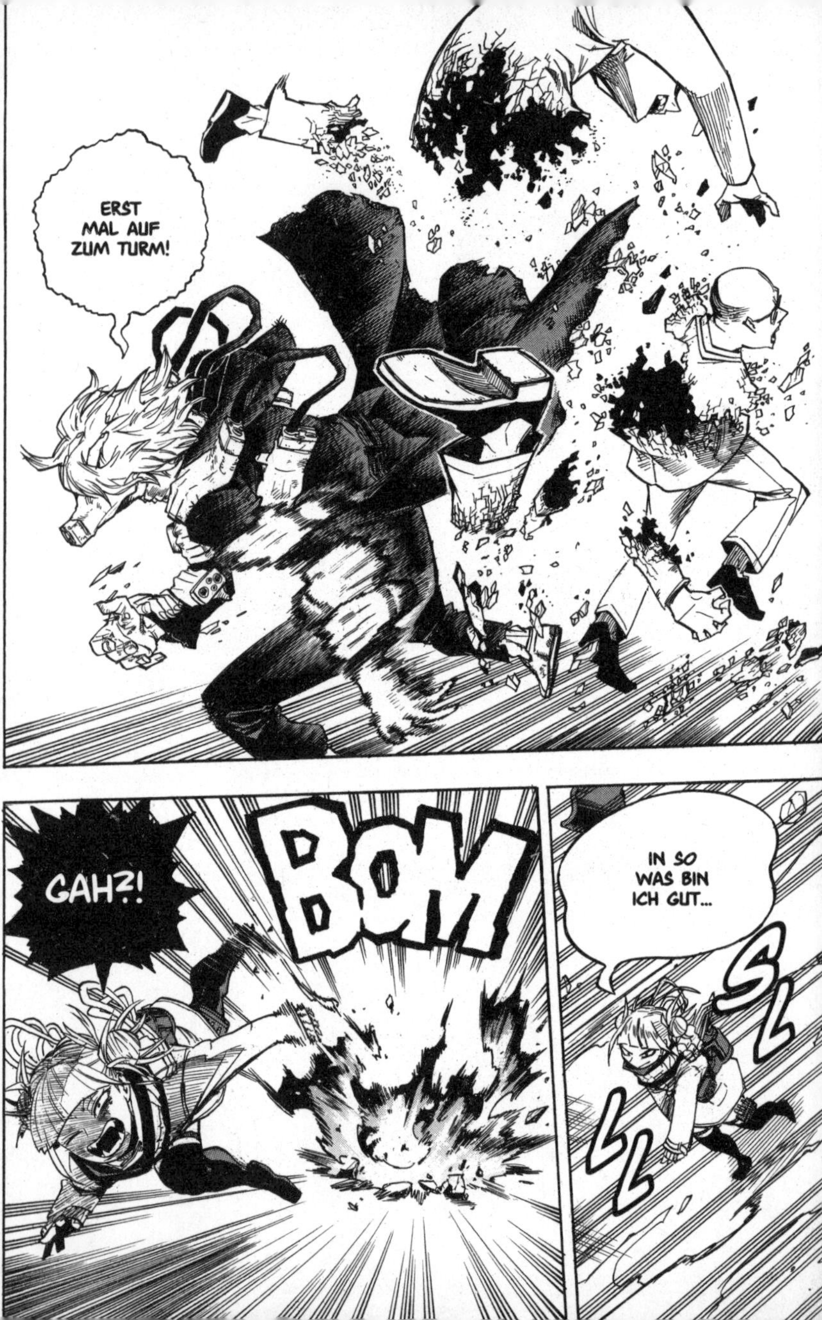
ERST MAL AUF ZUM TURM!
IN SO WAS BIN ICH GUT...
BOM
GAH?!

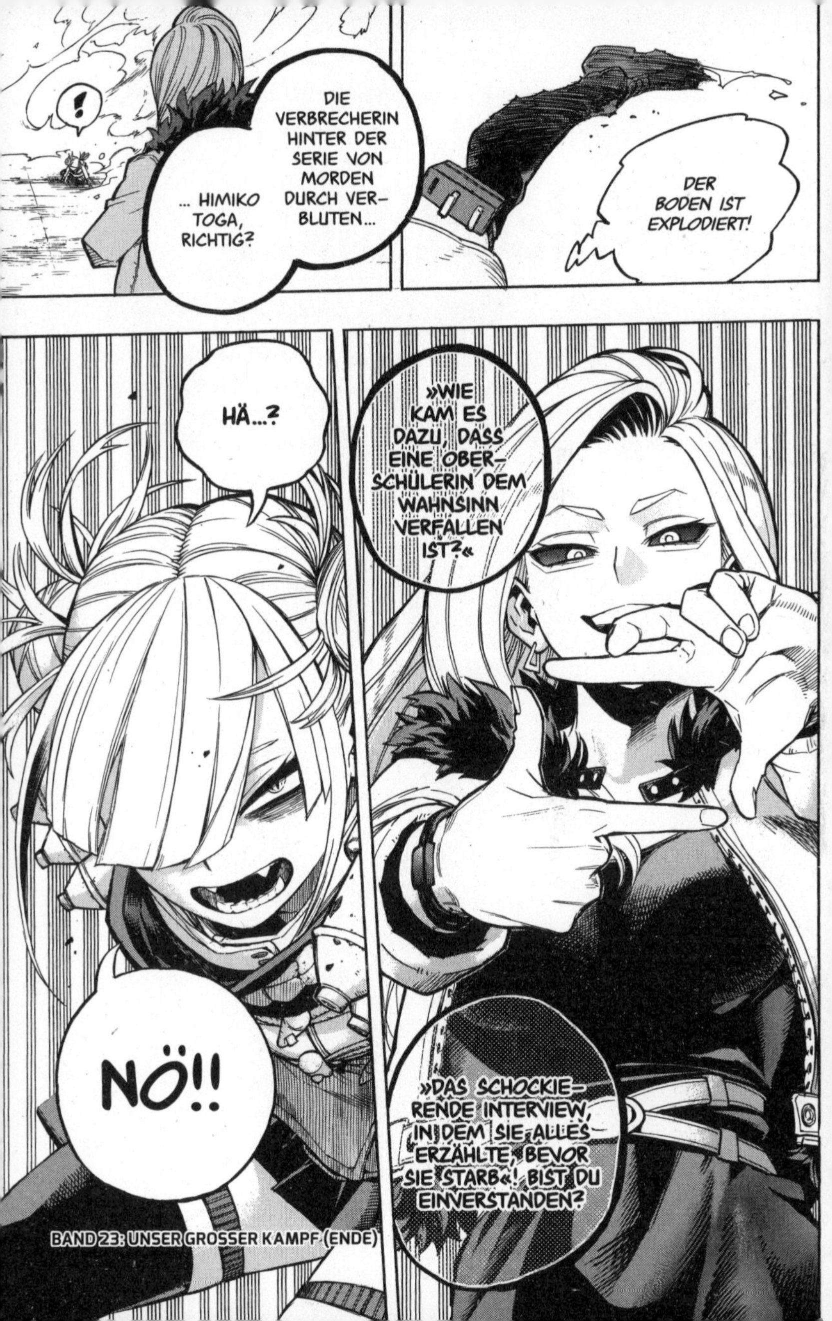

BAND 23: UNSER GROSSER KAMPF (ENDE)

THE SCHURKE

In Band 7 habe ich die recht eigensinnige Aussage gemacht, dass ich von den Schurken keine Profile vorstelle, weil ich möchte, dass sie bedrohlich bleiben, aber das war meine Einstellung zur Zeit von Band 7. Von jetzt an werde ich auch Vorstellungsseiten von der Liga der Bösen schreiben, weil die Geschichte jetzt in ein neues Stadium eintritt.

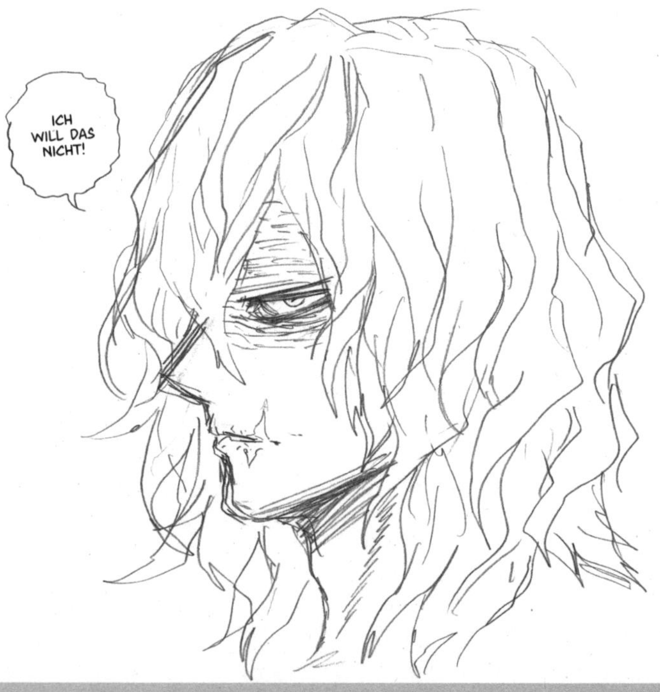

VILLAINS

TOMURA SHIGARAKI (20)
(TENKO SHIMURA)

The Freizeitkleidung

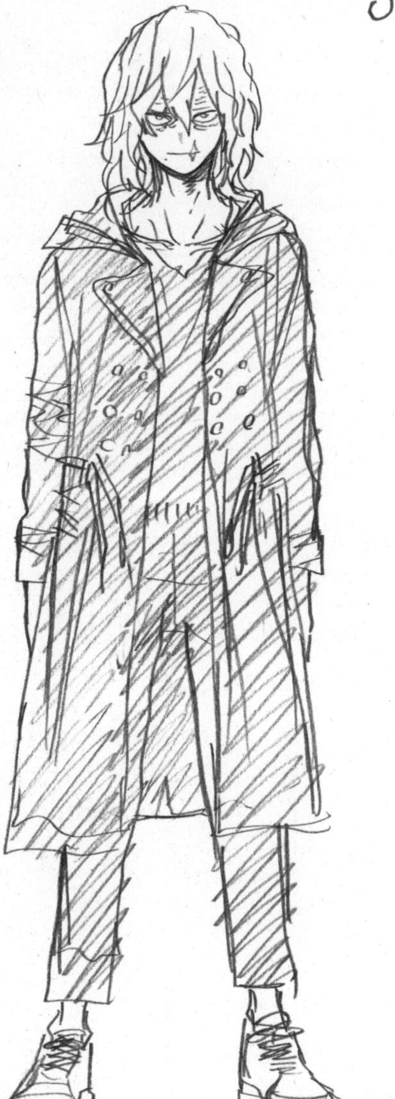

GEBURTSTAG: 4. APRIL
GRÖSSE: 1,75 CM
MAG: NICHTS

THE ZUSATZINFOS

Aus irgendwelchen Gründen ist mir immer im Gedächtnis geblieben, dass, als ich Shigaraki zum ersten Mal zeichnete, mein damaliger Redakteur zu mir sagte: »Seine Macke ist, dass er seine Hände abfeuert, richtig?«

Das Vorbild für Shigaraki ist »Tenko«, die Hauptperson meines Debuts »Tenko«. »My Hero Academia« ist meine eigene Kompilation, oder anders gesagt, ich habe mir bei Beginn der Serie gesagt: »So, und da packst du jetzt alles rein, was du jemals geschrieben hast, und haust es den Leuten um die Ohren!«

Er ist fürchterlich aufwendig zu zeichnen. Außerdem ist er mein Feind.

THE BEITRAG

Ich habe schon wieder einen krassen Beitrag bekommen!! Wobei... es war im Grunde mehr oder weniger Nötigung. Es tut mir leid, Herr Akutami! Genau, es ist Gege Akutami, Autor der momentanen »Jump«-Erfolgsserie »Jujutsu Kaisen«! Der Anlass war eine Nachricht der Redaktion: »Du magst doch Jujutsu Kaisen, oder? Herr Akutami mag MHA auch sehr! Schreib bitte einen Kommentar für die Banderole des neuen Bands!« (sinngemäß)

Da mein Herz auf Mittelschul- und mein Gehirn auf Grundschulniveau stehen geblieben sind, hatte ich natürlich sofort einen Einfall:

»Dann tauschen wir doch Zeichnungen aus! Zeichnungen austauschen!!« Was habe ich mir wohl bei diesem »dann« gedacht?

In meinem Hochgefühl, dass ein Autor, den ich mag, gesagt hat, dass er mich mag, habe ich diesen Vorschlag gemacht, ohne auch nur einen Gedanken daran zu verschwenden, dass es für mein Gegenüber eine Belastung sein könnte. Vielen Dank, dass Sie einverstanden waren, Herr Akutami!!

Und entschuldigen Sie bitte!!

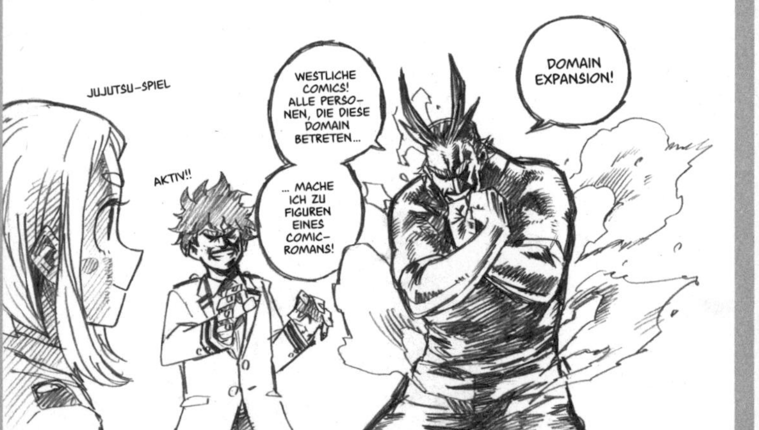

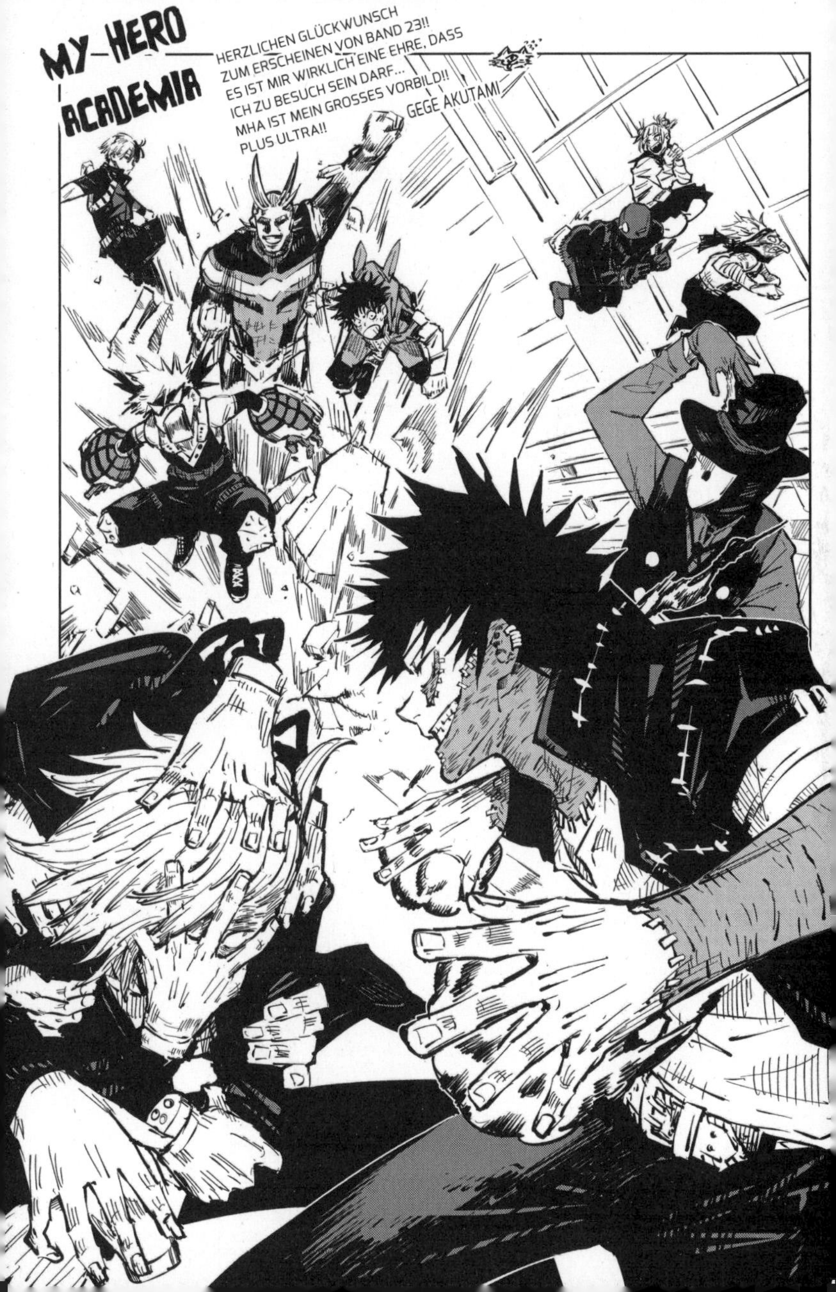
MY HERO ACADEMIA
HERZLICHEN GLÜCKWUNSCH
ZUM ERSCHEINEN VON BAND 23!!
ES IST MIR WIRKLICH EINE EHRE, DASS
ICH ZU BESUCH SEIN DARF…
MHA IST MEIN GROSSES VORBILD!!
PLUS ULTRA!!
GEGE AKUTAMI

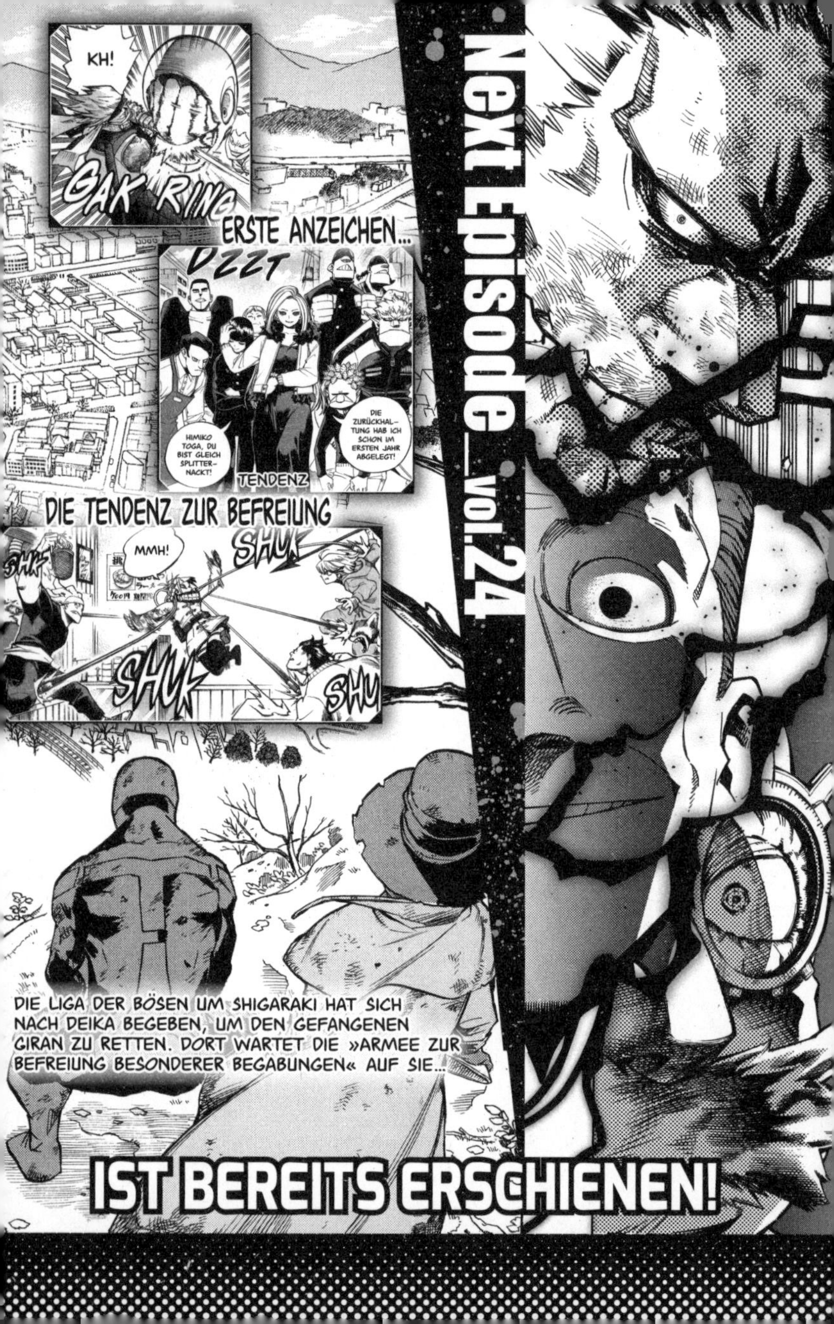
Next Episode_vol.24
KH!
GAK RING
ERSTE ANZEICHEN...
DZZT
DIE ZURÜCKHALTUNG HAB ICH SCHON IM ERSTEN JAHR ABGELEGT!
HIMIKO TOGA, DU BIST GLEICH SPLITTERNACKT!
TENDENZ
DIE TENDENZ ZUR BEFREIUNG
SHU
SHU
MMH!
SHU
SHU
DIE LIGA DER BÖSEN UM SHIGARAKI HAT SICH NACH DEIKA BEGEBEN, UM DEN GEFANGENEN GIRAN ZU RETTEN. DORT WARTET DIE »ARMEE ZUR BEFREIUNG BESONDERER BEGABUNGEN« AUF SIE...
IST BEREITS ERSCHIENEN!

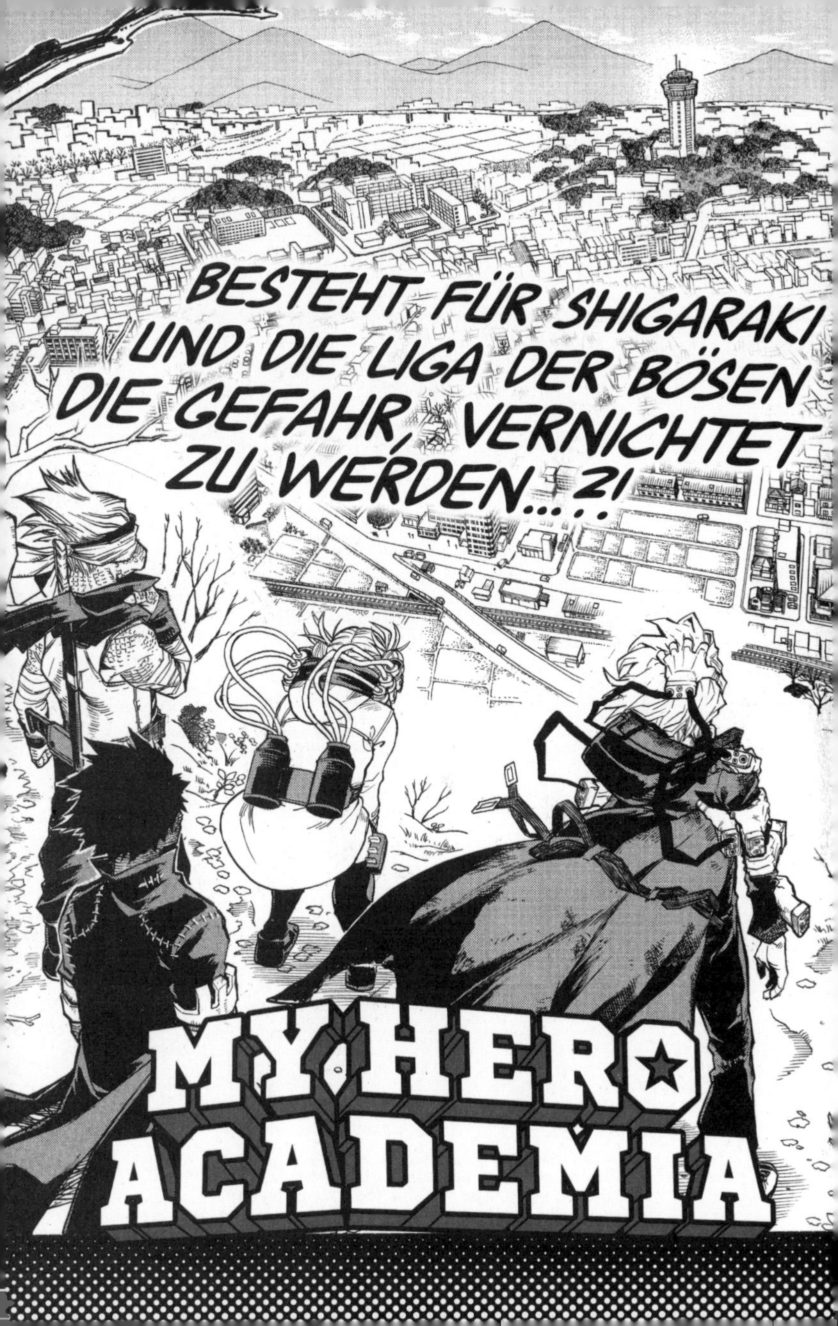
BESTEHT FÜR SHIGARAKI UND DIE LIGA DER BÖSEN DIE GEFAHR, VERNICHTET ZU WERDEN...?!
MY HERO ACADEMIA

CARLSEN MANGA! CHECKLIST

BARFUSS DURCH HIROSHIMA

von Keiji Nakazawa
€ 12,00 (D) / € 12,40 (A)
O Band 2
€ 14,00 (D) / € 14,40 (A)
O Band 1, 3 bis 4

BARRAGE

von Kohei Horikoshi
€ 6,99 (D) / € 7,20 (A)
O Band 1 bis 2
In 2 Bänden abgeschlossen

BATTLE ANGEL ALITA – PERFECT EDITION

von Yukito Kishiro
€ 19,99 (D) / € 20,60 (A)
O Band 1 bis 3
€ 24,99 (D) / € 25,70 (A)
O Band 4
In 4 Bänden abgeschlossen
€ 29,99 (D) / € 30,90 (A)
O Band 4 im Schuber
€ 89,99 (D) / € 92,60 (A)
O Band 1-4 im Schuber

BATTLE ANGEL ALITA – LAST ORDER PERFECT EDITION

von Yukito Kishiro
€ 14,99 (D) / € 15,50 (A)
O 1 bis 3, 5 bis 9
€ 19,99 (D) / € 20,60 (A)
O Band 10
O Band 11 06/21
O Band 12 09/21
€ 16,99 (D) / € 17,50 (A)
O Band 4
In 12 Bänden abgeschlossen
€ 25,00 (D) / € 25,70 (A)
O Band 12 im Schuber mit Extra 09/21
€ 90,00 (D) / € 92,60 (A)
O Bände 1 bis 6 im Schuber mit Extra
€ 99,00 (D) / € 103,20 (A)
O Bände 7 bis 12 im Schuber mit Extra 09/21

BATTLE ANGEL ALITA – MARS CHRONICLE

von Yukito Kishiro
€ 6,95 (D) / € 7,20 (A)
O Band 1 bis 3, 5-6
O Band 7 07/21
€ 10,00 (D) / € 10,30 (A)
O Band 4
Bislang 6 Bände in Japan

ATTACK ON TITAN – DELUXE

von Hajime Isayama
€ 25,00 (D) / € 25,70 (A)
O Band 1 bis 8

ATTACK ON TITAN – INSIDE

von Hajime Isayama
€ 12,90 (D) / € 13,30 (A)
O Einzelband

ATTACK ON TITAN – LOST GIRLS

von Isayama, Seko & Fuji
€ 6,99 (D) / € 7,20 (A)
O Band 1 & 2
In 2 Bänden abgeschlossen

ATTACK ON TITAN – LOST GIRLS (Nippon Novel)

von Hiroshi Seko
€ 9,95 (D) / € 10,30 (A)
O Einzelband

ATTACK ON TITAN – NO REGRETS

von Hajime Isayama
€ 6,95 (D) / € 7,20 (A)
O Band 1 & 2
In 2 Bänden abgeschlossen

ATTACK ON TITAN – NO REGRETS FULL COLOR EDITION

von Hajime Isayama
€ 14,99 (D) / € 15,50 (A)
O Band 1 & 2
In 2 Bänden abgeschlossen

ATTACK ON TITAN – OUTSIDE

von Hajime Isayama
€ 12,90 (D) / € 13,30 (A)
O Einzelband

ATTACK ON TITAN – SHORT PLAY

von Isayama & hounori
€ 8,99 (D) / € 9,30 (A)
O Einzelband

ANONYMOUS NOISE

von Ryoko Fukuyama
€ 5,00 (D) / € 6,20 (A)
O Band 1
€ 6,99 (D) / € 7,20 (A)
O Band 2 bis 17
O Band 18 06/21
In 18 Bänden abgeschlossen

ARTE

von Kei Ohkubo
€ 10,00 (D) / € 10,30 (A)
O Band 1 bis 6
O Band 7 07/21
O Band 8 09/21
Bislang 13 Bände in Japan

ASSASSINATION CLASSROOM

von Yusei Matsui
€ 6,50 (D) / € 6,70 (A)
O Band 1 bis 21
In 21 Bänden abgeschlossen

ATTACK ON TITAN

von Hajime Isayama
€ 6,95 (D) / € 7,20 (A)
O Band 1 bis 32
O Band 33 09/21
In 34 Bänden abgeschlossen
€ 36,00 (D) / € 37,10 (A)
O Bände 1-5 im Schuber
O Bände 6-10 im Schuber
O Bände 11-15 im Schuber
O Bände 16-20 im Schuber
O Bände 21-25 im Schuber
O Bände 26-30 im Schuber

ATTACK ON TITAN – ANSWERS

von Hajime Isayama
€ 12,90 (D) / € 13,30 (A)
O Einzelband

ATTACK ON TITAN – BEFORE THE FALL

von Hajime Isayama
€ 6,95 (D) / € 7,20 (A)
O Band 1 bis 17
In 17 Bänden abgeschlossen

ATTACK ON TITAN CHARACTER GUIDE

von Hajime Isayama
€ 12,90 (D) / € 13,30 (A)
O Einzelband

12 JAHRE

von Nao Maita
€ 5,99 (D) / € 6,20 (A)
O Band 1 bis 14
€ 6,99 (D) / € 7,20 (A)
O Band 15 08/21
In 20 Bänden abgeschlossen

ABE SADA

von Kazuo Kamimura
€ 14,99 (D) / € 15,50 (A)
O Band 1 & 2
In 2 Bänden abgeschlossen

ACID TOWN

von Kyugo
€ 7,95 (D) / € 8,20 (A))
O Band 6
Bislang 6 Bände in Japan

AKIRA – ORIGINAL EDITION

von Katsuhiro Otomo
€ 19,90 (D) / € 20,50 (A)
O Band 1 bis 3
€ 22,90 (D) / € 23,60 (A)
O Band 4 bis 6
In 6 Bänden abgeschlossen

ALICE IN MURDERLAND

von Kaori Yuki
€ 7,95 (D) / € 8,20 (A)
O Band 1 bis 11
In 11 Bänden abgeschlossen

ALISIK

von Helge Vogt & Hubertus Rufledt
€ 8,99 (D) / € 9,30 (A)
O Band 1
€ 7,99 (D) / € 8,30 (A)
O Band 2 bis 4
In 4 Bänden abgeschlossen

ALPHA² – NEUEDITION

von Kamineo & Kamoi
€ 14,00 (D) / € 14,40 (A)
O Einzelband

ALPI - THE SOUL SENDER

von Rona
€ 7,00 (D) / € 7,20 (A)
O Band 1 07/21
Bislang 4 Bände in Japan

CARLSEN MANGA! CHECKLIST

DOUBT GESAMTAUSGABE
von Yoshiki Tonogai
€ 30,00 (D) / € 30,90 (A)
O **Sammelschuber** 07/21

DRAGON BALL
von Akira Toriyama
€ 6,50 (D) / € 6,70 (A)
O **Band 1 bis 42**
In 42 Bänden abgeschlossen

DRAGON BALL MASSIV
von Akira Toriyama
€ 5,00 (D) / € 5,20 (A)
O **Band 1**
€ 10,00 (D) / € 10,30 (A)
O **Band 2 bis 11**
O **Band 12** 07/21
O **Band 13** 09/21

DRAGON BALL SD
von Akira Toriyama
(Original Story)
& Naho Ohishi
€ 7,95 (D) / € 8,20 (A)
O **Band 1 bis 6**
Bislang 7 Bände in Japan

DRAGON BALL SIDE STORIES
von Akira Toriyama
& dragongarow LEE
€ 5,00 (D) / € 5,20 (A)
O **Yamchu**

DRAGON BALL SUPER
von Toriyama & Toyotarou
€ 6,50 (D) / € 6,70 (A)
O **Band 1 bis 11**
O **Band 12** 06/21
€ 9,99 (D) / € 10,30 (A)
O **Band 5 im Schuber**
O **Band 10 im Schuber**
€ 29,99 (D) / € 30,90 (A)
O **Bände 1-5 im Schuber**
O **Bände 6-10 im Schuber**
Bislang 14 Bände in Japan

DREAMIN' SUN
von Ichigo Takano
€ 6,99 (D) / € 7,20 (A)
O **Band 1 bis 9**
€ 8,99 (D) / € 9,20 (A)
O **Band 10**
In 10 Bänden abgeschlossen

COYOTE
von Ranmaru Zariya
€ 7,99 (D) / € 8,30 (A)
O **Band 1 bis 3**
Bislang 3 Bände in Japan

CROSS ACCOUNT
von Tsunehiro Date
€ 6,99 (D) / € 7,20 (A)
O **Band 1 bis 4**
In 4 Bänden abgeschlossen

DEAD COMPANY
von Yoshiki Tonogai
€ 7,00 (D) / € 7,20 (A)
O **Band 1** 07/21
In 3 Bänden abgeschlossen

DEFENSE DEVIL
von Youn In-Wan
& Yang Kyung-Il
€ 5,95 (D) / € 6,20 (A)
O **Band 1 bis 10**
In 10 Bänden abgeschlossen

DEPTH OF FIELD
von Enjo
€ 8,00 (D) / € 8,30 (A)
O **Band 1 & 2**
In 2 Bänden abgeschlossen

DEVILS & REALIST
von Utako Yukihiro
& Madoka Takadono
€ 6,95 (D) / € 7,20 (A)
O **Band 11 bis 13**
€ 7,95 (D) / € 8,20 (A)
O **Band 14**
€ 8,95 (D) / € 9,20 (A)
O **Band 15**
In 15 Bänden abgeschlossen

DIALOGE MIT MIR SELBST
von Kabi Nagata
€ 18,00 (D) / € 18,50 (A)
O **Band 1 b& 2**
In 2 Bänden abgeschlossen

DIE STADT DER BESONDEREN KINDER
von Ransom Riggs
& Cassandra Jean
€ 14,90 (D) / € 15,40 (A)
O **Einzelband**

BLACK LAGOON
von Rei Hiroe
€ 6,95 (D) / € 7,20 (A)
O **Band 4**
€ 7,95 (D) / € 8,20 (A)
O **Band 1-3, 5-8, 10-11**
€ 8,95 (D) / € 9,20 (A)
O **Band 9**
Bislang 11 Bände in Japan

BLOOM INTO YOU
von Nio Naketani
€ 6,99 (D) / € 7,20 (A)
O **Band 1 bis 7**
€ 7,99 (D) / € 8,30 (A)
O **Band 8**
In 8 Bänden abgeschlossen

BLUE FLAG
von Kaito
€ 7,99 (D) / € 8,30 (A)
O **Band 1 bis 7**
In 7 Bänden abgeschlossen

BLUE GIANT
von Shinichi Ishizuka
€ 8,00 (D) / € 8,30 (A)
O **Band 1** 09/21
In 10 Bänden abgeschlossen

BLUE GIANT SUPREME
von Shinichi Ishizuka
€ 8,00 (D) / € 8,30 (A)
O **Band 1 bis 5**
O **Band 6** 08/21
In 11 Bänden abgeschlossen

BORUTO – NARUTO THE NEXT GENERATION
von Kishimoto & Kodachi
€ 6,50 (D) / € 6,70 (A)
O **Band 1 bis 10**
O **Band 11** 07/21
Bislang 13 Bände in Japan

BUDDHA
von Osamu Tezuka
€ 22,90 (D) / € 23,60 (A)
O **Band 1 bis 10**
In 10 Bänden abgeschlossen

CHIISAKOBEE
von Minetaro Mochizuki
€ 14,90 (D) / € 15,40 (A)
O **Band 1 bis 4**
In 4 Bänden abgeschlossen

BECOMING A GIRL ONE DAY
von Akane Ogura
€ 5,99 (D) / € 6,20 (A)
O **Band 1 bis 4**
In 4 Bänden abgeschlossen

BECOMING A GIRL ONE DAY – ANOTHER
von Akane Ogura
€ 5,99 (D) / € 6,20 (A)
O **Band 1 bis 4**
In 4 Bänden abgeschlossen

BILLY BAT
von Naoki Urasawa
& Takashi Nagasaki
€ 8,95 (D) / € 9,20 (A)
O **Band 4-7, 12-16**
€ 12,00 (D) / € 12,40 (A)
O **Band 1-3, 8-11, 17-20**
In 20 Bänden abgeschlossen

BL IS MAGIC!
von Oroken
€ 9,99 (D) / € 10,30 (A)
O **Band 1 bis 3**
In 4 Bänden abgeschlossen
O **BL is magic! Special: Extra Spells** 08/21

BL METAMORPHOSEN – GEHEIMNIS EINER FREUNDSCHAFT
von Kaori Tsurutani
€ 8,00 (D)/ € 8,30 (A)
O **Band 1 bis 3**
O **Band 4** 09/21
In 5 Bänden abgeschlossen

BLACK BUTLER
von Yana Toboso
€ 6,95 (D) / € 7,20 (A)
O **Band 1 bis 29**
O **Band 30** 07/21
€ 10,00 (D)/ € 10,30 (A)
O **Band 30 Limitierte Ausgabe mit Extra** 07/21
€ 14,90 (D) / € 15,40 (A)
O **Character Guide**
Bislang 29 Bände in Japan

CARLSEN MANGA! CHECKLIST

GELIEBTER AFFE

von Yoshihiro Tatsumi
€ 19,90 (D) / € 20,50 (A)
O **Einzelband**

GHOSTLY THINGS

von Ushio Shirotori
€ 7,00 (D) / € 7,20 (A)
O **Band 1**
O **Band 2** 07/21
In 4 Bänden abgeschlossen

HARU x KIYO

von Akira Ozaki
€ 5,00 (D) / € 5,20 (A)
O **Band 1**
€ 7,00 (D)/ €7,20 (A)
O **Band 2 bis 9**
In 9 Bänden abgeschlossen

HE'S MY VAMPIRE

von Aya Shouoto
€ 6,95 (D) / € 7,20 (A)
O **Band 1 bis 10**
In 10 Bänden abgeschlossen

HITOTSUBANA

von Minami
€ 8,00 (D) / € 8,30 (A)
O **Band 1 bis 7**
In 7 Bänden abgeschlossen

HOW TO DRAW MANGA

von Hikaru Hayashi u. a.
€ 9,95 (D) / € 10,30 (A)
O **Manga-Charaktere in Bewegung**
€ 16,90 (D) / € 17,40 (A)
O **Ninja und Samurai**
€ 17,90 (D) / € 18,40 (A)
O **Manga-Figuren entwickeln**
€ 19,90 (D) / € 20,50 (A)
O **Manga-Skizzen zeichnen**
O **Character Design – Tipps und Tricks**
O **Manga aus der richtigen Perspektive**
O **Oberflächen und Strukturen**
O **Manga-Figuren in ihrer Umwelt**
O **Perfekte Proportionen im Manga**
O **Grundlagen der Manga-Kunst**
€ 24,90 (D) / € 25,60 (A)
O **Kolorieren mit Copic-Stiften**
O **Kolorieren mit Aquarellbuntstiften**

FOLGE DEN WOLKEN NACH NORD-NORDWEST

von Aki Irie
€ 12,00 (D) / € 12,40 (A)
O **Band 1 bis 4**
Bislang 5 Bände in Japan

FOOD WARS – SHOKUGEKI NO SOMA

von Tsukuda & Saeki
€ 6,99 (D) / € 7,20 (A)
O **Band 1 bis 31**
O **Band 32** 06/21
O **Band 33** 08/21
In 36 Bänden abgeschlossen
€ 69,90 (D) / € 71,80 (A)
O **Bände 1-10 im Schuber**
O **Bände 11-20 im Schuber**
O **Bände 21-30 im Schuber**

FRUIT BASKET PEARLS

von Natuski Takaya
€ 11,00 (D) / € 11,40 (A)
O **Band 1**
O **Band 2** 06/21
O **Band 3** 08/21
In 12 Bänden abgeschlossen

GAMMA DRACONIS

von Eldo Yoshimizu & Benoist Simmat
€ 16,00 (D) / € 16,50 (A)
O **Einzelband** 07/21

GANGSTA.

von Kohske
€ 7,95 (D) / € 8,20 (A)
O **Band 1 bis 8**
Bislang 8 Bände in Japan

GANGSTA: CURSED.

von Kohske & Kamo
€ 7,99 (D) / € 8,30 (A)
O **Band 1 bis 5**
Bislang 5 Bände in Japan

GEGEN DEN STROM

von Yoshihiro Tatsumi
€ 44,00 (D) / € 44,60 (A)
O **Einzelband**

FAIRY TAIL+

von Hiro Mashima
€ 8,95 (D) / € 9,20 (A)
O **Einzelband**

FAIRY TAIL – HAPPY'S ADVENTURE

von Hiro Mashima & Kenshiro Sakamoto
€ 7,00 (D) / € 7,20 (A)
O **Band 1 bis 4**
O **Band 5** 08/21
In 8 Bänden abgeschlossen

FAIRY TAIL S

von Hiro Mashima
€ 6,99 (D) / € 7,20 (A)
O **Band 1 & 2**
In 2 Bänden abgeschlossen

FAIRY TAIL SIDE STORIES

von Hiro Mashima & Kyota Shibano
€ 6,99 (D) / € 7,20 (A)
O **Band 1 bis 3**
In 3 Bänden abgeschlossen

FAIRY TALE BATTLE ROYALE

von Soraho Ina
€ 7,00 (D) / € 7,20 (A)
O **Band 1 bis 4**
Bislang 4 Bände in Japan

FINAL FANTASY – LOST STRANGER

von Hazuki Minase & Itsuki Kameya
€ 12,99 (D) / € 13,40 (A)
O **Band 1 bis 5**
Bislang 6 Bände in Japan

FINAL FANTASY – OFFICIAL MEMORIAL ULTIMANIA BOOK

von Takatoshi Shiozawa
€ 39,99 (D) / € 41,20 (A)
O **VII - IX**
In 3 Bänden abgeschlossen

FOCUS 10

von Martina Peters
€ 6,99 (D) / € 7,20 (A)
O **Band 1 bis 9**
O **Band 10** 09/21
In 10 Bänden abgeschlossen

DR. STONE

von Inagaki & BOICHI
€ 7,00 (D) / € 7,20 (A)
O **Band 1 bis 11**
O **Band 12** 06/21
O **Band 13** 08/21
Bislang 19 Bände in Japan

DR. STONE REBOOT: BYAKUYA

von Inagaki & BOICHI
€ 7,00 (D) / € 7,20 (A)
O **Einzelband** 07/21

EDENS ZERO

von Hiro Mashima
€ 7,00 (D)/ €7,20 (A)
O **Band 1 bis 9**
O **Band 10** 07/21
€ 10,00 (D) / € 10,30 (A)
O **Band 7 - limitierte Ausgabe**
Bislang 13 Bände in Japan

EXISTENZEN UND ANDERE ABGRÜNDE

von Yoshihiro Tatsumi
€ 19,90 (D) / € 20,50 (A)
O **Einzelband**

FAIRY GIRLS

von Hiro Mashima
€ 6,99 (D) / € 7,20 (A)
O **Band 1 bis 4**
In 4 Bänden abgeschlossen

FAIRY TAIL

von Hiro Mashima
€ 6,50 (D) / € 6,70 (A)
O **Band 1 bis 63**
€ 9,99 (D) / € 10,30 (A)
O **Band 60 limitiert**
In 63 Bänden abgeschlossen

FAIRY TAIL ARTBOOKS

von Hiro Mashima
€ 19,95 (D) / € 20,60 (A)
O **Fantasia**
O **Harvest**

FAIRY TAIL – 100 YEARS QUEST

von Hiro Mashima & Atsuo Ueda
€ 7,00 (D) / € 7,20 (A)
O **Band 1 bis 5**
O **Band 6** 06/21
O **Band 7** 09/21
Bislang 10 Bände in Japan

CARLSEN MANGA! CHECKLIST

LIBERI-PROJEKT, DAS

von Tamasaburo
€ 6,95 (D) / € 7,20 (A)
O **Band 1 bis 3**
In 3 Bänden abgeschlossen

LIEBHABER, DER

von Kan Takahama
€ 22,00 (D) / € 22,70 (A)
O **Einzelband**

LITTLE WITCH ACADEMIA

von Sato & Yoshinari
€ 6,99 (D) / € 7,20 (A)
O **Band 1 bis 3**
In 3 Bänden abgeschlossen

LIQUOR & CIGARETTE

von Ranmaru Zariya
€ 8,00 (D) / € 8,30 (A)
O **Einzelband**

LUDWIG REVOLUTION GESAMTAUSGABE

von Kaori Yuki
€ 30,00 (D) / € 30,90 (A)
O **Sammelschuber** 09/21

LUPUS IN FABULA

von Kamineo
€ 7,95 (D) / € 8,20 (A)
O **Band 1 bis 3**
In 3 Bänden abgeschlossen

MACHIMAHO – MAGICAL GIRL BY ACCIDENT

von Souryu
€ 7,99 (D) / € 8,30 (A)
O **Band 1 bis 7**
O **Band 8** 07/21
Bislang 9 Bände in Japan

MAGUS OF THE LIBRARY

von Mitsu Izumi
€ 12,00 (D) / € 12,40 (A)
O **Band 1 & 4**
€ 14,00 (D) / € 14,40 (A)
O **Band 2**
€ 16,00 (D) / € 16,50 (A)
O **Band 3**
Bislang 5 Bände in Japan

KAMISAMA DARLING

von Kyoko Aiba
€ 6,99 (D) / € 7,20 (A)
O **Band 1 bis 8**
In 8 Bänden abgeschlossen

KATSURA & TORIYAMA SHORT STORIES

von Akira Toriyama
& Masakazu Katsura
€ 6,95 (D) / € 7,20 (A)
O **Einzelband**

KILLING BITES

von Shinya Murata
& Kazasa Sumita
€ 7,95 (D) / € 8,20 (A)
O **Band 1-3, 5-14**
€ 10,00 (D) / € 10,30 (A)
O **Band 4**
Bislang 17 Bände in Japan

KIMI NI NARE – FINDE DICH SELBST

von Ichigo Takano
€ 7,00 (D) / € 7,20 (A)
O **Einzelband** 07/21

KLEINE KATZE CHI

von Konami Kanata
€ 9,95 (D) / € 10,30 (A)
O **Band 1 bis 11**
€ 12,00 (D) / € 12,40 (A)
O **Band 12**
In 12 Bänden abgeschlossen

KOROSENSEI QUEST!

von Yusei Matsui &
Kizuku Watanabe
€ 6,50 (D) / € 6,70 (A)
O **Band 1 bis 5**
In 5 Bänden abgeschlossen

LADY SNOWBLOOD (NEUEDITION)

von Kazuo Koike
& Kazuo Kamimura
€ 19,99 (D) / € 20,60 (A)
O **Band 1 & 2**
€ 16,99 (D) / € 17,50 (A)
O **Band 3**
In 3 Bänden abgeschlossen

LETZTE REISE DER SCHMETTERLINGE, DIE

von Kan Takahama
€ 14,90 (D) / € 15,40 (A)
O **Einzelband**

IM – GREAT PRIEST IMHOTEP

von Makoto Morishita
€ 6,99 (D) / € 7,20 (A)
O **Band 1 bis 10**
€ 7,99 (D) / € 8,30 (A)
O **Band 11**
In 11 Bänden abgeschlossen

IN THIS CORNER OF THE WORLD

von Fumiyo Kouno
€ 12,99 (D) / € 13,40 (A)
O **Band 1 bis 3**
In 3 Bänden abgeschlossen

ITO, JUNJI

von Shinya Murata
& Kazasa Sumita
€ 24,00 (D) / € 24,70 (A)
O **Gyo Deluxe**
O **Shiver** 07/21
€ 28,00 (D) / € 28,80 (A)
O **Uzumaki Deluxe**

JAPANISCH FÜR MANGA-FANS

von Thora Kerner
& Jin Baron
€ 16,00 (D) / € 16,50 (A)
O **Sammelband**

JUDGE

von Yoshiki Tonogai
€ 7,95 (D) / € 8,20 (A)
O **Band 1 bis 5**
€ 8,95 (D) / € 9,20 (A)
O **Band 6**
In 6 Bänden abgeschlossen

JUMPING

von Asahi Tsutsui
€ 7,00 (D) / € 7,20 (A)
O **Band 1 bis 4**
In 4 Bänden abgeschlossen

JUNJO ROMANTICA

von Shungiku Nakamura
€ 6,95 (D) / € 7,20 (A)
O **Band 9, 11-12, 19-22**
O **Band 23** 06/21
€ 10,00 (D) / € 10,30 (A)
O **Band 1-8, 10,13-18**
Bislang 25 Bände in Japan

H.P. LOVECRAFT

von Gou Tanabe
€ 12,00 (D) / € 12,40 (A)
O **H.P. Lovecrafts Die Farbe aus dem All**
O **H.P. Lovecrafts Der Hund und andere Geschichten**
O **H.P. Lovecrafts Der leuchtende Trapezoeder**
€ 18,00 (D) / € 18,50 (A)
O **H.P. Lovecrafts Berge des Wahnsinns Band 1 bis 2**
O **H.P. Lovecrafts Cthulhus Ruf** 08/21
€ 22,00 (D) / € 22,70 (A)
O **H.P. Lovecrafts Der Schatten aus der Zeit**

HUNTER X HUNTER

von Yoshihiro Togashi
€ 6,95 (D) / € 7,20 (A)
O **Band 1 bis 36**
Bislang 36 Bände in Japan

I AM SHERLOCK

von TAKATA & Io
€ 7,00 (D)/ € 7,20 (A)
O **Band 1 bis 4**
In 4 Bänden abgeschlossen

I HAD THAT SAME DREAM AGAIN

von Yoru Sumino &
Izumi Kirihara
€ 7,00 (D) / € 7,20 (A)
O **Band 1 bis 3**
In 3 Bänden abgeschlossen

I HEAR THE SUNSPOT

von Yuki Fumino
€ 7,99 (D) / € 8,30 (A)
O **Band 1**
€ 9,99 (D) / € 10,30 (A)
O **Band 2**
Bisher 2 Bände in Japan

I HEAR THE SUNSPOT – LIMIT

von Yuki Fumino
€ 7,99 (D) / € 8,30 (A)
O **Band 1**
€ 8,99 (D) / € 9,30 (A)
O **Band 2**
€ 9,99 (D) / € 10,30 (A)
O **Band 3** 07/21
In 3 Bänden abgeschlossen

CARLSEN MANGA! CHECKLIST

NARUTO MASSIV

von Masashi Kishimoto
€ 5,00 (D) / € 5,20 (A)
O Band 1
€ 9,99 (D) / € 10,30 (A)
O Band 2 bis 24
In 24 Bänden abgeschlossen

NARUTO – THE MOVIE

von Masashi Kishimoto
€ 7,95 (D) / € 8,20 (A)
O Geheimmission im Land des ewigen Schnees Band 1 & 2
O Die Legende des Steins Gelel Band 1 & 2
O Sondermission im Land des Mondes 1 & 2

NARUTO – THE MOVIE: SHIPPUDEN

von Masashi Kishimoto
€ 12,95 (D) / € 13,40 (A)
O Naruto - The Movie: Shippuden
O Naruto - The Movie: Shippuden-Fesseln
O Naruto - The Movie: Shippuden - Die Erben des Willens des Feuers
O Naruto - The Movie: Shippuden - Lost Tower

NEON GENESIS EVANGELION

von Gainax & Yoshiyuki Sadamoto
€ 6,95 (D) / € 7,20 (A)
O Band 1 bis 14
In 14 Bänden abgeschlossen

NO EXIT

von Haruhi Seta
€ 6,99 (D) / € 7,20 (A)
O Band 1 bis 13
In 14 Bänden abgeschlossen

OKITENEMURU

von Hitori Renda
€ 7,99 (D) / € 8,20 (A)
O Band 9
In 9 Bänden abgeschlossen

OLD BOY

von Tsuchiya Garon & Minegishi Nobuaki
€ 12,00 (D) / € 12,40 (A)
O Band 1 bis 4
In 4 Bänden abgeschlossen

MURCIÉLAGO

von Yoshimura Kana
€ 7,99 (D) / € 8,30 (A)
O Band 1 bis 14
O Band 15 06/21
Bislang 17 Bände in Japan

MY HERO ACADEMIA

von Kohei Horikoshi
€ 6,99 (D) / € 7,20 (A)
O Band 1 bis 27
O Band 28 08/21
Bislang 30 Bände in Japan
€ 10,00 (D) / € 10,30 (A)
O My Hero Academia - Ultra Archive
€ 12,99 (D) / € 13,40 (A)
O My Hero Academia - Ultra Analysis

MY HERO ACADEMIA SMASH

von Kohei Horikoshi & Hirofumi Neda
€ 5,00 (D) / € 5,20 (A)
O Band 1 bis 5
Bislang 5 Bände in Japan

MY HERO ACADEMIA TEAM UP MISSION

von Kohei Horikoshi & Yoko Akiyama
€ 7,00 (D) / € 7,20 (A)
O Band 1
Bisher 2 Bände in Japan

MY ROOMMATE IS A CAT

von Tsunami Minatsuki & Asu Futatsuya
€ 7,00 (D) / € 7,20 (A)
O Band 1 bis 4
O Band 5 06/21
O Band 6 09/21
Bislang 7 Bände in Japan

MY SECRET WHICH I CANNOT TELL YOU

von Kyoko Aiba
€ 6,99 (D) / € 7,20 (A)
O Einzelband

NARUTO

von Masashi Kishimoto
€ 6,50 (D) / € 6,70 (A)
O Band 1 bis 72
In 72 Bänden abgeschlossen
O Der siebte Hokage und der scharlachrote Frühling

MERMAID PRINCE

von Kaori Ozaki
€ 8,00 (D) / € 8,30 (A)
O Einzelband

MOB PSYCHO 100

von ONE
€ 6,66 (D) / € 6,90 (A)
O Band 1 bis 15
€ 7,77 (D) / € 8,00 (A)
O Band 16
In 16 Bänden abgeschlossen

MONSTER – PERFECT EDITION

von Naoki Urasawa
€ 20,00 (D) / € 20,60 (A)
O Band 1 bis 8
€ 24,00 (D) / € 24,70 (A)
O Band 9 08/21
In 9 Bänden abgeschlossen

MORIARTY THE PATRIOT

von Takeuchi & Miyoshi
€ 9,99 (D) / € 10,30 (A)
O Band 1 bis 9
O Band 10 06/21
O Band 11 08/21
Bislang 13 Bände in Japan
€ 16,00 (D) / € 16,50 (A)
O Band 10 mit Extra – limitierte Auflage 06/21
€ 99,00 (D) / € 101,80 (A)
O Band 1 bis 10 im Sammelschuber – limitierte Auflage 06/21

MOTHER'S SPIRIT

von Enzo
€ 7,99 (D) / € 8,30 (A)
O Band 1 & 2
Bislang 2 Bände in Japan

MOTOKARE RETRY

von En Hanaya
€ 6,99 (D) / € 7,20 (A)
O Band 1 bis 7
In 7 Bänden abgeschlossen

MOVING FORWARD

von Nagamu Nanaji
€ 5,00 (D) / € 5,20 (A)
O Band 1
€ 7,00 (D) / € 7,20 (A)
O Band 2 bis 7
O Band 8 08/21
In 11 Bänden abgeschlossen

MAID-SAMA

von Hiro Fujiwara
€ 5,95 (D) / € 6,20 (A)
O Band 1 bis 18
In 18 Bänden abgeschlossen
O Maid-sama Marriage

MANGA LOVE STORY

von Katsu Aki
€ 6,95 (D) / € 7,20 (A)
O Band 70 bis 76
Bislang 81 Bände in Japan

MANGA-ZEICHENSTUDIO

von Kaneda Koubou u.a.
€ 19,90 (D) / € 20,50 (A)
O Hände und Füße
O Gesichter und Emotionen
O Manga Master Book
O Mädchen in coolen Posen
O Emotionen und Mimik ausdrucksstark zeichnen
O Manga Basics
O Figuren & Hintergründe
€ 20,00 (D) / € 20,60 (A)
O Charmante Charaktere
€ 24,90 (D) / € 25,60 (A)
O Spannende Geschichten erzählen

MANN MEINES BRUDERS, DER

von Gengoroh Tagame
€ 10,00 (D) / € 10,30 (A)
O Band 1 bis 4
In 4 Bänden abgeschlossen

MASHIMA HERO'S

von Hiro Mashima
€ 7,00 (D) / € 7,20 (A)
O Einzelband
€ 10,00 (D) / € 10,30 (A)
O Einzelband Limitierte Edition

MEINE LESBISCHE ERFAHRUNG MIT EINSAMKEIT

von Kabi Nagata
€ 15,00 (D) / € 15,50 (A)
O Einzelband

MELANCHOLISCHER MORGEN, EIN

von Shoko Hidaka
€ 9,95 (D) / € 10,30 (A)
O Band 8
In 8 Bänden abgeschlossen

CARLSEN MANGA! CHECKLIST

ROSEN BLOOD

von Kachiru Ichizue
€ 10,00 (D) / € 10,30 (A)
O **Band 1**
O **Band 2** 07/21
Bisher 3 Bände in Japan

RYUKO

von Eldo Yoshimizu
€ 14,99 (D) / € 15,50 (A)
O **Band 1 & 2**
In 2 Bänden abgeschlossen

SACRIFICE TO THE KING OF BEASTS

von Yu Tomofuji
€ 6,99 (D) / € 7,20 (A)
O **Band 1 bis 11**
O **Band 12** 06/21
O **Band 13** 09/21
In 15 Bänden abgeschlossen

SAKURA – I WANT TO EAT YOUR PANCREAS

von Yoru Sumino
€ 7,99 (D) / € 8,20 (A)
O **Band 1 & 2**
In 2 Bänden abgeschlossen

SAKURA DREAMS BUCH UND TERMIN-KALENDER 2022

von Melanie Schober
€ 10,00 (D) / € 10,10 (A)
O **Kalender** 06/21

SAMURAI8

von Masashi Kishimoto & Akira Okubo
€ 7,00 (D) / € 7,20 (A)
O **Band 1 bis 5**
In 5 Bänden abgeschlossen

SANTA MARIA HEARTLAND

von Rise Torio
€ 8,50 (D) / € 8,80 (A)
O **Einzelband**

SARABA, YOKI HI – SOLANGE WIR ZUSAMMEN SIND

von Yuki Akaneda
€ 7,00 (D) / € 7,20 (A)
O **Band 1**
O **Band 2** 08/21
Bisher 6 Bände in Japan

PLUTO: URASAWA X TEZUKA

von Tezuka, Urasawa & Nagasaki
€ 14,90 (D) / € 15,30 (A)
O **Band 1-3, 6-7**
€ 12,90 (D) / € 13,30 (A)
O **Band 4-5**
€ 16,90 (D) / € 17,40 (A)
O **Band 8**
In 8 Bänden abgeschlossen

POISON CITY

von Tetsuya Tsutsui
€ 7,99 (D) / € 8,30 (A)
O **Band 1 & 2**
In 2 Bänden abgeschlossen

PONE – POSUKA DEMIZU ARTBOOK

von Posuka Demizu
€ 20,00 (D) / € 20,60 (A)
O **Artbook**

Q (KU)

von Tatsuya Shihira
€ 7,99 (D) / € 8,30 (A)
O **Band 1 bis 3**
€ 8,99 (D) / € 9,30 (A)
O **Band 4**
In 4 Bänden abgeschlossen

REAKTOR 1F – EIN BERICHT AUS FUKUSHIMA

von Kazuto Tatsuta
€ 12,99 (D) / € 13,40 (A)
O **Band 1 bis 3**
In 3 Bänden abgeschlossen

RENTAL GIRLFRIEND

von Reiji Miyajima
€ 7,00 (D) / € 7,20 (A)
O **Band 1 bis 8**
O **Band 9** 07/21
O **Band 10** 09/21
Bislang 16 Bände in Japan

REQUIEM OF THE ROSE KING

von Aya Kanno
€ 9,99 (D) / € 10,30 (A)
O **Band 1 bis 12**
O **Band 13** 08/21
Bislang 14 Bände in Japan

OUR SUMMER HOLIDAY

von Kaori Ozaki
€ 7,99 (D) / € 8,30 (A)
O **Einzelband**

OVERLORD

von Maruyama & Miyama
€ 6,99 (D) / 7,20 (A)
O **Band 1 bis 12**
€ 7,99 (D) / € 8,30 (A)
O **Band 13**
O **Band 14** 09/21
Bislang 15 Bände in Japan

OVERLORD Official Comic À La Carte Anthology

von Kugane Maruyama, diverse
€ 7,00 (D) / € 7,20 (A)
O **Band 1 bis 3**
Bislang 3 Bände in Japan

PANDORAHEARTS

von Jun Mochizuki
€ 6,95 (D) / € 7,20 (A)
O **Band 1, 5-6, 10-15, 17, 19**
€ 7,95 (D) / € 8,20 (A)
O **Band 18**
€ 8,95 (D) / € 9,20 (A)
O **Band 22**
€ 10,00 (D) / € 10,30 (A)
O **Band 2-4, 7-9, 16, 20-21, 23**
€ 14,00 (D) / € 14,40 (A)
O **Band 24**
In 24 Bänden abgeschlossen

PERSONAL PARADISE NEUEDITION

von Melanie Schober
€ 6,99 (D) / € 7,20 (A)
O **Band 1 bis 7**
O **Brave Brother 1.0 lim. Ausgabe mit Schuber**

PLEASE LOVE ME

von Aya Nakahara
€ 5,00 (D) / € 5,20 (A)
O **Band 1**
€ 7,00 (D) / € 7,20 (A)
O **Band 2 bis 8**
O **Band 9** 06/21
O **Band 10** 09/21
In 10 Bänden abgeschlossen

ONE PIECE

von Eiichiro Oda
€ 6,50 (D) / € 6,70 (A)
O **Band 1 bis 97**
O **Band 98** 09/21
Bislang 99 Bände in Japan

ONE PIECE: FLUCH DES HEILIGEN SCHWERTS

von Eiichiro Oda
€ 7,95 (D) / € 8,20 (A)
O **Band 1 & 2**
In 2 Bänden abgeschlossen

ONE PIECE PARTY

von Andoh & Oda
€ 6,50 (D) / € 6,70 (A)
O **Band 1 bis 6**
Bislang 6 Bände in Japan

ONE PIECE – SANJIS LECKERE PIRATENREZEPTE

von Eiichiro Oda
€ 24,90 (D) / € 25,60 (A)
O **Kochbuch**

ONE PIECE QUIZ BOOK

von Eiichiro Oda
€ 14,00 (D) / € 14,40 (A)
O **Einzelband**

ONE PIECE Z

von Eiichiro Oda
€ 9,95 (D) / € 10,20 (A)
O **Band 1 & 2**
In 2 Bänden abgeschlossen

ONE WEEK FRIENDS

von Matcha Hazuki
€ 6,99 (D) / € 7,20 (A)
O **Band 1 bis 7**
In 7 Bänden abgeschlossen

OPUS

von Satoshi Kon
€ 14,90 (D) / € 15,40 (A)
O **Band 1 & 2**
In 2 Bänden abgeschlossen

ORANGE

von Ichigo Takano
€ 7,99 (D) / € 8,30 (A)
O **Band 1 bis 6**
Bislang 6 Bände in Japan

CARLSEN MANGA! CHECKLIST

SUPER DRAGON BALL HEROES UNIVERSE MISSION

von Yoshitaka Nagayama
€ 6,50 (D) / € 6,70 (A)
O Band 1
O Band 2 08/21
Bislang 2 Bände in Japan

TAKANE UND HANA

von Yuki Shiwasu
€ 5,00 (D) / € 5,20 (A)
O Band 1
€ 6,99 (D) / € 7,20 (A)
O Band 2 bis 14
O Band 15 07/21
In 18 Bänden abgeschlossen

TANIGUCHI, JIRO

von Jiro Taniguchi
€ 12,90 (D) / € 13,30 (A)
O Der Gourmet 2
€ 14,90 (D) / € 15,40 (A)
O Der Gourmet
€ 16,00 (D) / € 16,50 (A)
O Der Kartograph
O Die Schrift des Windes
€ 16,90 (D) / € 17,40 (A)
O Ihr Name war Tomoji
€ 20,00 (D) / € 20,60 (A)
O Im Jahrtausendwald
€ 22,00 (D) / € 22,70 (A)
O Unruhige Geister und stille Gefährten
€ 25,00 (D) / € 25,70 (A)
O Der spazierende Mann (erw. Neuausgabe)
€ 28,00 (D) / € 28,80 (A)
O Der Himmel ist blau, die Erde ist weiß – Gesamtausgabe

TEMPEST CURSE

von Martina Peters
€ 6,95 (D) / € 7,20 (A)
O Band 1 bis 3
In 3 Bänden abeschlossen

THE ART OF SPLATOON

von Nintendo
€ 40,00 (D) / € 41,20 (A)
O Artbook

THE BOOK OF LIST - GRIMM'S MAGICAL ITEMS

von Izuco Fujiya
€ 6,95 (D) / € 7,20 (A)
O Band 1 bis 5
€ 8,95 (D) / € 9,20 (A)
O Band 6
In 6 Bänden abeschlossen

SOUL EATER MASSIV

von Atsushi Ohkubo
€ 5,00 (D) / € 5,20 (A)
O Band 1
€ 8,00 (D) / € 8,30 (A)
O Band 2 bis 4
O Band 5 06/21
O Band 6 08/21
In 12 Bänden abgeschlossen

SOUL EATER GUIDE BOOK

von Atsushi Ohkubo
€ 8,95 (D) / € 9,20 (A)
O Einzelband

SOUL EATER SOUL ART

von Atsushi Ohkubo
€ 24,90 (D) / € 25,60 (A)
O Band 2

SPLATOON

von Sankichi Hinodeya
€ 6,99 (D) / € 7,20 (A)
O Band 1 bis 10
O Band 11 07/21
Bislang 13 Bände in Japan

STILLE WASSER

von Kan Takahama
€ 16,90 (D) / € 17,40 (A)
O Einzelband

SUNNY

von Taiyo Matsumoto
€ 16,00 (D) / € 16,50 (A)
O Band 1 & 2
O Band 3 07/21
In 6 Bänden abgeschlossen

SÜSSE KATZE CHI: CHI'S SWEET ADVENTURES

von Konami Kanata & Kinoko Natsume
€ 8,00 (D) / € 8,30 (A)
O Band 1 bis 4
In 4 Bänden abgeschlossen

SUPER DRAGON BALL HEROES

von Yoshitaka Nagayama
€ 6,50 (D) / € 6,70 (A)
O Band 1 bis 3
Bislang 3 Bände in Japan

SHERLOCK

von Jay, Gatiss & Moffat
€ 12,99 (D) / € 13,40 (A)
O Band 1, 2 und 4
€ 14,99 (D) / € 15,50 (A)
O Band 3
€ 39,99 (D) / € 41,20 (A)
O Band 1 bis 3 im Schuber
Bislang 4 Bände in Japan

SHIBA – EIN HUND ZUM VERLIEBEN

von Mayumi Muroyama
€ 7,00 (D) / € 7,20 (A)
O Einzelband

SHIKIGAMI

von Yasaiko Midorihana
€ 10,00 (D) / € 10,30 (A)
O Einzelband

SKETCH EVERY DAY

von Simone Grünewald
€ 20,00 (D) / € 20,60 (A)
O Zeichenbuch

SKIP BEAT!

von Yoshiki Nakamura
€ 6,95 (D) / € 7,20 (A)
O Band 1-8, 10-17, 19-21, 24-33, 35-37, 41-45
€ 8,00 (D) / € 8,30 (A)
O Band 9, 18, 22-23, 34, 38-40
Bislang 45 Bände in Japan

SKULL PARTY

von Melanie Schober
€ 6,95 (D) / € 7,20 (A)
O Band 1 bis 4
In 4 Bänden abgeschlossen

SNACK WORLD

von Level-5, & sho.t
€ 7,00 (D) / € 7,20 (A)
O Band 1 & 2
In 2 Bänden abgeschlossen

SOUL EATER

von Atsushi Ohkubo
€ 6,50 (D) / € 6,70 (A)
O Band 2, 4, 6-11, 13-18 & 24
€ 7,95 (D) / € 8,20 (A)
O Band 25
In 25 Bänden abgeschlossen

SCHATTENARIE

von Zofia Garden & Anne Delseit
€ 6,95 (D) / € 7,20 (A)
O Band 1 & 2
In 2 Bänden abgeschlossen

SCHNEEBALLEN

von Inga Steinmetz
€ 12,00 (D) / € 12,40 (A)
O Schneeballens Fall
€ 14,00 (D) / € 14,40 (A)
O Schneeballen – Verliebt in Japan

SCHOKOHEXE, DIE

von Rino Mizuho
€ 6,50 (D) / € 6,70 (A)
O Band 1-3, 5-7, 10-17
O Band 18 07/21
€ 10,00 (D) / € 10,30 (A)
O Band 4, 8-9
Bislang 20 Bände in Japan

SEARCH AND DESTROY

von Osamu Tezuka & Atsushi Kaneko
€ 15,00 (D) / € 15,50 (A)
O Band 1 & 2
€ 18,00 (D) / € 18,50 (A)
O Band 3 09/21
In 3 Bänden abgeschlossen

SEKAIICHI HATSUKOI

von Shungiku Nakamura
€ 6,95 (D) / € 7,20 (A)
O Band 1, 3, 8-12
€ 10,00 (D) / € 10,30 (A)
O Band 2-7
€ 6,95 (D / € 7,20 (A)
O Band 13 06/21
Bislang 15 Bände in Japan

SEVEN DEADLY SINS

von Suzuki Nakaba
€ 6,50 (D) / € 6,70 (A)
O Band 1 bis 37
O Band 38 07/21
O Band 39 09/21
In 41 Bänden abgeschlossen

CARLSEN MANGA! CHECKLIST

YAMADA-KUN AND THE SEVEN WITCHES

von Miki Yoshikawa
€ 5,95 (D) / € 6,20 (A)
O **Band 1-5, 7-8, 10-17, 19-28**
€ 10,00 (D) / € 10,30 (A)
O **Band 6, 9, 18**
In 28 Bänden abgeschlossen

YOKOHAMA STATION FABLE

von Gonbe Shinkawa & Yuba Isukari
€ 8,00 (D) / € 8,30 (A)
O **Band 1** 06/21
In 3 Bänden abgeschlossen

YUNAS REISE ZUM ICH ODER MY SEX CHANGE EXPERIENCEE

von Yuna Hirasawa
€ 10,00 (D) / € 10,30 (A)
O **Einzelband** 08/21

ZWEI ESPRESSO

von Kan Takahama
€ 12,90 (D) / € 13,30 (A)
O **Einzelband**

ZOMBIE 100 - BUCKET LIST OF DEAD

von Makoto Yukimura
€ 7,00 (D) / € 7,20 (A)
O **Band 1**
O **Band 2** 08/21
Bisher 7 Bände in Japan

VIGILANTE – MY HERO ACADEMIA ILLEGALS

von Horikoshi, Furuhashi & Court
€ 6,99 (D) / € 7,20 (A)
O **Band 1 bis 8**
O **Band 9** 06/21
Bislang 11 Bände in Japan

VINLAND SAGA

von Makoto Yukimura
€ 7,95 (D) / € 8,20 (A)
O **Band 1 bis 23**
O **Band 24** 09/21
Bislang 25 Bände in Japan

WALKINDER, DIE

von Abi Umeda
€ 6,99 (D) / € 7,20 (A)
O **Band 1 bis 14**
O **Band 15** 07/21
Bislang 18 Bände in Japan

WEEKLY SHONEN HITMAN

von Kouji Seo
€ 7,00 (D) / € 7,20 (A)
O **Band 1 bis 3**
O **Band 4** 06/21
O **Band 5** 08/21
Bislang 13 Bände in Japan

WER BIST DU ZUR BLAUEN STUNDE

von Yuhki Kamatani
€ 10,00 (D) / € 10,30 (A)
O **Band 1 bis 3**
€ 12,00 (D) / € 12,40 (A)
O **Band 4**
In 4 Bänden abgeschlossen

WET MOON

von Atsushi Kaneko
€ 19,90 (D) / € 20,50 (A)
O **Band 1 & 2**
€ 24,90 (D) / € 25,60 (A)
O **Band 3**
In 3 Bänden abgeschlossen

YAKUZA GOES HAUSMANN

von Kousuke Oono
€ 7,50 (D) / € 7,80 (A)
O **Band 1 bis 4**
O **Band 5** 06/21
Bislang 6 Bände in Japan

3/11 – TAGEBUCH NACH FUKUSHIMA

von Yuko Ichimura & Tim Rittmann
€ 12,90 (D) / € 13,30 (A)
O **Einzelband**

TO THE ABANDONED SACRED BEASTS

von Maybe
€ 6,99 (D) / € 7,20 (A)
O **Band 1 bis 9**
€ 7,99 (D) / € 8,30 (A)
O **Band 10**
O **Band 11** 09/21
Bislang 12 Bände in Japan

TORIYAMA SHORT STORIES

von Akira Toriyama
€ 5,95 (D) / € 6,20 (A)
O **Band 2 bis 4, 7**
€ 6,95 (D) / € 7,20 (A)
O **Band 6**
€ 7,95 (D) / € 8,20 (A)
O **Band 5**
Bislang 8 Bände in Japan

TRIAGE X

von Shouji Sato
€ 6,95 (D) / € 7,20 (A)
O **Band 1 bis 5**
€ 7,95 (D) / € 8,20 (A)
O **Band 6 bis 20**
O **Band 21** 09/21
Bislang 22 Bände in Japan

UNLUCKY YOUNG MEN

von Fujiwara & Otsuka
€ 19,90 (D) / € 20,50 (A)
O **Band 1 & 2**
In 2 Bänden abgeschlossen

UNSERE FARBEN

von Gengoroh Tagame
€ 10,00 (D) / € 10,30 (A)
O **Band 1 & 2**
O **Band 3** 06/21
In 3 Bänden abgeschlossen

VAMPIRE KNIGHT – MEMORIES

von Matsuri Hino
€ 6,99 (D) / € 7,20 (A)
O **Band 1 bis 5**
Bislang 6 Bände in Japan

THE CASE STUDY OF VANITAS

von Jun Mochizuki
€ 7,99 (D) / € 8,30 (A)
O **Band 1 bis 8**
Bislang 9 Bände in Japan

THE DEMON PRINCE

von Aya Shouoto
€ 6,95 (D) / € 7,20 (A)
O **Band 1 bis 16**
In 16 Bänden abgeschlossen

THE GOLDEN SHEEP

von Kaori Ozaki
€(D) 8,00 / €(A) 8,30
O **Band 1 bis 3**
In 3 Bänden abgeschlossen

THE HEROIC LEGEND OF ARSLAN

von Yoshiki Tanaka
€ 6,99 (D) / € 7,20 (A)
O **Band 1 bis 12**
O **Band 13** 09/21
Bislang 13 Bände in Japan
€ 7,50 (D) / € 7,80 (A)
O **Doppelpack 1+2**

THE KILLER INSIDE

von Hajime Inoryu & Shota Ito
€ 7,50 (D) / € 7,80 (A)
O **Band 1** 08/21
Bislang 9 Bände in Japan

THE PROMISED NEVERLAND

von Shirai & Demizu
€ 6,99 (D) / € 7,20 (A)
O **Band 1 bis 17**
O **Band 18** 06/21
O **Band 19** 09/21
In 20 Bänden abgeschlossen

THE ROYAL TUTOR

von Higasa Akai
€ 6,99 (D) / € 7,20 (A)
O **Band 1 bis 13**
O **Band 14** 09/21
Bislang 16 Bände in Japan
€ 7,50 (D) / € 7,80 (A)
O **Doppelpack 1+2**

MY HERO ACADEMIA

ist eine japanische Serie, die originalgetreu von »hinten« nach »vorne« und von rechts nach links gelesen wird! Schlagt das Taschenbuch also »hinten« auf und blättert Seite für Seite nach »vorne« weiter! Auch die Bilder und Sprechblasen auf jeder Seite werden von rechts oben nach links unten gelesen, wie es in der Grafik gezeigt wird! Ihr seid alle Helden!

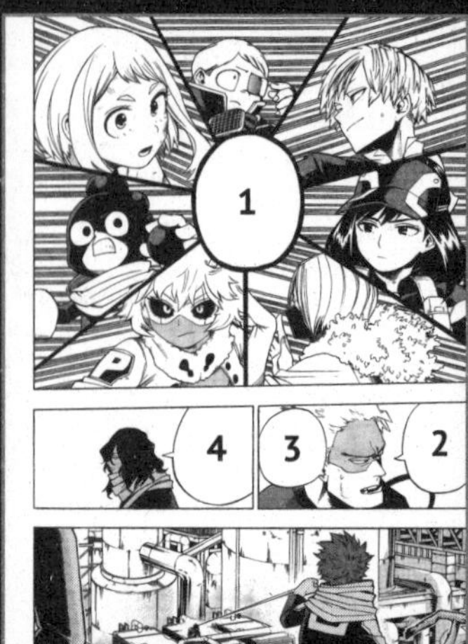

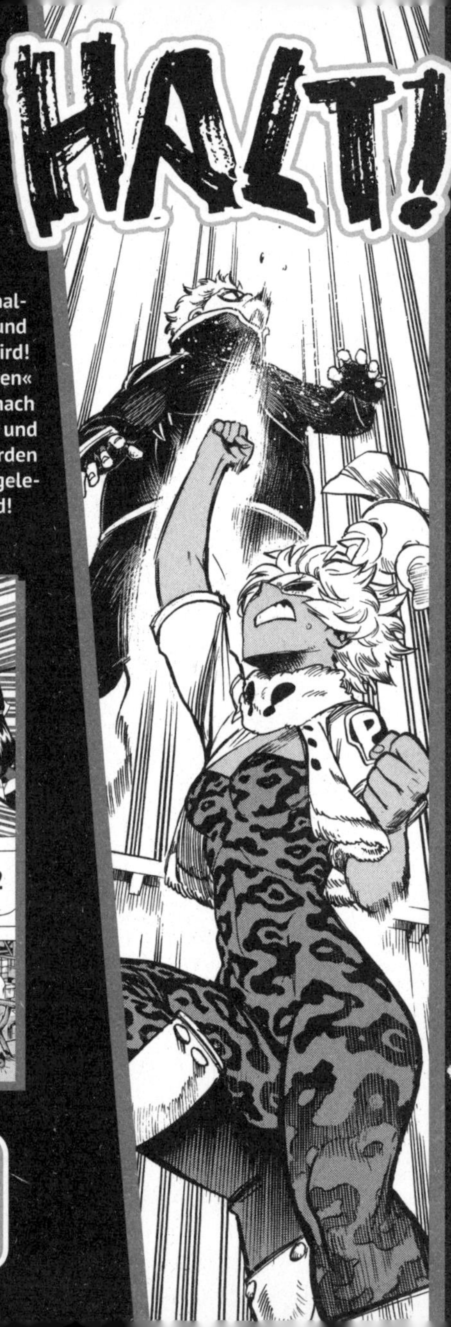